中国社会科学院重大课题
国家"十五"重点出版项目

列国志

GUIDE TO THE WORLD STATES

中国社会科学院《列国志》编辑委员会

沙特阿拉伯

◉ 陈 沫 主编

社会科学文献出版社

SOCIAL SCIENCES ACADEMIC PRESS (CHINA)

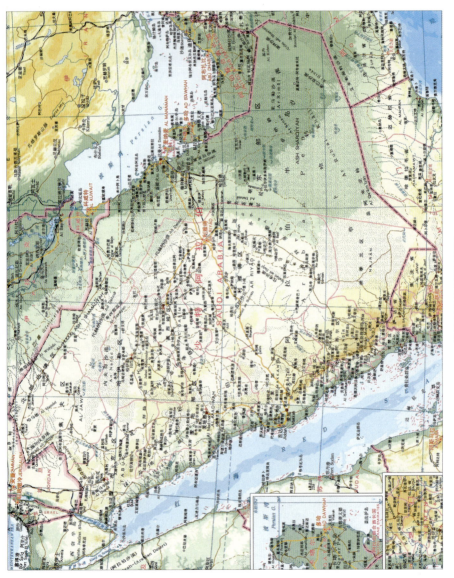

沙特阿拉伯行政区划图

沙特阿拉伯国旗

沙特阿拉伯国徽

麦加圣殿克尔白
（敏昶 摄）

麦地那先知清真寺
（敏昶 摄）

麦加米纳帐篷营地
（敏昶 摄）

麦加大清真寺

中国哈吉（朝觐者）在麦加
（敏昶　摄）

克尔白大门

利雅得标志性建筑王国中心
（王林聪　摄）

费萨尔研究中心
（王林聪　摄）

吉达老城
（王林聪　摄）

高速公路

中沙炼化一体化项目
（采自 Annual Review 2009）

沙特 Petro Rabigh 炼油厂

沙特荷兰银行
（王林聪　摄）

市场一角
（王林聪　摄）

传统工艺品
（王林聪　摄）

传统民居
（王林聪　摄）

古兰经印刷厂

古代城堡
（王林聪　摄）

古代阿拉伯语碑刻
（王林聪　摄）

枣椰树林
（王林聪　摄）

吉达海滨

前　言

　　自 1840 年前后中国被迫开关、步入世界以来，对外国舆地政情的了解即应时而起。还在第一次鸦片战争期间，受林则徐之托，1842 年魏源编辑刊刻了近代中国首部介绍当时世界主要国家舆地政情的大型志书《海国图志》。林、魏之目的是为长期生活在闭关锁国之中、对外部世界知之甚少的国人"睁眼看世界"，提供一部基本的参考资料，尤其是让当时中国的各级统治者知道"天朝上国"之外的天地，学习西方的科学技术，"师夷之长技以制夷"。这部著作，在当时乃至其后相当长一段时间内，产生过巨大影响，对国人了解外部世界起到了积极的作用。

　　自那时起中国认识世界、融入世界的步伐就再也没有停止过。中华人民共和国成立以后，尤其是 1978 年改革开放以来，中国更以主动的自信自强的积极姿态，加速融入世界的步伐。与之相适应，不同时期先后出版过相当数量的不同层次的有关国际问题、列国政情、异域风俗等方面的著作，数量之多，可谓汗牛充栋。它们对时人了解外部世界起到了积极的作用。

当今世界，资本与现代科技正以前所未有的速度与广度在国际间流动和传播，"全球化"浪潮席卷世界各地，极大地影响着世界历史进程，对中国的发展也产生极其深刻的影响。面临不同以往的"大变局"，中国已经并将继续以更开放的姿态、更快的步伐全面步入世界，迎接时代的挑战。不同的是，我们所面临的已不是林则徐、魏源时代要不要"睁眼看世界"、要不要"开放"问题，而是在新的历史条件下，在新的世界发展大势下，如何更好地步入世界，如何在融入世界的进程中更好地维护民族国家的主权与独立，积极参与国际事务，为维护世界和平，促进世界与人类共同发展做出贡献。这就要求我们对外部世界有比以往更深切、全面的了解，我们只有更全面、更深入地了解世界，才能在更高的层次上融入世界，也才能在融入世界的进程中不迷失方向，保持自我。

与此时代要求相比，已有的种种有关介绍、论述各国史地政情的著述，无论就规模还是内容来看，已远远不能适应我们了解外部世界的要求。人们期盼有更新、更系统、更权威的著作问世。

中国社会科学院作为国家哲学社会科学的最高研究机构和国际问题综合研究中心，有 11 个专门研究国际问题和外国问题的研究所，学科门类齐全，研究力量雄厚，有能力也有责任担当这一重任。早在 20 世纪 90 年代初，中国社会科学院的领导和中国社会科学出版社就提出编撰"简明国际百科全书"的设想。1993 年 3 月 11 日，时任中国社会科学院院长的胡绳先生在科研局的一份报告上批示："我想，国际片各所可考虑出一套列国志，体例类似几年前出的《简明中国百科全书》，以一国（美、日、英、法等）或几个国家（北欧各国、印支各国）为一册，请考虑可行否。"

中国社会科学院科研局根据胡绳院长的批示，在调查研究的基础上，于 1994 年 2 月 28 日发出《关于编纂〈简明国际百科全书〉和〈列国志〉立项的通报》。《列国志》和《简明国际百科全书》一起被列为中国社会科学院重点项目。按照当时的计划，首先编写《简明国际百科全书》，待这一项目完成后，再着手编写《列国志》。

1998 年，率先完成《简明国际百科全书》有关卷编写任务的研究所开始了《列国志》的编写工作。随后，其他研究所也陆续启动这一项目。为了保证《列国志》这套大型丛书的高质量，科研局和社会科学文献出版社于 1999 年 1 月 27 日召开国际学科片各研究所及世界历史研究所负责人会议，讨论了这套大型丛书的编写大纲及基本要求。根据会议精神，科研局随后印发了《关于〈列国志〉编写工作有关事项的通知》，陆续为启动项目

拨付研究经费。

为了加强对《列国志》项目编撰出版工作的组织协调，根据时任中国社会科学院院长的李铁映同志的提议，2002年8月，成立了由分管国际学科片的陈佳贵副院长为主任的《列国志》编辑委员会。编委会成员包括国际片各研究所、科研局、研究生院及社会科学文献出版社等部门的主要领导及有关同志。科研局和社会科学文献出版社组成《列国志》项目工作组，社会科学文献出版社成立了《列国志》工作室。同年，《列国志》项目被批准为中国社会科学院重大课题，新闻出版总署将《列国志》项目列入国家重点图书出版计划。

在《列国志》编辑委员会的领导下，《列国志》各承担单位尤其是各位学者加快了编撰进度。作为一项大型研究项目和大型丛书，编委会对《列国志》提出的基本要求是：资料翔实、准确、最新，文笔流畅，学术性和可读性兼备。《列国志》之所以强调学术性，是因为这套丛书不是一般的"手册"、"概览"，而是在尽可能吸收前人成果的基础上，体现专家学者们的研究所得和个人见解。正因为如此，《列国志》在强调基本要求的同时，本着文责自负的原则，没有对各卷的具体内容及学术观点强行统一。应当指出，参加这一浩繁工程的，除了中国社会科学院的专业科研人员以外，还有院外的一些在该领域颇有研究的专家学者。

现在凝聚着数百位专家学者心血，共计 141 卷，涵盖了当今世界 151 个国家和地区以及数十个主要国际组织的《列国志》丛书，将陆续出版与广大读者见面。我们希望这样一套大型丛书，能为各级干部了解、认识当代世界各国及主要国际组织的情况，了解世界发展趋势，把握时代发展脉络，提供有益的帮助；希望它能成为我国外交外事工作者、国际经贸企业及日渐增多的广大出国公民和旅游者走向世界的忠实"向导"，引领其步入更广阔的世界；希望它在帮助中国人民认识世界的同时，也能够架起世界各国人民认识中国的一座"桥梁"，一座中国走向世界、世界走向中国的"桥梁"。

《列国志》编辑委员会

2003 年 6 月

CONTENTS

目　录

6

CONTENTS

目　录

CONTENTS

目　录

CONTENTS

目　录

CONTENTS

目　录

CONTENTS

目 录

CONTENTS

目　录

CONTENTS

目　录

CONTENTS

目 录

CONTENTS

目　录

CONTENTS

目　录

16

导　言

　　沙特阿拉伯王国位于亚洲西南部的阿拉伯半岛，东濒波斯湾，西临红海，陆地边境线总长约 4431 公里，海岸线总长 2640 公里。沙特阿拉伯国土总面积约为 225 万平方公里，约占阿拉伯半岛总面积的 80%，是阿拉伯半岛上最大的国家。沙特阿拉伯全国总人口 2470 万，其中沙特阿拉伯公民约占 70%。伊斯兰教是沙特阿拉伯国教，全国人口基本上都是穆斯林，其中逊尼派约占 85%，什叶派约占 15%。沙特阿拉伯官方语言为阿拉伯语，通用英语。

　　沙特阿拉伯具有悠久的历史，早在史前时期，阿拉伯半岛就有人类活动的踪迹。公元前 8 世纪时，阿拉伯半岛的居民就建立了一些早期的国家。

　　公元 613 年，先知穆罕默德在麦加开始公开传教，随后迁居麦地那，建立了伊斯兰教政权——"乌玛"，先知穆罕默德是乌玛的领袖。公元 7 世纪，伊斯兰教的创始人穆罕默德的一些继承者建立阿拉伯帝国，8 世纪为鼎盛时期，版图横跨欧、亚、非三洲。11 世纪开始衰落，16 世纪为奥斯曼帝国所统治。18 世纪，谢赫·穆罕默德·本·阿卜杜拉·瓦哈卜创立了伊斯兰瓦哈比教派。德拉伊叶城的统治者穆罕默德·本·沙特接受瓦哈卜的宗教思想，并与瓦哈卜结成了政治联盟。握有世俗权力的穆罕默德·本·沙特和掌握宗教权力的瓦哈卜联合起来共同传播瓦哈比派学

1

说，开始创建一个瓦哈比派国家。瓦哈卜和穆罕默德·本·沙特结盟后，瓦哈比派很快在内志地区得到了广泛传播，沙特家族的实力也相应得到了很大提升。随着穆罕默德·本·沙特军事上的胜利，瓦哈比派也得到了迅速的传播，内志各封建部落和村镇都皈依了瓦哈比派，并臣服于沙特家族，瓦哈比国家的雏形初步形成。1765年，穆罕默德·本·沙特逝世，阿卜杜勒·阿齐兹继承父位。1792年，瓦哈卜去世，阿卜杜勒·阿齐兹继承了教长职位，从此开创了沙特家族的首领同时兼任瓦哈比派教长的先例，并确立了延续至今的政教一体的政治体制。1803年，阿卜杜勒·阿齐兹遇刺身亡，沙特·本·阿卜杜勒·阿齐兹继位，其执政期间，是瓦哈比国家的鼎盛时期之一。

由于瓦哈比派在新征服的地区强力推行瓦哈比派的教义，摧毁其他派别的宗教圣地，在很多地方引起了不满。1811年，奥斯曼素丹命令埃及总督穆罕默德·阿里进攻瓦哈比国家。1818年，埃及军队攻占了德拉伊叶城，第一沙特王国灭亡。

1824年，沙特·本·阿卜杜勒·阿齐兹的堂兄弟图尔基·本·阿卜杜拉打败了埃及和土耳其军队，收复了利雅得，随后进一步将埃及和土耳其军队全部赶出了内志地区，重建沙特王国，并定都利雅得，史称第二沙特王国，或后沙特王国。图尔基·本·阿卜杜拉重建沙特王国后，基本光复了除汉志地区以外的沙特王国原先的领土。由于内部不和，1891年，第二沙特王国被阿拉伯半岛北部的沙马尔国消灭。

19世纪英国侵入阿拉伯半岛，逐步确立了在阿拉伯半岛的强权地位。1902年初，流亡在科威特的沙特家族后裔阿卜杜勒·阿齐兹秘密潜回利雅得，并夺取了利雅得的统治权，开始重建沙特王国。1924年，已经成为内志统治者的阿卜杜勒·阿齐兹兼并汉志，次年自称为国王。经过30年征战，阿卜杜勒·阿齐兹终于统一了阿拉伯半岛，于 1932 年 9 月 23 日宣告建立沙特阿拉伯王国，这一天被定为沙特阿拉伯国庆日。

1938 年 3 月，美孚公司在达曼打出了第一口商业油井。石油的发现彻底改变了沙特阿拉伯的历史进程和国家面貌。1939 年 9 月，第二次世界大战爆发，沙特阿拉伯宣布保持中立，但实际上倾向同盟国集团。由于沙特阿拉伯所处的重要战略地位和蕴藏的丰富的石油资源，因而成为战争各方争夺的目标。1953 年 11 月，阿卜杜勒·阿齐兹国王病逝，其子沙特·本·阿卜杜勒·阿齐兹继任王位。1958 年 3 月，费萨尔王储出任首相，接管了沙特阿拉伯大权。1960 年，沙特·本·阿卜杜勒·阿齐兹国王在其亲信的支持下，解除了费萨尔的职务，重新掌握了国家大权。1964 年 11 月，在沙特王室和沙特宗教人士颁布的"法特瓦"（伊斯兰宗教教令）的压力下，沙特·本·阿卜杜勒·阿齐兹国王放弃了王位，费萨尔·本·阿卜杜勒·阿齐兹就任沙特阿拉伯国王，沙特阿拉伯进入费萨尔时代。1975 年 3 月，费萨尔遇害后，哈立德·本·阿卜杜勒·阿齐兹继承了王位。1982 年 5 月，哈立德国王因心脏病突发去世，法赫德继任沙特阿拉伯国王。法赫德国王即位后，继续推进沙特阿拉伯王国的现代化计划和前国王费萨尔开始的改革。法赫德国王的经济调整政策取得了很大成效，特别是经济结构调整政策在确保作为支柱产业的石油工业稳步增长的同时，非石油工业和农业等部门也都得到了相应的发展。并实施政治改革，推进政治民主化进程。在法赫德国王的领导下，沙特阿拉伯王国成功度过了海湾战争等数次国际危机，成功调整了经济结构，实施了第六个五年计划，政治民主化进程也取得了很大进步，扩大了政治参与，缓和了国内阶级矛盾。2005 年，法赫德国王因病逝世。现任国王阿卜杜拉于 2005 年 8 月继位。

沙特阿拉伯是君主制国家，禁止政党活动，没有宪法，《古兰经》和穆罕默德的圣训是国家立法的依据。国王亦称"两个圣地（麦加和麦地那）的仆人"。国王行使最高行政权和司法权，有权任命、解散或改组内阁，有权立、废王储，解散协商会议，有权批准和否决内阁会议决议以及与外国签订的条约、协议。

国家最高机构由国王、内阁（大臣会议）、协商会议、最高法院组成。协商会议不是立法机关，而是咨议性机构，其成员由国王任命，任期4年。

经过一系列政治和行政改革，沙特阿拉伯官僚队伍呈现日益年轻化的趋势，各部门权力逐渐向新生代倾斜。这一趋势在现任国王阿卜杜拉在位时期继续得到鼓励和支持。20世纪80年代，在当时的国王法赫德的领导下，不断进行多方面改革，突出自身在国家政治生活中的重要地位，逐步扩大会议的各项权限和各部大臣的实际权力。海湾战争后，为满足国民参与政治的要求和限制宗教界的权力，沙特阿拉伯国内掀起新一轮政治改革浪潮。阿卜杜拉继任国王以来，把巩固王权放在突出地位，及时宣布纳伊夫为第二副首相，倡导组建王室"效忠委员会"，凝聚王室共识，保持了政局的基本稳定，初步解决了政府部门的老龄化问题，并继续推行政治改革和民主化。

沙特阿拉伯为世人所熟知是因为其丰富的石油蕴藏，自1938年美孚公司在达曼打出了第一口商业油井，沙特阿拉伯从游牧经济国家开始成为石油生产国。沙特阿拉伯拥有世界上最大的石油储藏量，也是世界上最大石油生产国和出口国，也是全球第四大天然气储藏国。

石油工业是沙特阿拉伯经济的主要支柱，石油收入的积累使得沙特阿拉伯经济保持较高的生产能力，推动了经济持续增长，

2008 年人均收入达 1.9 万美元。[①]　随着沙特阿拉伯政府建设和改造国内基础设施和生产设备，大力推进经济结构多元化，继续发展非石油产业，沙特阿拉伯经济基本上保持持续增长。沙特阿拉伯政府制定了五年发展计划，依靠大量增加的石油收入扩大政府的公共开支，发展经济文化和社会福利事业，增强防御力量，使得国民经济健康发展，矿业、工业、农业、金融业等都得到了长足的发展。社会文化事业蓬勃发展，成为一个富裕的高福利国家，人均收入位居世界前列。

随着世界石油价格的上升，沙特阿拉伯经济迅速发展。沙特阿拉伯积极推进海湾委员会（GCC）成员国一体化进程，主动发挥地区政治经济主导作用；依托两大圣城和作为伊斯兰会议组织宗主国的特殊地位，显示出在全球伊斯兰国家的领导地位；积极发挥在石油输出国组织（OPEC）和其主导的世界能源论坛（IEF）等多边组织框架内的影响力，成为经济全球化进程中不可忽视的重要力量。沙特阿拉伯如今已成为中东和阿拉伯地区唯一的 G20 成员国，受到全球性的重视，有能力在国际上为阿拉伯、伊斯兰世界发出声音。

沙特阿拉伯注意发展与大国的关系，美国是沙特阿拉伯最重要的战略合作伙伴，并且是沙特阿拉伯最主要的武器供应者。美国是沙特阿拉伯第一大贸易伙伴，沙特阿拉伯是美国重要的石油来源地。两国有着共同的战略利益。近年来，两国关系出现了一些变化。"9·11 事件"后，美国以劫机犯多是沙特阿拉伯人为由，指责沙特阿拉伯是"基地"组织的主要资助者之一，导致沙特阿拉伯政府对美国的不满，也使得两国关系走向低潮。

在地区事务中，沙特阿拉伯较注意发挥地区大国的作用，并

---

① World Development Indicators 2009.

于 2002 年提出了自己的中东和平计划，要求以色列完全撤军以换取阿以的关系正常化，这一和平计划在一定程度上体现了沙特阿拉伯在该地区的大国作用，这也是沙特阿拉伯再次提出地区安全解决方案。

对巴勒斯坦问题，强调全面、公正解决巴以冲突是实现地区和平的唯一途径，支持中东和平进程，支持巴勒斯坦建立以耶路撒冷为首都的独立国家。对伊拉克问题，主张维护伊拉克的独立、主权和领土完整，维护伊拉克的阿拉伯和伊斯兰属性。支持伊拉克重建，愿向伊拉克提供援助。反对外部势力干涉伊拉克内政。

在达尔富尔问题上，沙特阿拉伯反对任何对苏丹的武力干涉和制裁，希望国际社会给予苏丹足够时间执行联合国有关协议。2007 年，阿拉伯国家联盟利雅得峰会期间，沙特阿拉伯促成了苏丹总统与联合国秘书长、非盟委员会主席、阿盟秘书长的会晤。

中国和沙特阿拉伯友谊源远流长。早在公元 7 世纪，穆罕默德的弟子就曾远涉重洋来到中国传播伊斯兰教。公元 15 世纪，明朝著名航海家郑和下西洋时曾到过沙特阿拉伯。1990 年 7 月 21 日，沙特阿拉伯同中国建交。建交后，两国在各领域的友好合作关系发展顺利。2006 年 1 月，沙特阿拉伯国王阿卜杜拉继位后出访的第一个国家就是中国。在访问期间，两国签署能源等领域合作文件。2006 年，中国与沙特阿拉伯元首实现互访，就建立两国战略性友好合作关系达成共识，将双边关系提升到新的高度。

中国与沙特阿拉伯在能源安全上有着互利共赢的战略合作伙伴关系，中国需要沙特阿拉伯长期稳定的石油供应，沙特阿拉伯需要长期稳定的石油市场。随着双方能源需求的互利发展，两国贸易、投资、建筑工程承包等发展不断扩大。中国与沙特阿拉伯双边贸易近年发展非常迅速。尽管受到金融危机影响，但 2009 年双边贸易总额仍然达到 326 亿美元。沙特阿拉伯是中国重要的工程承包市场之一。截至 2009 年底，中资承包企业在沙特阿拉伯市场新签合同额达到创纪录的 66 亿美元；完成营业额 36 亿美元。沙特阿拉伯是最吸引中国投资的国家之一，沙特阿拉伯在海湾合作委员会国家中是对中国投资最多的国家。随着双方经济交往的增加，沙特阿拉伯与中国的经济关系还将继续取得更大的进展。两国间的民间交往也日益频繁，中国穆斯林赴麦加朝觐的人数逐年上升，2010 年达 1.3 万余人。

由于作者水平所限，书中出现的错误和不足，请读者批评指正。在此，真诚地感谢安维华教授和赵国忠研究员在对本书的审订过程中提出的诚恳的修改意见。同时，要感谢在本书的撰写和出版过程中付出辛勤劳动的每一个人。

陈沫是本书主编，作为本课题主持人，负责课题的组织分工和全部书稿审订。

各章节撰稿人：

前言：陈沫；

第一、二章：马学清；

第三、五、六章：敏敬；

第四章：陈沫，刘冬；

第七章：姜英梅。

第一章
国土与人民

第一节 自然地理

一 地理位置

沙特阿拉伯王国位于亚洲西南部的阿拉伯半岛，介于北纬16°~32°、东经36°~56°之间，国土总面积约为225万平方公里，约占阿拉伯半岛总面积的80%，是阿拉伯半岛上面积最大的国家，略相当于中国新疆和青海两省区面积总和。此外，在沙特阿拉伯和科威特之间还存在一块面积约为5770平方公里的中立区，该地区的石油权益由两国共享。

沙特阿拉伯王国东西两面临海，向东隔巴林湾和海湾与巴林和伊朗相对，向西隔红海与埃及、苏丹和厄立特里亚相望。北部与约旦（边界线长744公里）、伊拉克（边界线长814公里）和科威特（边界线长222公里）交界，东南部与卡塔尔（边界线长60公里）、阿拉伯联合酋长国（边界线长457公里）和阿曼（边界线长676公里）接壤，西南与也门（边界线长1458公里）毗邻，陆地边境线总共长约4431公里，海岸线总长2640公里。

二 行政区划

沙特阿拉伯全国划分为 13 个地区（mintaqat），每个地区都由国王委派总督治理，总督一般都由沙特阿拉伯王室家族成员担任。每个地区之下，设立若干个市、县、乡镇，分别由各级行政长官治理。13 个地区的大致情况如表 1 - 1 所示：

表 1 - 1 沙特阿拉伯行政区划

单位：万平方公里

名 称	首 府	面 积
利雅得区 Riyadh Region	利雅得市	37.8
麦加区 Mecca Region	麦加市	13.8
麦地那区 Medina Region	麦地那市	14.4
东部区 Eastern Province	达曼市	71.0
盖西姆区 Qasim Region	布赖代市	5.4
阿西尔区 Asir Region	艾卜哈市	7.7
泰布克区 Tabouk Region	泰布克市	9.9
哈伊勒区 Hail Region	哈伊勒市	12.1
北部边境区 Northern Border Region	阿尔阿尔市	12.7
吉赞区 Jizan Region	吉赞市	1.5
奈季兰区 Najran Region	奈季兰市	10.7
巴哈区 Baha Region	巴哈市	1.0
焦夫区 Al - Jouf Region	塞卡凯市	5.8

三 地形和地貌

从地形上看，沙特阿拉伯王国境内主要分布着山脉、高原和沿海平原等三种地形。

1. 山脉

位于王国西部的希贾兹（又译汉志）山脉是沙特阿拉伯王国最重要的一条山脉，它始自希贾兹以北，向南沿红海海岸，一直延伸至也门，南北长约 1800 公里。希贾兹山脉的走势呈现出北部海拔低，向南逐渐抬升的特点。在北部麦地那附近，希贾兹山脉的海拔一般为 1200 米左右，麦地那附近仅为 600 米左右。向南到塔伊夫，则尽是海拔 2000 米以上的崇山峻岭，有不少山峰海拔达到了 3000 米以上，其中也门境内的哈杜尔舒艾卜峰是希贾兹山脉的主峰，其海拔高度为 3760 米，与中国秦岭主峰太白山的海拔高度相当，它也是整个阿拉伯半岛的最高点。希贾兹山脉中间分布着很多山谷，是沟通阿拉伯半岛西部沿海平原和内陆地区的交通要道。

希贾兹山脉是沙特阿拉伯最重要的地理分界线，此山脉以西是临近红海的沿海平原，降水比较多，气候比较凉爽湿润，是阿拉伯半岛主要的农业区。此山脉以东，则是阿拉伯半岛中部高原地带，降水稀少，气候干燥，间或有沙漠绿洲点缀其中。

图韦格山脉位于沙特阿拉伯中部地区，呈东北—西南走向，长约 1000 公里。图韦格山脉由一系列相对高度为 50~300 米的山丘组成，它北端连接内夫得沙漠，南面延伸至鲁卜哈利大沙漠。

2. 高原

自希贾兹山脉以西的沙特阿拉伯中部地区是广袤的纳季德（又译内志）高原。纳季德高原平均海拔约 760 米，[1] 但总体上呈西高东低倾斜特点，西部海拔最高处达 1360 米，东部最低处海拔仅为 750 米，往东逐渐降低，在利雅得地区只有 600 米左右。

纳季德高原深处阿拉伯半岛内陆，远离海洋，再加上西部高耸的希贾兹山脉阻挡了来自海洋的水汽，致使本地区降水稀少，气候干燥，植被难以生长，大部分地区为广阔的沙漠和荒漠覆

---

① 〔巴勒斯坦〕穆斯塔法·穆拉德·代巴额：《阿拉伯半岛》，北京大学东语系阿拉伯语教研室译，北京人民出版社，1977，第 13 页。

盖，人迹罕至。在纳季德高原中部，间或分布着一些低矮的丘陵，这些丘陵地带往往有比较宝贵的地下泉水，从而形成沙漠中的绿洲，这些绿洲逐渐成为沟通阿拉伯半岛各地的交通要道，有些绿洲逐渐发展成为城镇，首都利雅得就位于其中最大的一个绿洲中。

3. 平原

平原主要分布在红海沿岸和海湾沿岸。

红海沿岸平原大多很狭窄，最大的帖哈麦平原，最宽处也只有 65 公里。红海沿岸平原面朝红海，背靠希贾兹山脉，气候凉爽湿润，景色优美，适宜发展农业生产。塔伊夫城是沿海平原著名的避暑胜地，吉达港是沙特阿拉伯最大的港口城市。

海湾沿岸也分布着大片的沿海平原，这里气候炎热而湿润，适宜发展农业生产。沿海分布着很多珊瑚礁，比较适宜港口的开发。

4. 沙漠

沙特阿拉伯有三大沙漠，分别是与叙利亚大沙漠相连的北部大内夫得沙漠、中部的小内夫得沙漠和南部的鲁卜哈利沙漠，其中鲁卜哈利沙漠面积最大，约 64.75 万平方公里，是世界十大沙漠之一。沙漠地区气候恶劣，人烟稀少，只有在有泉水的地区才形成可供人类生存的沙漠绿洲。

四 河流与湖泊

沙特阿拉伯境内无常年有水的河流和湖泊，地表水非常稀少。但在沙漠深处和山谷地带，经常有比较丰富的地下泉水渗出，古代的阿拉伯人就是依靠这些宝贵的水源建立了诸多的沙漠绿洲，逐渐形成了麦加、麦地那等绿洲城市。

沙特阿拉伯生产生活用水主要依靠抽取地下水供应。沙特阿拉伯政府、沙特阿拉伯石油公司和联合国粮农组织在沙特阿拉伯很多地区联合实施了一些项目，开采深层地下水，基本解决了用水问题。随着经济发展和人口的增长，沙特阿拉伯开始大力发展海水淡化工业，以解决生产生活用水不足。

五 气候

沙特阿拉伯王国地处热带和亚热带地区，由于降水稀少，占国土面积95%的地区属于干旱或半干旱的沙漠和荒漠，炎热干燥、温差大是其主要的气候特征。

受地形地势的影响，沙特阿拉伯各地气候有明显差异。西部红海沿岸平原，受海洋湿润气流影响比较大，降水比较丰富，比较适宜发展农牧业生产；中部的纳季德高原大部分为沙漠所覆盖，不适宜人类生活，只有沙漠绿洲存在人类活动；东部海湾沿岸平原临近海洋，气候炎热，降水比较充沛，也是沙特阿拉伯主要的农业区。

沙特阿拉伯国土大部分是高原，昼夜温差大，冬季较凉爽，气温一般在14～23℃；夏季酷热，6～8月气温超过38℃，甚至达到49℃；纳季德沙漠地区气温甚至高达54℃。

沙特阿拉伯常年盛行东北风和南风。每年春末夏初，强大的西北风总给东部地区带来严重的沙尘暴。沙尘暴严重时能见度只有数米远，这是沙特阿拉伯主要的灾害性天气。

第二节 自然资源

一 能源与矿产资源

1. 石油与天然气资源

1938年，美孚石油公司在沙特阿拉伯达曼地区发现了石油，从此，沙特阿拉伯开始成为石油生产国。沙特阿拉伯拥有世界上最大的石油储藏量，也是世界上最大石油生产国和出口国。截至2008年年底的统计，沙特阿拉伯已探明石油储量超过2640亿桶，约占全世界储量的21%。[1] 随着勘探的深入，这一储量有望继续增加。

沙特阿拉伯拥有约80个油田，但大油田主要分布在东部省份，主要有4座大油田，分别是世界上最大的油田加瓦尔（Ghawar）油田、世界上最大的海上油田萨法尼亚（Safaniyah）油田以及阿卜凯克（Abqaiq）和贝利（Berri）油田。沙特阿拉伯油田地质结构简单，孔隙度高、渗透率高，因而采收率高。沙特阿拉伯的油田出产的原油品质多样，从重质油到超轻质油均有，但主要以轻质或超轻质石油为主。

近年来，沙特阿拉伯天然气探明储量逐年增加，仅2008年，新增探明天然气储量即有5万亿立方英尺（合1415亿立方米）。截至2008年，沙特阿拉伯已探明的天然气储量为258万亿立方英尺（约7.3万亿立方米），[2] 约占世界储量的4.1%，是仅次于俄罗斯、伊朗和卡塔尔的全球第四大天然气储藏国。沙特阿拉伯天然气储量绝大多数为伴生气，已探明天然气储量的约57%分布在加瓦尔、萨法尼亚和祖鲁夫（Zuluf）油田，其中加瓦尔（Ghawar）油田蕴藏的天然气约占沙特阿拉伯已探明天然气储量的1/3。

2. 其他矿产资源

（1）金属矿产

沙特阿拉伯发现有金、银、铜等矿。位于吉达东北约280公里处的迈赫德宰海卜金矿和苏海巴拉特金矿是沙特阿拉伯重要的金矿，这两座矿还伴生有银。

---

[1] Eiu, Saudi Arabia , Country Profile, 2008。

[2] 美国能源信息署网站：http://www.eia.doe.gov/emeu/cabs/Saudi_ Arabia/NaturalGas.html。

位于吉达东北 315 公里处的赛伊德山岛和沙特阿拉伯南部的阿尔马萨尼地区（Al Masane）分布着铜矿。

沙特阿拉伯有 3 个铁矿床，即北部红海海岸附近的萨瓦温河、吉达以南 40 公里处的法廷纳赫赤铁矿矿床、伊德萨斯山磁铁矿矿床。

1979 年，在沙特阿拉伯东北部沙漠区的宰比拉发现了一个大型铝土矿矿床。此外，沙特阿拉伯还有稀土、锌等金属矿藏。

（2）非金属矿产资源

沙特阿拉伯非金属矿产资源相当丰富。除了广泛分布的可作建筑材料的砂外，还有石膏、磷酸盐、黏土、岩盐、重晶石、菱镁矿和硫等。石膏矿主要分布在红海海岸，探明储量为约 3 亿吨。红海海岸北部地区还有黄铁矿矿床，估计储量达 8 亿吨。此外，在各大油气田，还伴生有储量可观的硫。

二　动植物资源

沙特阿拉伯的大部分国土被沙漠和荒漠所覆盖，气候干燥炎热，动植物资源稀少，植被以小草和灌木为主，主要分布在沿海地区和沙漠中的绿洲。枣椰树是阿拉伯半岛最常见，也是最主要的植物，被誉为阿拉伯半岛的树王。枣椰树的果实椰枣是半岛居民的主要食品，树干和树叶还可以盖房子和做燃料。枣椰树种类繁多，麦地那生长的品种最为优良。

阿拉伯半岛其他的树木还有柳、橄榄、棕榈、相思树、阿拉伯胶树，以及苹果、桃、李、杏、橘、无花果、石榴、柠檬等果树。粮食作物主要有小麦、大麦、玉米、高粱、谷子和豆类等。

主要的家畜有：骆驼、马、绵羊、山羊、黄牛、骡、驴等，其中骆驼和马是最重要的家畜。对阿拉伯游牧民来说，骆驼是他们赖以生存的重要依靠，他们喝骆驼奶、吃骆驼肉、用骆驼皮做衣服、用骆驼毛织帐篷，骆驼粪可以做燃料、骆驼尿可以入药，骆驼还曾经是最主要的交通工具。

阿拉伯马是地球上最古老的品种，被认为是世界所有的马的起源。阿拉伯马以健美的体形、超强的奔跑速度和耐力以及聪明伶俐等特点在世界上享有盛誉。沙特阿拉伯纳季德地区出产的阿拉伯骏马最为有名。

阿拉伯半岛上的野生动物有猎豹、豹子、鬣狗、狼、狐狸、猴子、羚羊、羱羊、蹄兔等。红海沿岸的塔伊夫山区还有猴子活动，狮子和老虎也在平原地区留下了生存过的踪迹。

飞禽有云雀、鹭、鹰、乌鸦、夜莺、沙鸡、鸽子等。

沙漠地区有很多蚂蚱，游牧民曾经把它们当成可口的食物。

第三节　居民与宗教

一　人口

据沙特阿拉伯政府的统计，1975 年，沙特阿拉伯人口仅为 730 万，到 2005 年，全国人口达到 2312 万，其中沙特阿拉伯人为 1685 万，约占全国总人口的 73%，外籍人口为 627 万。1975~2005 年，年均人口增长率为 3.9%。2005~2015 年，预计年均人口增长率为 2.1%，预计到 2015 年，全国人口将达到 2930 万人。①

1. 沙特阿拉伯人口的地区分布

自 1975 年以来，沙特阿拉伯的城市化率迅速上升。1975 年，城市人口仅为 58.3%，到 2005 年，达到了 81%。

---

① Saudi Arabian Monetary Agency (SAMA), Annual Report (2009).

表 1 - 2 沙特阿拉伯人口的地区分布

单位：万人

地　区	数　量	地　区	数　量
利雅得区	473	麦地那区	137.9
麦加区	544.9	吉赞区	108
东部区	300.9	盖西姆区	99
阿西尔区	163.7		

资料来源：Eiu, Saudi Arabia , Country Profile, 2008。

2. 沙特阿拉伯人口的年龄分布

2005 年，沙特阿拉伯 15 岁以下的人口占 34.5%，15 ~ 65 岁人口占 62.7%，65 岁及以上人口比例为 2.8%。2000 ~ 2005 年，全国人口平均寿命为 71.6 岁。2005 年，全国劳动力供应量为 610 万人。

为了解决本国劳动力不足的问题，沙特阿拉伯政府大量引进外籍劳动力，外籍劳工逐渐成为高级技术人员、管理人员及生产工人的主力，其数量一直居高不下。外籍劳工的存在虽然大大促进了沙特的经济发展，但对本国人力资源的开发有一定的负面作用。为了改变过分依赖外籍劳工的局面，近年来，沙特阿拉伯政府实施劳动力沙特化政策，规定企业必须雇用一定比例的本国人。

沙特阿拉伯人口的年龄结构呈现年轻化态势，就业压力比较大，失业率比较高，2005 年失业率为 11.5%，2006 年达到 12%。

二　民族和语言

现代沙特阿拉伯王国的绝大多数居民都是阿拉伯民族，另有很少的黑人、印度裔以及突厥人等其他居民，他

们全部是穆斯林。

阿拉伯人属于闪米特人（Semite，旧译闪族），讲闪米特—含米特语系的阿拉伯语。阿拉伯半岛是他们的故乡、摇篮和文明发祥地。据史料记载，公元前853年在亚述人的碑文中首先出现"阿拉伯"这一名词。公元前530年左右，在波斯的楔形文字中，又出现了"阿拉比亚"一词。继之，古希腊历史学家希罗多德（约前484～前425年）和他以后的希腊、罗马史作者，都用"阿拉伯人"或"阿拉比亚人"指称整个半岛上的居民。至公元元年前后，阿拉伯半岛的居民开始以"阿拉伯人"自称。

在历史上，阿拉伯半岛曾有许多部族繁衍生息，其中一些部族在伊斯兰教兴起前已经消亡了，后来的人们难以寻找到他们的生存遗迹，只是从《古兰经》和《圣训》中能见到对这些部族的描述，比较著名的部族有塔斯姆、贾迪斯、奥德和萨姆德等，学者们称之为"消失的阿拉伯人"。还有一些部族一直在沙漠绿洲中繁衍生息，一直到伊斯兰教兴起，学者们把他们称之为"存在下来的阿拉伯人"，正是这些部族后来信奉并发展了伊斯兰教，最终创建了阿拉伯—伊斯兰国家。

根据地理分布的不同，存在下来的阿拉伯人又被分为南方的阿拉伯人和北方的阿拉伯人。按照谱系学家的说法，南方的阿拉伯人发源于始祖"盖哈坦"（Gahtan）。南方阿拉伯人是阿拉伯半岛最早的居民，多定居于也门，以农耕生活为主，也称之为也门阿拉伯人，他们讲南方阿拉伯语。

北方的阿拉伯人的始祖是阿德南（Adnan），故被称为阿德南人。根据传说，阿德南是亚伯拉罕之子易斯马仪的后裔，阿德南人也被称为"易斯马仪人"。阿德南人大都居住在汉志和内志等地，由于受自然地理条件的局限，他们以游牧生活为主。阿德南人使用北方阿拉伯语。伊斯兰教兴起后，阿德南人的北方阿拉伯语成为《古兰经》的语言，而伴随着伊斯兰教和《古兰经》

的广为传播，北方阿拉伯语为南方阿拉伯人所接受，成为阿拉伯半岛全体居民统一使用的语言，并发展成为现代阿拉伯世界通用的标准阿拉伯语。

　　阿拉伯半岛土地贫瘠，资源贫乏，不能容纳众多人口，所以每当人口繁衍超过土地所能供养的数量时，阿拉伯一些部落就在长老的率领下向北迁往水草充裕的"肥沃新月地带"[①]。在历史上曾发生过多次的迁徙浪潮，阿拉伯人也随之遍布整个西亚北非地区。为了明确阿拉伯人的定义，阿拉伯国家的领袖们一致同意："任何住在我们的国家、说着我们的语言、在我们的文化里成长而且以我们的荣耀为傲的人，即是我们之中的一员。"[②]

三　宗教信仰

　　伊斯兰教是现代沙特阿拉伯王国的国教，国王集国家元首和宗教领袖于一身，居民都是穆斯林。但是在历史上，古代原始宗教、基督教、犹太教等宗教都曾在阿拉伯半岛流行，直到公元 631 年，阿拉伯半岛各个部落全部皈依伊斯兰教，伊斯兰教从此成为阿拉伯半岛唯一的宗教信仰。

1. 古代的多神崇拜

　　在伊斯兰教之前，阿拉伯人信奉多神教，崇拜各种自然现象和偶像，伊斯兰史学家把阿拉伯人信奉多神教的历史阶段称为阿拉伯历史上的"蒙昧时期"。

　　古代阿拉伯人崇拜动物、植物、井泉、山洞、岩石等，希望这些神灵帮助他们化凶为吉。鬼魂和祖先也是他们崇拜的对象，

[①]　指今天的伊拉克、约旦、巴勒斯坦、叙利亚等国家。
[②]　Bernard Lewis 著《阿拉伯人的历史》，蔡百铨译，台北，联经出版事业公司，1986。

希望得到他们的庇护。日月星辰是阿拉伯半岛最受崇拜的神，农耕区的居民多崇拜太阳，希望太阳神帮助他们获得农业丰收；而游牧民多崇拜月神，希望月神带给他们凉快和舒适。

蒙昧时期的阿拉伯部落都有自己的部落神，对部落神的崇拜是部落统一的象征。在希贾兹地区，主要有三座女神偶像被人们奉为重要的神祇，它们是欧扎（金星）、拉特（又名艾里拉特女神）和麦纳特（命运女神）。麦加的克尔白是半岛上各部族偶像的集中地，有 360 尊之多。其中最大的叫做胡伯勒，被描绘为人的形象，被当时的阿拉伯人奉为最高的神灵，人们从四面八方前来朝拜。它旁边放着神签，供占卜者用来判断祸福。

麦加城自古以来是阿拉伯半岛最重要的商业城市，是半岛的政治、经济、文化、宗教中心，每年一届的朝觐麦加克尔白是阿拉伯人最重要的宗教仪式。克尔白原是一个简单而朴实的立方体建筑物，自古被认为是神圣的禁地。克尔白的墙上有一块黑色陨石，被当做神物崇拜，至今被全世界的穆斯林们视为圣物。

2. 基督教和犹太教

历史上，犹太教、基督教和波斯的萨比教和拜火教也一度传入阿拉伯半岛，对阿拉伯半岛居民的信仰产生了重要影响。

早在公元前 1 世纪时，犹太教就传入了阿拉伯半岛。罗马帝国镇压了犹太人后，不少的犹太人迁居到了阿拉伯半岛，加强了犹太教在阿拉伯半岛的势力。到伊斯兰教兴起之前，阿拉伯半岛北部的泰邑玛、费德克、海巴尔、雅斯里布（麦地那旧名）等地区都有不少的犹太教徒。

在犹太教之后，基督教也传入了阿拉伯半岛。在阿拉伯半岛传播的基督教主要是聂斯脱利派和雅各派。奈季兰是基督教在阿拉伯半岛的活动中心，在半岛其他地方，基督教徒也建立了一些修道院和教堂。

犹太教和基督教在阿拉伯半岛展开了激烈的斗争，甚至发生了战争。但更重要的是他们激发了阿拉伯人的一神教观念，动撼了半岛上崇拜多神的拜物教，并把有关的知识文化传入了阿拉伯半岛。

3. 哈尼夫派

公元6、7世纪之交，阿拉伯半岛盛行的多神崇拜和一神教思想在阿拉伯半岛的相互碰撞，促使多神信仰走向崩溃，半岛居民中出现了一神教思想，这就是哈尼夫派。

"哈尼夫"是真诚者的意思，哈尼夫派既否定拜物教和偶像崇拜，也不接受外来宗教，它号召人们信奉传说的易卜拉欣的宗教，把古莱什人崇信的安拉奉为高于一切的主神。哈尼夫派的追随者多隐居于山洞，修身养性，苦思冥想，寻找正道。哈尼夫派为伊斯兰教的兴起铺平了道路。

4. 伊斯兰教

公元7世纪，伊斯兰教兴起于阿拉伯半岛的麦加城，《古兰经》是伊斯兰教唯一的根本经典。"古兰"一词系阿拉伯语Quran的音译，意为"宣读"、"诵读"，《古兰经》是先知穆罕默德在23年的传教过程中陆续得到的"安拉的启示"的汇集。

根据《古兰经》的规定，伊斯兰教首要的、最基本的信条是"万物非主，唯有真主，穆罕默德是主的使者"，中国穆斯林把这一基本信条称为"清真言"，清真言又被细化为六个方面的内容，即"六大信仰"。

（1）信安拉。伊斯兰教认为除真主（安拉）之外别无神灵，安拉是宇宙间至高无上的主宰。《古兰经》第112章称："他是真主，是独一的主；真主是万物所仰赖的；他没有生产，也没有被生产；没有任何物可以做他的匹敌。"根据《古兰经》阐释，安拉有99个美名和与之相对应的99种德性，认为安拉是独一无

二、永生永存、无所不知、无所不在、创造一切、主宰所有人命运的无上权威。信安拉是伊斯兰教信仰的核心思想，体现了伊斯兰教一神论的特点。

（2）信使者。伊斯兰教认为，安拉曾经在不同历史时期向人类各个民族派遣了许多位先知，以传达安拉对人类的教诲。《古兰经》中曾提到安拉的五位使者，即阿丹、努哈、易卜拉欣、穆萨和尔撒（被认为是《圣经》中的亚当、诺亚、亚伯拉罕、摩西和耶稣），伊斯兰教承认这五位使者的先知地位，并认为先知穆罕默德是安拉向人类派遣的最后一位先知，他也是最伟大的先知，是至圣的使者，他是安拉"封印"的使者。

（3）信天使。天使（al-Malaikah）是安拉用"光"创造的无形妙体，受安拉的差遣管理天国和地狱，并向人间传达来自安拉的信息，负责记录人类的功过。《古兰经》中提到有四大天使的名字，他们是：吉卜利勒（Jibril）、米卡勒（Mikal）、阿兹拉伊勒（Azral）及伊斯拉菲勒（Israfil），他们分别负责传达安拉命令及降示经典、掌管世俗时事、司死亡和吹末日审判的号角。

（4）信经典。伊斯兰教认为，安拉曾通过诸位先知向人类降示了数部经典，其中包括通过穆萨降示的《讨拉特》（即犹太教《旧约圣经》）和通过尔撒降示的《引之勒》（即基督教《新约圣经》），《古兰经》是安拉降示的最后一部经典，《古兰经》降示之后，以前的经典就停用了。《古兰经》是安拉通过天使吉卜利勒向先知穆罕默德降示给全人类的经典，用以指导穆斯林的宗教和世俗生活，穆斯林必须信仰和遵奉《古兰经》，不得诋毁和篡改。

（5）信后世。伊斯兰教认为整个宇宙及一切生命，终将有一天全部毁灭。然后安位使一切生命复活，即复活日来临。在复活日到来的那天，一切生命的灵魂都将复返于原始的肉体，奉安拉的命令而复活，并接受安拉最终的判决：在现世行善的人将进入天园，永享欢乐；而那些作恶的人将被驱入火狱，接受相应的惩罚。所以，伊斯兰教提倡穆斯林两世兼修，鼓励穆斯林在现世努力创造美满生活，多做善功，为未来的后世的美好归宿创造条件。

（6）信前定。穆斯林认为世间的一切都是由安拉预先安排好的，任何人都不能变更，同时，人因为禀受了安拉赐予的理智思维而可以自由选择并承担自由选择的结果。

伊斯兰教为穆斯林规定五项基本宗教功课：信仰表白、礼拜、斋戒、施舍和朝觐，中国穆斯林称之为念、礼、斋、课、朝"五功"。

①念。信仰的确认。即念清真言（万物非主，唯有真主，穆罕默德是主的使者），这是信仰的表白（即："作证"）。任何人只要当众表白一次，并且内心承认，他就是一名穆斯林了。

②礼。穆斯林须完成每日五次礼拜，每周一次的聚礼拜（即主麻拜），一年两次的会礼拜（即古尔邦节和开斋节的礼拜）。

③斋。每个成年的穆斯林在伊斯兰教历九月斋戒一月，教历九月称为斋月。斋戒时，白天禁止饮、食和房事，还要多行善事。封斋有困难的人，如儿童、病人、年老体弱者和出门旅行者、孕妇和哺乳者可以暂免，或过时再补。

④课。也称天课。伊斯兰教规定，每个穆斯林在扣除保障自身和家庭生活费用之后的财富，必须捐献出其中的 2.5%，用于济贫和慈善事业。

⑤朝。即朝觐麦加天方（克尔白）。伊斯兰教规定，每个穆斯林有生之年，在身体、经济能力、治安状况等各种条件允许的情况下，须到麦加朝觐克尔白一次，并完成一系列的宗教功课。伊斯兰教历的每年 12 月 8~10 日为法定的朝觐日期（即正朝）。其他时间，也可以到麦加进行副朝。

伊斯兰教发展演变过程中，逐渐出现了逊尼派和什叶派两大派。现代沙特阿拉伯王国居民绝大部分属于逊尼派，另有约10%的居民属于什叶派，他们主要居住在沙特阿拉伯东部地区。两大派都承认《古兰经》为伊斯兰教的根本法典，承认穆罕默德为先知，但在先知的继承人、伊斯兰教法的立法依据等问题上存在分歧。

逊尼派全称为"逊尼和大众派"。其阿拉伯语原意是"遵守逊奈者"。逊尼派自称"正统派"，把穆罕默德及其圣门弟子的言行编纂成为"逊奈"——"圣训"，并尊为仅次于《古兰经》的立法基础。该派自9世纪开始被称为逊尼派。逊尼派承认艾布·伯克尔、欧麦尔、奥斯曼和阿里都是穆罕默德的合法继承者，是四大正统哈里发，也承认伍麦叶王朝和阿拔斯王朝的哈里发，视哈里发为其宗教首领和领导人，所以始终得到官方的支持。逊尼派穆斯林在信仰、宗教功课、教律等方面，较全面地体现了伊斯兰教的要求，把麦加、麦地那和耶路撒冷奉为圣地，把克尔白作为朝拜中心。他们自称伊斯兰教的正统派，是信徒最多、分布最广的伊斯兰教派别，占全世界穆斯林人口的80%以上。

什叶派是伊斯兰教内由拥护阿里为先知穆罕默德继承人的集团逐渐发展演变而形成的一个宗教派别。什叶派产生于麦地那，形成于伊拉克，壮大于伊朗。什叶派认为哈里发只能由阿里及其直系后裔继承才是合法的，不承认艾布·伯克尔，欧麦尔和奥斯曼前三代哈里发的合法性。伊玛目及伊玛目隐蔽说，是什叶派的基本信条。

在逊尼派和什叶派中间，又发展演变出许多支派，逊尼派瓦哈比思想是统治沙特阿拉伯王国的主导意识形态。

18世纪，内志人谢赫·穆罕默德·本·阿卜杜勒·瓦哈卜吸收了罕百里学派的教法学说和本·泰米叶的复古主义思想，创立了瓦哈比思想。其基本思想有以下几点：（1）严格信奉独一的安拉，反对多神崇拜和异端邪说，革除一切多神信仰的表现，反对异教思想对伊斯兰教的侵染，清除包括对圣贤、圣陵、圣物等在内的一切物的崇拜，反对在安拉与人之间存在中介之说，恢复伊斯兰教的根本信仰——认主独一，恢复伊斯兰教早期的纯洁性和严格性。（2）坚持以《古兰经》和圣训立教，将《古兰经》和早期真实的圣训作为穆斯林信仰、立法、道德和个人行为的最高准则，反对脱离经训的任何"标新立异"，反对苏非派对《古兰经》的隐秘解释，反对用异教观点注释《古兰经》，主张一切应回归到《古兰经》本来精神中去，倡导以罕百里学派的学说行教治国，穆斯林应严格履行教法规定的各项宗教功课和义务。（3）主张整肃社会风尚，净化信徒的"心灵"，革除社会弊端，严禁高利贷盘剥和商事交易中的巧取豪夺。禁止吸烟、饮酒、赌博、淫秽，反对将音乐舞蹈引入宗教仪式。反对一切腐化堕落和违背人格的享乐，禁止穿着丝绸和华丽服装、佩戴金银珠宝首饰等。（4）凡穆斯林应不分氏族、种族和贫富，在安拉面前一律平等，消除穆斯林间的一切分歧和怨恨，停止自相残杀，为捍卫"安拉之道"团结一致，共同对敌。（5）在政治上反对土耳其人对阿拉伯半岛的统治和一切外来势力的侵略，谴责奥斯曼帝国统治者腐化堕落，助长"异端邪说"，对伊斯兰国家进行欺压和掠夺，完全背离了伊斯兰教，因而不承认土耳其素丹为伊斯兰教领袖的地位，不承认土耳其政权，公开提出只有阿拉伯人才能肩负起恢复伊斯兰教纯洁性的使命。主张通过"圣战"实现阿拉伯半岛的统一和民族的独立。

1740 年前后，瓦哈卜结识了德拉伊叶埃米尔穆罕默德·本·沙特，穆罕默德·本·沙特接受了瓦哈比派教义。从此，穆罕默德·本·沙特和瓦哈卜为了共同传播瓦哈比派学说而联合起来，奠定了现代沙特阿拉伯王国的基础。

第四节　民俗与节日

一　民俗

沙特阿拉伯是伊斯兰教的发源地，以伊斯兰教为国教，是一个政教合一的国家，伊斯兰教的影响遍及沙特阿拉伯社会、政治、经济、人文传统、生活习俗的各个方面。

沙特阿拉伯人民很讲究见面打招呼的礼仪，见面时首先互相致"色兰"① 问候（你好，意为安拉赐你平安），男性之间会相互握手或者拥抱，有的人会伸出左手放在对方的右肩上并吻其双颊。

沙特阿拉伯人崇尚白色（纯洁）、绿色（生命），沙特阿拉伯国旗绿色的旗地上镶嵌着白色的伊斯兰教的一句名言和一把宝刀。黄色象征着神圣和尊贵，只有国王身着土黄色长袍。

沙特阿拉伯人男子大多穿白袍，头顶白纱巾，或是红格头巾，脚上一双凉拖鞋；而女人几乎无一例外全是黑色长袍、黑头巾。现在，沙特阿拉伯有一些男子在公务场合穿西服、打领带，但是在家仍然喜欢穿阿拉伯长袍。

沙特阿拉伯人交换物品时，用右手或用双手，忌用左手。按穆斯林的习俗，沙特阿拉伯人民喜欢吃牛、羊、鸡肉等食品，禁食猪肉、自死的动物和动物血，喜欢喝咖啡和红茶，忌讳喝酒。传统的阿拉伯人多用右手抓饭，现代人多用西餐具。

沙特阿拉伯人热情好客，到朋友家做客时一般都要带些糖果、工艺品等小礼品，到主人家要脱鞋。忌讳用鞋底后跟面对

---

① "色兰"，是伊斯兰教礼仪用语，又译为"色俩目"、"塞俩目"等，意为"和平"、"平安"、"安宁"，是穆斯林的祝安词。

人，忌用脚踩桌椅板凳。

妇女一般不参加公共活动；可以参加家庭的内部聚会。妇女外出戴面纱，但不能自己开车或者单独外出，必须要有家庭男性亲属陪同才可以外出。

沙特阿拉伯实施严格的伊斯兰法律，抓住小偷，证据确凿者要砍一只手以示惩罚。因此，沙特阿拉伯社会治安很好，犯罪率很低。

沙特阿拉伯严格禁止出现一切偶像，如工艺品中的人物、动物雕像或者画像等。

二 节日

特阿拉伯实行星期四和星期五两天休息日。

每年 9 月 23 日是沙特阿拉伯王国的国庆日。

开斋节（Eid Al – Fitr）和宰牲节（Eid Al – Adha）是沙特阿拉伯王国两个最盛大的节日。伊斯兰教历 9 月为斋月，斋月之后的 10 月 1 日为开斋节，标志着斋月的结束。伊斯兰教历 12 月 10 日是宰牲节，也是世界各地到麦加朝觐的日子。需要注意的是，由于伊斯兰教历和公历的差别，这两大节日在公历中的日期不固定。

杰纳迪里亚遗产和文化节是沙特阿拉伯最重要的文化艺术盛会。杰纳迪里亚遗产和文化节创办于 1985 年，每年 3 月在利雅得附近的杰纳迪里亚（Jenadriyah）举行，主要内容有骆驼比赛、艺术展览、《古兰经》诵读等反映沙特阿拉伯悠久历史和民族特色的节目。

此外，还有伊斯兰教历元旦、圣纪（伊斯兰教历 3 月 12 日）、登霄夜（伊斯兰教历 7 月 27 日）、拜拉特夜（伊斯兰教历 8 月 15 日）、盖德尔夜（伊斯兰教历 9 月 27 日）和阿舒拉日（伊斯兰教历 1 月 10 日），这些宗教节日不是全国性的节日，只有部分群众举行纪念活动。

第二章

历　史

第一节　古代的阿拉伯国家

沙特阿拉伯具有悠久的历史。早在史前时期，阿拉伯半岛就有人类活动的踪迹。公元前8世纪时，阿拉伯半岛的居民就建立了一些早期的国家。

一　阿拉伯半岛南部的古代国家

阿拉伯半岛南部也门一带土地肥沃、降水充沛，自然条件适宜人类生存，因此，也门最先孕育了阿拉伯半岛的古代文明。公元前3世纪，生活在也门西北的麦因人建立的早期国家，其疆域在极盛时期囊括了阿拉伯半岛南部的大部分地区，影响所及直达阿拉伯半岛北方。麦因人擅长经商，在今希贾兹北部的塔布克和今约旦的马安等地设立重要的商业驿站，沿途绿洲驻有武装以保护其商业利益，从而控制了阿拉伯半岛南北商道。几乎与麦因国同时存在的有萨巴国（又译赛伯邑国，公元前750~前115年）。萨巴人和麦因人同属南阿拉伯人，但萨巴人战胜了麦因人，并继承了麦因人的语言、宗教和社会习尚。萨巴人擅长航海，被誉为"南海的腓尼基人"，几乎独占了南海的贸易。萨巴人掌握了高度发达的建筑技术，在其首都修建了艾勒麦盖的庙宇，其遗址现在被称为"哈里卜"。萨巴人修建的马里卜大水坝，是也门历史上最大、最坚固、收益最多、存在时间最长的水坝，是也门古代文明的象征。

公元前 115 年，希木叶尔人在南阿拉伯人中崛起，取代了萨巴人的统治。希木叶尔人精通建筑技术，修建了宏伟的萨那雾木丹宫。雾木丹宫用花岗岩、斑岩和大理石建成，高 20 层，最高层为国王的宫殿。公元 525 年，希木叶尔国被信奉基督教的埃塞俄比亚人消灭，埃塞俄比亚人开始统治南阿拉伯。公元 570 年，埃塞俄比亚人以南阿拉伯为基地，向北进军，进攻麦加，但以失败告终，这就是著名的"象年战争"[①]。

二　阿拉伯半岛北部的古代国家

公元前 6 世纪起，生活在半岛北部地区的阿拉伯人曾建立了奈伯特国、巴尔米拉国、加萨尼国和希赖国，与南阿拉伯各国相辉映。其居民是阿拉伯半岛北部人的亲族，或者属于半岛南部的迁居者，他们与半岛有千丝万缕的联系。

奈伯特人（又译"纳巴泰人"）是古代阿拉伯游牧部落的一支，后在叙利亚与阿拉伯半岛交界地区定居，于公元前 6 世纪至公元 106 年在半岛的西北部（今约旦境内）建立过国家。公元前后，哈利萨斯四世在位时期，奈伯特王国势力达到了顶峰，控制了大马士革、西奈半岛和阿拉伯半岛希吉尔之间的广大区域。

奈伯特人在与塞琉古人、犹太人、罗马人、希腊人、波斯人和埃及人的不断交往中深受他们的影响，取其所长，逐渐形成了自己的文明，在农业发展、水利兴修、城市建设、艺术等方面都有较高的水平。奈伯特人使用北方阿拉伯语，并通晓阿拉米语，

---

① 根据古代阿拉伯历法，这一年称为象年，因而得名。

他们借用阿拉米语字母来拼写自己的语言，创造了奈伯特文字体系。这一文字体系后被北方阿拉伯语采用，逐渐形成了现在的阿拉伯语字母，这是奈伯特人对阿拉伯语的重大贡献。

公元初年，巴尔米拉人建立了巴尔米拉国，逐步取代了奈伯特人的统治。巴尔米拉国居民大部分属于高度希腊化了的阿拉米人，但统治者则为阿拉伯人。公元 130～270 年，是巴尔米拉国的强盛时期，国泰民安，对外贸易兴旺发达，统治区域囊括小亚细亚、埃及、叙利亚、阿拉伯半岛北部地区，成为可与罗马抗衡的西亚强国。公元 272 年，罗马奥尔良皇帝率领罗马军队消灭了巴尔米拉国。

公元 3 世纪，来自也门的一支阿拉伯部落建立了加萨尼国，其统治区域包括叙利亚东南、约旦和西奈半岛部分地区。公元 6 世纪，加萨尼国达到极盛时期，国王哈雷斯于 529 年被拜占庭皇帝任命为叙利亚阿拉伯各部落的首领，并被授予仅次于皇帝的高贵封号"贵族和族长"。636 年，阿拉伯穆斯林占领叙利亚，加萨尼人皈依了伊斯兰教。

公元 242 年，来自也门的赖赫米人建立了希拉王国，其领土包括今天伊拉克的巴比伦省，并向南延伸到海湾，东以波斯国为邻。希拉王国臣属于波斯的萨珊王朝。国王由波斯统治者在赖赫米贵族中挑选，担当保卫波斯边疆的任务。希拉王国与加萨尼王国相互仇视，两国间的战事频繁发生。公元 633 年，希拉王国被阿拉伯穆斯林征服。

三　阿拉伯半岛中部的古代国家

公元 4 世纪前后，南阿拉伯人的肯德部落北迁到了纳季德地区生活。经过一个世纪左右的发展，肯德部落逐渐强大起来，在胡吉尔·本·哈利思·本·阿慕尔的领导下，肯德部落联合阿拉伯半岛中部的各部落建立了肯德王国。肯德王国兴盛时期，统治着北达伊拉克、叙利亚边境，南至也门之间的广大区域，几乎统一了阿拉伯半岛。在肯德王国统治下，阿拉伯半岛南北交流频繁，北方阿拉伯语在也门逐步流行，促进了阿拉伯共同语言的形成和发展。

公元 6 世纪初，肯德王国在与北方的希拉王国的战争中战败，导致王国迅速瓦解，阿拉伯半岛陷入各部落混战的局面。

第二节　伊斯兰教的兴起

一　伊斯兰教兴起的历史背景

伊斯兰教产生的前夕，阿拉伯半岛及其四邻正处于历史大动荡大转折的时期。

由于阿拉伯半岛重要的地理位置，拜占庭人和波斯人为控制东西方贸易商道，在阿拉伯半岛进行了长期的角逐，使其成为军事、政治和宗教斗争的一个焦点。常年的争夺给阿拉伯人带来了巨大的灾祸和屈辱。公元 6 世纪初，埃塞俄比亚人占领了也门，并向北进军，发动了"象年战争"。这一系列的事件激发了阿拉伯人奋发图强的民族意识，要求民族统一，抵抗外敌入侵的愿望日益迫切。

在阿拉伯半岛内部，由于传统商路的改变和汉志商道的兴起，半岛北部的阿拉伯部落社会的商业经济迅速繁荣起来，这不仅为阿拉伯人带来了财富，也加强了阿拉伯各部落之间的交往，促进了相互之间的联系和融合。同时，商业经济的发展，引起阿拉伯半岛原有氏族部落的社会分化与贫富分化，以血缘为纽带的传统氏族制趋于瓦解，社会阶级矛盾逐步尖锐化。

在思想文化领域，公元 5 世纪末，阿拉伯语已经成为阿拉伯半岛各部落共同使用的语言。语言和文字的统一是阿拉伯半岛各

部落长期交往融合的结果，也为阿拉伯半岛的统一奠定了文化基础。宗教方面，原始的拜物教逐渐走向衰败，一神教思想广为传播，一些富有理智的阿拉伯人希望进行宗教改革，他们主张彻底摆脱拜物教、偶像崇拜等陈规陋习，希望创立一种能真正代表民族利益和适合阿拉伯半岛社会需要的新宗教，倡导一神教的哈尼夫派的出现即是这一诉求的反映。

二　伊斯兰教的兴起与阿拉伯半岛的统一（570～632年）

公元 570 年，穆罕默德诞生于麦加古莱什部落著名的哈希姆氏族。穆罕默德是遗腹子，幼年时又失去了母亲，祖父阿卜杜·穆塔里布和叔父阿布·塔里布抚养他长大。25岁时，穆罕默德受雇于富孀赫蒂彻，为她打理商业。由于穆罕默德精明干练、忠实可靠，得到赫蒂彻的信任和喜爱，不久两人结为夫妻。穆罕默德为人诚实，很受大家欢迎，被称为"艾敏"，即忠实可靠的人。婚后，穆罕默德经常到麦加郊外的希拉山洞里静居隐修，昼夜苦思冥想，思考重大的信仰问题。

公元 610 年的一天夜晚，穆罕默德在希拉山洞隐居时，突然得到了安拉的授权，命令他作为使者向人类传达安拉的启示，这个夜晚被穆斯林称为"高贵之夜"。不久以后，先知穆罕默德开始了秘密的传教活动，他的妻子、堂弟阿里、义子宰德和好友艾布·伯克尔先后皈依了伊斯兰教。公元 613 年，先知穆罕默德在麦加开始公开传教。伊斯兰教宣扬严格的一神论思想，倡导和平、顺从、平等、友爱和互助等观念，受到了麦加中下层居民和贫苦人民的欢迎。

随着穆斯林人数的增长，麦加贵族集团开始担心新兴的伊斯兰教侵犯他们的既得利益，他们联合起来反对穆罕默德及其追随者。为了保存实力，先知穆罕默德命令部分穆斯林撤离麦加，去埃塞俄比亚避难。但是麦加贵族对穆罕默德的迫害有增无减。公元 622 年 9 月，先知穆罕默德率领众穆斯林迁居麦地那。这次迁徙行动在伊斯兰历史上具有深远的意义，被称为"希吉拉"（意为迁徙），后来被第二任哈里发欧麦尔定为伊斯兰教教历的元年。

伊斯兰教在麦地那获得了迅速的发展，逐步完善了信仰思想，修建了清真寺，建立了伊斯兰教政权——"乌玛"①，先知穆罕默德是乌玛的领袖。在麦地那，穆斯林的人数也迅速增长，为了抵御麦加贵族军队的入侵，先知穆罕默德组建了穆斯林军队。穆斯林军队先后在白德尔战役（624 年）、伍侯德战役（625 年）和壕沟战役（627 年）中击败了麦加贵族的军队，并清除了麦地那的犹太人势力，伊斯兰教的声望很快在阿拉伯半岛广泛传播。628 年 3 月，先知穆罕默德率领穆斯林去麦加朝圣，受到麦加贵族的阻拦未能进入麦加城，但在离麦加约 15 公里的侯达比亚村与麦加贵族进行了和平谈判，双方签订了《侯达比亚条约》，宣布双方休战 10 年，麦加贵族允许穆斯林于来年自由到麦加参加朝觐活动。《侯达比亚条约》标志着麦加贵族接受了穆斯林的合法地位，这是伊斯兰教的重大胜利，伊斯兰教在阿拉伯半岛的全面胜利已经不可阻挡。

公元 631 年，阿拉伯半岛的各个部落派遣代表团来到麦地那，宣布皈依伊斯兰教，承认先知穆罕默德为阿拉伯半岛的领袖。这一年，被称为"代表团之年"。次年，先知穆罕默德率领众穆斯林和平进入麦加城，清除了克尔白内各种偶像，举行了朝觐仪式，并发表了"辞朝演说"。至此，阿拉伯半岛统一在伊斯

---

① "乌玛"一词源于苏美尔语。在古代阿拉伯铭文中，指伦理和宗教的共同体，或指具有某种身份和特征的人群共同体。在伊斯兰教历史中，主要指由宗教纽带结合在一起的人群共同体，即政教合一的宗教社团，是伊斯兰政权的雏形。

兰教的旗帜下，伊斯兰教在阿拉伯半岛取得了全面的胜利。麦加朝觐后，先知穆罕默德返回了麦地那。同年 6 月 8 日，先知穆罕默德因病在麦地那逝世。

伊斯兰教的胜利，结束了阿拉伯半岛上拜物教盛行、多种宗教并存的信仰混乱时期，开创了独尊真主、信仰统一的伊斯兰教时期。伊斯兰教提倡天下穆民皆兄弟的观念，打破了阿拉伯半岛原有的狭隘的氏族关系，消除了部落间的内战和彼此之间连绵不断的血亲复仇战争，实现了阿拉伯人的民族团结。伊斯兰教主张限制高利贷剥削，赈济贫民，提倡善待和释放奴隶，缓和了阶级矛盾，解放了生产力，促进了生产的发展。作为伊斯兰教的创始者，穆罕默德对历史的发展作出了巨大的贡献。

三　四大正统哈里发时期的对外征服运动（632～661年）

先知穆罕默德去世后，众穆斯林推举穆罕默德的岳父艾布·伯克尔就任哈里发（继承人）。从此，伊斯兰教进入了四大哈里发时期。

第一任哈里发艾布·伯克尔（632～634 年在位）上任伊始，就面临着平定叛乱、巩固统一政权的问题。

穆罕默德去世后不久，艾塞德部落、盖特方部落、叶麻麦地区的哈尼法族、特米姆族以及巴林、阿曼、哈达拉毛和也门等地，出现了程度不等的反叛，哈里发艾布·伯克尔采取了强硬措施，坚决果断地付诸军事行动予以镇压，很快稳定了局势，维护了半岛的民族团结，不仅使反叛者重新接受伊斯兰教，而且使边远地区尚未受到新宗教影响的人们也都信奉了伊斯兰教，从而使全阿拉伯半岛伊斯兰化。

在平叛运动中，哈立德·本·瓦利德足智多谋，英勇善战，屡建奇功，被封为"真主的宝剑"。

　　巩固伊斯兰政权后，艾布·伯克尔组建以部落为单位的远征军，开始了对外征服运动。他首先派哈立德率领阿拉伯军队降服了伊拉克与阿拉伯半岛接壤处的各个部落。633 年秋季，征服了希拉王国。同年，艾布·伯克尔派遣阿慕尔·本·阿绥、叶齐德·本·艾比·苏福扬、舍尔·哈贝勒·本·哈思乃和艾布·欧贝德四将出兵叙利亚。634 年 7 月 30 日，阿拉伯军队胜利拿下巴勒斯坦境内的艾季纳代因。不久，艾布·伯克尔去世，欧麦尔继任哈里发。

　　第二任哈里发欧麦尔（634～644 年在位）继续执行艾布·伯克尔的远征计划，在东西两线同时发动进攻。

　　在东线，阿拉伯军队向波斯帝国发动了攻势。637 年 5 月 31 日，赛尔德·本·艾比·瓦嘎斯率领阿拉伯军队在卡迪西亚与波斯军队展开激战，阿拉伯军队重创波斯军队，波斯军队主帅战死。卡迪西亚战役是伊斯兰教史上最著名的战役之一，它第一次向全世界显示了阿拉伯人的力量。阿拉伯军队乘胜追击，同年 6 月攻下了萨珊王朝首都泰西封（位于今巴格达以南约 40 公里处），标志着波斯帝国的灭亡。

　　在西线，阿拉伯军队在叙利亚与拜占庭军队展开了激战。635 年 9 月，阿拉伯军队攻克了大马士革，接着霍姆斯、哈马等城市相继落入阿拉伯人手中。636 年 8 月 20 日，阿拉伯军队与拜占庭军队在叶尔穆克（又译"雅穆克"）决战，拜占庭军队惨败，主将西奥多拉斯战死。638 年，著名的宗教圣城耶路撒冷向阿拉伯军队投降，至此，包括大马士革、霍姆斯、约旦和巴勒斯坦在内的大叙利亚地区完全落入阿拉伯人之手。

　　阿拉伯军队完成对大叙利亚地区的征服后，开始向非洲进军。640 年初，阿慕尔率领的阿拉伯军队占领了埃及东部的法尔马城。641 年 4 月，攻克了巴比伦堡（今开罗附近），11 月，埃及首府亚历山大城向阿慕尔投降，标志着拜占庭帝国对埃及统治的终结。此后，阿拉伯军队继续西进，征服了利比亚。

公元 644 年 11 月 3 日，欧麦尔被刺身亡，奥斯曼继任哈里发。

第三任哈里发奥斯曼（644～656 年在位）继续执行前任的对外扩张政策。在非洲，阿慕尔继续西进，相继攻占了北非白尔格、的黎波里、迦太基等地区。在东方，赛尔德率领阿拉伯军征服了吐火罗斯坦、呼罗珊、巴尔赫、喀布尔、加兹尼，以及阿塞拜疆和亚美尼亚的部分地区。

奥斯曼委任堂弟穆阿维叶为叙利亚总督，任命乳弟阿卜杜勒为埃及总督。穆阿维叶、阿卜杜勒分别创建了阿拉伯海军，开始在地中海上向拜占庭帝国的海军舰队发起进攻。649 年，穆阿维叶占领了塞浦路斯岛。652 年，阿卜杜勒把拜占庭舰队赶出亚历山大港。655 年，两支海军组成联合舰队，在亚历山大附近海域与拜占庭舰队展开大规模海战，大获全胜，这次战役史称"船桅之役"。

公元 656 年 6 月，奥斯曼在麦地那遇刺身亡，阿里被拥立为哈里发。

第四任哈里发阿里执政时期（656～661 年在位），因忙于应付内战，已无暇对外扩张。

阿拉伯征服运动的顺利推进，有着重要的内外原因。对阿拉伯人来说，从前是一盘散沙、忙于内斗的各个阿拉伯部落，在伊斯兰教的旗帜下实现了团结统一，从而产生了强大的凝聚力和感召力，阿拉伯人一跃成为当时西亚政治舞台上一股强大的新生力量。阿拉伯穆斯林军队士气高昂，不怕牺牲，纪律严明，娴熟使用适宜沙漠地区作战的驼骑兵。相反，阿拉伯人主要敌人——东罗马人和波斯人在长期的争霸战争中元气大伤，无力抵抗阿拉伯军队的强大攻势，最终不得不退出历史舞台。被征服地区的人民群众深受罗马人和波斯人的严酷统治之苦，而阿拉伯军队实行相对宽松的政策，这决定了广大人民群众的人心背向，对战争的胜负起了关键性的作用。

伴随征服运动的完成，一个地跨亚非庞大的阿拉伯国家形成了。这是一个多民族的神权政体国家，它除了沙特阿拉伯人之外，还包括波斯人、伊拉克人、叙利亚人、埃及人，以及北非的柏柏尔人等。征服运动给西亚北非广大地区的历史、社会、经济、文化、宗教信仰带来了巨大的变化。

四　哈里发国家初期的内政建设

从第一任哈里发艾布·伯克尔开始，作为最高领袖的哈里发制定了一系列的制度，以便管理迅速形成的庞大的国家。哈里发是先知穆罕默德的继承人，行使除接受天启之外的一切权力，因此，哈里发是国家的最高统治者，集政权、军权和神权于一身，施行政教合一的制度。从艾布·伯克尔到阿里的前四任哈里发都是由选举产生的，阿拉伯史学家因此把这四位哈里发叫做正统派。穆斯林学者认为，哈里发应具备的下列资格：（1）古莱什族；（2）成年男性；（3）身心健全者；（4）有勇气、魄力及保卫领土所必需的其他性格特点；（5）为公众所拥戴，而且举行了臣服的仪式。[1]哈里发的主要任务是：（1）保卫伊斯兰教的信仰和领土（特别是麦加和麦地那两大圣地）；（2）必要时宣布圣战；（3）任命国家官员；（4）征收赋税，管理公共基金；（4）讨伐叛逆；（5）执行法律。[2]

第二任哈里发欧麦尔执政时期是阿拉伯人扩张最为迅速的时期，为此，欧麦尔制定了一系列的政策。在新征服的地区，不再将新夺取的土地分配给军队将士，而将土地留给原来的主人，改由哈里发国家征收土地税。制定了适应各地具体情况的税收制

① 希提著，马坚译《阿拉伯通史》，商务印书馆，1979，第216页。
② 希提著，马坚译《阿拉伯通史》，商务印书馆，1979，第217页。

度，设立了土地税、商业济贫税和人丁税等税目，使哈里发国家有了稳定的财政收入。阿拉伯军队实行年俸制，哈里发国家每年给各级将领按相应级别发放俸禄。在征服领土建立了巴士拉、库法等一系列阿拉伯人集中居住的兵营城市，这些城市逐渐发展成为阿拉伯人的军事基地和政治、经济、宗教和文化中心。

在新征服的领土，哈里发任命各地的驻军司令为该地区总督，总督既是当地的军政领导，又是伊斯兰教的教长，负责组织宗教礼拜和星期五的聚礼，同时兼管财政和司法事务。各地的办事机构基本不变，行政人员大多留用拜占庭和萨珊王朝统治时期的原班人马。

哈里发非常重视伊斯兰教的传播。奥斯曼时期，指定专人广泛收集散落各处的《古兰经》段落，并经过反复推敲考证，最终将《古兰经》搜集成册，即《古兰经定本》，这个定本沿用至今，是伊斯兰教唯一通用的定本。

五　四大哈里发时代的结束

里继任哈里发职位后，地方实力派总督对他表示了不满，控制巴士拉地区的祖拜尔和泰勒哈等首先公开反对阿里，由此，穆斯林分为三派：（1）拥护阿里派；（2）以泰勒哈、祖拜尔为首的反对阿里派，先知遗孀阿伊莎也牵涉其中；（3）以穆阿维叶为首的伍麦叶贵族派，他们打着为奥斯曼讨还血债的旗号以谋取哈里发的地位。三派最终走向决裂，爆发了内战。

656 年 12 月，阿里率军队从麦地那出发，前往巴士拉讨伐泰勒哈、祖拜尔，结果泰勒哈、祖拜尔战死，阿伊莎被俘后送回了麦地那。这场战役史称"骆驼战役"。

骆驼战役后，阿里决定迁都库法。在新的首都，举行了各地总督向阿里宣誓效忠的仪式。但是，叙利亚的总督穆阿维叶和前埃及总督阿慕尔拒绝向阿里效忠，并要求阿里严惩刺杀欧麦尔的凶手，双方矛盾公开化。

公元657年，阿里率军讨伐叙利亚，在叙利亚境内的隋芬平原与穆阿维叶的军队大战，双方不分胜负，最后穆阿维叶提议以"古兰经仲裁"双方矛盾，阿里被迫接受。阿里接受这一仲裁导致阿里阵营内部的一部分人对他的极大不满，这部分人退出了阿里阵营，形成了阿里的反对派，即哈瓦利吉派，这是伊斯兰历史上最早的教派。

661年1月，一名哈瓦利吉派成员在库法刺杀了阿里，阿里被安葬于纳杰夫，纳杰夫从而成为伊斯兰教什叶派的圣地，阿里的死亡标志着四大正统哈里发时代的终结。

阿里被刺杀后，穆阿维叶迫使阿里的长子哈桑放弃争夺哈里发职位，穆阿维叶随即在耶路撒冷称哈里发（661~680在位），后定都于大马士革。穆阿维叶制定了哈里发职位的世袭制，开创了阿拉伯帝国伍麦叶王朝时代。伍麦叶王朝定都大马士革，大马士革从此成为伊斯兰教的政治、经济和文化中心，作为伊斯兰教发源地的阿拉伯半岛丧失了原有的重要地位和影响，逐渐趋于没落。

第三节 中世纪时期的阿拉伯半岛

伍麦叶王朝建立后，阿拉伯帝国的政治中心移至北方的大马士革，阿拉伯半岛日渐衰败，唯有圣城麦加和麦地那，由于其在伊斯兰教中神圣不可替代的崇高地位和每年一度朝觐大典，一直保持着相当的繁荣和伊斯兰宗教学术中心的地位。

一 阿拉伯帝国时期的阿拉伯半岛

伍麦叶王朝建立初期，阿拉伯半岛出现了向外移民的浪潮。伍麦叶王朝继承了正统哈里发时期的政策，继续向周边地区扩张。为了巩固对被征服地区的统治，同时也为了向外传播伊斯兰教，阿拉伯半岛的居民作为远征军大量流入帝国的新领土，大批阿拉伯人从此定居北非、伊拉克、波斯、中亚阿姆河流域，其中埃及和伊拉克是主要目的地。阿拉伯人的移民活动巩固了阿拉伯帝国的统治，加深了阿拉伯人与当地居民的融合，为阿拉伯—伊斯兰文化的繁荣奠定了基础。同时，大规模的移民活动带走了大量的精英人物，造成阿拉伯半岛人力资源的过度"失血"，这是阿拉伯半岛长期落后的重要原因。

680 年，穆阿维叶之子叶齐德继任哈里发，伊拉克人起来反对叶齐德，他们拥戴哈桑的弟弟侯赛因为哈里发。于是，侯赛因带领 200 名卫队由希贾兹前往库法，试图在库法领导反对伍麦叶王朝的活动。侯赛因行军途中，遭到伍麦叶王朝骑兵的追击，侯赛因被围困在库法西北的卡尔巴拉地区，侯赛因拒绝向伍麦叶王朝投降。680 年 10 月 10 日（即伊斯兰教历 1 月 10 日），伍麦叶王朝骑兵向侯赛因的部队发起进攻，侯赛因及其随从和眷属全部被杀，侯赛因后被安葬于卡尔巴拉，卡尔巴拉此后成为什叶派的一个重要圣地，每年侯赛因被害的日子里，什叶派信众都要举行大规模的纪念活动。侯赛因的死亡造成了伊斯兰教内部的严重分裂，什叶派从此逐渐发展成为独立宗教和政治派别。"为侯赛因报仇"成为什叶派号召人们起来推翻伍麦叶王朝的动员令，什叶派与逊尼派延绵千年的对立也是从侯赛因被害开始的。

侯赛因死后，欧麦尔哈里发时期的名将祖拜尔之子阿卜杜勒在麦地那自立为哈里发，很快得到整个希贾兹的承认。683 年 8 月，阿卜杜勒被叶齐德的军队击败，阿卜杜勒逃亡麦加固守。叶齐德的军队追击到了麦加，在围攻麦加的时候，麦加城遭到了严重破坏，克尔白被烧毁。此时传来叶齐德逝世的消息，叶齐德的军队被迫撤军。阿卜杜·马立克（685～705 年在位）执政时，派哈查只（Hajjaj ben yusuf）率军出征希贾兹，经过半年的战斗，692 年 10 月，阿卜杜勒力战阵亡。阿卜杜勒的失败，标志着伍麦叶王朝初期内战的基本结束，从此确立了穆阿维叶家族的统治。

　　政权得到巩固后，伍麦叶王朝开始了大规模的对外征服。向北，伍麦叶军队击败了拜占庭帝国，多次兵临君士坦丁堡城下。向西，伍麦叶军队以巴士拉为基地，向中亚和印度发起了进攻，包括布哈拉、撒马尔罕和花剌子模等名城在内的整个中亚地区被纳入了帝国版图。在印度，哈查只的侄子穆罕默德·本·卡西木率军攻占了信德地区，并侵入了南旁遮普地区。在北非，伍麦叶军队击败了柏柏尔人和拜占庭军队，攻占了利比亚、突尼斯和马格里布等广大的北非地区，整个地中海南岸成为阿拉伯帝国的领土。711年，伍麦叶军队在塔立克·本·齐亚德的率领下，从北非出发，横渡直布罗陀海峡，在伊比利亚半岛登陆。伍麦叶军队势如破竹，击败了统治西班牙的西哥特人，占领了整个西班牙，并越过比利牛斯山脉向法兰西进军。732年10月，在图尔战役中，伍麦叶军队被法兰西人打败，阿拉伯军队从此停止了向北进军的步伐。到8世纪上半叶，形成了一个地跨亚非欧三洲的阿拉伯帝国，其疆域西起大西洋沿岸，东达印度河流域和中国西部边境。

　　伍麦叶王朝初期，在各个新占领的领土继续使用当地的语言文字。阿卜杜·马立克继任为哈里发后，下令以阿拉伯文为哈里发政府通用文字，规定所有的官方文件一律使用阿拉伯文。这一政策，大大提高了阿拉伯文在政治上和文化上的重要性，激发了伍麦叶王朝统治区域人民学习阿拉伯语的热情。经过长期的发展过程，阿拉伯语不仅成为整个西亚北非地区人民普遍使用的语言，而且是最重要的国际语言之一，这是阿拉伯人民对世界历史和人类文明作出的巨大贡献。

　　伍麦叶王朝时期，叙利亚成为帝国的政治、经济和文化中心，阿拉伯半岛地位相对偏僻，被划入伊拉克省区管辖。伍麦叶王朝在全国设置了五个省区：（1）伊拉克省区，包括波斯、阿拉伯半岛东部、河外地区、信德和旁遮普；（2）阿拉伯本部省区，辖地为希贾兹、也门和阿拉伯半岛中部；（3）杰济腊、亚美尼亚、阿塞拜疆和小亚细亚东部省区；（4）埃及省区；（5）易弗里基叶省区，包括北非、西班牙、西西里和附近的海岛。叙利亚和巴勒斯坦地区由哈里发直辖。由于麦加和麦地那圣城的神圣性，阿拉伯半岛作为宗教中心的重要地位不可替代。为了保障每年到麦加和麦地那的朝觐者的安全，哈里发在主要的交通要道建立军事城堡，派驻军队值守，以确保朝觐路途平安。尽管如此，朝觐者和圣城仍然遭到盗贼和反叛者的侵害。

899 年，属于什叶派的卡尔玛特派夺取了巴林。10 世纪初，他们在巴林和哈萨地区建立了国家，以此为根据地，经常袭击伊拉克、叙利亚等地。卡尔玛特派承认什叶派七伊玛目和马赫迪学说，信仰有关"宇宙精神"和"宇宙灵魂"的神秘信条，坚决反对占统治地位的逊尼派思想，甚至经常袭击朝觐者队伍。924 年，卡尔玛特军队袭击了一支朝觐者队伍，屠杀了 2500 多人。930 年，艾布·塔希尔率卡尔玛特军队攻进了麦加城，麦加城 3 万多人遇害，克尔白的黑色玄石也被其劫走。直到 949 年，麦加贵族才耗费巨资赎回了玄石。10 世纪末，卡尔玛特派被阿拉伯帝国阿巴斯王朝军队消灭。

10 世纪中叶，古莱什家族获得了麦加谢里夫（意为"高贵"）头衔，成为麦加的行政长官。最初，谢里夫的影响力局限在麦加城，后来逐渐扩大到南方的也门，甚至一度遍及整个阿拉伯半岛。从 11 世纪初至 16 世纪初，阿拉伯半岛先后经历了法蒂玛王朝、艾尤卜王朝和马木鲁克王朝的统治。谢里夫与各个王朝的哈里发建立了良好关系，谢里夫保障来自四面八方的朝觐者的安全，承认历代哈里发的统治，哈里发则每年给予谢里夫礼物和年费，承认谢里夫对圣地的管理权。

阿拉伯帝国时期，众多的伊斯兰学者聚集在麦加和麦地那，搜集圣训，研习伊斯兰教法，麦地那一度成为伊斯兰世界最有名的宗教思想中心之一。麦地那人马立克·本·艾奈斯编著了《穆宛塔圣训集》，是一部著名的伊斯兰法学著作，他所开创的马立克学派与哈奈菲学派、沙斐仪学派和罕百里学派并称为伊斯兰教逊尼派四大法学派。

二 奥斯曼帝国时期的阿拉伯半岛

奥斯曼帝国谢里姆一世统治时期（1512~1520年）占领叙利亚、巴勒斯坦与埃及以后，麦加的谢里夫向谢里姆一世表示臣服，谢里姆一世获得了"两圣地（麦加和麦地那）护卫者"的称号。1524年，奥斯曼帝国控制了汉志（希贾兹），将它划为一个省。1547年，土耳其海军大将皮里·赖伊斯率舰南下，攻克亚丁。1551年，攻占了马斯喀特。1568年，也门也被纳入奥斯曼帝国的统治下。至此，包括汉志、也门以及海湾沿岸等地在内的半岛大部分地区都归入奥斯曼帝国统治的范围。

奥斯曼帝国在全国设立了多个帕夏辖区（相当于省），由哈里发委任帕夏进行统治，帕夏是该省的最高行政长官，拥有巨大的权力。在阿拉伯半岛，奥斯曼帝国设立了汉志（希贾兹）和也门两个帕夏辖区。在一些重要地区，譬如红海沿岸，奥斯曼帝国政府直接派驻军队，以加强控制，限制地方势力的发展。在汉志地区，奥斯曼帝国从1539年开始派驻了军队。

但奥斯曼帝国的统治权始终未能直接渗透到被沙漠所包围的阿拉伯半岛腹地。它对阿拉伯半岛大部分地区的统治，在相当程度上只是名义上的，主要是通过散居半岛各地的部落酋长、伊斯兰教长以及授命埃及帕夏来进行控制。阿拉伯半岛各地的部落酋长和家族首领们定期向素丹缴税、纳贡和承担徭役，奥斯曼帝国政府以此作为它在阿拉伯半岛的统治和权威的主要体现。

在麦加，奥斯曼帝国政府正式委任哈希姆家族的成员担任麦加的谢里夫，作为麦加的最高行政长官担负保卫麦加圣地的责任。为了保持帝国的控制力，谢里夫的职位在每年的朝觐日都要重新认定一次。1630年和1680年，麦加先后两次遭遇洪灾，克尔白损毁严重，洪灾过后，谢里夫组织人力予以修复。谢里夫还多次组织军队，打击抢劫汉志商队的部落，惩罚不听驾驭的部落，迫使其臣服于他并缴纳贡赋。

在奥斯曼帝国松散的统治下，大家族势力得以在阿拉伯半岛各地区兴起，主要有：汉志的谢里夫哈希姆家族，阿西尔的伊德里斯家族，马斯喀特和阿曼的艾布·赛义德家族，沙马尔山的拉西德家族，哈萨的伯努·哈立德家族，德拉伊叶的沙特家族等。大大小小的部落和家族之间经常由于血亲复仇、袭击抢劫、争夺地盘等事件发生战争，加上干旱、饥荒等天灾，使阿拉伯半岛社会不时陷入混乱。

第四节　瓦哈比运动与早期沙特国家的建立

一　瓦哈比运动的兴起

1. 瓦哈卜的宗教思想

伊斯兰教瓦哈比派的创立者是谢赫·穆罕默德·本·阿卜杜勒·瓦哈卜。1703年，瓦哈卜出生于阿拉伯半岛内志高原艾叶奈城的宗教世家，他的家族属于定居的塔米姆部落的司南族。瓦哈卜的祖父苏莱曼·本·阿里是内志地区著名的罕百里派宗教学者，父亲阿卜杜勒·瓦哈卜是著名的罕百里派的法学家，担任艾叶奈城的教法官。瓦哈卜自幼接受了宗教教育，学习阿拉伯语、《古兰经》、罕百里派教法等学科。他聪慧过人，10岁便能熟背《古兰经》。成年后，瓦哈卜潜心致力于伊斯兰教义学和教法学的研究，先后到圣城麦加和麦地那学习经训和教

法，后来游学巴士拉、巴格达、库尔德斯坦、哈马丹、伊斯法罕和库姆等地，了解各地的宗教传统与习俗，拜访和求教于名师。瓦哈卜曾经深入研究苏非神秘主义思想，后受到导师谢赫·阿卜杜勒·本·易卜拉欣主张改革伊斯兰教的思想的影响，放弃了苏非神秘主义思想，转向了对罕百里法学，以及罕百里法学派最著名的信徒和诠释者本·泰米叶学说的研究。

罕百里法学派形成于 9 世纪，是巴格达人本·罕百勒所创立，与哈乃斐、马立克、沙斐仪学派并称为逊尼派四大正统教法学派。罕百里法学派严格遵循《古兰经》和圣训，很少运用类比和公议，反对以个人意见推断教法问题。罕百里反对穆尔太齐赖学派的"意志自由论"和"《古兰经》被造说"，并因此得到正统派的尊敬。由于罕百里学派还坚持正本清源，恢复伊斯兰教的本来精神，被称为"原教旨主义派"。罕百里法学派自创立后的一段时期，没有得到广泛传播，仅在叙利亚和伊拉克有一些信徒。

公元 14 世纪，本·泰米叶继承和发扬了罕百里法学派的思想，罕百里法学派得以复兴。本·泰米叶毕生执著于早期伊斯兰教的正统思想，对逊尼派四大法学派的教法学说进行深入研究，留下多达 60 余部的论著，内容涉及对《古兰经》和圣训的研究与注释、教法学、哲学、逻辑学、伦理学以及对各教派学说的批判等。他批评伊斯兰世界出现的多神崇拜和异端思想，认为穆斯林背离了"安拉的正道"，主张遵循罕百里学派的法律传统，明确提出了"回归古兰经"的口号。他主张，应复兴早期伊斯兰教的原教旨教义，恢复《古兰经》、圣训的真正精神和"赛莱夫"[①] 的传统惯例，坚持伊斯兰教认主独一的根本信仰，反对其他一切学派离开认主独一教义的任何"创新"。本·泰米叶还认

---

① 阿拉伯语 Salaf 的音译，意为"先辈"，指先知穆罕默德、圣门弟子和再传弟子，即伊斯兰教的前三代。

为，《古兰经》是信仰的最高准则，对其注释要严格、精确，不能妄加推测和穿凿附会。在律法上，《古兰经》和圣训同样是立法基础，但在不违背经、训原则下可应用"类比推理"，对律例进行独立判断。在政治上，本·泰米叶承认早期四大哈里发的正统性，认为哈里发只有经过民主选举，才符合伊斯兰教关于穆斯林人人平等的原则。伊斯兰国家的政府应对乌玛负责，乌玛则对真主负责。与此同时，服从执行教法的政府和反对异端及偏离教法的政府也是穆斯林的义务，穆斯林没有必要去服从那些离开"安拉正道"而又腐败的统治者。本·泰米叶是 14 世纪最著名的伊斯兰学者和原教旨主义的倡导者，他的主张得到伊斯兰世界的普遍认同和拥戴，并被称为"罕百里教法学派的权威"、"伊斯兰复兴运动的先驱"。

瓦哈卜研究和学习罕百里学派教法典籍和本·泰米叶的大量著作，吸收了罕百里学派的教法学说和本·泰米叶的复古主义思想，在宗教思想上以本·泰米叶的复古主义思想为指导，在教法上则沿袭了罕百里学派的法律传统，从而提出了自己一系列宗教观点，并撰写了包括《认主独一论》、《信仰基要》、《疑难揭示》、《伊斯兰教三要素》、《先知正道简述》、《教律来源言论集》和《注释大全》等一系列有代表性的重要著作。在这些著作中，他反思了阿拉伯半岛的社会现状，认为当代伊斯兰教的宗教礼仪中充满了弊端，阿拉伯半岛流行的对精灵的迷信和崇拜是伊斯兰教的腐败堕落。他指出，正是这种腐败和堕落，才导致半岛的混乱和分裂，阻碍了半岛走向团结和统一，直接造成土耳其人的入侵。

瓦哈卜立志发动一场旨在恢复伊斯兰教早期传统的宗教改革运动，他自称其发动的宗教改革运动为"陶希德"，又称唯一神论运动，而投身这一运动的成员被称为"穆瓦希德"，即唯一神论者。由于瓦哈比派恪守清心寡欲的戒律与简朴风尚，因此它又有"沙漠清教徒"之称。

2. 瓦哈卜最初的传教活动

1740 年，瓦哈卜开始在内志的侯赖米拉公开宣传自己的主张，批判对先知、圣陵、圣物等事物的崇拜，否定在安拉和人之间存在中介。他的这些思想遭到多数人的反对，被迫逃回自己的家乡艾叶奈城。

由于艾叶奈城部落酋长的支持，瓦哈卜的传教事业取得了一些进展。瓦哈卜告诉艾叶奈城的埃米尔奥斯曼·本·穆阿迈尔："如果你支持传播正教，安拉会让你变得强大，会让内志与周边地区都服从你的统治。"① 瓦哈卜对奥斯曼·本·穆阿迈尔的游说取得了成效，奥斯曼·本·穆阿迈尔不但支持瓦哈卜传教，还将自己的侄女许配给瓦哈卜为妻。

在奥斯曼·本·穆阿迈尔的支持下，瓦哈卜开始在艾叶奈城大力传播瓦哈卜思想。他带人砍倒了受众人崇拜的圣树和坟墓，公开推行伊斯兰教法，瓦哈卜的声望迅速传遍了阿拉伯半岛。但好景不长，一部分上层人士开始反对瓦哈卜，在强大的压力下，艾叶奈城的埃米尔奥斯曼·本·穆阿迈尔放弃了对瓦哈卜传教活动的支持，瓦哈卜被迫离开艾叶奈城，来到了小城德拉伊叶避难。

德拉伊叶城的统治者穆罕默德·本·沙特热情接待了瓦哈卜。穆罕默德·本·沙特意识到瓦哈卜宗教主张的巨大潜力，加上他的已皈依瓦哈比派的妻子和两个胞弟的劝说，宣布接受瓦哈卜的宗教思想，并与瓦哈卜结成了政治联盟。穆罕默德·本·沙特虽然苟安于一个小镇，却是雄心勃勃的小酋长，他梦想扩大自己的领地，并得到宗教上的合法性；瓦哈卜把倡导和传播瓦哈比

---

① 马福德著《近代伊斯兰复兴运动的先驱——瓦哈卜及其思想研究》，中国社会科学出版社，2006，第 28 页。

教义当做自己的神圣使命，亟须获得世俗政权的庇护和帮助，这是双方合作的现实政治基础。

在穆罕默德·本·沙特的支持下，瓦哈卜在德拉伊叶城宣传瓦哈比思想，逐渐将德拉伊叶城变成了比较纯粹的瓦哈比思想主导的城市。瓦哈卜以德拉伊叶城为基地，向周围部落宣传瓦哈比宗教思想。由于瓦哈卜的不懈努力，德拉伊叶城一时成为阿拉伯半岛的宗教学术中心，吸引了阿拉伯半岛各地学者前来学习瓦哈比派的宗教思想。从此，握有世俗权力的穆罕默德·本·沙特和掌握宗教权力的瓦哈卜联合起来共同传播瓦哈比派学说，开始创建一个瓦哈比派国家。

二 第一沙特王国（1742～1818年）

1. 第一沙特王国的建立

哈卜和穆罕默德·本·沙特结盟后，瓦哈比派很快在内志地区得到了广泛传播，沙特家族的实力也相应得到了很大提升。1746年，瓦哈卜宣布对利雅得的埃米尔发动圣战。经过长期的战争，1763年，穆罕默德·本·沙特攻占了利雅得城。1764年，又击败了哈萨和汉志等众部落联盟的军队。随着穆罕默德·本·沙特军事上的胜利，瓦哈比派也得到了迅速的传播，内志各封建部落和村镇都皈依了瓦哈比派，并臣服于沙特家族，瓦哈比国家的雏形初步形成。

1765年，穆罕默德·本·沙特逝世，其子阿卜杜勒·阿齐兹（1765～1803年在位）继承父位。阿卜杜勒·阿齐兹大力执行对外征战政策，在他的领导下，瓦哈比军队进行了大规模的对外扩张运动，向南征服了阿西尔地区的部落和也门地区，向东占领了哈萨、巴林和海湾沿岸酋长国，并迫使阿曼素丹臣服，向西攻克了红海沿岸的避暑胜地——塔伊夫，向北一直打到了叙利亚大马士革附近和伊拉克沙漠地区，1801年，瓦哈比军队攻克了

著名的什叶派圣城——卡尔巴拉，瓦哈比国家的势力范围几乎遍及整个阿拉伯半岛。

瓦哈比国家领土的迅速扩大，为瓦哈比派教义的迅速传播创造了条件。瓦哈卜在德拉伊叶修筑了清真寺，开办了瓦哈比教义研究中心，半岛各地的人们纷纷来到德拉伊叶学习瓦哈比思想，德拉伊叶成为瓦哈比派的宣教中心。瓦哈卜在德拉伊叶实践了自己的宗教思想，捣毁了各种偶像，拆除了坟墓上的豪华装饰，废除了部落的习惯法代之以伊斯兰教法，德拉伊叶成为瓦哈比派宗教思想的大本营。

1792 年，瓦哈卜去世，阿卜杜勒·阿齐兹继承了教长职位，从此开创了沙特家族的首领同时兼任瓦哈比派教长的先例，并确立了延续至今的政教合一的政治体制。

1803 年，阿卜杜勒·阿齐兹遇刺身亡，沙特·本·阿卜杜勒·阿齐兹继位（1803～1814 年在位）。沙特·本·阿卜杜勒·阿齐兹是一个虔诚的瓦哈比派信徒，同时又具有非凡的军事指挥才能，他率领瓦哈比军队连续征战，夺取了麦加和麦地那，向北多次攻击了巴格达和大马士革附近的地区。沙特·本·阿卜杜勒·阿齐兹根据瓦哈比派的教义，对被占领区域进行了改造。1803 年，瓦哈比军队占领麦加和麦地那后，立刻根据瓦哈比派恪守的信条，对麦加和麦地那城进行清理，砸碎了圣陵上的富丽堂皇的装饰与建筑，毁弃了除克尔白以外的非瓦哈比派信仰的讲坛和设施，禁止朝觐者携带乐器和象征偶像崇拜的物品进入圣城。在他的统治下，瓦哈比运动达到了一个高潮。

沙特·本·阿卜杜勒·阿齐兹强烈反对土耳其人的统治，主张阿拉伯半岛由阿拉伯人来统治。为了象征性地表示阿拉伯人将从土耳其奥斯曼帝国的统治下解放出来，他禁止星期五聚礼日祈祷时提到土耳其素丹的名字，并将大批土耳其人驱逐出阿拉伯半岛。

沙特·本·阿卜杜勒·阿齐兹执政期间，是瓦哈比国家的鼎盛时期之一，这时的瓦哈比国家以德拉伊叶为首府，领土范围东至海湾和伊拉克边界，南临印度洋，西接红海，北到阿勒颇，几乎整个阿拉伯半岛都归于瓦哈比国家统治，沙特·本·阿卜杜勒·阿齐兹也因其丰功伟绩被尊称为大沙特，阿拉伯史学家通称这个时期前后的瓦哈比国家为第一沙特王国，或前沙特王国。

2. 第一沙特王国的灭亡

瓦哈比派在新征服的地区强力推行瓦哈比派的教义，摧毁其他派别的宗教圣地，在很多地方引起了不满。瓦哈比国家强烈反对奥斯曼帝国的统治，特别是占领圣城麦加后，拒绝承认奥斯曼帝国素丹的地位，震动了奥斯曼帝国政府。1811 年，奥斯曼素丹马哈茂德二世命令埃及帕夏穆罕默德·阿里出兵远征阿拉伯半岛。

穆罕默德·阿里是近代埃及杰出的政治家，19 世纪初，他领导埃及军队抵抗马木鲁克军队对开罗的围攻，立下了赫赫战功，在埃及人民中获得了极高的声望。1805 年，穆罕默德·阿里率部夺取了政权，成为埃及的统治者。奥斯曼帝国素丹谢里姆三世被迫封穆罕默德·阿里为埃及总督，并授予"帕夏"称号，从此开始了穆罕默德·阿里家族对埃及的长期（1805~1952 年）统治。在他的统治下，埃及军队挫败了英国人的入侵，推行了各项改革措施，埃及的经济、政治和军事迅速得到发展，穆罕默德·阿里被称为"近代埃及之父"。埃及的发展为穆罕默德·阿里的对外扩张准备了条件。1811 年，穆罕默德·阿里借奥斯曼素丹马哈茂德二世的命令，先后派他的儿子杜松和易卜拉欣率领埃及军队侵入阿拉伯半岛，讨伐瓦哈比国家。

战争初期，埃及军队借助优良的装备长驱直入，沙特·本·阿卜杜勒·阿齐兹率领瓦哈比军队把装备精良的埃及军队诱入沙漠内地，利用有利地形对埃及军队进行伏击，1812 年，在朱代达关口重挫了埃及军队。为了扭转战局，埃及军队改变了战争策略。一方面，向阿拉伯半岛派出了大批增援部队；另一方面，使用重金贿赂当地部落，促使他们起来反对瓦哈比国家。埃及军队的策略很快发挥了效用。

1812 年，在当地部落的帮助下，杜松率领埃及军队击败了瓦哈比军队，占领了麦地那，1813 年，又相继攻克了麦加和塔伊夫，瓦哈比国家失去了汉志地区的控制权。1813 年 8 月，穆罕默德·阿里亲率埃及军队登陆吉达，加强对瓦哈比国家的攻势。1814 年，沙特·本·阿卜杜勒·阿齐兹因病在德拉伊叶去世后，其弟阿卜杜勒·本·穆罕默德企图篡权，但被其子阿卜杜拉·本·沙特（1814～1818 年在位）击败，阿卜杜拉·本·沙特顺利继承了父位，但这次内讧大大削弱了瓦哈比国家的战斗力。由于阿卜杜拉·本·沙特缺乏指挥才能，无力应对埃及军队的强大攻势，瓦哈比军队在埃及军队面前开始步步败退，瓦哈比国家的形势急转直下。

1815 年，穆罕默德·阿里任命其子易卜拉欣为总指挥，率领埃及远征军远征阿拉伯半岛，力图一举消灭瓦哈比国家。1816 年，埃及军队到达汉志。1818 年初，埃及军队围困了瓦哈比国家的首都德拉伊叶城。经过长达 5 个月的攻城战后，阿卜杜拉·本·沙特被迫向易卜拉欣投降，易卜拉欣将德拉伊叶城夷为平地，标志着第一沙特王国的灭亡。

埃及军队将俘获的阿卜杜拉·本·沙特以及沙特家族和谢赫瓦哈卜家族的 400 名成员集体押送到开罗，阿卜杜拉·本·沙特后又被穆罕默德·阿里送往伊斯坦布尔献给奥斯曼帝国素丹。土耳其人劝说阿卜杜拉·本·沙特放弃瓦哈比派信仰，遭到他的坚决拒绝，最终被土耳其人杀害。其他人被穆罕默德·阿里流放到埃及各地，一部分人后来又辗转回到故乡，一些人则定居埃及。

埃及军队毁灭德拉伊叶城后，继续向阿拉伯半岛的其他地区进军，先后攻占了沙马尔山、盖西姆、哈萨等地区，最终将阿拉伯半岛大部分地区重新置于土耳其和埃及的统治之下。

第一沙特王国的失败也使瓦哈比派遭到重大挫折，许多瓦哈比派成员被埃及军队杀死，或者遭到凌辱，许多人逃亡到了阿曼和海湾沿岸的部落寻求保护，他们寻找机会力图东山再起。

三 第二沙特王国 （1824～1891 年）

1. 第二沙特王国的建立

及军队消灭第一沙特王国后，很快将大部分军队撤回到汉志，内志地区形式上归奥斯曼帝国和埃及总督统治，但实际上处于权力真空状态，内志陷入部落不断冲突的混乱中。

沙特家族和瓦哈比派并没有停止对土耳其和埃及的反抗，他们寻求各部落的支持，试图重建瓦哈比国家。1823 年，沙特·本·阿卜杜拉·阿齐兹的堂兄弟图尔基·本·阿卜杜拉得到了苏代尔部落的支持，苏代尔首领萨维德拥戴图尔基·本·阿卜杜拉为教长，并组建了一支军队，对他们进行严格的军事训练，成为一支强大的武装力量。

1824 年，图尔基·本·阿卜杜拉 （1824～1834 年在位） 率军打败了驻守在距离德拉伊叶不远的利雅得城的埃及和土耳其军队，收复了利雅得，随后进一步将埃及和土耳其军队全部赶出了内志地区。图尔基·本·阿卜杜拉宣布重建沙特王国，并定都利雅得，史称第二沙特王国，或后沙特王国。

图尔基·本·阿卜杜拉建立第二沙特王国对现代沙特阿拉伯王国的王位继承制度产生了长远的影响。沙特王国的奠基人穆罕默德·本·沙特有 4 个儿子：其中费萨尔和沙特在早年的战争中牺牲，阿卜杜勒·阿齐兹和阿卜杜拉一直伴随其父王身边。穆罕默德·本·沙特去世后，阿卜杜勒·阿齐兹继承了王位。阿卜杜勒·阿齐兹遇刺身亡后，他的儿子沙特·本·阿卜杜勒·阿齐兹 （大沙特）、孙子阿卜杜拉·本·沙特相继继承了王位。至于阿卜杜勒·阿齐兹的兄弟阿卜杜拉从未担任过沙特国王。图尔基·本·阿卜杜拉是阿卜杜拉的儿子，也就是任沙特王国第二位国王阿卜杜勒·阿齐兹的侄子，他担任沙特国王意味着沙特王位从阿卜杜勒·阿齐兹的后裔转入了阿卜杜拉的后裔一系。

图尔基·本·阿卜杜拉重建沙特王国后，重新夺回了盖西姆、哈萨和阿曼的部分地区，把土耳其人完全赶出了内志，基本光复了除汉志地区以外的沙特王国原先的领土。图尔基·本·阿卜杜拉实行比较温和的宗教政策，力图控制瓦哈比派的狂热宗教情绪，设法避免与控制汉志的埃及和土耳其军队发生直接冲突。他把主要注意力放在经营内志地区上，逐步解决了长期困扰内志人民的粮食短缺问题，开展内志与其他地区的贸易往来，极大地提高了内志的经济发展水平。

2. 费萨尔的两次执政

1834 年 5 月，图尔基·本·阿卜杜拉在利雅得的一座清真寺被其远亲米沙里刺杀，他的儿子费萨尔·本·图尔基在军官阿卜杜拉·本·阿里·本·拉西德的辅佐下，打败了阴谋篡位的米沙里，继承了父亲的王位。作为回报，费萨尔·本·图尔基任命阿卜杜拉·拉西德为阿拉伯半岛北部沙马尔部族的埃米尔。

1831 年，埃及统治者穆罕默德·阿里与奥斯曼帝国关系破裂，穆罕默德·阿里向奥斯曼帝国发动战争，先后侵吞了巴勒斯坦、叙利亚、黎巴嫩等地。穆罕默德·阿里还要求费萨尔·本·图尔基承认埃及对阿拉伯半岛的统治地位。1837 年，穆罕默德·阿里扶持了沙特家族的亲王哈立德·本·沙特（1838～1841 年在位）统治内志。1838 年，穆罕默德·阿里派军远征阿拉伯半岛，费萨尔·本·图尔基战败被俘，后被押解到开罗，再次开始流亡生活。费萨尔的第一次执政（1834～1838 年）宣告结束。

1840 年，英、俄、奥、普等国支持土耳其打败了穆罕默德·阿里的埃及军队。11 月，穆罕默德·阿里被迫签订《英埃协定》，穆罕默德·阿里放弃全部属地，只保留了埃及和苏丹，并压缩军队，对外实行不平等的开放。根据该协议，埃及大部分军队撤离了内志，哈立德·本·沙特接管了利雅得城的统治权。不久，沙特家族另一个后裔阿卜杜拉·本·苏乃因（1841~1843年在位）赶走了哈立德，夺取了利雅得，并将埃及军队全部赶出了内志。

1843年，费萨尔·本·图尔基逃回了阿拉伯半岛，来到了阿卜杜拉·拉西德为埃米尔的沙马尔部落。在阿卜杜拉·拉西德的全力支持下，费萨尔·本·图尔基成功收复了利雅得，恢复了王位，开始了他的第二次执政（1843~1865年）。苏乃因因不服从统治，被费萨尔·本·图尔基投入监狱，不久死于监狱。

费萨尔·本·图尔基收复了沙特王国的大部分领土，降伏了不服从统治的部落，结束了内志地区长期的动乱局面。费萨尔·本·图尔基实行比较灵活的宗教政策，在包括利雅得在内的内志地区实行严格的瓦哈比教义，但在其他地区实行宗教宽容政策。对外，他承认奥斯曼帝国的权威和素丹的宗主权，从而换取了奥斯曼统治者承认他是"整个阿拉伯的统治者"。此外，这个时候英国已经成为阿拉伯半岛上一支重要力量，费萨尔·本·图尔基重视与英国的关系，试图与之结盟，以便抗衡奥斯曼帝国。费萨尔·本·图尔基是一个杰出的政治家，在他的统治下，第二沙特王国进入了发展的黄金时代，他的统治地位得到了国内外的普遍承认。

3. 第二沙特王国的灭亡

1865年，费萨尔·本·图尔基去世。他有四个儿子，长子阿卜杜拉，次子沙特，三子穆罕默德，四子阿卜杜勒·拉赫曼。长子阿卜杜拉（1865~1871年在位）继承了王位，但是次子沙特（1871~1874年在位）起兵反对阿卜杜拉，阿卜杜拉被迫放弃王位逃离利雅得。沙特王国陷入长达11年的内乱之中，统治集团内部矛盾愈演愈烈，国家局势长期动荡不安。

在阿拉伯半岛内部，原属沙特王国封臣的北方沙马尔国的统治者拉西德家族的势力也逐渐强盛起来。沙马尔的居民也信仰瓦哈比派教义，但它抑制了瓦哈比派的狂热情绪，对异教徒比较宽容。在埃米尔阿卜杜拉·拉西德及其儿子塔拉尔·拉西德统治时期，沙马尔国着力发展经济，在首府哈伊勒开辟了市场，吸引了阿拉伯世界各地的客商到沙马尔做生意。为了得到奥斯曼帝国的支持，沙马尔国埃米尔臣服于奥斯曼素丹，实际上成为奥斯曼帝国的藩邦。在奥斯曼帝国的支持下，沙马尔国陆续吞并了四周的许多部落，势力扩展到靠近利雅得的盖西姆地区，成为 19 世纪中叶以后阿拉伯半岛上能够与沙特王国抗衡的最强大的势力。1876 年，穆罕默德·拉西德继承沙马尔国埃米尔之位，他借助奥斯曼帝国的力量，趁沙特王国内乱、国力衰弱之际，向内志扩张。1884 年，沙马尔统治者率军击败了沙特王国的军队，占领利雅得，沙特王国统治者阿卜杜勒·拉赫曼被迫承认沙马尔人的宗主权，后被任命为内志中央省的统治者和伊斯兰教瓦哈比派的教长。1891 年，穆罕默德·拉西德再次向利雅得进军，打败了阿卜杜勒·拉赫曼的军队，又一次夺取了利雅得，拉赫曼弃城逃亡，随后携其子阿卜杜勒·阿齐兹·本·沙特流亡科威特。至此，第二沙特王国灭亡，内志地区成为沙马尔国的属地。

第五节　现代沙特阿拉伯王国的建立

一　19 世纪 20 世纪之交的阿拉伯半岛

19 世纪 20 世纪之交，阿拉伯半岛面临着非常复杂的局面。帝国主义国家大力开拓在阿拉伯半岛的势力范围，英国、法国、俄国在阿拉伯半岛进行了激烈的争夺。奥斯曼帝国国力不济，帝国主义国家的打压和阿拉伯半岛人民起义使奥斯曼帝国在半岛的权威迅速衰落，但它又不甘心退出阿拉伯半岛，竭力维护其特别是在汉志地区的统治地位。半岛内部，原有的部落争斗仍在继续，而新兴的部落武装崭露头角，阿拉伯民族独立的思想也逐渐萌发，奥斯曼帝国在阿拉伯半岛的统治摇摇欲坠。

1. 英国在阿拉伯半岛确立强权地位

19 世纪上半叶，英国为了保护沿印度洋的海上贸易航线，逐步向阿拉伯半岛扩张势力，先后将巴林、亚丁和阿曼等纳入自己的势力范围。英国胁迫这些地区的统治者签订一系列不平等的协定和条约。这些协定和条约的基本内容大致相同。其主要条款是，未经英国批准，海湾诸国的埃米尔、酋长和素丹及其继承者不得以任何方式将本国的土地出租或转让给任何人，也不能接受任何国家或政府委派的代理人和代表，不与他们进行外交谈判，不确立外交关系，等等；英国政府与他们建立"同盟关系"，使他们免受外来的"侵略"，并定期向他们提供援助。到 19 世纪 70～80 年代，英国扩大了在这些地区的势力范围，获得了在这些地区驻军的权力，进而将它们变成了"保护国"，海湾地区成为英国的势力范围。英国不满足于仅在阿拉伯半岛边缘发展势力，逐步向半岛腹地渗透。

德国、法国和俄国为了遏制英国的扩张，也为了在阿拉伯半岛拓展自己的势力范围，与英国在阿拉伯半岛展开了争夺。英国与法国在阿曼，英国与德国在科威特先后发生激烈矛盾，英国皆以胜利告终，从而确立了在阿拉伯半岛的强势地位。

2. 也门和阿西尔反对奥斯曼帝国统治的起义

苏伊士运河开通以前，也门和阿西尔保持着独立地位。1869年，苏伊士运河开通，土耳其人建立了海上交通线，于是，土耳其远征军征服了也门和阿西尔。1872 年，土耳其军队占领了也门首府萨那，宣布也门为奥斯曼帝国的省。土耳其军队还占领了也门北部的阿西尔山区。1904 年，英国与奥斯曼帝国统治驻也门的总督签订条约，将也门分割为北、南两部分。

奥斯曼帝国在也门和阿西尔实施民族歧视和压迫政策，引起当地人的强烈不满，也门不断爆发大规模的反对奥斯曼统治的民族起义。1911 年，叶海亚领导的宰德派起义武装打败了奥斯曼军队，迫使土耳其签订了和约，奥斯曼帝国承认也门的完全自治权，叶海亚则承认素丹的宗主权。这个和约的签订使也门成为第一次世界大战爆发后为数不多的支持土耳其的国家之一。

在阿西尔地区，1909 年，阿西尔埃米尔穆罕默德·伊德里斯领导阿西尔各部落群众发动了反对奥斯曼帝国统治的武装起义，起义一直持续到第一次世界大战爆发。1915 年，伊德里斯同英国签订了“友好同盟”条约。

也门和阿西尔的武装起义迫使奥斯曼帝国放弃了对这两个地区的统治，削弱了奥斯曼帝国的实力，动摇了奥斯曼帝国在阿拉伯半岛的统治。

3. 土耳其人在汉志的统治

汉志境内拥有伊斯兰教的两大圣地——麦加和麦地那，每年数以万计的穆斯林前往两圣地朝觐，对世界穆斯林有重大影响。因此，汉志地区是奥斯曼帝国在阿拉伯半岛的战略重点，在汉志境内委派了各级官员，部署了大批军队，实施极为严厉的控制。

麦加的长官谢里夫表面上与奥斯曼土耳其统治者进行合作，暗地里却努力巩固他们在汉志的地位和势力，支持各部落进行旨在反对土耳其统治的各种活动。奥斯曼帝国在汉志地区的统治并不稳定。

1900 年，奥斯曼素丹为了巩固自己在汉志的统治，决定修建一条从大马士革到麦地那和麦加的汉志铁路，将汉志与奥斯曼帝国的中心联结起来，以便加强奥斯曼帝国对汉志的控制和影响。

汉志铁路主要由德国工程师设计施工，这条铁路如果开通将大大方便德国人通过土耳其向汉志、也门和红海沿岸渗透，因而遭到英国人的坚决反对。英国人鼓动贝都因人和麦加的谢里夫阿乌思·拉非克起来反抗，阻止汉志铁路的修建。1904年，汉志铁路动工，1908年，汉志铁路终于修到了麦地那。由于英国和新任麦加谢里夫侯赛因的竭力阻挠，汉志铁路未能向南延伸到麦加。

4. 麦加谢里夫侯赛因与阿拉伯大起义

1908年，土耳其政府委派侯赛因·本·阿里（1856～1931年）担任麦加谢里夫，作为土耳其统治汉志的代理人。侯赛因·本·阿里属于哈希姆家族，是伊斯兰教先知穆罕默德家族的后裔。侯赛因曾作为土耳其素丹的人质在伊斯坦布尔幽居15年，因此侯赛因内心不服土耳其人的统治，但他表面上仍与土耳其人保持着合作，暗地里则秘密策划和组织反对土耳其的活动，试图推翻土耳其人对阿拉伯半岛的统治，恢复哈希姆家族的历史荣耀，成为阿拉伯半岛以及肥沃新月地带的统治者。为了壮大自己的力量，侯赛因秘密与英国人合作，反对修建汉志铁路。由于他的反对活动，汉志铁路未能实现贯通，修建到麦地那后便停工了。

1914年底，奥斯曼帝国向英、法、俄宣战。英国需要谢里夫侯赛因的帮助打击奥斯曼帝国，而谢里夫侯赛因也需要借助英国的力量实现独立的梦想，基于现实的政治需求，双方加快了接触的步伐。

20世纪初期，阿拉伯民族主义运动迅速发展，青年阿拉伯协会、盟约社等阿拉伯民族主义组织相继建立，他们主张摆脱奥斯曼帝国的统治，建立独立的阿拉伯民族国家。第一次世界大战前后，叙利亚大马士革成为阿拉伯民族主义运动的中心。为了实现阿拉伯独立的梦想，侯赛因也与阿拉伯民族主义者进行了合作，而阿拉伯民族主义者也希望借助侯赛因在阿拉伯世界的影响力加快阿拉伯民族独立的步伐。1915 年 3 月，侯赛因派他的三子费萨尔去大马士革与一些阿拉伯民族主义组织领导人进行商谈。阿拉伯民族主义者提出准备在叙利亚发动反对土耳其统治的起义，并希望费萨尔领导这次起义。阿拉伯民族主义者提出建立一个北到梅尔幸（Mersin）—阿达纳一线，南到印度洋，东接波斯，西临红海和地中海的独立的阿拉伯国家，这就是阿拉伯民族主义运动史上的《大马士革议定书》。侯赛因以此为基础，开始与英国人谈判。

从 1915 年 7 月到 1916 年 1 月，谢里夫侯赛因与英国驻埃及、苏丹高级专员亨利·麦克马洪爵士交换了 8 封信件，主要就未来阿拉伯国家的疆界进行了商谈，这一系列信件史称"麦克马洪—侯赛因协议"。在这些信件中，英国承诺在世界大战结束后建立一个阿拉伯国家，以换取侯赛因对英国的支持。英国承认未来的阿拉伯国家的疆界是，北面从亚历山大勒塔（伊斯肯德伦）向东延伸到伊朗边境，东起海湾向西到红海和地中海沿岸，向南到印度洋沿岸，但英属亚丁以及大马士革、霍姆斯、哈马和阿勒颇等地以西的叙利亚地区除外；英国还答应每月向侯赛因提供 6 万英镑的经济援助以及一些武器装备。作为交换条件，侯赛因则承担在土耳其的后方开展反对土耳其活动的义务。

1916 年 6 月 5 日，侯赛因宣布起义开始，命令阿拉伯军队向麦加附近的土耳其驻军发起攻击。7 月 9 日，阿拉伯军队在侯赛因三子费萨尔率领下，消灭了驻守麦加的土耳其军队，占领了麦加。此后，阿拉伯起义军继续攻占了延布、拉比格、昆菲扎和塔伊夫等城市，到 1917 年 1 月，阿拉伯起义军夺取了汉志的大部分土地。

攻占麦加后，谢里夫侯赛因在麦加向全世界穆斯林发表宣言，公开谴责土耳其当局迫害和屠杀阿拉伯民族主义者；谴责其背离伊斯兰教精神而采纳世俗法；宣布阿拉伯脱离奥斯曼帝国而独立；恢复伊斯兰法的权威性；号召全世界穆斯林起来加入为反对土耳其素丹而发起的"圣战"。

为了尽早建立独立的阿拉伯国家，1916 年 11 月 2 日，谢里夫侯赛因在麦加召开了上层人物会议，会议宣布侯赛因为"阿拉伯国王"，侯赛因长子阿里任首相，次子阿卜杜拉任外交大臣，三子费萨尔任内务大臣。接着，阿卜杜拉通电英法政府，要求承认侯赛因的这个封号。但是英、法政府根本不希望出现一个统一、独立的阿拉伯国家，但考虑到鼓励侯赛因继续打击奥斯曼帝国的需要，英、法政府决定承认侯赛因为汉志国王。

1917 年 7 月，费萨尔率阿拉伯起义军北上，占领了战略要地亚喀巴，打开了通往叙利亚的大门。1917 年 12 月，在阿拉伯起义军的帮助下，英国军队攻占耶路撒冷，继而攻占了约旦。1918 年 9 月 30 日，费萨尔率领阿拉伯军队从土耳其军队手中夺取了大马士革，受到叙利亚人民的热烈欢迎。大马士革的解放结束了奥斯曼帝国长达 400 年的统治，被阿拉伯民族主义者视为阿拉伯民族独立运动的重大成就，大马士革也成为阿拉伯民族主义者的聚集地。1918 年 10 月 30 日，土耳其军队被迫与协约国签订了停战协定，土耳其撤出所有阿拉伯领土上的军队，阿拉伯全境获得解放。

1920 年 3 月，阿拉伯民族主义者在大马士革召开国民大会，宣布叙利亚独立，选举费萨尔为叙利亚国王。1920 年 4 月，协约国集团召开圣雷莫会议，对奥斯曼土耳其帝国的遗产做出了最终安排，决定叙利亚和黎巴嫩由法国托管，巴勒斯坦和伊拉克由英国托管。3 个月后，法国军队即占领了大马士革，赶走了费萨尔，叙利亚落入法国殖民统治之下，阿拉伯民族主义运动遭到了沉重打击。

阿拉伯大起义在军事上配合协约国集团打击了奥斯曼帝国，

将长期统治阿拉伯半岛的土耳其统治者赶出了阿拉伯半岛，这是阿拉伯人的巨大胜利。阿拉伯起义军宣布了阿拉伯民族的独立，相继建立了麦加政权和大马士革政府，一定程度上实现了阿拉伯民族主义者的愿望，在阿拉伯民族独立运动史上留下了重要影响。但英、法联合起来绞杀了新生的阿拉伯民族主义政权，使阿拉伯起义最终失败。

二　阿卜杜勒·阿齐兹重建沙特王国

1. 阿卜杜勒·阿齐兹收复利雅得城

1892 年，第二沙特王国覆灭后，阿卜杜勒·拉赫曼教长及其家族流亡到科威特。1892～1902 年的 10 年间，沙特家族受到当时尚处于英国保护之下的科威特统治者萨巴赫家族的庇护。

20 世纪初，拉赫曼教长的长子阿卜杜勒·阿齐兹·本·沙特开始了恢复沙特国家的活动。

1880 年，阿卜杜勒·阿齐兹（又译本·沙特）出生于利雅得，他的全名是阿卜杜勒·阿齐兹·本·阿卜杜勒·拉赫曼·本·费萨尔·本·图尔基·本·阿卜杜拉·本·穆罕默德·本·沙特。阿卜杜勒·阿齐兹自幼学习伊斯兰教宗教知识，熟读《古兰经》。1892 年起，阿卜杜勒·阿齐兹随父亲阿卜杜勒·拉赫曼流亡科威特。在科威特流亡期间，阿卜杜勒·阿齐兹深入了解游牧民的社会生活，加深了对国际和政治问题的认识与理解，从而萌发了他热爱阿拉伯民族和国家的强烈意识，逐渐确立了统一阿拉伯半岛和"恢复先辈创建的王国"的思想。

1901 年秋，阿卜杜勒·阿齐兹制定了夺回利雅得的计划，并把夺回利雅得作为重建沙特国家的第一步。1902 年初，阿卜杜勒·阿齐兹率领的一支由 40 人组成的突击队，秘密行军，在阿拉伯大沙漠中辗转了几个月后抵达利雅得城外。阿卜杜勒·阿

齐兹率领突击队，乘着夜幕潜入利雅得，对守军发起了突袭，一举歼灭了城内土耳其和拉西德人派驻的守军，收复了利雅得。在父亲阿卜杜勒·拉赫曼的支持下，年轻的阿卜杜勒·阿齐兹就任利雅得的埃米尔。

收复利雅得后，阿卜杜勒·阿齐兹认真分析了国际国内形势，认为奥斯曼帝国和英国是当时阿拉伯半岛的两大政治势力，处于夹缝中的利雅得政权要想生存下去，必须避免和这两大政治势力同时发生冲突。为此，阿卜杜勒·阿齐兹采取了应对措施：一方面，他宣布承认奥斯曼帝国素丹的地位，避免同奥斯曼帝国发生冲突；另一方面，与英国人联系，试图借助英国的力量来实现其沙特国家统一的愿望，并利用英国牵制奥斯曼帝国。为此，阿卜杜勒·阿齐兹曾多次写信给英国在海湾的驻扎官（或称政治代表），寻求英国的支持与保护，但是遭到英国人的拒绝。

2. 利雅得政权的巩固

本·拉西德家族是沙特家族的宿敌，阿卜杜勒·阿齐兹在利雅得初步站稳脚跟后，立即出兵征伐本·拉西德。1904年初，阿卜杜勒·阿齐兹向盖西姆地区进军，先后攻克了欧奈宰和布赖代两个城镇，并且打败了土耳其增援的炮兵部队。在谢纳奈战役中，阿卜杜勒·阿齐兹大败本·拉西德的军队，缴获了大批弹药、武器、粮食和金币。

1906年，阿卜杜勒·阿齐兹再次对拉西德军队发动大规模进攻，拉西德军队大败，拉西德被杀死，阿卜杜勒·阿齐兹率领的军队占领了盖西姆全境。内志中部和南部地区的哈尔季、阿弗拉季、豪塔、达瓦赛尔涸谷、瓦什姆、苏代尔和马赫马勒等地的部落也都归顺了阿卜杜勒·阿齐兹，利雅得政权得到初步巩固。

随后，阿卜杜勒·阿齐兹将进攻目标锁定在阿拉伯半岛东部的哈萨地区。哈萨绿洲是阿拉伯半岛最富庶的地区之一，也是阿拉伯半岛通往海湾的重要出海口。1871 年起，奥斯曼帝国控制了哈萨地区，并在该地区的胡富夫、盖提夫和胡拜尔城部署了大批军队。1912 年，意大利和土耳其爆发战争，土耳其被迫从包括哈萨在内的许多地方抽调大批军队保卫伊斯坦布尔，造成驻哈萨的兵力空虚状态，这给了阿卜杜勒·阿齐兹可乘之机。1913 年 5 月，阿卜杜勒·阿齐兹出兵哈萨，先后攻克胡富夫、胡拜尔和盖提夫，占领了整个哈萨地区。至此，阿拉伯半岛的中部和东部地区皆成为阿卜杜勒·阿齐兹的领地。

至第一次世界大战前夕，执掌利雅得政权的沙特家族已经成为阿拉伯半岛上最重要的一支政治力量，阿卜杜勒·阿齐兹的政治地位得以很大提升，土耳其和英国都不得不改变对阿卜杜勒·阿齐兹的政策。为了稳固阿拉伯半岛的局势，土耳其政府开始拉拢阿卜杜勒·阿齐兹，而阿卜杜勒·阿齐兹出于策略考虑也想接近土耳其。1914 年 5 月，阿卜杜勒·阿齐兹同土耳其人签订条约，土耳其承认他对内志和哈萨的统治，任命阿卜杜勒·阿齐兹为内志总督，阿卜杜勒·阿齐兹表示臣服奥斯曼土耳其素丹。

为了遏制土耳其的势力，英国人也主动和阿卜杜勒·阿齐兹接近，多次委派他在海湾的代表谢克斯皮尔和考克斯，对阿卜杜勒·阿齐兹进行游说与谈判。1915 年，英国代表和阿卜杜勒·阿齐兹在达林（Darin）签订《英国—沙特条约》。该条约规定，英国承认沙特家族对哈萨绿洲和内志地区的统治地位，但内志的内政外交完全置于英国控制之下；英国每年付给阿卜杜勒·阿齐兹 6 万英镑的经济援助，并提供部分武器和弹药。这一条约标志着内志成为英国的"保护地"。

3. 伊赫万运动

阿卜杜勒·阿齐兹非常重视瓦哈比派教义对发展和巩固沙特

国家的积极作用，在他的统治区域，阿卜杜勒·阿齐兹大力倡导伊斯兰教瓦哈比教义。阿卜杜勒·阿齐兹派人编写了浅显易懂的瓦哈比派教义宣传册，在部落地区广泛散发，并派遣瓦哈比派的宣教师深入部落地区，宣传瓦哈比派的教义。宣教师们劝告部落民坚定信仰，谨守各项宗教功课，恪守伊斯兰法律，号召各部落停止自相残杀的战争和流血复仇行动，敦促各部落忠于阿卜杜勒·阿齐兹，团结在瓦哈比的旗帜下保卫内志不受外敌侵犯。瓦哈比派宣教师的宣教活动使瓦哈比派的学说深入部落民人心，增强了部落民对沙特政权的向心力。

1912 年，阿卜杜勒·阿齐兹建立了"伊赫万·穆瓦希德"（"敬奉唯一真主兄弟会"），发起了伊赫万（意为"兄弟会"）运动，实施对游牧民和游牧社会的改造。阿卜杜勒·阿齐兹首先建立农业垦殖区，力促游牧民定居务农，发展生产，改善游牧民生活，使游牧民成为可靠的纳税人，为内志政权机器的正常运转提供了物质保证。其次，把定居区作为瓦哈比派的布道据点，运用注入了新的政治内容的瓦哈比派教义，"净化"和统一游牧民的思想，割断游牧民同部落的联系，克服游牧社会的无政府状态，确立国家观念，从而达到促进国家统一和民族融合的目的。最后，把定居区作为一种军屯性的特殊军事组织，为沙特政权抵御外来侵略提供兵力保证。

伊赫万运动初期，主要靠强制性手段推行相关措施。从 20 年代开始，游牧民自愿加入伊赫万运动。1920 年，内志的定居区为 52 个，20 年代末猛增到 122 个，每个定居区人数从几百人到上万人不等。伊赫万运动削弱了半岛游牧社会的无政府状态，促进了游牧社会的生产发展，有助于抵御外来的侵略，为沙特阿拉伯现代国家的诞生奠定了基础。

4. 现代沙特阿拉伯国家的建立

1921 年初，阿卜杜勒·阿齐兹率军进攻沙马尔（舍迈尔）

首府哈伊勒城，经过 55 天的围城攻势，沙马尔的埃米尔投降，阿卜杜勒·阿齐兹彻底征服了拉西德家族。紧接着，沙特军队进攻阿拉伯半岛北端的锡尔汉谷地，将锡尔汉谷地大部分地区纳入了利雅得的势力范围，这样，阿拉伯半岛北部地区全部成为阿卜杜勒·阿齐兹统治下的领土。1921 年，他成为内志及归属地区的素丹。

1924 年，阿卜杜勒·阿齐兹着手征服阿拉伯半岛西部英国支持的哈希姆家族控制下的汉志。1924 年，麦加谢里夫侯赛因自称哈里发，并下令禁止内志的穆斯林到麦加朝觐，阿卜杜勒·阿齐兹以此为借口，开始进攻汉志地区。不到两年时间，阿卜杜勒·阿齐兹先后占领了塔伊夫、麦加等汉志地区重要城市，1924 年 10 月，麦加谢里夫侯赛因被迫宣布退位。1925 年 12 月，沙特军队攻占了红海港口城市吉达，这是汉志军队的最后一个据点，标志着整个汉志地区成为沙特家族的统治范围。1926 年初，阿卜杜勒·阿齐兹被拥戴为"汉志国王、内志及归属地区素丹"。

1926 年 7 月，阿卜杜勒·阿齐兹在麦加召开"全世界穆斯林代表大会"，来自印度、埃及、苏丹、巴勒斯坦、叙利亚、也门、土耳其、阿富汗等国的穆斯林代表出席了大会，这次会议宣布阿卜杜勒·阿齐兹为圣地的保护者。1927 年 1 月，阿卜杜勒·阿齐兹宣布成立汉志、内志及归属地区王国，并自任国王。

1927 年 5 月，英国接受了阿卜杜勒·阿齐兹统治阿拉伯半岛的政治现实，与阿卜杜勒·阿齐兹签订了《吉达条约》，英国"承认汉志、内志及其归属地国王陛下全面绝对的独立"，同时废除了《英国—沙特条约》。《吉达条约》的签订标志着现代沙特阿拉伯国家的诞生。

5. 建国初期的沙特阿拉伯王国

瓦哈比思想是沙特阿拉伯王国的立国之本。建国初期，阿卜

杜勒·阿齐兹在全国广泛宣传瓦哈比派思想教义，大力推行瓦哈
比教义。1926 年，阿卜杜勒·阿齐兹下令成立"翊教匡俗协会"
（后来发展成为劝善惩罚协会），协会成员包括政府官员、宗教
学者和社会名流。翊教匡俗协会在全国各地设立分会，指导王国
居民遵守瓦哈比派教义，督促人民按时祈祷，强制人们祛除异端
信仰，取缔丧葬仪式和各种庆典活动中的异端行为。翊教匡俗协
会促进沙特阿拉伯国民的思想认识，为巩固王权起到了很大作
用。

阿卜杜勒·阿齐兹急于发展经济，增强国家实力，巩固沙特
家族的统治。他提出了一种开明的瓦哈比派理论：对于任何新生
事物，只要和伊斯兰教精神不相抵触，即便《古兰经》上没有
明文规定，也可以接受。这个理论为沙特阿拉伯利用先进的西方
技术经验打开了方便之门。

在这个理论的指导下，阿卜杜勒·阿齐兹大量引进西方先进
的科学技术设备。阿卜杜勒·阿齐兹大力发展汽车运输，运送从
吉达或其他通道前往圣地麦加和麦地那的朝觐者，构建了沟通全
国的交通运输网络。引进了无线电通信和广播设施，在吉达、利
雅得和麦加等重要城市建立了有线广播电台，采用了电报通信工
具，建立了无线电通信电台，安装了手摇和自动电话机。交通和
通信网的形成，改变了游牧社会相互隔绝的封闭状态，加强了各
地和各部落之间的联系。

阿卜杜勒·阿齐兹重视发展教育事业，设立了国家教育总
署（后改为教育部），兴办新式学校，聘请外籍教师，引进自
然科学和外语、地理、绘画等现代教育课程并向埃及、叙利亚
和英美等国派出大量留学生。同时，也从国外聘请了精通行政
和外交事务的外国人在沙特阿拉伯政府部门任职，或充当他的
政治顾问。

1926 年 8 月，阿卜杜勒·阿齐兹颁布了《汉志王国约法》，

用法律的形式确定了汉志是一个"内政外交独立的伊斯兰咨议君主制国家",设立了由外交、内政和财政大臣组成的汉志大臣会议。在地方行政机构方面,阿卜杜勒·阿齐兹废除了奥斯曼土耳其统治时期的行政区划,打破了固有的部落界线,将汉志划分为 14 个统一的埃米尔区,每个埃米尔区的内部事务由国王任命的行政长官负责。

激进的伊赫万因不满阿卜杜勒·阿齐兹的内政外交措施,在英国的暗中支持下,曾于 1928 年和 1929 年先后两次发动武装叛乱反对阿卜杜勒·阿齐兹的统治,阿卜杜勒·阿齐兹坚决镇压了伊赫万叛乱,巩固了沙特阿拉伯国家政权。

1932 年 9 月 23 日,阿卜杜勒·阿齐兹颁布"统一阿拉伯王国各个地区"的诏令,建立了一套全国统一的行政机构和管理制度,国家更名为"沙特阿拉伯王国",这一天被定为沙特阿拉伯的独立日。

建国初期,阿卜杜勒·阿齐兹重视发展与世界各国的外交关系,1926 年,设立了外交部,任命其子费萨尔为外交大臣。为了得到伊斯兰国家和世界穆斯林的支持,阿卜杜勒·阿齐兹在麦加实行温和的宗教政策,他下令善待来麦加和麦地那朝觐的外国穆斯林,宽容他们的缺点,同时规定朝觐者戒除朝拜圣徒坟墓等明显违背瓦哈比思想的行为。他还大力保护朝觐者的旅途安全,严厉惩罚劫掠朝觐的歹徒,奖励保护朝觐者的阿拉伯部落,通过这些措施改善了汉志地区的治安,为朝觐者创造了一个和平环境,从而赢得了世界穆斯林的赞赏和支持。在巴勒斯坦问题上,1938 年 12 月,阿卜杜勒·阿齐兹写信给美国总统罗斯福,明确反对英美的巴勒斯坦政策,并在不同场合多次强调反对犹太人移入巴勒斯坦。

沙特阿拉伯重视发展与世界大国和周边国家的关系,先后与苏联、英国、荷兰、法国、土耳其建立了外交关系,改善了与科威特和巴林的关系，缓解了同埃及、伊拉克和外约旦的矛盾，相继同它们签订"友好睦邻"条约，确定了扩大同各国友好兄弟关系和解决各种问题的"友好亲善原则"。1943 年 5 月，阿卜杜勒·阿齐兹与也门签署了《塔伊夫条约》，双方同意结束战争，承认对方的独立和主权，奈季兰、吉赞和阿西尔划入沙特阿拉伯王国的领土。

三　第二次世界大战期间的沙特阿拉伯

1. 石油的发现

19 33 年，美国加利福尼亚美孚石油公司与沙特阿拉伯本·沙特签订了石油租让条约，条约规定，沙特阿拉伯给予美孚石油公司面积达 93.2 万平方公里的石油租让地，期限为 66 年；美孚公司付给沙特阿拉伯 3 万英镑，并提供两笔 5 万英镑的贷款；此外，一旦发现有可供贸易用的一定产量的油田，每生产一吨石油再支付 4 个金先令或 21 美分的石油税，无偿向沙特阿拉伯提供它所需的石油产品等。1939 年，该公司又同沙特阿拉伯签订补充协定，另外获得了 20.7 万平方公里的租让地。

1938 年 3 月，美孚公司在达曼打出了第一口商业油井。石油的发现对沙特阿拉伯有不可估量的影响，彻底改变了沙特阿拉伯的历史进程和国家面貌。

2. 第二次世界大战时期的沙特阿拉伯

1939 年 9 月，第二次世界大战爆发。经过审时度势，阿卜杜勒·阿齐兹宣布沙特阿拉伯中立，但实际上倾向同盟国集团。由于沙特阿拉伯所处的重要战略地位和蕴藏丰富的石油资源，因而成为战争各方争夺的目标。

1941 年，希特勒亲笔致函阿卜杜勒·阿齐兹，承诺帮助他成为阿拉伯之王，诱使沙特阿拉伯加入轴心国集团。阿卜杜勒·阿齐兹拒绝了德国的诱惑，坚持中立政策。为了给阿卜杜勒·阿齐兹施加压力，德国人收买了一些破坏分子，在沙特阿拉伯实施破坏活动，阿卜杜勒·阿齐兹于是将德国驻沙特阿拉伯大使格罗巴驱逐出境，德国人在沙特阿拉伯遭到了失败。

沙特阿拉伯与英国有密切的政治、经济关系。经济上，沙特阿拉伯所需的粮食基本上都是从英国的属地进口，所依赖的朝觐收入也大都来自受英国控制的伊斯兰国家，沙特阿拉伯的货币也同英镑挂钩。政治上，沙特阿拉伯周边大都属英国的势力范围。因此，沙特不得不同英国保持密切关系。

战争爆发后，沙特阿拉伯与美国迅速接近。1940年，美国与沙特阿拉伯建立了外交关系，1942年，美国在吉达建立了使馆，派驻了外交使团。随着战争的进行，沙特阿拉伯陷入财政危机，而英国无力提供更多的援助，美国则趁机向沙特阿拉伯提供经济援助。1943年，美国宣布《战时租借法案》适用于沙特阿拉伯。美国向沙特阿拉伯提供援助，削弱了英国对沙特阿拉伯的影响力，随着美国与沙特阿拉伯的关系逐步密切，美国从沙特阿拉伯获得了自由使用海湾港口、修建空军基地、租借军事基地、修建横贯阿拉伯半岛输油管等特权。

1945年2月14日，美国总统罗斯福在美国巡洋舰"昆西"号上与阿卜杜勒·阿齐兹会晤。阿卜杜勒·阿齐兹拒绝了罗斯福要求允许犹太人向巴勒斯坦移民的要求，但同意英美的舰队可以使用沙特阿拉伯的海湾港口，美国可以在沙特阿拉伯修建军用机场，并建立军事基地。沙特阿拉伯同意向轴心国宣战，并承诺允许美国铺设一条连接哈萨和地中海沿岸的横贯沙特阿拉伯的输油管。这次会晤提高了沙特阿拉伯的国际地位，也是沙特阿拉伯与美国发展更为密切的关系的开始。

第六节　第二次世界大战后的沙特阿拉伯

一　20 世纪 50 年代沙特阿拉伯的政治发展

19 53 年 11 月，阿卜杜勒·阿齐兹国王因病逝世，他的长子沙特·本·阿卜杜勒·阿齐兹继任王位，次子费萨尔亲王以王储兼大臣会议副主席和外交大臣的身份辅佐新国王。沙特·本·阿卜杜勒·阿齐兹国王执政期间，沙特阿拉伯面临着严峻的国际国内形势。国际上，中东民族主义运动兴起，阿拉伯国家先后发生一系列的政治变革，埃及、伊拉克等国的王室统治相继被推翻；大国在中东的争夺日趋激烈，美国大力加强在中东的影响力，意图称霸中东。在沙特阿拉伯国内，1953 年和 1956 年，先后发生两次石油工人罢工，政治反对派——民族改革阵线秘密从事反政府的政治活动，王国内部反政府情绪日趋升温。沙特·本·阿卜杜勒·阿齐兹国王没有应对这些危机的有效措施，导致沙特阿拉伯政权出现危机。

王室内部对沙特国王统治的不满情绪日益增长，出现自由亲王运动。自由亲王运动是沙特王室内部出现的以塔拉勒亲王为首的改良派别，他们主张在保持沙特王权和伊斯兰体制的前提下，制定宪法，使沙特阿拉伯王国逐渐向君主立宪制过渡。1959 年底，自由亲王运动起草了一部宪法，规定沙特阿拉伯是大阿拉伯民族范围内的一个领土不可分割的伊斯兰教主权国家，国家实行立宪君主制；伊斯兰教是王国的国教，也是国家法律的基本源泉。自由亲王运动与沙特王室的矛盾日益激化，1962 年，塔拉勒亲王出走贝鲁特，并公开发表声明，谴责沙特阿拉伯是一个没有宪法、没有人身自由、人格不受尊重的国家，宣布他将领导沙特阿拉伯进行一番根本改革。塔拉勒亲王的出走使沙特王室内部矛盾公开化，表明沙特阿拉伯王室统治出现严重危机。

1958年3月，在王室内部12位亲王的支持下，费萨尔王储出任首相，接管了沙特阿拉伯大权。为了摆脱危机，费萨尔采取了一系列措施。首先修订了《大臣会议条例》，扩大大臣会议及其主席的权限，加强了政府权力。经济方面，制定一项稳定财政的方案，编制合理的预算、改革币制、压缩政府开支，削减王室的俸禄，国家的财政状况有所改善。费萨尔的一系列治理措施取得成效，沙特阿拉伯的政治经济形势逐渐改善。1960年，沙特·本·阿卜杜勒·阿齐兹国王在其亲信的支持下，解除了费萨尔的职务，重新掌握了国家大权。

1962年，也门发生革命，阿拉伯也门共和国宣布成立。也门共和国领导人萨拉勒与埃及签署了军事防御条约。同年10月，根据该条约，埃及军队进驻也门。自穆罕默德·阿里之后，埃及军队再次进入阿拉伯半岛，沙特国王深感震惊，于是，沙特国王再次任命费萨尔为首相。费萨尔上台后，颁布了"十点纲领"，主要内容涉及改革政治制度、实行司法独立、成立伊斯兰教法诠释委员会、保障公民言论自由、提高社会保障、发展经济、废除奴隶制度等多个方面。

十点纲领是沙特阿拉伯王国的第一个全面而系统的治国方略，实际上，十点纲领为世人描绘了一幅沙特阿拉伯王国未来发展的蓝图，体现该纲领的设计者费萨尔顺应时代潮流，力主改革和发展的开明思想。在费萨尔的主政下，沙特阿拉伯逐渐走向了健康发展的道路，经济发展恢复了活力。在王室内部，费萨尔设法缓和与反对派的政治分歧，采取种种措施拉拢自由亲王运动的领袖塔拉勒亲王。1963年，塔拉勒亲王宣布与沙特王室和解，并返回利雅得。回国后的塔拉勒亲王脱离政治，自由亲王运动也销声匿迹。

由于费萨尔执政有方，他的政治地位逐步上升。1964年11

月，在沙特阿拉伯王室和宗教人士颁布的"法特瓦"（即伊斯兰宗教法律意见）的压力下，沙特·本·阿卜杜勒·阿齐兹国王放弃了王位，费萨尔·本·阿卜杜勒·阿齐兹就任沙特阿拉伯国王，沙特阿拉伯进入费萨尔时代，沙特家族的统治危机宣告结束。

二 费萨尔国王统治时期（1964～1975 年）

64 年 11 月，费萨尔·本·阿卜杜勒·阿齐兹就任沙特阿拉伯国王，直到 1975 年 3 月，费萨尔被他的侄子枪杀，历经 11 年时间。费萨尔在位期间，对外推行泛伊斯兰主义外交政策，沙特阿拉伯的国际地位和影响力大大提高。对内，实施政治和行政体制改革，推行五年发展计划和石油国有化运动，大力发展沙特阿拉伯经济，着力改善民生状况。

1. 行政体制改革

为了适应沙特阿拉伯经济发展，1964 年，在费萨尔的主持下，沙特阿拉伯政府《大臣会议条例》进行了重大修改。修改后的《大臣会议条例》规定，大臣会议由主席、副主席和负责具体事务的大臣、国务大臣和国王任命的国王顾问组成，国王和王储分别兼任大臣会议主席和副主席。大臣会议拥有制定和修改除伊斯兰"沙里亚"（伊斯兰教法）之外的所有法律制度，以及行政管理职能。大臣会议秘书长负责安排大臣会议具体工作，通常由国王主持召开会议。大臣会议下设总委员会、文官委员会和专家局，这些机构协助和配合大臣会议的工作。

对于地方行政，费萨尔国王把全国划分为 18 个省，各省省长由内政大臣提名，大臣会议主席推荐，最后由沙特阿拉伯王国国王任命。大多数省长由王室成员担任。

费萨尔国王根据沙特阿拉伯社会经济发展的需要，逐步健全和完善了政府机构。从 60 年代起，相继设立了石油与矿产资源部、劳动与社会事务部、朝觐事务与宗教基金部、新闻部和工商部。1970 年，费萨尔国王设立了司法部。70 年代，增设了计划部、城乡事务部、公共工程部、邮电部，原来的工商部拆分为商业部和工业与电力部等。

费萨尔国王通过行政体制改革，将沙特阿拉伯政府变成了一个结构复杂、功能齐全，适应沙特阿拉伯经济建设和社会发展的现代化行政机构。改革过程中，费萨尔始终坚持伊斯兰方向，保持了沙特阿拉伯政权的伊斯兰属性；他任命大批非王室出身的精英人物担任政府高官，使平民看到了通过自身努力提高政治地位的希望，从而缓和阶级矛盾，平民精英人物的参政也加速了沙特阿拉伯王国的现代化进程。

2. 发展经济，实施五年发展计划

1961 年，沙特阿拉伯王国在世界银行顾问团的建议下，设立最高计划厅，负责制定国家发展规划。

1965 年，费萨尔下令成立了中央计划厅，主要负责制定五年经济发展计划。1968 年，中央计划厅厅长希沙姆·纳泽尔在联合国和斯坦福研究所的帮助下，向费萨尔国王提交了 1970/1971 ~ 1974/1975 发展计划，这是沙特阿拉伯的第一个五年发展计划。该计划提出 5 年内拨款 413 亿里亚尔，重点解决交通阻塞、城市基础落后、人力资源短缺等问题，减少对石油的过度依赖，促进沙特阿拉伯经济的健康发展。该计划在执行过程中，由于石油收入的大幅度增长，拨款总额也相应大幅度提高到了 983 亿里亚尔。第一个五年计划取得良好的成效，5 年中，沙特阿拉伯国民经济实现了良性发展，增长率达到了 13.5%。第一个五年计划结束后，沙特阿拉伯政府相继实施了 5 个五年计划，通过这几个五年发展计划，沙特阿拉伯经济取得了长足发展，国家财力和国民收入大幅度增长，人民生活水平和社会保障得到了空前的增长，更重要的是，沙特阿拉伯经济实现了由传统农牧业经济向现代石油经济的转变。

3. 石油武器的运用

1973 年 10 月 6 日,埃及和叙利亚分别从南北两条战线向以色列军队发起进攻,第四次中东战争爆发,也称十月战争。为了支持埃及和叙利亚,10 月 17 日,阿拉伯产油国在科威特召开会议,决定以石油减产打击以色列及其支持者,宣布每个阿拉伯石油输出国从 1973 年 9 月开始每月减产不少于 5%。沙特阿拉伯政府则宣布减产 10%,并对美国实施石油禁运,以报复美国给予以色列 22 亿美元的军事援助。在沙特阿拉伯的带动下,阿拉伯产油国先后对美国和荷兰实施石油禁运。阿拉伯产油国实行区别对待政策,对友好国家和第三世界国家,维持正常的石油供应,获得许多国家的理解和支持。

石油武器取得了一定成效。欧洲共同体九国外长发表联合声明,要求交战双方停火,希望实施联合国安理会第 242 号决议,要求以色列归还 1967 年冲突以来所占领的阿拉伯领土,恢复巴勒斯坦人的合法权利。

从 1973 年 10 月到次年 7 月,阿拉伯产油国实行的石油减产和禁运政策持续了 8 个月,石油作为武器打击了以色列及其支持者,显示了阿拉伯民族的团结。石油武器取得的成绩增强了阿拉伯产油国反对帝国主义控制民族石油资源的斗争决心,推动阿拉伯人民反对帝国主义的斗争向纵深领域发展。

4. 石油国有化运动

十月战争后,国际石油市场开始大幅涨价,沙特阿拉伯政府的石油收入相应大幅度增长,为沙特阿拉伯政府收回石油资源主权奠定了资金基础,加快了收回民族石油资源主权的步伐。

沙特阿拉伯政府以参股的方式收回石油资源主权的主张得到了海湾其他一些产油国的认同。1972 年 10 月,沙特阿拉伯、卡塔尔、科威特、阿联酋和伊拉克同西方石油公司在纽约达成参股总协议,规定产油国从 1973 年 1 月 1 日起,向在它们领土上经营的 12 家西方石油公司参股 25%，1979 年后每年逐渐增加 5%，1983 年增股 6%，使产油国所占股份达到 51%，从而实现控股。

1972 年底，沙特阿拉伯政府与阿美石油公司签订了参股协议，规定从 1973 年 1 月起，沙特阿拉伯政府取得公司 25% 的股份，从 1978 年起，沙特阿拉伯每年增持公司 5% 的股份，直到 1982 年，沙特阿拉伯政府持有公司 51% 的股份，实现控股。1974 年 6 月，沙特阿拉伯政府与阿美石油公司签订了一个临时协定，规定将沙特阿拉伯政府在阿美石油公司的持股比例提高到 60%，沙特阿拉伯政府为此支付 5 亿美元的赔偿金。通过一系列的参股收购协议，截至 1980 年，沙特阿拉伯政府收回了民族石油主权。石油国有化运动的成功为哈立德国王时期的经济繁荣奠定了基础。

三　哈立德国王统治时期（1975～1982 年）

1975 年 3 月，费萨尔遇害后，哈立德·本·阿卜杜勒·阿齐兹继承了沙特阿拉伯国王职位，他立法赫德为王储，并兼任大臣会议第一副主席。哈立德即位伊始，发布内阁会议公报，宣布继承已故国王费萨尔制定的内外政策。

1975 年 7 月和 12 月，哈立德国王先后访问了埃及、约旦和叙利亚，并和巴解组织领导人阿拉法特举行了会晤。这一时期，哈立德国王还派遣法赫德王储访问了伊拉克、叙利亚、英国和法国，派遣阿卜杜勒亲王访问了法国和摩洛哥。与此同时，哈立德国王还邀请埃及总统萨达特和约旦国王侯赛因访问沙特阿拉伯。这些频繁的外交活动，显示了沙特阿拉伯王国在国际社会的影响力。

在内政方面，哈立德国王对内阁进行了重大改组，新组建了一届包括 24 个成员的内阁。新一届内阁吸收了大量技术专家人

员，成员中有 9 名具有博士学位，他们分别执掌卫生、农业、教育、商业、新闻、工业和电力以及邮电部门大权。

1. 石油美元的大量流入

十月战争后，国际市场石油价格大幅度提高，从 1973 年 10 月的每桶 5.119 美元上涨到 1978 年 3 月的 14.54 美元，1980 年 6 月达到 32 美元。沙特阿拉伯是石油价格大幅上涨的最大受益者。1975 年以前，沙特阿拉伯政府每年的石油收入为 200 多亿美元，1979 年增长到 550 亿美元，1981 年则高达 1190 亿美元。沙特阿拉伯将所拥有的巨额石油美元的一部分用于海外投资和国际金融市场，1982 年，沙特阿拉伯拥有的海外资产和存款高达 1616 亿美元，被称为超级金融大国。

沙特阿拉伯政府利用充沛的石油美元发展国民经济，加快王国的现代化进程。哈立德统治时期，沙特阿拉伯政府实施了第二个五年计划，投资 6880 亿里亚尔，大力发展炼油和石化工业，在朱拜勒和延布建立现代化的石化工业基地；建筑业、电力和钢铁等也获得了长足发展；修建了一批水利设施和海水淡化工程，基本克服了生产生活用水短缺的困难；修建了联通全国的公路网，开始兴建连接大城市的高速公路。石油美元的大量投放彻底改变了沙特阿拉伯王国城市的面貌，大量的农村人口涌入城市，王国的城市化进程快速向前。

2. 社会动荡与统治政策的调整

哈立德国王统治时期，沙特阿拉伯王国的现代化进程快速推进，大大冲击了王国固有的伊斯兰传统文化和价值观，同时也带来了贫富分化等一些社会弊端。1979 年，伊朗发生伊斯兰革命，在霍梅尼输出伊斯兰革命口号的影响下，沙特阿拉伯也出现了如伊斯兰革命组织、新伊赫万运动等反政府组织，他们秘密从事反政府活动，密谋推翻沙特阿拉伯政权。

1979 年 11 月，新伊赫万运动的领导人朱海曼·乌塔比和卡塔尼率领 2000 多名武装人员在麦加发动叛乱，攻占了圣城麦加大清真寺。沙特阿拉伯政府调集大批军警包围了武装人员占据的大清真寺。沙特阿拉伯宗教人士发布的"法特瓦"，要求叛乱者放下武器投降，否则将以武力镇压。根据这份"法特瓦"，沙特阿拉伯军警向叛乱者发动进攻，12 月 5 日，沙特阿拉伯军警活捉了乌塔比，剿灭了叛乱，乌塔比及其追随者被处以极刑。

　　乌塔比发动叛乱的同时，东方区哈萨地区发生什叶派穆斯林的大规模骚乱。东方区是沙特阿拉伯什叶派穆斯林聚居的地区，同时也是沙特阿拉伯石油的主产地之一。东方区的什叶派穆斯林多从事与石油相关的工作，为沙特阿拉伯石油工业的发展作出了巨大贡献。但他们社会地位却与之作出的贡献很不相称，他们对沙特阿拉伯政府存在不满情绪。70 年代以来，沙特阿拉伯现代化建设大规模进行，但是在东方区的投入相对较少，与中西部地区的差距日益拉大，什叶派穆斯林对沙特阿拉伯政府不满情绪日益增长，这是这次骚乱爆发的深层原因。1979 年 11 月 28 日，什叶派穆斯林举行阿术拉日活动，沙特阿拉伯国民警卫队试图驱散参加活动的人群，导致双方发生冲突，国民警卫队开枪射击，17 人被打死，骚乱最终得到平息。

　　麦加事件和哈萨骚乱后，沙特阿拉伯政府调整政策，解除了麦加区总督本·阿卜杜勒·阿齐兹亲王等相关官员的职务，任命拉赫曼大教长为公共安全部大臣。为了巩固沙特家族统治的合法性基础，王国政府从各个方面加强了伊斯兰教在社会生活中的影响。此外，王国政府加大了社会福利保障力度，减轻贫富分化程度，平息下层人民的不满情绪。为了安抚什叶派穆斯林，王国政府任命艾哈迈德为东方区新的总督，加大了哈萨地区的基础设施、教育体系和公共服务网络建设的投入，什叶派穆斯林的地位逐步得到改善。

四　法赫德国王统治时期（1982～2005 年）

82 年 5 月，哈立德国王因心脏病突发去世，法赫德继任沙特阿拉伯国王，他任命阿卜杜拉为王储和大臣会议第一副主席。

法赫德国王即位后，继续推进沙特阿拉伯王国的现代化计划和前国王费萨尔开始的改革。他提出要把沙特阿拉伯建设成为一个既不同于"东方共产主义社会"，又不同于"西方民主制度"，而以伊斯兰精神为准则的高福利、现代化的阿拉伯强国，实现阿拉伯民族的复兴。他强调要让人民享受到经济建设的成果，不断提高人民享有的社会福利水平。

1. 调整经济发展战略，推进沙特阿拉伯王国的现代化进程

20 世纪 80 年代中期，世界经济增速放慢，国际石油市场供过于求，造成石油价格大跌，沙特阿拉伯经济遭受了沉重打击。为了应对严峻的经济形势，法赫德国王实施了一系列经济调整政策，首先，缩减了政府开支，减少了基建投资和商品进口，提倡勤俭节约，同时也减少了对外援助。第二，调整产业结构，加速单一石油经济向多样化经济的转化，积极发展以石油、天然气为原料的石化产品的生产。第三，鼓励发展私人资本。1975 年私营企业仅 600 家，而 20 世纪 80 年代中期后已超过 1800 余家。

法赫德国王的经济调整政策取得了很大成效，特别是经济结构调整政策在确保作为支柱产业的石油工业稳步增长的同时，非石油工业和农业等部门也得到了相应的发展。20 世纪 90 年代初，沙特阿拉伯的制造企业从 20 世纪 70 年代末不足 900 家猛增到 2036 家，经营的行业包括化学药品、加工食品、橡胶、建材、水泥、皮革、纸制品、家具、塑料、清洁剂、金属五金、纺织品等。1994 年，制造业的产值已占沙特阿拉伯国内生产总值的 14.15%。农业的生产力水平也得到了很大提高，80 年代中期，沙特阿拉伯小麦生产实现了自给，1986 年开始出口。鱼、蛋、奶等一些农产品也实现自给。经济结构的成功调整增强了沙特阿拉伯王国的经济实力，使其经济发展趋于合理化。

随着经济实力的增强，沙特阿拉伯政府有足够的经济能力向国民提供完善的社会保障。沙特阿拉伯政府向全社会提供免费教育，学生接受幼儿园到大学的教育无需缴纳学费，还可以得到政府提供的一定津贴。政府向国民免费医疗，看病、住院无须花钱，还可以免费到国外治疗。沙特阿拉伯国民还可以申请政府提供的无息住房贷款。鳏寡孤独以及残障人士都可以享受政府提供的社会保障和监护。

2. 实施政治改革，推进政治民主化进程

法赫德国王一直被认为是王室内部改革派的突出代表，他主张在保持伊斯兰教特性的前提下，有步骤、有限度地改革沙特阿拉伯王国政治体制。

20 世纪 80 年代末和 90 年代初，国际形势发生剧变。1990 年萨达姆入侵科威特和随后爆发的海湾战争对沙特阿拉伯王国产生了重大影响。面对政治变革和民主化进程的强大压力与挑战，法赫德国王开始实施政治体制改革。

1992 年 2 月，法赫德国王召开特别内阁会议，通过《政府基本法》、《咨询委员会法》和《省组织法》等三项重要法案。《政府基本法》分总纲、政体、社会构成、经济原则、权利义务、国家权力（司法、行政、立法）、财政、监察及通则，共 9 章 83 条。《咨询委员会法》共计 30 条，涉及咨询委员会的组成、任期、职责等诸多方面。《省组织法》共计 40 条，主要内容是地方建制、省委员会组成、职责等。

1995 年 9 月 2 日，法赫德国王改组了大臣会议，除 5 名王室成员继续留任外，新任命的 28 名大臣中，平均年龄不超过 55 岁，大部分人曾在西方学习、进修过，其中获得博士学位者 22

人。因此，人们称其为典型的"技术官僚内阁"。

1993 年 8 月 21 日，法赫德国王宣布成立协商委员会。协商委员会由 60 人组成，成员包括 5 名宗教界人士、30 名具有博士学位的人、大宗族的成员、少数什叶派穆斯林的代表、学者、工商界人士、现役和退役军官以及政府高级官员等，任期 4 年。1993 年 9 月 16 日法赫德国王发布命令，要求每个省都要成立地方协商委员会。

在法赫德国王的领导下，沙特阿拉伯王国成功度过了海湾战争等数次国际危机，完成了经济结构调整，实施了第六个五年计划，政治民主化进程也取得了很大进步，扩大了政治参与，缓和了国内阶级矛盾。

2005 年，法赫德国王因病逝世，王储阿卜杜拉继任了沙特阿拉伯王国王位。

第七节　近现代著名历史人物

一　阿卜杜勒·阿齐兹(Abdul Aziz Bn Abdul Rahman Al Saudi)（1880～1953 年）

阿卜杜勒·阿齐兹生于 1880 年，卒于 1953 年，是现代沙特阿拉伯王国的开创者，1932～1953 年期间任沙特阿拉伯国王。

1880 年，阿卜杜勒·阿齐兹（曾译伊本·沙特）出生于利雅得，他的全名是阿卜杜勒·阿齐兹·本·阿卜杜勒·拉赫曼·本·费萨尔·本·图尔基·本·阿卜杜拉·本·穆罕默德·本·沙特。1891 年，拉希德家族消灭了第二沙特王国，少年阿卜杜勒·阿齐兹随父流亡在外，后寓居科威特，受到科威特统治者萨巴赫家族的庇护。

　　阿卜杜勒·阿齐兹少年时接受了良好的宗教教育，他信仰虔诚，熟读《古兰经》，恪守瓦哈比派的教义。同时，他热衷于参加体育锻炼，喜好贝都因人的骑射和狩猎的生活，这些经历，使其成为一个具有意志坚定、头脑灵活、身体强壮和雄心壮志的战士。随着年龄的增长，他下决心恢复祖先建立的王国，再现家族的荣耀。

　　夺取利雅得是阿卜杜勒·阿齐兹最具有传奇色彩的经历之一。1902 年初，年轻的阿卜杜勒·阿齐兹率领一支由 40 人组成的突击队，经过几个月的秘密行军，穿越了荒无人烟的阿拉伯大沙漠，秘密抵达了利雅得城外。在夜幕的掩护下，阿卜杜勒·阿齐兹率领突击队，对数倍于自己兵力的敌军发动了突袭，一举收复了利雅得。随后，阿卜杜勒·阿齐兹就任利雅得的埃米尔，为现代沙特阿拉伯王国的建立奠定了基础。在随后的 30 年间，阿卜杜勒·阿齐兹指挥军队在阿拉伯半岛纵横驰骋，四处征伐，先后击败了拉西德家族、汉志的谢里夫侯赛因以及阿拉伯大沙漠里大大小小的游牧部落，阿拉伯半岛大部分地区都被纳入他的统治之下。1932 年 9 月 23 日，阿卜杜勒·阿齐兹宣布建立"沙特阿拉伯王国"。

　　建国初期的沙特阿拉伯王国，处于内忧外患之中。在王国内部，不服从沙特王国统治的部落势力和瓦哈比内部的激进势力伺机发动叛乱，严重威胁阿卜杜勒·阿齐兹国王的统治。外部，英、美、德等帝国主义势力妄图使沙特阿拉伯成为自己的势力范围。面对复杂的国际国内形势，阿卜杜勒·阿齐兹国王在国内部落地区推行部落民定居政策，巩固了部落地区的社会基础，使用武力翦除了瓦哈比派内部的激进势力，推行一套比较温和的宗教政策；对外，与伊斯兰国家发展良好的关系，加入英美集团反对轴心国，重点发展与美国的关系，沙特阿拉伯的国际地位得到很大提高。通过一系列的措施，大大改善了沙特阿拉伯王国的国际

国内形势，阿卜杜勒·阿齐兹的统治地位得到了巩固。

1938 年 3 月，沙特阿拉伯发现了石油，随即开始大规模的开采。石油工业的迅速发展，为沙特阿拉伯带来了巨额的石油美元收入，在阿卜杜勒·阿齐兹国王的领导下，沙特阿拉伯王国政府利用丰厚的石油收益，大力发展经济，使国家逐步开始了现代化的发展道路。

二　沙特（Saudi Bn Abdul Aziz Al Saudi）（1902 ~ 1969 年）

现代沙特阿拉伯王国的第二任国王沙特生于 1902 年，卒于 1969 年。沙特国王的全名是沙特·本·阿卜杜勒·阿齐兹，是沙特阿拉伯首任国王阿卜杜勒·阿齐兹的长子。1933 年，他被阿卜杜勒·阿齐兹国王立为王储。1953 年 11 月，阿卜杜勒·阿齐兹国王因病逝世后，沙特继任沙特阿拉伯王位。1964 年，他被废黜，流亡国外，1969 年在希腊病逝。

沙特国王执政期间，治国乏力，导致沙特阿拉伯内政外交几度陷入困境之中，王室内部反对沙特统治的势力迅速壮大。为了维护沙特家族的长期统治，1958 年 3 月，沙特王室 12 名亲王联合起来迫使沙特国王将权力交给王储费萨尔。1961 年，沙特国王赴美国治病，临行前，再次将权力交给了费萨尔。1964 年 11 月，沙特王室和高级宗教人士再次联合起来，宣布废黜沙特的王位，由费萨尔继任沙特阿拉伯国王。沙特是现代沙特阿拉伯王国第一位被废黜的国王，表明沙特阿拉伯君主政权内部存在比较有效的自我修补调整机制。

三　费萨尔（Faisal）（1906 ~ 1975 年）

费萨尔是沙特阿拉伯王国第三任国王，1964 ~ 1975 年期间任沙特阿拉伯王国国王。费萨尔生于 1906 年 4

月，全名为费萨尔·本·阿卜杜勒·阿齐兹，他是阿卜杜勒·阿齐兹国王的次子。

费萨尔很早就投身政治活动，在年轻的时候就被父亲阿卜杜勒·阿齐兹多次委以重任。1926 年，年仅 20 岁的费萨尔就任汉志地区的行政主管。1930 年以来，费萨尔长期担任沙特阿拉伯王国的外交大臣，积累了丰富的外交经验。1945 年，费萨尔率领沙特阿拉伯代表团前往美国参加联合国成立大会，代表沙特阿拉伯王国签署"联合国宣言"，沙特阿拉伯成为联合国的创始国之一。1953 年 11 月，沙特就任沙特阿拉伯王国国王后，费萨尔被立为王储兼任副首相。1958 年起，沙特国王委任他主持政府全面工作，费萨尔两次出任首相，先后兼任外交、财政、国防和内政大臣。1964 年 11 月，在沙特王室和高级宗教界人士的支持下，费萨尔正式出任沙特阿拉伯王国国王。

费萨尔在位期间，大力发展国民经济，开始实施五年发展计划，使沙特阿拉伯经济走上了健康发展的道路，国民生活状况得到很大改善，王国的现代化进程取得很大进展。费萨尔还实施政治改革，对沙特阿拉伯王国的政治体制和行政机构进行了大刀阔斧的改革，使其适应王国的现代化进程。外交上，沙特阿拉伯王国支持阿拉伯国家反对以色列占领巴勒斯坦的斗争。1973 年 10 月十月战争中，沙特阿拉伯联合阿拉伯产油国实施石油减产和禁运，动用石油武器打击以色列及其支持者。十月战争结束后，沙特阿拉伯政府开始实施石油国有化政策，经过长期的斗争，到 1980 年，沙特阿拉伯完全掌握了本国的石油资源主权。

费萨尔是沙特阿拉伯现代史上最杰出的国王之一，在他的领导下，沙特阿拉伯王国的现代化进程取得了很大进展。最值得赞赏的是，在他的领导下，在未发生大的政治动荡的情况下，沙特阿拉伯王国收回了本国的石油资源主权，沙特阿拉伯政府随之获得了巨额的石油美元，为国家发展提供了强大资金支持。

1975 年 3 月 25 日，费萨尔国王遇刺身亡。

四　哈立德（Khalid）（1913～1982 年）

立德是沙特阿拉伯王国的第四位国王。他 1913 年生于利雅得，全名是哈立德·本·阿卜杜勒·阿齐兹。哈立德自 1975 年 3 月至 1982 年 6 月担任沙特阿拉伯国王。

哈立德是已故国王费萨尔的同父异母弟弟。早年在宫廷接受宗教和文化教育，并习武艺。14 岁时即受命深入沙漠地区视察牧民的疾苦。曾随其父阿卜杜勒·阿齐兹国王南征北战，在作战中发挥了重大作用。

1962 年，哈立德就任副首相。1964 年 11 月，费萨尔接任国王。次年 3 月，哈立德被立为王储兼任第一副首相。1975 年 3 月，费萨尔国王遇刺身亡后，他继任王位并兼任首相。登基后不久，因身体原因委托其弟法赫德王储掌管政务。

1982 年 6 月 13 日，哈立德国王因心脏病发作去世。

五　法赫德（Fahd）（1920～2005 年）

赫德是现代沙特阿拉伯王国第五位国王，他生于 1920 年，全名是法赫德·本·阿卜杜勒·阿齐兹。1982 年 5 月，法赫德就任沙特阿拉伯王国国王。2005 年 8 月，因病去世，在位长达 23 年。

法赫德在宫廷中度过了幼年，从小接受了系统的传统伊斯兰教育。成年后，法赫德被父亲送到欧美国家留学，学习西方先进的科学文化知识。可以说，法赫德既保留了伊斯兰传统观念，又接受了现代西方文化的熏陶。

1953 年，法赫德就任沙特阿拉伯王国第一任教育大臣，从此步入政坛。此后，先后任内政大臣、石油委员会和国家最高委员会主席、第二副首相、第一副首相等职位。1975 年 3 月，哈立德成为国王后，法赫德被立为王储兼第一副首相。1982 年 6 月，哈立德国王病逝后，法赫德正式成为沙特阿拉伯国王兼首相。

　　法赫德国王被公认为胸怀韬略、足智多谋、不乏改革创新精神的政治家。他任教育大臣时，重视发展科学文化事业，并创办了女子学校。任内政大臣时，创建了一支保卫王室安全的"国民卫队"。在他的统治期间，沙特阿拉伯王国经济取得巨大发展，成为国际舞台上一支不可小视的力量。

第三章

政　治

第一节　宪法

沙特阿拉伯王国没有现代意义的宪法，对此，已故国王费萨尔解释说："已经有 1300 多年历史的神圣《古兰经》是世界上最古老的宪法。"沙特王国以《古兰经》为国家的根本大法，认为《古兰经》比任何世俗宪法都更符合沙特阿拉伯自身的需要。

费萨尔的意见反映了伊斯兰世界的一种普遍观念，即《古兰经》是真主赐予人类，指导人类生活的根本大法。《古兰经》既博大精深，涉及政治、经济、宗教、法律等领域，也细致入微，关乎人们的婚丧嫁娶、衣食住行、言谈举止等日常生活，它决定了伊斯兰教不仅是一种信仰体系和意识形态，也是一种生活方式和社会制度，从各个方面支配着穆斯林的世界观和价值观，塑造着穆斯林的政治、经济、道德和文化传统，影响着穆斯林的全部社会生活。[①]

穆斯林学者认为，依据《古兰经》的精神，国家政治应主要体现如下原则：

---

① 彭树智主编《伊斯兰教与中东现代化进程》，西北大学出版社，1997，第 25 页。

（1）真主主权说。《古兰经》讲："真主是创造万物的，也是监护万物的。"（39：62）国家作为人类社会的集合，自然也处在真主的全能和掌握之下，国家主权归根结底属于真主，体现真主对人类的绝对权力。

（2）先知权威说。自人类出现以后，真主在不同时代不断向人类派遣使者，劝诫人类信仰真主，止恶行善，使者的言行即代表真主意志，尤其最后一位使者穆罕默德更代表最后的绝对真理，人们服从真主的同时，必须服从先知。《古兰经》号召："信道的人们啊！你们当服从真主，你们当服从使者和你们中主事的人。"（4：59）等于宣告了先知的绝对权威。

（3）实行协商制度。《古兰经》要求人们对重大事项集体协商，反对个人专断，如："他们的事务是由协商而决定的。"（42：38）"当与他们协商公事。"（3：159）协商是先知穆罕默德在世时的一项组织和管理原则，后来者效仿这一原则，形成一项重要的政治传统，尽管它在各个历史时期所发挥的作用不尽相同。

（4）公民权利和义务真主赋予说。公民是随近代西方政治发展而逐步确立起来的一个基本概念，穆斯林政治学者在西方概念的基础上又赋予其伊斯兰教的文化内涵，认为公民的基本权利和义务，无论是针对个人、社会还是国家，都是由真主赋予，任何人不得以任何借口否认或剥夺。

（5）真主面前人人平等说。《古兰经》承认人类存在阶级、民族和种族等方面的差异，但反对人们以此为基础而相互歧视。穆斯林将全人类看做真主大家庭的成员，反对基于阶级、民族、种族、文化、财产、门第和出身的等级观念，主张人与人应增强了解、反对压迫。

（6）公平、自由、秩序说。公平是伊斯兰政治学说的原则之一，而自由与秩序的对立统一，[①] 是实现公平的必要条件。在

---

① 马明良：《伊斯兰文化新论》，宁夏人民出版社，2006，第 86 ~ 88 页。

伊斯兰教历史上,个体自由始终与对集体的义务相互联系,没有绝对抽象的自由,自由与秩序不可分割。

沙特阿拉伯国家承认穆斯林学者取自于《古兰经》的上述原则,将其作为实施政治统治和政治管理的直接依据。如果否认《古兰经》的指导地位和诸项原则,必将直接威胁沙特政权和沙特家族统治地位的合法性,更无法全面理解沙特阿拉伯国家的各项制度及其复杂性。

第二节 国体与政体

一 国体

国体体现了一个国家的根本性质。沙特阿拉伯的国体在发展中国家和阿拉伯国家中都可谓独树一帜。大致而言,沙特阿拉伯是准资产阶级政教合一的有限君主制国家。即从经济基础看,沙特阿拉伯已进入资本主义阶段,国内主要矛盾是下层民众与王室所代表的朝野资产阶级间的矛盾。但是资产阶级化的王室封建色彩依然浓重。同时,君主权力又受到一些政府机构和政治势力的制约。[①] 总体来看,沙特阿拉伯国体是受伊斯兰教、历史传统和现代因素综合影响的产物。未来,随着沙特阿拉伯政治、经济和文化的发展变化,其国体亦将随之而变化,完成从量变到质变的漫长过程。

二 政体

沙特阿拉伯政权的组织形式以《古兰经》、圣训为指导原则,具体是由国王和内阁行使行政和立法权力,国

---

① 王彤:《浅议沙特阿拉伯王国政治制度》,《西亚非洲》2003 年第 1 期,第 53 页。

家各部门和政府机构对国王负责。

　　国家最高机构由国王、内阁（大臣会议）、协商大会、最高法院组成。协商大会不是立法机关，而是咨议性机构，其成员由国王任命，任期 4 年。

三　国家元首

1. 国家元首及其权限

　　国王是沙特阿拉伯王国的最高元首，象征着国家的统一。国王兼大臣会议主席（即大臣会议首相）和武装力量最高统帅、伊斯兰教长等职务，行使最高行政权和司法权；国王有权任命大臣会议副首相和大臣会议成员、地区埃米尔、驻外使节和上校以上级别的军官，有权批准和否决大臣会议决议及与外国签订的条约、协议，有权解散或改组大臣会议，有权立、废王储和解散协商大会。

2. 王位继承

　　遵照开国先王的遗训，沙特阿拉伯王位继承从第三任国王开始实行兄终弟继的制度。1992 年，第五任国王法赫德发布敕令，宣布凡是阿卜杜勒·阿齐兹国王的优秀子孙均有资格当选国王，废除了王储自动成为国王的权利。敕令强调王位继承实行任人唯贤的原则，目的在于解决开国先王诸子普遍年老体衰，难以胜任领导工作的难题，缓解人们对老人政治的顾虑，为王室年轻成员继承王位敞开大门。不过这一决定并没有立即实施，为实现政权的平稳过渡，沙特阿拉伯政府暗示在可预见的未来，王位继承仍将遵照旧例。

　　现任国王为阿卜杜拉。阿卜杜拉 1924 年出生于沙特首都利雅得，是已故国王法赫德的同父异母兄弟，青年时期曾接受系统的宗教和军事教育。1964 年，阿卜杜拉担任沙特阿拉伯国民卫队司令。1975 年，费萨尔国王遇刺身亡，阿卜杜拉进入政府，

担任第二副首相。1982 年 6 月,哈立德国王病逝,阿卜杜拉被立为王储,同时兼任第一副首相和国民卫队司令。2005 年 8 月 1 日,法赫德国王因病逝世,沙特王室宣布由阿卜杜拉继承王位,确定阿卜杜拉的同父异母兄弟苏尔坦亲王为王储。

阿卜杜拉思维缜密,性格稳健,富有进取精神,是善于协调传统、稳定和改革关系的老一代政治家。比起已故国王法赫德,阿卜杜拉更加重视伊斯兰教和阿拉伯民族的事业。作为坚定的民族主义者,阿卜杜拉主张维护阿拉伯国家的民族利益,坚决支持巴勒斯坦人的民族解放事业,对西方一味偏袒和支持以色列的强权政治和地区霸权主义的做法持批评态度,在沙特阿拉伯的传统和保守人群中享有较高声誉。阿卜杜拉竭力维护阿拉伯国家之间的团结,与阿拉伯国家领导人保持密切联系,积极参与调节阿拉伯国家内部的矛盾纠纷,在促进巴勒斯坦各派别实现联合、化解黎巴嫩危机等方面发挥了重要作用。阿卜杜拉奉行现实主义政策,善于平衡沙特阿拉伯国家军事上依赖西方、经济上要求发展之间的矛盾,成功化解了国内激进派的挑战。他一方面笼络传统势力,一方面联合年轻、有进取精神的亲王和技术专家,积极推进经济改革,为迅速增长的人口创造更多就业机会。他居安思危,经常坦率论述国家面临的经济困难,提醒国民"石油繁荣的日子已经结束",号召人们通过经济改革实现国家的可持续发展,坚信沙特阿拉伯王国在 21 世纪的日子将更加美好。他的话总是带给人们以信心和希望。

现任王储苏尔坦·本·阿卜杜勒·阿齐兹既是第二副首相,也是国防与航空大臣和监察长。苏尔坦 1931 年生于利雅得,自幼接受伊斯兰教育和军事训练,年轻时担任王室卫队司令,1953 年任利雅得地区埃米尔,同年改任农业大臣,1962 年任国防与航空大臣,1982 年起任现职。2005 年 8 月被立为王储。

3. 前任国王

迄今为止，现代沙特阿拉伯共经历六任国王的统治，其中前五任国王分别是阿卜杜勒·阿齐兹、沙特、费萨尔、哈里德和法赫德。

1953 年，阿卜杜勒·阿齐兹国王去世，大儿子沙特即位，在位时间达 11 年之久。沙特虽胸怀大志，但才疏学浅，缺乏有效的治国方略，未能为国家各方面带来起色。相反，由于他喜好奢侈，热衷西方式的生活与消费，给国家财政带来负担，逐渐引起国内各方面的严重不满。对外，沙特没有提出连贯的外交政策，处事缺乏深谋远虑，甚至一度导致本国与埃及的关系紧张，使国家的外部环境严重恶化。一连串政策失误和不良财政预算，使沙特遭到同父异母兄弟、王储费萨尔的反对，两人关系长期对立。费萨尔向来对政治和财政预算问题持保守立场，与沙特的随心所欲和毫无节制形成鲜明对比。随着事态的发展，沙特与费萨尔之间的矛盾日益尖锐和公开化，威胁着王国的稳定与进一步的发展。

到 1958 年，沙特的统治已引起统治集团内部的严重不安，并最终促使王室决定进行集体干预。由王室高级成员组成的"亲友团"（也称王室长老会）召开会议，会上迫使沙特将政府大权移交给王储费萨尔亲王，并宣布任命费萨尔为大臣会议主席。

费萨尔从此全面接管王国的外交和内政事务，成为事实上的最高统治者。费萨尔掌权后立即着手改善经济，采取严厉措施控制预算、稳定货币，使国家财政赤字迅速降低。费萨尔甚至针对国王沙特的奢侈行为，决定缩减王室预算和开支，以缓解国民的不满情绪。沙特对此极为不满，决定重新夺回权力。1961 年，他宣布重新接管政府，迫使费萨尔及大臣会议递交了辞呈。沙特吸取经验教训，试图通过起用思想进步人士和技术专家来重组大臣会议，但却得不到王室和精英阶层的有力支持。在控制财政预算方面，沙特更是显得捉襟见肘，应对无策。所以，形势很快再次朝着有利于费萨尔的方向发展。1962 年 3 月，费萨尔在高层统治阶级成员支持下，重新恢复履行首相职责。10 月，国王沙特对外宣布因"身体不适"，由费萨尔实际接管王国最高权力。费萨尔重新放手开展一系列改革，他健全地方政府，实施司法独立，成立了由现代和传统人士共同组成的最高司法会议。1964 年，王室高级成员和宗教领袖正式宣布费萨尔出任国王。随后，沙特出国"养病"，从此长期滞留国外，1969 年病逝于希腊。

费萨尔国王精明强干，主政以后成功化解了一系列外交危机。20 世纪五六十年代，民族主义席卷阿拉伯世界，以埃及为首，叙利亚、伊拉克、也门、阿尔及利亚、利比亚、摩洛哥、突尼斯、苏丹等阿拉伯国家相继发生民族民主运动，对奉行君主制的沙特阿拉伯王国形成强大外部压力。同时，苏联加紧对中东的渗透，增强与扩大在中东的政治地位和影响。以色列在巴勒斯坦及其周围地区的侵略扩张也咄咄逼人。面对严峻的国际环境，费萨尔想方设法化解危机。1962 年 5 月，费萨尔在麦加倡议召开伊斯兰世界宗教机构和著名学者参加的国际伊斯兰会议，决定成立国际性伊斯兰组织——伊斯兰世界联盟。

伊斯兰世界联盟的成立，标志沙特阿拉伯开始以泛伊斯兰主义作为抵制共产主义、犹太复国主义和激进阿拉伯民族主义的思想和政策武器。1967 年，阿以"六五战争"爆发，埃及、叙利亚两国的军事和经济实力遭受重创，阿拉伯民族主义灵魂人物纳赛尔遭到沉重打击。埃及开始谋求与沙特阿拉伯等保守政权改善关系。费萨尔抓住机遇，宣布将向埃、叙、约旦等前线国家提供援助，以增强和扩大沙特阿拉伯在阿拉伯激进阵营中的地位与影响。沙特阿拉伯与埃及达成一系列协议，促使埃及尽快从也门撤军；同时在也门政府和王室派之间进行斡旋，使双方于 1970 年

（——本）

3 月达成协议，也门政府同意流亡沙特阿拉伯的部分王室分子回国参政，也门王室派与共和派的斗争结束。1973 年"十月战争"爆发，沙特阿拉伯再次组织中东产油国对美国和西欧实行石油禁运，迫使美国对偏袒以色列的政策有所收敛。费萨尔积极灵活的外交政策，不仅扩大了沙特阿拉伯的石油收入，也同时扩大了沙特阿拉伯在中东和国际政治舞台的影响。[1]

在国内，费萨尔探求兼顾宗教保守主义和现代化的中间道路，通过保持王国的宗教特征，来抵制现代化的负面影响。费萨尔对外来势力和思想影响始终保持高度警惕，但他并没有因此而主张全面保守和闭关锁国。他认为沙特阿拉伯要保持经济稳定增长，增强在国际政治领域的影响，必须实现经济、社会等重要领域的现代化。因此，他动用大量石油收入，投资于社会福利事业和各个经济部门，刺激经济增长。他大规模兴办教育，谨慎引进西方先进技术，以求改变王国科技文化的落后面貌。

在费萨尔主政期间，于 1968 年开始实施第一个五年计划，从此使国家经济走上稳定有序的发展道路，国家外汇收入不断增加，财政状况趋于好转。费萨尔还进行行政改革，通过设立中央计划厅和颁布《大臣会议条例》，进一步增强政府职能和充实政府部门，建设强有力的政府机构和官僚队伍，确保王室统治巩固，同时加快了国家的现代化进程，为以后的现代化发展奠定基础。

1975 年 3 月 25 日，费萨尔被侄子费萨尔·穆萨耶德因泄私愤而刺杀身亡。费萨尔的弟弟、王储哈里德迅速继任王位，确定法赫德担任王储和第一副首相，阿卜杜拉为王位第三继承人。

哈里德缺少费萨尔的精明与才干，他自小在宫中长大，没有

---

① 王铁铮主编《沙特阿拉伯的国家与政治》，三秦出版社，1997，第 231 页。

丰富的社会生活和外交方面的经验。他不会讲英语，他在国外的活动仅限于进行国事访问或到国外治病。他因患心脏病而难以从事繁重的国务活动，而且主观上，他也对从事政治活动和领导事务缺乏兴趣。尽管如此，他的统治总体上还是比较稳定的。他以无为和自由主义的态度看待王国的发展，他允许媒体报道外交决策的幕后故事，并赋予各部大臣一定的自主权力等。

哈里德国王授命王储法赫德负责处理国际国内重大事务，自己则集中精力，致力于推动经济实现持续快速发展，维护王国在本地区以及在国际经济、金融领域的重要地位。在哈里德统治时期，沙特国家的各项政策不仅没有偏离费萨尔时期的基本方向，而且有了进一步巩固与发展。

1982年，哈里德去世，法赫德继位。法赫德本来很早就负责王国主要事务，继位以后，更加如鱼得水，有了施展才能的更大机会与空间。在他领导下，沙特阿拉伯的现代化步伐进一步加快。法赫德鉴于冷战后期以来中东地区和国际形势发生一系列重大变化，决定优先发展国家军事力量；并从现实主义立场出发，对以色列实行弹性外交，积极支持阿以和平进程，特别是继续保持与美国的友好关系。

从20世纪90年代中期开始，法赫德的身体日渐虚弱，健康状况不断恶化。在此情况下，王储阿卜杜拉经常帮助法赫德国王处理王国政务。1996年，法赫德突发疾病，由阿卜杜拉全权代理政事，直至7周以后法赫德基本恢复健康。1999年，法赫德前往西班牙度假，其间，阿卜杜拉再次代行国王权力长达10周。这给了阿卜杜拉充分而宝贵的锻炼机会。阿卜杜拉积极应对各方面挑战，不断酝酿和实施各项改革计划，广泛吸收专业人士和非王室成员进入大臣会议，参与治理国家；极力推动沙特阿拉伯经济自由化进程，为争取加入世贸组织而不懈努力。法赫德与阿卜杜拉的良好合作，为阿卜杜拉最终继承王位奠定了坚实基础。

2005 年 8 月，法赫德国王因病逝世后，阿卜杜拉顺理成章地继任王位。

第三节 国家机构

一 大臣会议

1. 大臣会议的发展和演变

沙特阿拉伯政府内阁称为大臣会议，是国家最高行政和立法机构。大臣会议成立于 1953 年，是沙特王室统治巩固，国家统一，经济和社会发展到一定程度的产物。

1953 年以前，沙特阿拉伯王国的政府机构和行政体制依据 1926 年颁布的《汉志王国约法》实行分区治理，没有形成全国统一的体制。其中，红海沿岸相对比较发达的汉志地区历史上长期受奥斯曼帝国统治，行政管理体系仍基本沿用奥斯曼模式，这里主要以城市为中心，以总督、行政官员、法官、海关官员、警察和军队为主要力量实施统治。阿卜杜勒·阿齐兹统一王国以后，考虑到汉志与内志截然不同的现实情况，决定在汉志地区继续推行旧的体制，只在局部领域根据西方经验做了改动，从而形成以法律、外交、内政、财政、国民教育和军事 6 个部门为主，由国王任命总督进行统治、各部主管分别治理的政府结构。而同一时期，内志地区采用的则是另一种统治模式。内志交通封闭，生产和经济相对落后，部落观念浓厚，保守势力十分强大，所以行政和管理体制仍保留有浓厚的传统因素，尤其是部落和家族统治依然盛行。随着王国统一和外部影响逐步加深，这里也出现了一些新的管理部门和管理方式，政府职能逐步细化，但总体上仍显得杂乱无序，缺乏体制化和法制化特征，政府部门机构的设置、官员的任期、职责和权限，基本上由国王决定，具有很大的

随意性。

在建国初期，汉志和内志地区依历史传统形成不同的行政管理体系，以利于维护王国的政治稳定，实现政治秩序平稳过渡。但伴随王国各方面发生巨变，这种分区而治的政策已明显不能适应王国发展的需要。20世纪30年代末，沙特阿拉伯的石油收入开始迅速增加，在国际经济和国际政治领域的地位日益突出，王国因此开始大幅度调整国内的行政机构。1944年，国王将其子曼苏尔亲王领导的国防局升格为部。1951年6月，从财政部分离出卫生部和内政部。1953年9月，成立交通部，由国王之子塔拉勒亲王担任首任交通大臣。同年10月9日，国王颁布敕令，宣布组建全国统一的政府机构——沙特阿拉伯王国大臣会议，迈出创建现代中央政府机构的第一步。一个月后，阿卜杜拉·阿齐兹国王去世，王储沙特继任国王。沙特在位期间，增设农业和教育两个政府部门，分别由苏尔坦亲王和法赫德亲王担任主管大臣。1954年，商业部成立。至此，中央政府达到9个部门，粗具规模。这一年，正式公布《大臣会议条例》，标志王国的政治与行政体制实现了统一。

大臣会议的诞生使沙特阿拉伯王国政治体制进入新旧过渡时期。在第二任国王沙特统治时期，国王与王储费萨尔之间激烈的权力之争，反映出内志的传统保守势力与变革势力之间的尖锐矛盾。国王对于新组建的大臣会议及其活动不感兴趣，他常常有意绕开大臣会议自行其是。而王储费萨尔作为大臣会议主席，则潜心维护大臣会议的地位与权力，将大臣会议作为推动经济发展和向国王争夺权力的重要基地。

1958年，费萨尔接管王国最高权力，大臣会议开始真正参与王国的行政管理，很快发展成为国家的政治中心和促进传统社会向现代转变的重要讲坛。同年5月，费萨尔以国王敕令的形式颁布新的《大臣会议条例》，宣布扩大大臣会议的权限，增强大臣会议主席的权力，并明确规定各部大臣为分管各部事务的直接首脑和最高权威。费萨尔还建立起国家预算制度，重建国家财政，削减 2/3 的国王私人开支，大幅度减少各亲王及部落首领的津贴。1964 年 11 月，费萨尔正式登基为沙特阿拉伯国王，旋即发布敕令修改《大臣会议条例》，规定国王为大臣会议的当然主席，各部大臣必须直接向国王负责并向他汇报工作。此举为消除作为国家元首的国王和作为政府首脑的大臣会议主席之间可能出现的冲突起了重要作用。①

　　1967 年 10 月 1 日，费萨尔另设大臣会议第二副主席职位，任命法赫德亲王担任这一职务。1970 年，王国增设司法部，将与伊斯兰法律相关的重要事务纳入政府管理的框架。1971 年 7 月，大臣会议进一步扩大，将中央计划署、人事总局、控制和调查委员会和纪律委员会 4 个部门的首脑提升为国务大臣。至此，大臣会议包括了 14 个部的大臣和若干国务大臣，具备了现代政府的基本规模。费萨尔还在大臣会议内部设立"最高委员会"，由王储哈立德亲王担任主席，成员包括内政大臣法赫德亲王、财政大臣穆萨伊德亲王、国防大臣苏尔坦亲王、国民卫队司令阿卜杜拉亲王、王室顾问纳瓦夫亲王以及委员会秘书长拉希德·法拉奥恩博士。当大臣会议一般只负责处理国家日常事务时，"最高委员会"则负有制定王国内外政策等重要职责。显然，这是费萨尔为保证王室对大臣会议的绝对领导而采取的必要措施。

　　费萨尔执政后期，大臣会议根据国情需要而不断发展，规模不断扩大，体制不断健全。这一时期，沙特阿拉伯王国的内外环境开始发生了较大变化。1973 年第四次中东战争爆发，国际油价持续飙升，沙特阿拉伯石油收入急剧增长，政府得以连续翻番

①　李绍先：《沙特阿拉伯王国政府——大臣会议》，《西亚非洲》1992 年第 4 期，第 10 页。

地增加经济建设投资，国家经济面貌发生巨变，政府统治和管理随之也面临许多新的挑战。

为适应进一步发展的需要，1975 年 10 月 13 日，由王储兼大臣会议第一副主席法赫德亲王主持，组成新一届大臣会议，决定新建计划部、城乡事务部、住房和公共就业部等部门。这样，沙特阿拉伯政府部门总数增加至 20 个。本届大臣会议的最大特点是，几乎所有涉及国家现代化建设事业的部门首脑全部具有西方教育经历，并拥有博士学位。24 名大臣中，有博士 9 名、亲王 6 名，只有 8 人未受过西方正规高等教育。因此，本届政府的部分成员已具有技术专家的明显特征，是一个崭新的领导班子，有能力领导国家开展大规模现代化建设。

1982 年 6 月，法赫德就任国王，阿卜杜拉亲王任大臣会议第一副主席，国防大臣苏尔坦亲王任第二副主席。在法赫德的领导下，大臣会议为适应经济飞速发展的需要，不断进行多方面改革，突出自身在国家政治生活中的重要地位，逐步扩大会议的各项权限和各部大臣的实际权力。国王将部分权力下放，把许多具体的和技术性的事务全权委托给大臣会议处理，由大臣会议付诸实施。大臣会议改进工作方法、精简会务、下放权力，使政府工作更加趋于科学化、高效化。大臣会议相继成立一批新的下属机构，比如成立文官局，负责日常人事事务；成立特别部际委员会——"总委员会"，作为大臣会议的常设机构，负责处理大臣会议日程表上的绝大多数的日常事务，然后再提交大臣会议讨论并作出决定。

1991 年海湾战争后，为满足国民参与政治的要求和限制宗教界的权力，沙特阿拉伯国内掀起新一轮政治改革浪潮。1992 年 3 月 1 日，法赫德国王颁布敕令，宣布成立"协商议会"，但同时确定协商议会对大臣会议的从属性质，规定协商议会的各项决定必须呈报大臣会议主席（国王），再由大臣会议主席提交大臣会议讨论。如果两个机构的意见一致，就由国王采纳并予以颁布实施；如果两个机构意见相左，国王有权自行作出决定。这样，国王通过大臣会议的制衡，达到了既满足宗教界要求又限制其权力的双重目的，保证了国王的最高决策地位。敕令还规定，不经国王特许，大臣会议成员的任期不得超过5年，从而首次明确了政府官员的任期限制，使官员任期走向制度化。不过，法赫德国王十分谨慎地推行这一政策，为稳定人心，他并未立即付诸实施，对本届大臣会议成员和政府高级官员没有进行更换。

1995年，法赫德国王和王室正式开始对包括宗教和教育部门在内的官僚机构的人事布局实施重大调整。这次调整，涉及160多个高级职位，占所有高级职位的2/3以上。经过调整，沙特阿拉伯政府高层几乎全部实现"更新换代"。同年7月底，法赫德国王再次更换157名高级官员。接着，8月2日，对大臣会议实施20年来的第一次大换血，除了王室高级成员的职务没有变动之外，其余28名大臣会议成员有16人被替换，另有2名大臣的职务实现了互换。

大臣会议的人员和职务变化甚至包括石油与矿产资源部、情报部等重要部门。调整以后，石油与矿产资源大臣希沙姆·M.纳泽尔被"新人"阿里·本·本·易卜拉欣·纳伊姆取代；把持财政大臣达25年之久的穆罕默德·阿巴·哈伊利被商务大臣苏莱姆·苏莱姆所代替。其余与经济和社会福利事业密切相关的关键部门的大臣也实现了更替。新组成的大臣会议成员有15名拥有西方大学的研究生学历。

大臣会议人员构成的高学历化和年轻化，表明沙特阿拉伯最高当局越来越重视国内发生的变化，并采取措施积极应对。首先，进入90年代以后，沙特王室面临国内激进思想传播、人口和就业压力增大、新一代知识分子群体不断壮大、民主呼声日益高涨的严峻形势。法赫德国王决定改革大臣会议，一方面可以为官僚队伍补充新鲜血液，有效解决一些现实问题，另一方面则可以缓解社会不满，削弱激进思想传播的社会基础。其次，随着全球化进程不断深入，沙特阿拉伯经济面临进行体制和结构性调整的任务，政府的主体思路是进行经济改革，加快国有企业的私有化进程以解决其生存与发展的问题。财政大臣阿赛福对外界称："私有制在经济领域中大有作为，国家经济的所有大门都向私有制敞开。"① 但是，沙特阿拉伯政府结构僵化，控制开支不力，大臣和其他重要官员年龄普遍偏高、思想滞后，这些问题令最高领导人倍感焦虑。调整大臣会议人员构成，正是为了实现压缩工程项目、推动私有化进程、增强政府投资的计划性等具体目标。

1997 年，法赫德国王签署法令，决定扩大大臣会议在重要领域为国王提供咨询的职能。根据新法令，大臣会议除有权批准贷款合同外，还有权审批国家预算、批准国际条约。为确保大臣会议忠于国王，杜绝以权谋私，法令禁止各部大臣公开或私下表明任何个人立场，禁止大臣购买、出售或借贷政府财产。并再次重申，非经国王批准，各部大臣的任期不得延长。② 大臣会议因此而演变成为一个组织复杂，兼具立法、行政及内外政策智囊等多种职能的现代化机构，但基本能够胜任沙特阿拉伯王国各项雄心勃勃的发展计划的领导和管理工作。③

---

① 严庭国：《全球化进程中的阿拉伯经济》，《阿拉伯世界》2001 年第 4 期，第 31 页。

② Anthony H. Cordesman, *Saudi Arabia Enters the Twenty-First Century: The Political, Foreign Policy, Economic and Energy Dimensions*, Westport, Connecticut London, 2003, p. 146.

③ 李绍先：《沙特阿拉伯王国政府——大臣会议》，《西亚非洲》1992 年第 4 期，第 11 页。

90 年代末，沙特阿拉伯经济再次出现困难，失业问题和极端主义问题又一次凸显出来。于是，1999 年 6 月 16 日，大臣会议再次实施大规模改组，共撤换了 4 个政府部门的首脑，尤其对劳动和社会事务部门的官员经过了精心挑选。同时增设了一个行政监管部门。新任命的大臣分别是劳动与社会事务大臣阿里·本·易卜拉欣·纳姆拉赫博士、伊斯兰事务大臣谢赫·萨利赫·本·阿卜杜勒·阿齐兹、计划大臣哈里德·本·穆罕默德·库塞比和朝觐大臣伊亚德·本·阿明·马达尼。

经过一系列政治和行政改革，沙特阿拉伯官僚队伍呈现日益年轻化的趋势，各部门权力逐渐向新生代倾斜。这一趋势在现任国王阿卜杜拉在位时期继续得到鼓励和支持。不过总体来看，沙特阿拉伯政府改革尚未实现彻底的更新换代，官员任期过长等现象仍然存在，且未受到足够重视。有的评论认为：未来的政府改革，仍需要加快人员流动，促进各层次官员的稳步提升，努力建立一种新的政府结构；同时，还应该确立依据改革成效和工作效率来决定高官人选的选拔机制，以彻底清除官员任命中的论资排辈现象，激励官员的工作热情，调动全体国民的积极性。

2. 大臣会议权限

作为沙特阿拉伯最高政府权力机构，大臣会议的各项权力由国王授予。大臣会议必须服从政府基本法和协商会议法的各项规定，负责制定、监督和实施内政、外交、金融、经济、教育、国防，以及与国家宏观事务相关的各项政策，并检查协商会议通过的各项决议，对政府所有财政和行政事务拥有执行权和决定权。

国王是国家元首和政府首脑，独自拥有挑选大臣并监督其工作的权力。具体讲，国王负责指导制定国家的宏观政策，保证政府各部门之间的协调与合作，推动大臣会议各项活动顺利、连续和协调开展，指导大臣会议与其他政府部门的工作，监督法律实施、各种议事程序和决议是否合法等。

政府各部既是决策机构，也是执行机构。各部门必须在每一财政年度开头的 90 天内向国王递交报告，依据宏观发展计划目标陈述本部门上一财政年度取得的成绩、工作中遇到的问题，并提出下一步改进工作的建议。

3. 大臣会议的组成及其特点

根据 1993 年颁布的《大臣会议法》，大臣会议主席（首相）由国王兼任，大臣会议成员包括副首相、各部大臣、国务大臣、国王的顾问，以及一些大型自治机构的首脑。每届大臣会议任期 4 年。大臣分别是国防大臣、农业大臣、行政大臣、商业大臣、交通与信息技术大臣、文化与信息大臣、经济与计划大臣、教育大臣、财政大臣、外交大臣、朝觐事务与宗教基金大臣、卫生大臣、高等教育大臣、内政大臣、司法大臣、劳动大臣、城乡事务大臣、石油与矿产资源大臣、社会事务大臣、水资源与电力大臣以及国务大臣（5 人）。

从大臣会议的人员构成可以看出王室高级成员和专业技术人士之间的权力分布情况。大臣会议成员按照出身可分为 3 类：第一类是王室成员（即亲王大臣）；第二类是谢赫家族成员；第三类为普通大臣，即凭借学历及政府工作经验而升任高职的现代"中产阶级"成员。

上述人员的构成比例随时代发展而不断变化。在 20 世纪 50 年代，沙特阿拉伯各部大臣多由沙特家族的亲王担任。到了 60 年代，情况开始改变。随着政府部门日益增多、政府职能不断扩大，非王室成员逐渐在大臣会议居多数。当然，关键性岗位如大臣会议主席、副主席、外交大臣、内政大臣及国民卫队司令等，仍由王室成员担任。大臣会议不仅是王室实施统治的重要机构，也是王室培养家族接班人的重要场所。在大臣会议的任职经历，是王室成员通向最高权力阶层的跳板和根基。"王室长老会"在考虑王室成员王位继承资格时，除了考虑年龄和资历以外，是否在大臣会议长期任职已经是一项决定性因素。不过在大臣会议内部，亲王大臣与其他大臣或政府高级官员的地位是平等的，前者无权力支配后者，各部大臣只向国王负责，并向国王报告工作。在 20 世纪 50 年代，大臣会议中的非王室成员绝大多数出身于汉志地区的名门望族。从 50 年代后期开始，新一代知识分子逐渐从西方学成回国，开始在各政府部门任职，与汉志人展开竞争，汉志人一统天下的局面逐步被打破。大臣会议中拥有高学历的人明显增多。不仅内阁如此，从 70 年代起，政府中的高级文官职位也普遍被拥有高学历的年轻知识分子填补。进入 80 年代，随着高学历人群日益增多，政府开始重点关注文职官员的实际工作经验。这样，决定普通大臣人选的主要因素，是他的受教育程度和实际工作经验，而不再是原来所强调的门第和社会背景。

谢赫家族自 1744 年与沙特家族结盟之后，两大家族世代联姻。如前国王费萨尔之母即出生于谢赫家族。这种关系决定了谢赫家族一直在政府中享有特殊地位，他们长期控制沙特阿拉伯王国的宗教、教育和公共道德等敏感领域，占据着大臣会议中的司法、教育和宗教事务大臣等关键职位。但近年来，谢赫家族的影响力及其作用有所下降，一个明显的迹象是开始丧失对宗教事务的垄断权，而越来越让位于其他有着广泛社会背景的资深宗教领袖。不过，谢赫家族也在与时俱进，其成员和其他大家族一样，越来越广泛地接受西式教育，涉足传统以外的知识领域，从而得以继续保持其在政府中的地位和影响。像谢赫家族成员阿卜杜勒·拉赫曼·阿卜杜勒·阿齐兹·哈桑·谢赫在爱丁堡大学获得博士学位，回国后担任过农业和水利大臣的职务。

4. 大臣会议的立法职能和议事程序

沙特阿拉伯没有专门独立的立法机构，立法活动由国王、大臣会议、协商会议、宗教等部门共同完成。其中，大臣会议处于立法活动的核心地位。依照《大臣会议条法》，大臣会议负责制

定、修改除沙里亚（伊斯兰教法）涵盖领域之外的所有法律、规章和国王敕令，并负责对其所制定、修改的法律，以及福利、计划、交通、商业、运输等领域的章程进行系统阐述。一般而言，大臣会议尽量不去涉足比较敏感的宗教和社会政策领域的事务，而多将其留给王室和专门负责阐释沙里亚法的宗教学者（乌里玛）去处理，司法大臣、朝觐事务和宗教基金大臣、教育大臣等只是在各自职能范围内予以积极的配合。

大臣会议的各项决议必须提交国王批准，且一般很少遭到否决。经国王批准的决议就以国王敕令的形式予以发布。国王敕令与国王命令有所不同，前者是以大臣会议的决议为基础而予以颁布的，后者则是国王直接发布的命令。

大臣会议拥有部分人事任免权和解决各部之间的权限争执等权力。大臣会议制定的行政、管理等方面的规章制度一旦被国主批准，就成为法律，并由大臣会议负责贯彻实施和监督。比如关于国家经济发展的"五年计划"，首先是由计划大臣在政府各部之间进行协调，然后制定和阐明具体的计划，接着提交大臣会议审议。计划一旦被通过，就以国王敕令的形式向公众颁布，大臣会议作为行政机构开始负责它的具体实施，各部大臣根据各自的职能权限，落实相应的目标责任，并定期向大臣会议及其主席汇报计划实施的进展情况。20 世纪 80 年代以来，各部大臣在预算和部务管理方面的权限有所扩大，可以开始代替国王对一些日常事务作出决定，甚至可以指定和提拔自己的下属担任助理副大臣这样的高级职务。

虽然王国的最高权力仍然掌握在国王手里，但大臣会议可以在有关内外政策的重要领域向国王提出建议。国王也越来越重视让大臣会议参与一些重要政策的审议过程，比如制定油价、讨论石油输出策略、应对地区形势变化等，并在这些问题上广泛听取大臣们的意见。不过，大臣会议的意见采纳与否，最终决定权仍取决于国王。

　　大臣会议的议事程序是：首先，由大臣会议秘书长根据国王、大臣或其他政府机构提出的议题来安排会议内容，为日常例行会议准备议事日程，列出会议所应讨论的问题。某一问题一旦被列入议事日程，就必须进行讨论并作出决定。其次，会议召开期间，由国王现场主持，为将要讨论的问题确定基调，然后才进入具体讨论过程。一般来说，属于技术领域的问题讨论过程相对简短，很快就能获得一致通过。外交方面，不是所有问题都可以在大会上讨论，而是要根据国王确定的范围进行。会议讨论有时也十分激烈而且时间漫长，尤其在讨论改变电视广播的节目内容等较为敏感的话题时，更是如此。有些问题如果会议参加者意见难以达成一致，最后只有诉诸投票表决，并必须有 2/3 以上的大臣会议成员出席，获得多数赞同方可通过。如果支持和反对的票数相当，则交由国王做最后裁定。但是，按照沙特阿拉伯的政治传统，大臣会议讨论问题最终要尽可能达成全体一致，而不是形成不同的意见和结论，所以会议可以尽可能避免上述情况的发生。

　　除在正式场合议事外，各部大臣也通过非正式渠道相互切磋，表达自己的观点。在沙特阿拉伯，是不允许政府官员公开表达自己的政治分歧的，所以政府官员尽可能将这些分歧隐藏起来。大臣们要表达自己不同的观点，通常不是诉诸公开辩论，而是通过私下对国王施加影响来达到目的。各部大臣一般每周有一次与国王的例行会面，届时向国王汇报工作，并提出自己的问题和要求，从而委婉地表达自己的看法，达到影响国王决策的目的。他们的活动能否对国王产生影响，以及影响程度的大小，完全取决于他们自身的才能、手段和接近国王的能力。这种"治国"的政治潜规则的存在，既掩盖了大臣会议的内部矛盾，也确保了国王对大臣会议的绝对控制，更加突显出沙特阿拉伯政治

浓厚的中央集权色彩。同时，这一规则还限制大臣会议成员形成势力集团，有效地避免了朋党政治的蔓延。在这种情况下，大多数大臣都是特立独行、各行其是的。当然，偶尔也会形成一些松散的团伙，特别是在文官中间，人们按照同乡、家族、同学或其他关系凝聚起来，主要从事非政治的活动。

所以，大臣会议体现了沙特阿拉伯王国的基本性质和王国政治制度的发展历程。在大臣会议体制下，各部大臣除了担当国王和王室的顾问，还越来越肩负起管理国家的重任，为王国的各项重大决策与实施贡献自己的聪明才智。

5. 大臣会议各委员会

大臣会议下设 3 个委员会，分别负责不同领域的日常事务，它们保证大臣会议各项工作能够保持连续和完整。

总委员会 20 世纪 50 年代，大臣会议设立了 3 个委员会，分别负责行政、财政和立法事务。60 年代初，这 3 个委员会合并组成总委员会，成为内阁中的决策机构。费萨尔登基后，重新将总委员会一分为三，另建"高级委员会"作为内阁核心。1975 年，哈立德国王为应付艰巨复杂的工作需要，决定重新组建总委员会，但其权威与影响已大不如前。80 年代，法赫德国王对大臣会议进行改革，总委员会的地位有所上升，它在一定程度上起着小内阁的作用（主要限于经济领域）。至此，经过几番波折，总委员会的地位最终确定，成为大臣会议的常设机构。总委员会由一名主席和数名经国王挑选的大臣会议成员组成，委员会按大臣会议颁布的专门章程进行运作。总委员会相当于大臣会议的常务委员会，一般每周至少开会一次，专门处理大臣会议的日常事务。总委员会的权威在于：它专门针对那些无须国王颁布敕令或法律、规章的日常事务作出决定。总委员会每次开会至少须有 7 人出席，会议最后决议必须由与会成员一致通过，然后以大臣会议决议的形式予以发布。如果一些建议未能获得一致通过，则移交到大臣会议上进一步审议。在讨论或表决某一问题时，相关部门的大臣必须在场，否则不得进行。如果该大臣对总委员会的决定持有异议，他有权将这一问题提交大臣会议全体会议进行公议。总委员会总体上要向大臣会议负责，因此总委员会秘书长必须向所有大臣会议成员通报该委员会的各项议程，各部大臣均可出席总委员会会议并对其建议作出评论。总委员会也可请政府其他部门的负责人或技术专家参加讨论。所以，总委员会尽管只由部分人员组成，但它仍能代表大臣会议全体成员的意见。

文官委员会 文官委员会成立于 1977 年，主要负责大臣会议的人事管理工作。在此之前，大臣会议曾设有人事总局，但该机构实际只负责档案管理工作，所有人事任命仍须由大臣会议作出。为提高工作效率，1977 年 6 月，大臣会议发布新的章程，宣布解散人事总局，成立文官局及其决策机构文官委员会。文官委员会具体制定文职人员的选拔标准及晋升条件，掌管文职人员的定级、工资、培训以及高级官员之外的所有文职人员的晋升等事务。文官委员会的成立，大大减轻了大臣会议的工作负荷。

文官委员会每周召开例会，讨论制定、修改人事法规和章程等重要事务。1982 年，法赫德国王颁布敕令，对《文官委员会章程》进行修改，规定由国王担任文官委员会主席，王储任副主席，从而大大增强了该委员会在内阁中的地位，说明王国最高统治者对政府人事管理工作高度重视。通常情况下，国王很少出席文官委员会的各种会议，但会后，国王都要审阅会议记录，并审批会议的决定。

专家局 专家局与大臣会议同时建立，主要负责起草并审议大臣会议的各项立法。20 世纪 50 年代，由于沙特阿拉伯本国缺乏法律人才，专家局成员多数由埃及人担任。60 年代以后，该局官员终于全部实现本国化。前石油大臣亚马尼是该局第一位沙特阿拉伯人（1958 年）。

专家局负责对需要立法、制定规章条约和发布国王敕令的所有事务进行法律评议。其具体工作程序是：先由各部大臣将需要立法或制定法规的事务内容提交专家局，由专家局根据内容和法律常规提出相关法律法规草案。如果双方对草案意见存在分歧，就由双方共同组成一个委员会来加以解决。若仍不能达成一致，则需将双方意见提交大臣会议进行表决。

二 协商会议

协商会议既是沙特阿拉伯王国的咨议性机关，也是沙特阿拉伯政治制度的必要组成部分。协商会议制度的产生与发展，反映了 20 世纪后期沙特阿拉伯政治力量和政治结构的多元化发展趋势，揭示出沙特阿拉伯政治制度与传统君主专制的差异。协商会议在沙特王室成功应对现代化带来的挑战和维护国内政治稳定方面，发挥了重要作用。

1. 协商会议制度的建立与发展

协商会议的建立源于阿拉伯地区古老的协商传统。在古代阿拉伯社会，部落首领在一些重大事项上必须与部落长老等头面人物进行协商，作出一致决议，体现了一种朴素的部落民主精神。公元 7 世纪伊斯兰教兴起以后，《古兰经》重新确认并强调协商的意义，[1] 使协商从此成为穆斯林政治生活的一项重要原则，受到坚持经训精神的伊斯兰政权的推崇，同时也成为穆斯林民众反对专制、抗议暴政的思想武器。19 世纪末，沙特政权在阿拉伯半岛兴起，统治者继续继承协商的政治传统，通过协商来巩固和实施统治，现代沙特阿拉伯协商制度由此诞生。

1927 年，沙特阿拉伯开国先王阿卜杜勒·阿齐兹在汉志地

---

① 马坚译《古兰经》（42：38），中国社会科学出版社，1981。

区正式成立"汉志协商会议",任命王室重要成员、宗教领袖和著名部落首领共计 20 多人为会议成员,由王储费萨尔·本·阿卜杜勒·阿齐兹领导开展工作。

　　50 年代初,沙特阿拉伯国内的政治多元化趋势开始出现,民主思想开始传播。为缓解反对派压力,扩大统治基础,沙特阿拉伯当局将汉志协商会议的成员增加至 25 人。但仍有人觉得变革过于缓慢,提出在沙特阿拉伯设立西方式议会,引起沙特王室高度警惕和激烈反对,他们担心沙特阿拉伯政治制度会演变为西方式的民主制度,于是极力向国王施加压力。国王被迫下令停止汉志协商会议的工作,由大臣会议兼任协商会议的各项职能,但是协商会议的组织形式仍然存在。从 1973 年起,国际石油价格暴涨,沙特阿拉伯石油收入剧增,大大缓解了国内的政治压力,民众要求扩大政治参与的呼声被人们淡忘。80 年代初,根据形势需要,法赫德国王提出应成立某种形式的代议机构,但遭到一部分人反对。反对者坚持伊斯兰教法是唯一的立法源泉,反对成立单独的机构从事立法活动。海湾战争爆发前后,沙特阿拉伯国内面临的社会、经济压力空前增大。为缓解压力,法赫德国王于 1990 年 8 月 5 日改组内阁,并于 1991 年 3 月 17 日宣布了一系列改革措施,其中包括准备组建"沙特阿拉伯公民大会"(协商会议)、颁布基础性的专门法和增加各省的自治权等。

　　此次宣布筹建协商会议,从形式上看,是恢复早先被搁置的汉志协商会议的政治功能;从目的看,则是缓解保守派和现代改革派的压力,扩大政治参与的基础,实现分化瓦解反对派势力,孤立极端主义分子的政治效果。趁着改革措施颁布的有利时机,国王和部分政府高官,包括著名宗教领袖谢赫·伊本·巴兹、亲王图尔基·费萨尔等连续发表讲话,谴责宗教极端主义,对其危害社会的做法进行严厉抨击。

　　1992 年 2 月 29 日,沙特阿拉伯政府召开特别内阁会议,通过《政府基本法》、《协商委员会法》和《省组织法》等三项重要法案。不久，法赫德国王正式公布了包括发言人在内的新的协商会议 60 名成员名单，规定协商会议成员任期 4 年，职能包括负责检查经济与社会发展计划，质询大臣会议成员，检查政府各部提交的年度计划，提出新的法案或修正案。同时宣布，将在 14 个省份分别设立类似协商会议的十人会议，扩大省督的自治权力。①

　　法赫德国王签署一系列敕令，对各项政府工作作出基本规定。这些规定被视为沙特阿拉伯立国以来首次进行的法典编纂，即《政府基本法》。法令规定，国王兼任沙特阿拉伯王国武装部队总司令；号召放弃论资排辈，改由王室中最有才能之人继承王位。法令规定设立独立的司法部；保护家庭、邮件和通信秘密；禁止随意逮捕。《政府基本法》与有关协商会议的决定同时出台，说明协商会议在推动沙特阿拉伯政治发展进程中占有重要地位。

　　1992 年 9 月 23 日，沙特阿拉伯举行建国 60 周年纪念，法赫德国王宣布任命穆罕默德·本·朱拜勒为协商会议主席，但没有同时宣布协商会议开始正式运作。这表明法赫德国王对发展协商制度仍心存疑虑，他说："世界上的各种民主结构不适合本地区及其人民……自由选举制度不符合伊斯兰思想体系。"② 看来，法赫德国王的真正顾虑是担心协商会议演变为西方式的议会制度，故再三提醒国民注意沙特阿拉伯的基本国情。但 1993 年，在即位 10 周年的时候，法赫德国王终于下定决心，宣布协商会议正式成立。8 月 21 日，宣布了对协商会议成员的任命，并发

---

①　Rahshe Aba-Namay, "Constitutional Reforms: A Systemization of Saudi Politics," *Journal of South Asian and Middle Eastern Studies*, vol. 16, no. 3 (Spring 1998), pp. 44 - 48.

②　*Newsweek*, March 16, 1992, p. 45.

表电视讲话，重申协商会议的职能属于顾问性质，明确表示国王仍将保留君主权力，指出沙特阿拉伯王国仍然是伊斯兰国家，不会实行西方的民主制度。法赫德国王说，协商会议源自正统的伊斯兰协商概念，是沙特阿拉伯人民政治参与的制度化体现，强调协商会议的建立和运作必须"服从现有政府制度，忠于《古兰经》和先知传统"，指出协商会议的作用主要是通过与有识之士和专家协商，为政府的各项公共政策提供合法依据。

此次任命的 60 名协商会议成员（其中包括一名什叶派人士）来自社会不同领域，有商人、技术专家、外交官，也有新闻记者、伊斯兰学者和职业军人。他们大部分年轻有为，具有在国外学习、生活的经历。同年 12 月，协商会议开始正式运作，标志沙特阿拉伯社会各界的政治参与迈上了一个新的台阶，中央政权的政治基础因此而有所扩大。

从 1994 年起，协商会议开始开会议事。初期主要是制定会议的各项章程与规则，成立各种技术和行政委员会，如外事委员会、国防委员会等。仅 1994 年一年协商会议就开会 29 次，讨论议案 45 项，提出建议 25 项；协商会议"常委会"举行会议 21 次，形成决议 23 项；会议下设的各委员会召集会议超过 260 多次，共递交了 50 多份研究报告。但会议讨论的问题和提交议题的具体内容并没有公之于众。①

1995 年 1 月 8 日，协商会议召开第一届全体大会。法赫德国王首次向大会提交国民预算报告。大会没有进行类似西方议会式的公开辩论，但是 1995～1996 年，大会议题的范围不断扩大，逐步涉及社会、政策等重要领域，大会的咨议性功能明显增强。协商会议还召开单周或双周例会；会期有时持续数日，说明大会

---

① R. Hrair Dekmejian, " Saudi Arabia's Consultative Council, " *Middle East Journal*, vol. 52, no. 2 (Spring 1998), pp. 204 –218.

是在认真地讨论和研究问题。截至 1997 年中期，第一届协商会议共召集会议 103 次，通过决议 133 项，研究问题 49 个。协商会议 8 个小组委员会共开会 727 次，讨论议题 143 项，签署决议 133 项。协商会议还定期派代表团出访外国。

1997 年 7 月 20 日，第二届协商会议任期开始，法赫德国王将会议成员从 60 人扩大到 90 人，并举行了规模宏大的宣誓仪式。王储阿卜杜拉以及苏尔坦亲王也出席了仪式。国王在讲话中一如既往强调伊斯兰法和圣训对协商会议工作的重要指导意义，强调必须发展高等教育和科技培训，鼓励私有部门的发展。协商会议主席穆罕默德·本·朱拜勒宣布，为增强协商会议活力，决定新成立 8 个协商会议委员会，各委员会每周开会 2 次，分别有 8 至 16 名成员。新增加的 8 个委员会是：组织与行政委员会，教育、信息与文化事务委员会，伊斯兰事务委员会，服务与公共利益委员会，卫生与社会事务委员会，外交委员会，经济与财政委员会和安全委员会。

1999 年 7 月，协商会议新增 4 名成员，下设的委员会数目增加到 10 个。原来的经济与财政委员会分解为经济委员会和财政委员会；教育、信息与文化事务委员会变成教育委员会和文化与媒体委员会；服务与公共利益委员会的职能扩及交通和运输领域。

相比其他政府机构，第二届协商会议成员普遍实现年轻化，他们平均年龄为 42 岁（最小的 34 岁，最大的 69 岁）。60 岁以上的委员只占总人数的 17%，30~40 岁的占 30%，50~60 岁的占 53%。其中约 23% 的人受过现代教育，7% 毕业于传统宗教学校，3% 是记者，19% 是全职官僚，24.3% 是兼任学术或法官职务的官僚，4.4% 来自警察队伍，3.3% 是军人，7.8% 来自企业。

协商会议成员普遍拥有较高学历：约 64% 的人拥有博士学

位，14.4%有硕士学位，21.2%有学士学位。拥有博士硕士学位的人80%曾在西方国家接受过教育。从政治倾向看，第一、第二届协商会议的大部分委员与王室保持一致，激进的伊斯兰主义者只占全体委员的17%～19%。协商会议中内志人占有较高比重，达到44%，汉志人约占29%，东方省占9%，其余18%来自王国的其他地区。

2001年6月4日，法赫德国王主持了第三届协商会议的宣誓仪式，宣布会议成员进一步增至120人，并决定扩大会议各委员会的职能，使其逐步涉及财政金融、五年规划、伊斯兰与社会事务、教育等重要领域。本届会议成员均属于社会精英分子，像著名医生、律师、军人、企业家、金融专家、学者和科学家等。他们的产生，先是由各省总督提名，然后由王家法庭进行提名审查，通过审查者必须明确表示愿意为协商会议服务，最后由国王正式任命。

第三届协商会议仍保持了很高的文化水准，其成员全部拥有大学学历（60%多的人拥有博士学位）和丰富的工作经验。前司法大臣谢赫·穆罕默德·本·朱拜勒继续担任会议主席，上届会议约一半成员得以继续留任。2002年1月，朱拜勒去世后，空缺很快就被填补。

2002年，协商会议设立的委员会数目增加至12个，各委员会成员人数一律定为11人。会议及各委员会完全按民主方式运作，实行一人一票制。国王法令明确规定在表决时实行多数投票通过原则，未获多数投票通过的议案须进行再次表决，如仍未通过，就不得再向国王提交。

2005年，根据决定，会议成员总数扩充至150人，会议的权力更大，已远远超过咨询和顾问的角色。2009年2月，阿卜杜拉·本·穆罕默德·阿勒谢赫（Abdullah Bn Mohammed Alsheikh）就任协商会议主席。

至 2010 年，协商会议各项建设进展顺利，始终处于高效运作的状态。为进一步促进协商会议的工作，满足委员们的咨询需要，会议积极进行资料的搜集与整理，配备了设施先进的图书馆，为委员们提供丰富的藏书、期刊和影像资料。

1993 年协商会议正式成立的同时，在地方层面也成立了 13 个"地区协商会议"。每个地区协商会议成员从 15 人到 20 人不等。

协商会议的体制建设逐步得到完善，协商会议作为一个健全的现代机构正式参与沙特阿拉伯国家的政治进程，担负起沙特阿拉伯统治者所赋予的政治使命，成为沙特阿拉伯政治生活中一支不可或缺的力量。

2. 协商会议的职能及其发展

按照《协商委员会法》规定，协商会议的主要任务，是就国内重大事务向国王提供相关的咨询。协商会议召开大会期间，全体委员必须按时出席会议，履行"服务于共同利益，巩固团结，维护国家和民族利益"的职责。会议的职权包括：讨论经济与社会发展计划，审查法律、国际条约及协定，解释法律，讨论政府各部门提交的年度报告，听取国王每年向协商会议所作的施政报告。作为个人，会议的各个委员可以倡议立法，审议政府的国内外政策。

随着协商会议职能的不断充实完善，权力的不断扩大，会议不仅担当咨询角色，还逐步具有了监督和制约政府的功能，以至于所有政府行为如果不经协商会议同意，必须退回国王重新审议。截至 2002 年，会议已完全确立传唤和质询大臣会议成员的权力。虽然此时协商会议尚无权直接介入安全与外交政策的制定和基本预算草案的审议工作，但对"第七个五年发展计划"进行了审议和表决；会议及其各委员会对该计划的部分细节问题进行了分析讨论。法令规定，政府部门的年度报告和政府行为在提交协商会议审议之前，必须先经过协商会议各委员会的审议，以便为大会审议做好提前评估和建议的准备。不仅如此，部分协商会议委员还表示，要在审议政府各部年度报告的同时，对政府预算进行间接审议，并最终实现直接审议。如果这一设想能够实现，沙特阿拉伯政府工作势必形成对国王和协商会议实行双重负责的权力格局。

为了保证大会的各项建议得到落实，会议派专人监督决议的执行情况，并设立专门机构负责处理沙特阿拉伯公民向会议提交的申诉。在审议政府提案时，各委员会态度认真，逐条进行，必要时还召开大型听证会，广泛听取社会各界的意见。比如财政金融委员会在审议政府提出的新税法时，驳回了其中的好几项关键条款，并随后举行了听证会。协商会议及其下属各委员会正是通过这种方式迫使政府部门不断提高工作效率，改善工作方法，收到了明显效果，获得社会各界的普遍赞誉。

协商会议还开始逐步参与国家重大决策的讨论过程，确立了对国家外交政策进行审议和质询外交大臣的权力。前国王法赫德和王储阿卜杜拉多次参加这样的听证会议。这深深激发了委员们的参政热情。在法赫德国王在世时，有人还进一步建议，如果健康状况允许，国王应该在协商会议举行年度演讲，向全体委员陈述当年的施政计划。在协商会议的良好发展态势下，协商会议对国家重大事务拥有了一定的知情权，从而拉近了其与国王领导下的沙特阿拉伯最高统治阶层的关系。

协商会议虽然不同于西方的议会制度，但还是体现出相对浓郁的民主气氛。每次开会议事，委员们都能就所讨论的问题展开激烈辩论，即便是身兼内阁大臣的委员之间也是如此，委员们对政府提出严厉批评已是十分常见的现象。说明委员们尽职尽责，珍惜自己的参政机会。受此鼓舞，一些王室成员也表示，希望协商会议升格为与大臣会议平级的政府机构，从而提高协商会议的

政治地位。

协商会议的各项职能通过下设的各委员会得以进一步细化和具体化。这12个委员会分别是：伊斯兰事务与人权委员会，社会家庭与人力资源委员会，经济与能源事务委员会，安全事务委员会，规章、管理与申诉委员会，教育科学研究事务委员会，文化信息与青年委员会，外交事务委员会，水、公共设施与服务委员会，卫生环境事务委员会，财政金融委员会和运输、交通与信息技术委员会。各部职能基本涵盖沙特阿拉伯国家政治、经济和社会生活的方方面面，具有全局性和全面性，显示出沙特阿拉伯政治协商的整体面貌。

3. 协商会议的政治地位

作为一个尚处于发展阶段的国家机构，协商会议必须服务于沙特阿拉伯王国现有的政治制度，并在此前提下，保持相对的独立性。

首先，协商会议制度是沙特阿拉伯君主制度的衍生物，其整体地位与职能必须服从并服务于沙特家族的最高统治，接受君主权力的各项制约。因此，协商会议能否有效发挥作用首先取决于君主的意志。根据《协商委员会法》的规定，国王对国家事务拥有最后的仲裁权，国王有权随时任命协商会议的成员，有权解散、重组和批准新一届协商会议；协商会议的职能要以王室命令的方式加以确认，会议必须承认在伊斯兰教法指导下的国王的重要政治地位，从而以法律形式确认了协商会议对王权的从属地位。因此，协商会议在具体议事过程中，必须首先考虑国王的意见。

其次，协商会议与政府之间形成了相互制约的关系。沙特阿拉伯法律规定，协商会议必须受伊斯兰教法制约，服从依此法进行的裁决。伊斯兰事务与人权委员会的专门职责就是确保会议的各项行动符合伊斯兰法的要求，因为"伊斯兰教的影响及作用仍是保证政治决策合理化的重要因素"①。但如果伊斯兰事务与人权委员会无法对协商会议达成一致意见,就必须将该问题交由大臣会议进行评议。这说明大臣会议作为国家最高行政机关,有权对协商会议有争议的行为进行复议,从而与协商会议对政府的监督职能构成互补。

总体来看,协商会议为沙特阿拉伯的政治生活带来了新鲜气息与活力。会议实行任期制并积极贯彻年轻化和专业化发展策略,为会议积极有效和创造性地开展工作提供了组织基础与人才基础,体现了沙特阿拉伯国家机构改革所遵循的专家治国论思想。

协商会议制度的发展反映了不同时期沙特阿拉伯社会矛盾的变化。在早期,成立汉志协商会议主要是为了表示对传统的尊重,团结部落势力,巩固新生政权。而在法赫德国王时期,决定成立全国性协商会议,原因则显得较为复杂。首先,可以以此为契机引入其他各项改革,为遵循传统经训精神的沙特阿拉伯政府提供一种体制结构,使其能够更好地应对全球化带来的挑战,保持沙特政权的固有特征。其次,积极回应伊斯兰原教旨主义(激进派)和现代改革派带来的挑战,加快以传统宗教文化为基础的政治现代化步伐,进一步丰富国家的政治生活。最后,随着石油财富不断增长,经济和基础设施建设不断发展,有必要进一步推动国家结构的现代化发展,促进上层建筑与经济基础相适应。协商会议制度正是出于这种长期性和建设性的需要而确立和发展起来的。除此之外,协商会议遵循专家治国论思想和本着化解社会冲突的精神,广泛吸收各领域专业人士参政议政,其决议事实上具备一定的立法性质,具有扩大沙特阿拉伯国家立法主体的重要意义。这一切促使协商会议的职能向多元化方向发展。

---

① 马小红:《沙特王族君主制的伊斯兰性——沙特阿拉伯君主制的伊斯兰性刍论之一》,《阿拉伯世界》1998 年第 4 期,第 30 页。

基于协商会议的重要性日益突出，它被一些西方媒体称为"沙特阿拉伯建国以来的第一个代议制议会"[1]。但事实上，协商会议与西方民主制度有根本性的不同。正如法赫德国王生前多次强调，沙特阿拉伯的政治改革是以伊斯兰信仰的各项原则和大众协商为基础的，所以，协商会议制度不会偏离王国的伊斯兰传统。相反，它是沙特阿拉伯国家通过与社会各界的协商一致，努力使自己保持瓦哈比派伊斯兰国家特征，[2] 不断使宗教与社会习俗适应当代社会的发展需要，稳步推进变革进程的一种方式。协商会议制度积极顺应时代和社会变化的要求，不断巩固沙特王室统治基础，促进了沙特阿拉伯政府各领域工作的顺利开展。它通过类似议会的监督作用，扩大了沙特阿拉伯社会各界参政议政的渠道，缓和了社会矛盾，有力地维护了沙特阿拉伯的社会稳定，[3] 是沙特阿拉伯民主化进程的重要组成部分。

三　地方政府

沙特阿拉伯实行地区、省（市）、县三级地方行政区划制度。全国有 13 个地区，地区最高行政长官为总督，与大臣平级，向国王负责，但地区内部的具体事务则由内政部领导。

地区以下设市、县。每一地区及市县下属的行政单位数量不

---

① 陈德成：《论沙特阿拉伯的政治现代化》，《西亚非洲》1996 年第 6 期，第 4 页。

② Michel G. Nehme, " Saudi Development Plans between Capitalist and Islamic Values", *Middle Eastern Studies*, Volume 30, No. 3, July 1994, p. 635.

③ 这里主要指全国协商会议的作用与意义。地区一级的协商会议由公共服务或企业部门的杰出人物所构成，代表了沙特阿拉伯从学者到宗教人士的各个阶层。地区协商会议的意见酌情提交全国协商会议进行参考。虽然地区会议在王国政治改革进程中的角色尚不明显，但它具有反映全国地方意见的重要作用。

一，有的甚至差距很大。

地区下面的市，其行政级别从部级到县以下不等。由于游牧民定居和城市化不断推进，市在各地区、省、县的政治和经济功能更加突出。沙特阿拉伯全国共有 178 个市，每个市均设有市政会议管理市务，分别有 4 ~ 14 名成员不等；利雅得、达曼、吉达和麦加等大城市的市政会议成员均为 14 人。塔伊夫、哈萨、布赖代、艾卜哈、哈伊勒、塔布克、吉赞、奈季兰、巴哈、焦夫和北部边境区的市政会议成员为 10 人，小城市 8 ~ 10 人，农村城镇 4 人。市政会议成员原来由政府任命。2004 年，沙特阿拉伯政府宣布全国各城市市政会议半数席位通过选举产生。次年 2 月，开始选举产生市政会议成员，标志着沙特阿拉伯地方政府改革有了新的进展。

第四节　立法与司法

一　立法思想、立法机构和主要法律

1. 立法思想及其演变

沙特阿拉伯王国的立法活动遵循伊斯兰教法的各项基本原则。后者继承了历史上伊斯兰教法和伊斯兰法学取得的主要成果，同时又加以新的发展，具有鲜明的时代特征和地区特色。

所谓伊斯兰教法，是指穆斯林社会以《古兰经》和圣训为基本根据而制定的各项法律。伊斯兰法学则是一门专门研究在遵循伊斯兰教基本精神和价值观念的前提下，如何从事立法工作的学问或学科。《古兰经》和圣训包含大量规范穆斯林个人及社会关系的律例条文，成为穆斯林实践信仰、安排社会生活的基本依据。但是，这些律例有的十分具体，有的却十分宽泛，而且数量有限,① 人们远远不能按照生活需要从中找到一一对应的答案。加之伊斯兰教兴起初期，社会发展迅速，疆域不断扩大，新的问题不断产生，于是，如何使伊斯兰教法既能满足现实需要，又不违背伊斯兰教的精神，便成为伊斯兰社会普遍关心的问题。这样，就出现一批学者，他们专门研究经训，探讨立法，从而催生出一门新的学问——伊斯兰法学。

伊斯兰法学思想一开始就分为两大阵营，一为"圣训派"，一为"意见派"。圣训派坚持立法工作必须遵照经训明文，如果经训明文没有相关规定，就判定立法无效。意见派则主张在缺乏经训明文的情况下，以经训精神为原则，运用"优选"（伊斯提哈桑）、"公益"（伊斯提斯拉赫）、"类比"（格亚斯）、"公议"（伊智玛尔）、"择善"等方法进行立法。两派法学家各执己见，又相互影响，派生出许多新的派别。到公元10世纪，多数法学派别被历史淘汰，只有4位法学家的学说取得最终统治地位，成为正统教法学派。这4位法学家的名字也就成为各自派别的名称，分别为哈乃斐学派、马立克学派、沙斐仪学派和罕百里学派。

四大教法学派总体上依然存在"圣训派"和"意见派"之分。其中，"圣训派"法学家主要出自阿拉伯半岛地区，尤其是麦加和麦地那两大城市，他们的法学思想主要流行于阿拉伯半岛和北非等地区。"意见派"法学家主要来自伊拉克等地区。"圣训派"和"意见派"的法学分歧在很大程度上反映出各自流行区域的自然与社会特征。阿拉伯半岛地区是伊斯兰教的发祥地，先知和圣门弟子大多在此开展活动，因此这里的人们对《古兰经》的降示背景和圣训的传述相对较为熟悉。加上他们主要过

① 〔埃及〕艾哈迈德·爱敏著《阿拉伯—伊斯兰文化史》第1册，商务印书馆，2001，第243页。

的是游牧生活，民风纯朴，社会生活简单，用《古兰经》和圣训明文基本能够解决现实问题，故而圣训派法学如马立克派和罕百里派的思想十分流行。北非等地区的情况与此相似。但伊拉克等地的情况则有所不同，那里远离阿拉伯半岛，人们对圣训和圣门弟子的活动了解较少，但该地区农业发达，文明程度较高，人们的生活丰富繁杂，容易出现各种经济、刑事和社会问题，需要更加具体、细致的立法加以应对，故意见派法学如哈乃斐派思想在这里广受欢迎。①

圣训派和意见派的区域分布差异，反映出伊斯兰法灵活适应不同社会发展水平的能力，揭示了早期伊斯兰法提倡创制精神的现实价值。所谓"创制"（伊智提哈德），是指"具备创制资格的伊斯兰法学家（教学法权威）依据《古兰经》、圣训的明文与精神及伊斯兰法的基本原则、法律渊源，运用理智、推理、比较、判断等方法，对传述系统相对正确、字面含义相对明确的经训明文，以及新的历史条件下出现的经训明文未涵盖的新事物、新问题制定出与经训明文和精神及伊斯兰法宗旨并行不悖的法律的活动"②。在阿拉伯帝国时期，创制是"圣训派"和"意见派"法学共同注重的一项立法原则，所不同的是两派对创制的方法、程度、规则和范围有不同意见。相对而言，"圣训派"的创制活动比较节制，注重维护圣训的权威性，强调创制必须有圣训明文依据；"意见派"则强调"圣训"的精确性，为保持谨慎，该派法学家较少使用圣训，而是在重视发挥经训内在精神的基础上，结合人的理智，采用逻辑、推论等方法提出立法意见。通过创制，两派法学思想均获得很大发展，能够面对迅速扩展的

---

① 〔埃及〕艾哈迈德·爱敏著《阿拉伯—伊斯兰文化史》第 3 册，商务印书馆，2001，第 145 ~ 146 页。

② 马明贤：《"伊智提哈德"——伊斯兰法的创制》，《兰州大学学报》（社科版）2003 年第 3 期，第 80 页。

国家疆域和纷至沓来的各种新问题、新事物提出相应意见，制定出卓有成效的法令律例，为帝国政权成功应对时代的挑战作出了卓越贡献。

在阿拉伯半岛地区，四大教法学派别各自为政，使得半岛各地的立法和司法很不统一。其中，西部地区主要遵循哈乃斐和沙斐仪法学思想，中部地区则以罕百里学派为唯一法学指导思想。法学思想和法律实践的不统一向来为部分半岛学者所反对。沙特家族统一半岛以后，遵照瓦哈比派的思想，首先采用最严格的罕百里派法学思想统一立法活动，并在此基础上推动国家的法律建设向现代转变。

为推动伊斯兰法的现代发展，阿卜杜勒·阿齐兹国王首先提出不迷信除《古兰经》和圣训之外的任何权威的基本原则，如果教法解释明显过时或不符合时代发展的需要，沙特阿拉伯官方有必要进行重新解释。国王还指出，只要《古兰经》、圣训明文没有禁止，就不应该反对改革。国王甚至提出，国家的立法在主要依据罕百里学派基本思想的同时，也应尊重其他法学派别的意见。就某一问题而言，如果罕百里学派没有相应的规定，法官完全可以求助于其他学派。国王还扩大立法主体的范围，规定除法学家之外，政府和王室同样享有在伊斯兰法范围内作出决定、行使某种权力的自由。

阿卜杜勒·阿齐兹国王的改革打破了四大法学派别之间的坚固壁垒和法学家对立法权的垄断，有助于法学思想摆脱沉重的历史包袱，摒弃陈旧的教条，重开创制大门，重新焕发伊斯兰法的活力。利用改良以后的瓦哈比法学思想，阿卜杜勒·阿齐兹国王为大力引进新鲜事物找到了合法依据。从此，沙特阿拉伯陆续引入电话、电报、电台、汽车和新式装备等西方物质文明，积极创建"沙特阿拉伯经济开发公司"，努力推动国家朝着现代化方向迈进。费萨尔国王时期，政府继续通过"创制"和"类比"原则，提出许多符合伊斯兰精神的改革措施。比如为了引进资本主义生产方式，费萨尔国王这样解释："我们选择的经济制度以自由企业为基础，我们深信它完全符合伊斯兰教法。"经过长期不懈努力，沙特阿拉伯国家的立法思想已经完全突破传统框架，沙特阿拉伯法学界不仅承认创制的价值，而且对什么是创制开始有了全新认识。正如著名伊斯兰学者穆乃斐所讲："从字面意义上讲，'创制'是发挥、运用；从技巧方面讲，则意味着就某一合法问题尽力从教法中推理演绎出合理的理由。'伊智提哈德'（创制）既是每个穆斯林的宗教责任，同时也是整个社会的集体义务。"

法学领域提倡创制精神，为沙特阿拉伯政府陆续制定和颁布一系列现代法律法规创造了前提条件。1931年，政府颁布《商务法规》，并在吉达、达曼等地设立了商务法庭。1954年，对由《商业法规》发展而来的《商法典》进行修订，大胆突破传统伊斯兰教法关于利息的解释，以法律条文的形式确认商业利息的合法性，用"酬金"、"手续费"等字眼来代替"利息"。1970年颁布《劳工和工人法》、《社会保险法》；1992年2月29日，大臣会议通过《政府基本法》、《协商委员会法》和《省组织法》三项重要法案……

综上所述，经过重新演绎和解释，沙特阿拉伯国家的立法思想已突破传统法学派别的限制。如果说建国初期沙特阿拉伯政府还强调以罕百里法学为主导思想的话，那么如今沙特阿拉伯王国签署法令、判决和决议，则主要是依据《古兰经》、圣训，以及统治者和国家的现实需要。目前，沙特阿拉伯国家立法活动的自由度大大提高，立法范围明显扩展，立法主体呈多元化趋势。沙特阿拉伯逐步发展为现代法治国家。

2. 立法机构

沙特阿拉伯没有类似议会的专门立法机构，国家的立法权力主要由国王和大臣会议行使，高级乌里玛会议、高级卡迪（法官）会议和各专业性部门机构具有辅助立法作用。

《大臣会议法》规定，大臣会议是国王主持下的立法机关。所有法律草案须经大臣会议审议并予以公布，国王、高级亲王和主要大臣提出修改意见，最后经国王批准方能生效。所有法律必须符合伊斯兰教法的基本规定。

国王拥有很大的立法权限。国王有权对大臣会议通过的法案进行裁决，批准后以敕令方式公布实施。如果国王认为法案有欠妥当，有权提出理由并责令大臣会议重新讨论。但如果国王办公厅收到来自大臣会议的法案达一月之久，而未能将其返还，大臣会议可以根据自认为适当的方式，奏请国王采纳该法案。国王的所有敕令都必须发表公报。一般而言，如果法令没有特殊规定，敕令于公布之日起开始实施，由大臣会议负责执行。

随着协商会议的立法功能日益凸显，新法律草案越来越需要经过协商会议审议。协商会议提出的一些专业性提案和建议也越来越受到重视，对国王和大臣会议的立法功能具有补充作用。

3. 主要法律

伊斯兰教法是沙特阿拉伯王国的基本法律。除此之外，随着现代化程度的逐步推进，沙特阿拉伯国家根据实际需要，以国王敕令的形式相继颁布许多专门法律，用以处理纷繁复杂的世俗事务。这方面法律主要有与经济和生产活动有关的《商事纠纷调解法》、《所得税法》、《商业登记法》、《标准规格法》、《工业保护振兴法》、《矿业法》、《外资法》、《企业法》、《商标法》、《银行法》、《政府投标法》、《土地分配法》、《劳动保护法》、《社会保险法》、《公务员法》、《一般投资基金法》，等等。所有法律中最主要的是1992年2月29日大臣会议通过的《政府基本法》、《协商委员会法》、《省组织法》，以及后来的协商大会内部法规等。

《政府基本法》是规定沙特阿拉伯国家各项基本原则的成文法。

该法分两大部分，一部分具体阐述政府的基本组织与结构，另一部分主要规定沙特阿拉伯公民所应享有的各项基本权利。结构上，政府基本法分总纲、政体、社会构成、经济原则、权利义务、国家权力（司法、行政、立法）、财政、监察及通则，共 9 章 83 条。[①]

《协商委员会法》共计 30 条，具体涉及协商会议的组织和工作原则、人员组成、任期、职责等诸多内容。

《省组织法》，共计 40 条，内容包括沙特阿拉伯全国的地区建制、地区委员会组成以及职责等方面的规定。《省组织法》的发布使沙特阿拉伯开始具备现代国家机器的基本特征。[②] 根据《省组织法》规定，沙特阿拉伯省以下的地方基层政府为县，县以下有市、乡，每一级有相应明确的行政范围，还有人口、地理、安全、环境道路和交通等方面规定。《省组织法》还划分了地区长官的职责范围，规定地区长官归内政大臣直接领导，其工作主要是与中央各部大臣及各部派驻地方的官员进行直接联系，共商地方事务，同时监督各个政府机构积极履行职责。《省组织法》第 16 条规定，地区委员会的具体组成人员为：地区委员会正副主席（分别由地区埃米尔、副埃米尔兼任）、亲王代表、各县县长、地区政府机构首脑，以及至少 10 人的专家学者。地区委员会负责制定和实施本地区发展计划。

二 司法体制与机构

1. 传统司法体制

沙特阿拉伯建国初期，不仅国内立法思想很不一致，而且全国司法体系也不健全，司法制度十分混乱，严重

---

① 参见刘竞、安维华主编《现代海湾国家政治体制研究》，中国社会科学出版社，1994，第 189～190 页。

② 钱学文：《当代沙特阿拉伯王国社会与文化》，上海外语教育出版社，2003，第 71 页。

影响了国内政治生活。

建国初主要存在三种相互独立的司法体系。第一种是红海沿岸汉志地区的司法体系。这一体系主要在奥斯曼帝国统治时期形成，带有浓厚的土耳其司法特点。在奥斯曼帝国，司法体系由中央的伊斯兰委员会及其下属的各级法官、伊斯兰法庭和穆夫提（教法说明官）组成。伊斯兰法庭按照哈乃斐法学思想审理一切刑事和民事案件。穆夫提的职责是对案件提出法律意见，供法官采用。第二种是沙特家族发祥地内志地区的司法体系。这一体系虽然较早由沙特政权实施，但基本仍处在草创阶段。在该体系下，相当于地区总督的埃米尔象征法律权威，埃米尔在一名法官协助下调解争端，或由法官直接作出仲裁，由埃米尔负责实施判决。第三种是更加古老而传统的习惯法体系，具有强烈的地方特点，实际就是部落法。这一体系下，裁决争端和实施法律的是冲突各方所在的部落，司法过程容易受人为因素影响。习惯法及其实施实际上并不受伊斯兰教法的约束，带有很大的原始性和随意性，其结果往往并未带来和平，反而导致各部落之间产生更大的矛盾，造成社会长期动荡不安。司法制度和司法体系混乱严重威胁沙特新政权的统治地位，阻碍着阿拉伯半岛社会的发展与进步。

2. 现行司法体制

在沿用旧的司法制度达一段时间之后，阿卜杜勒·阿齐兹国王开始着手解决各地司法制度不相统一的问题。1927 年，国王颁布敕令，宣布全国统一实行新的司法制度，从此确立了沙特阿拉伯现代司法制度的基本格局。从那时到现在，其间除了 1952 年通过《沙里亚法责任分配法》，对有关公证人、财产制度和官员传唤等方面问题做了具体规定外，沙特阿拉伯司法制度基本保持了原有的样子。

在新的司法体制下，司法机构主要分为紧急民事法院、沙里亚（伊斯兰教法）法院和最高司法会议。其中，紧急民事法院主要受理急需解决的一般犯罪案件和小额债务案件。该类法院遍布全国各地，方便灵活机动地处理小型案件，及时化解矛盾。有时候，地区埃米尔和县长也可以负责此类案件的审判工作。沙里亚法院则管辖普通法院所属的一切法律事务。此外，上诉法院主要受理通过沙里亚法院转来的上诉案件。

新司法制度起初将伊斯兰法和现代世俗法律分开实施。负责实施伊斯兰法并监督其贯彻的是最高法官，由国王任命。1970年，大法官穆罕默德·本·易卜拉欣去世，费萨尔国王决定不再设大法官职位，改由新设的司法部行使其职能，著名伊斯兰学者谢赫·穆罕默德·阿里·哈拉肯被任命为首任司法大臣。从此，伊斯兰法所涵盖的重要法律事务被全部纳入大臣会议体系之下，大臣会议开始担负起协调伊斯兰法和现代新法的责任。

最高司法会议具有和最高法官同等重要的地位，它由 12 名著名法学家组成，会议主席由国王任命产生。会议机构常设麦加，主要负责对其他法庭进行监督，并提名各法庭法官的人选，然后交由国王任命。

对上述法庭作出的判决如果不服，人们可以向直属大臣会议的申诉受理局提出上诉。如果申诉受理局认为有必要，可以进一步奏请国王进行裁决。

1995 年，法赫德国王又下令成立"鸣冤处"，负责监督、化解沙特阿拉伯公民与政府间的纠纷，拥有很大的司法权力，从而进一步加强了国家的司法体系。

在司法过程中，法官根据案件性质的不同，分别适用伊斯兰教法和现代新法。适用伊斯兰教法的案件既有民事案件，也有刑事案件，主要刑罚有：对饮酒等轻罪犯处以笞刑，对盗窃犯实施砍手，对通奸犯用石头砸死，对杀人犯斩首。以上刑罚都当众执行。

3. 司法原则

沙特阿拉伯坚持司法独立的原则。1962 年 11 月 6 日，费萨尔国王颁布名为"十点纲领"的改革计划，其中第三点明确指出："陛下政府希望司法独立，不可侵犯。因为它是公正的标志、正义的象征。它的地位愈是得到提高，愈是不可侵犯，我们就愈能实现我们仁慈的伊斯兰的基本目标。我们决心朝着这一目标加倍努力，颁布一项由最高法院执掌司法权的司法独立条例。我们决定成立司法部，负责司法行政事务。司法部附属的国家检察总署，用来关心公民利益，捍卫他们的权利，通过与国家各个法庭的合作，做保卫被压迫者、打击暴虐者的忠实卫士。"根据这一精神，国王虽然行使最高上诉法院的职能，有权赦免或减轻死刑判决，但仍不能否认司法独立的原则。

各级司法机构均遵循一定的法律原则运行，这些原则由高级乌里玛会议负责制定。高级乌里玛会议于 1971 年成立，是一个高度自治性机构，由沙特阿拉伯国内最杰出的教法学家和教义学家共同组成（包括司法大臣在内），负责行使沙特阿拉伯王国的最高宗教权力。对该机构成立的目的，费萨尔国王进行了具体阐释："鉴于我们年轻国家的政权建立在《古兰经》、圣训的明文和精神基础之上，故必须对解释伊斯兰教教律一事给予特殊关注，让负有指导社会重任的教法学家、学者在研究民族所面临的各种问题时发挥积极有效的作用，找到符合伊斯兰教法、实现穆斯林利益的解决办法。据此，陛下政府决定成立伊斯兰教法解释委员会，他们由 20 名最优秀的教法学家和学者组成，专门研究国家提出的要求以及穆斯林大众所提出的问题。"为此，费萨尔国王颁布敕令，成立由 15 名高级乌里玛组成的"法特瓦高级咨议会"，即高级乌里玛会议，充当政府的"专职顾问"。依照规定，"法特瓦高级咨议会"的主要职责是在非常和必要时，应沙特阿拉伯政府的要求，根据《古兰经》、圣训和伊斯兰教基本精神，对宗教上有争议或含糊不清的重大问题作出裁断说明，或提供法律处理意见，即"法特瓦"。法特瓦经高级乌里玛共同签名并正式颁布后生效。颁布法特瓦体现了高级乌里玛会议的特殊宗教权威。高级乌里玛会议的成立实际上为费萨尔国王分散和削弱宗教势力提供了有效途径。高级乌里玛会议的规模不断扩大，其成员后来达到25人。总体来看，该机构在立法和司法领域发挥着双重作用，主要监督立法内容和司法实践是否符合伊斯兰教的基本精神与原则。高级乌里玛会议的很多决议甚至可以作为判例，在实践中得到具体应用，尤其在宗教领域更是如此。

为保证司法公正，沙特阿拉伯还成立高级卡迪（法官）会议作为最高法律仲裁机构。高级卡迪会议的成立晚于高级乌里玛会议，该机构囊括了沙特阿拉伯国内宗教司法界的精英分子，即国内最有影响力的法官和法理学家。其中有很多人同时兼任高级乌里玛会议成员。高级卡迪会议负责阐述、解释有关伊斯兰教法的重大法学理论方面的疑难问题，并对某些重大法律案件提供咨询和提出指导性意见。

第五节 国内主要权力集团和反对派势力

沙特阿拉伯王国禁止政党和党派活动，国家一切生活都在以国王为中心，在中央政府领导下顺利运转。在政治实践中，国王权力受到各种力量的制约；国王的统治，必须依赖公众尤其是统治集团的有力支持。之所以如此，一方面因为沙特阿拉伯坚持以教立国的原则，政治上讲求统治者和被统治者进行协商；另一方面，沙特阿拉伯政治传统本身就注重多数意见而非权威主义，讲求实用主义而非理想主义，故最高统治者向来重视争取民众的支持，维护统治的"合法性"。因此，沙特阿拉伯

的君主制度实际上是建立在由王室、温和派宗教人士和专业人士组成的政治联盟的基础上的，国王的统治权力与王室内部，以及宗教、习俗、主要部落、专业人士、企业界领袖和宗教人士（乌里玛）的共同认可联系在一起。

一　沙特王室

沙特王室家族在沙特阿拉伯国家的政治生活和权力分配中占据绝对优势。沙特家族的重要成员控制着大臣会议各个关键部门，他们在国王直接领导下行使最高行政权力和部分立法权力。一般来说，大臣会议组成人员经常有所变动，但必须保证正副首相和国防、内政、外交大臣等关键职务由沙特家族的直系亲属担任。大臣会议实际上成为沙特家族培养高级领导人的重要场所和王室成员走向国家权力中心的跳板。是否曾在大臣会议中任职是王室长老会考虑和确定王位继承资格的关键因素。沙特阿拉伯历任国王包括沙特、费萨尔、哈立德、法赫德以及现任国王阿卜杜拉均曾在大臣会议中担任过要职。

沙特王室还控制着地方政府大权，全国 13 个地区的埃米尔（总督）全部由沙特家族的重要成员担任。埃米尔不是通过选举产生，而是由国王直接任命，向国王负责，独立处理地方事务。利雅得地区既是首都所在地，也是全国的政治、文化和教育中心，因此该地区最高行政长官向来由国王的亲信担任。已故国王法赫德在世期间，这里的埃米尔是国王的胞弟萨勒曼·本·阿卜杜勒·阿齐兹。麦加和麦地那两大圣地的埃米尔则分别由国王另外两个弟弟阿卜杜勒·马吉德和马格拉纳亲王担任。东部地区是最重要的石油产区，是全国的经济中心，法赫德国王任命其子穆罕默德·本·法赫德担任该地区的埃米尔。而盖西姆、泰布克、哈伊勒、奈季兰和巴哈等地区的埃米尔均由法赫德国王同父异母的弟兄所担任。其余 4 个地区的埃米尔也由来自王室的亲王担任。不仅如此，王室成员还垄断了部分重要地区的副埃米尔和部分省长职位，如沙特家族发源地德拉伊叶省省长和红海沿岸的吉达省省长均为直系亲王。这样一来，沙特王室基本控制了全国的地方政权。

沙特家族全面控制着军队、国民卫队等武装力量，以此来维护国家主权，确保王室的统治地位。其中，国民卫队为维护王权发挥着重要而特殊的作用，它战时配合正规军作战，平时还负责维持国内治安，保护王室和重要石油产区的安全。现任国王阿卜杜拉自1963年起就担任国民卫队司令，直至2005年继位仍兼任这一职位。此外，警察和情报系统的最高权力也牢牢控制在沙特家族手中。

为确保王室的绝对控制，沙特王室在一些关键部门实行双亲王负责制，比如国防部和内政部等部门的执行机构首脑总是由一些年轻亲王充任。

沙特王室十分重视培养合格的接班人，一方面不断派遣大批年轻王子到美国和西欧等发达国家学习先进科学技术和管理经验；一方面又安排他们进入政府机构，从事实际工作，提高他们的管理能力和领导能力。

沙特王室设法不断扩大政治联盟，强固统治基础。在伊斯兰教事务方面，王室一直与瓦哈比派谢赫家族结成牢固关系，任命谢赫家族成员担任内阁中与伊斯兰教有关的重要职务，如朝觐事务和宗教基金大臣司法大臣等。在科技、文教和经济发展方面，王室充分发挥受过西方教育的技术专家和学者的作用，任命他们担任计划、财政、商业、农业与水利、石油与矿产资源、劳工与社会事务、城乡事务、交通、教育、新闻和卫生等部门的内阁大臣职务，给他们提供施展才华和工作经验的机会，使他们成为王室实施现代化管理、发展经济和文教事业的左膀右臂。

沙特王室充分利用石油销售带来的雄厚资金来维护和巩固自身的统治地位。沙特阿拉伯政府实行高福利政策，包括对所有公职人员发放高薪并免征个人所得税，为国民提供免费教育、免费医疗保健、无息住房贷款和社会津贴等多种福利。对重要部落势力，王室除了采取联姻的方法，还通过政府向其提供巨额财政补助，换取部落势力对国王和中央政府的绝对效忠。宗教上，沙特王室遵循比较开明的教义诠释，规定任何新生事物只要不和伊斯兰教的基本精神相抵触都可以接受。王室保证，任何人只要不反对沙特家族的统治、不违反伊斯兰法律和教规，都可在政府庇护下过着比较富裕的生活。借助于雄厚的资金支持，沙特王室赢得了社会大多数人的支持。

当然，由于石油收入受油价波动影响带来的不稳定性，加上石油资源的非再生性，沙特王室执行高福利政策有时也会有掣肘之虞。为避免由此带来的不良影响，法赫德国王时期开始大力发展多样化产业，尤其在争取实现粮食自给方面取得巨大进展。现任国王阿卜杜拉更是经常公开谈及国家面临的经济困难，提醒王室成员和国民注意"石油繁荣的时代已经结束"。王室所具有的危机感有助于其积极应对困难，化解危机，巩固已有的统治地位。

目前，沙特家族的统治地位整体上还比较稳固。沙特阿拉伯的社会治安状况良好，人民生活比较安定。王室得到一大批富有改革思想的自由派人士的积极支持。许多亲王精明强干，深孚众望，在各个部门发挥着中流砥柱作用。至于部分王室成员身上的腐败现象，王室最高统治集团并没有坐视不管。2002年6月，国王法赫德责令王室会议对家族内部活跃分子的行为和办事能力进行审查。现任国王阿卜杜拉更加注意整顿家族内部秩序，采取了很多方法来遏制部分家族成员的越轨行为，包括明令禁止王室亲属不通过竞标就获得利润丰厚的政府合同。阿卜杜拉还严格控制政府开支，稳定财政预算，严厉打击影响政府采购与合同签订的各种腐败现象，有力地遏制了王室内部的腐败风气，改善了王室形象。

二　乌里玛

在沙特阿拉伯王国，由于实行政教合一制度，作为宗教知识分子的乌里玛阶层在政治和宗教领域扮演着极为重要的角色。

乌里玛（Ulama）一词在阿拉伯语中泛指所有公认的、有权威性的伊斯兰学者，或宗教领袖。按照历史传统，乌里玛大多担任立法、司法，以及其他各种与宗教事务有关的职务，如穆夫提（教法说明官）、伊玛目（教长领拜者）、教法学家、卡迪（法官）、宗教教师和其他宗教机构的官员等。此外，他们的活动涉及教育、法律、清真寺管理、宣教、公证、学术研究等多个领域，从而构成一支庞大的宗教知识分子队伍。

在沙特阿拉伯王国，乌里玛的主要职责是制定和解释伊斯兰教法，执行法律和进行法律仲裁；忠实捍卫《古兰经》的神圣地位，宣扬瓦哈比思想，指导和规范穆斯林的伦理道德与行为方式，帮助人们保持信仰坚定与纯洁，为沙特阿拉伯政府进行内政、外交重大决策提供宗教方面的咨询。总之，乌里玛是世俗政权与穆斯林群众，统治者与被统治者相互沟通的桥梁，是沙特政权谋求宗教"合法性"的主要依靠力量。

乌里玛渊博的宗教理论知识和职能背景，使其形成沙特阿拉伯社会的一个特定的阶层。20世纪80年代中期，沙特阿拉伯国内得到承认的乌里玛人数至少在1万人以上。这一特殊的群体不仅人员构成复杂，而且思想素养各不相同。他们大多数来自内志和汉志地区，由于这两个地区的社会环境和文化基础均不相同，所以两地乌里玛的思想风格和认识水平也存在明显差异。汉志地

区处在红海沿岸，自古贸易和经济发达，居民受城市文明熏染较深，麦加、麦地那两大圣地和重要港口城市吉达是这里的政治、经济、宗教和文化中心，加之一年一度世界穆斯林朝觐活动的影响，汉志人与外界的交往频繁而深入，其社会生活明显受到多种文化的影响，这直接决定了在这里成长起来的乌里玛往往视野开阔，思想开明，容易接受新鲜事物，处理和解决宗教问题灵活通融，对待不同教派的人群及其观点和生活习俗比较宽容。在学问方面，他们大多学识渊博，尤其擅长和精通伊斯兰法理学、《古兰经》注释学、阿拉伯语法、句法、韵律，以及逻辑学和哲学等，丰富的知识使他们普遍富有改革和创新精神。相对而言，内志乌里玛的情况有所不同。内志地处半岛沙漠腹地，交通闭塞，经济比较落后。内志宗教学者因此较少与外界的接触和交流，他们主要以父传子受的方式传承学问，知识结构相对单一，尤其对包括自然科学在内的现代科学知之甚少。他们的成长环境和知识结构，决定了他们一方面崇尚瓦哈比思想和罕百里法学，以虔诚笃信、禁欲守戒、勇于与"异端"思想作斗争著称于世，另一方面又普遍表现为思想保守、缺乏活力，对新事物、变革和创新往往持怀疑和否定态度。

乌里玛在王国中的政治地位和社会声望，在一定程度上也受他们的生活来源和经济状况的影响。一般来说，内志乌里玛坚信瓦哈比派不以宗教知识营谋私利的思想，所以拒绝收取民间捐赠和宗教基金作为生活来源，他们只依赖政府补贴，按期从政府部门领取实物和薪金维持生计。而在汉志地区，除一小部分乌里玛获得政府定期补助外，大部分人的收入主要依赖社会捐赠和宗教基金。有个别乌里玛还兼营商业，其中不乏相当富有者。那些获得政府补贴的乌里玛在社会上被认为很有面子，表明他们与政府及某些高官有着密切关系。

在全体乌里玛中，以谢赫家族为首的内志乌里玛执掌着国家的宗教和司法大权。首先是因为内志乌里玛是传播和弘扬瓦哈比基本思想的主要力量。在漫长的岁月中，瓦哈比派为辅佐沙特家族创建沙特阿拉伯王国和巩固君主政体立下了汗马功劳，是沙特家族实施统治的重要精神支柱和社会基础。其次，内志既是沙特政权的发祥地，也是王国的权力中心所在地。在这里，乌里玛有机会经常接触王室权贵和政府要员，尤其高级乌里玛享有随时接受国王等高层人物召见的特权，他们的意见是政府某些重大决策的重要参考，具有赋予政府决策"合法性"权威的作用。不仅如此，内志乌里玛常常主动出击，凭借能够接近统治集团的有利条件，积极施加影响，干预政府决策。通过有形和无形的影响，内志乌里玛赢得沙特阿拉伯王国的实权派，特别是保守派人士的明显偏爱，使其显赫的地位与作用更加突显。

三 宗教组织

沙特阿拉伯国内有许多官方或半官方的宗教组织，广泛活跃在立法、司法和社会生活各领域。它们的存在，既有宗教和道德意义，也有一定的政治影响。

1. "劝善惩恶协会"与"宗教研究、教法宣传和指导委员会"

劝善惩恶协会始建于 20 世纪 20 年代初期，是现代沙特阿拉伯国家成立最早，管理制度比较健全的一个半司法性的独立宗教组织。其活动范围最初为两大圣地，以后逐渐扩展到全国各地。劝善惩恶协会长期受谢赫家族的领导，在全国设有大小分会 200多个，每个分会成员数人至数十人不等。其中包括宗教学者、社会贤达和一些政府官员。在组织上，分会对协会负责，协会又向国王负责，涉及协会的许多重大事务，一般须得到国王首肯。协会职责主要是监督穆斯林积极履行宗教义务，服从瓦哈比派的基本训诫。协会成员的主要任务是通知和督促人们按时礼拜、斋戒，监视经常发生违反教律事故的地方，禁止饮酒、歌舞行为，取缔丧葬仪式和各种庆典中的异端表现，在公共场合设置两性隔离区，劝告男性放弃穿着丝绸和佩金戴银，取缔市场出售的绘有人和动物形象的商品等。协会还负责在旧书摊查抄内容与逊尼派和瓦哈比思想不符的各种书籍。协会有权对违反禁例的人进行惩戒，轻者囚禁或当众鞭笞，重者抄没住宅和全部家产，直至逐出圣地。

劝善惩恶协会在维护沙特阿拉伯社会的稳定方面起着重要作用。它通过强制国民恪守伊斯兰教义和瓦哈比派戒规，达到控制国民社会行为，突显沙特阿拉伯王国宗教特征的目的。协会得到信仰虔诚的普通穆斯林大众的支持，大大提高了政府威望。同时，协会也是宗教界影响社会，发挥其政治影响的重要渠道。

宗教研究、教法宣传和指导委员会也是独立性的宗教机构。该机构在首相（国王）直接指导下开展工作，主要任务是根据社会需要，发行各种宗教书籍和宣传资料，传播瓦哈比派的观点和原则；规划设计与伊斯兰教和瓦哈比思想有关的研究课题，组织、举办与宣教有关的研讨会和学习班，向国外派遣传教士，等等。委员会的研究成果由沙特阿拉伯政府以教科书形式公开出版，向国内外发行，借以宣传沙特阿拉伯王国及其统治者作为伊斯兰教传播和捍卫者的形象。这些书籍大多与教法有关，主要回答穆斯林日常生活所遇到的执行教法上的各种疑难问题，如"剃须的规定"、"处理婚姻问题的法律程序"、"对待吸烟的态度"、"是否可以强迫穆斯林遵循伊斯兰四大法学派别中的某一派"，等等。

委员会必要时也应国王、政府和大多数穆斯林的要求，对相关问题颁布宗教意见（法特瓦）。1971年，沙特王室颁布法令，进一步确定该委员会的职责为："根据沙里亚法，对埃米尔提出的问题和委托的事务发表意见，向埃米尔推荐指导宗教问题的政策，颁布指导穆斯林宗教信仰、礼拜和交往礼仪的法特瓦。"

2. 国外宣教机构

为扩大和提高沙特阿拉伯王国在伊斯兰世界的威望与影响，并在瓦哈比派旗帜下捍卫和维护伊斯兰教的团结，履行沙特阿拉伯国王的宗教义务，沙特阿拉伯王国专门成立许多对外宣教机构，向世界各地积极传播伊斯兰教。1979 年，首都利雅得举行进入伊斯兰教历 14 世纪庆祝仪式之际，沙特阿拉伯向伊斯兰会议组织秘书处提交了一份备忘录，提到应建立宣教组织，加强伊斯兰世界的团结，认为有必要"调动伊斯兰各民族的理性、物质和精神资源，追求共同的社会经济和文化目标，建立一种新的社会框架，实现伊斯兰的团结；实现这一目标，必须加强伊斯兰的信仰，建立和服从新的机构……使之为整个伊斯兰世界超越民族、种族、语言等界限团结起来而发挥特殊作用"。

沙特阿拉伯成立的对外宣教机构首推"世界穆斯林青年大会"。"世界穆斯林青年大会"成立于 1972 年年底，总部设在利雅得，主要宗旨是："通过宣传一神教为伊斯兰教的意识形态服务；增强穆斯林青年的自豪感，用理性和对伊斯兰制度的坚定信念武装他们，帮助他们全面实践伊斯兰的教导；支持世界穆斯林青年和学生组织，尽可能帮助他们实施其计划与纲领；指导和帮助穆斯林青年建立专业组织，并在现有专业组织中确立其主导地位，帮助其在建立伊斯兰国家和抵御各种挑战中发挥作用。"[1]

世界穆斯林青年大会在沙特阿拉伯政府大力支持下积极从事各种宣传活动，该组织主要致力于在国外援建清真寺和宗教学校，组织宣教团访问国外穆斯林社团，接待一年一度的穆斯林青年会议代表，出版和发行各种宗教书籍等活动。

沙特阿拉伯的各种宗教组织自上而下构成一个庞大完备的网

---

[1] 王铁铮主编《沙特阿拉伯的国家与政治》，三秦出版社，1997，第 160～161 页。

络。宗教界通过这个网络，对沙特阿拉伯政府与社会产生独特而深远的影响。但同时，宗教界及其活动也受到沙特王室权力的严格制约，基本原则是不能对王室的世俗统治构成任何威胁。因此，在高级乌里玛会议中，来自谢赫家族的成员只有一人。说明沙特阿拉伯王国自建国起，就严格防范乌里玛直接干预国家政治，决不允许有任何一个家族或势力集团超越沙特王室的权力。以世界穆斯林青年大会为例，它的所有活动都必须在沙特阿拉伯政府指导下进行，并由受过世俗教育的沙特阿拉伯知名人士进行规划和管理。大会现任秘书长具有美国宾夕法尼亚大学国际关系学博士学位，大会其他管理人员普遍具有受过世俗教育的经历。

因此，宗教组织归根结底是沙特阿拉伯君主制度的必要组成部分，它使沙特王权获得政治上和道义上的"合法性"支持，通过伊斯兰教所固有的凝聚力将王国的居民吸引到沙特阿拉伯政府周围，从而确保国家的长治久安；对外，它通过传播和弘扬伊斯兰教，不断扩大沙特阿拉伯王国在伊斯兰世界的影响，提升沙特阿拉伯王国在伊斯兰世界的"盟主"形象。

四　王室长老会

在沙特阿拉伯最高统治层内部，存在着一个非正式的决策团体，在协调王室内部矛盾、决定王位继承和立嗣人选方面发挥着决定性作用。该团体外界称之为王室长老会，其实是一个比较有代表性的没有严格组织机构的民意团体。其成员一般有一百多人，基本可以视为沙特阿拉伯社会权力结构的一个浓缩：他们大部分人是沙特家族的重要成员，其次是与沙特家族利益攸关，并有血缘关系的政治盟友，如吉利维、苏答伊利、胡那颜、谢赫等著名部落或家族的代表人物；其余人员则包括一些著名的乌里玛，以及挑选出来有一定社会影响的平民。长老会影响王位继承和权力转移的典型案例，是 20 世纪 60 年代迫使国王沙特向王储费萨尔移交权力，并最终宣布退位，让费萨尔顺利继任国王，从而有效化解了王室内部的权力斗争危机，保证了国家政治、经济生活的正常进行，巩固了王室团结和统治地位。可见，长老会的存在，在沙特阿拉伯最高统治阶层内部营造出一定的民主气氛，为协调统治阶层的内部矛盾，实现权力顺利交接创造了比较有利的软环境。长老会虽然不是正式的政府组织或政治机构，但却在沙特阿拉伯政治生活中有着举足轻重的地位，体现了沙特王国君主制度的固有特点，即最高权力的产生、运行和维护总是通过正规和非正规、制度和非制度、成文和不成文的渠道交叉进行的，说明沙特阿拉伯政治制度的发展依然处于由传统向现代过渡的特殊时期。

五　政治反对派

沙特阿拉伯国内严禁组织党派和党派活动。但是，沙特阿拉伯政府不能阻止社会利益和社会结构出现分化，因此也不能阻止基于这些分化而出现的各种反对派势力的崛起。二战后，沙特阿拉伯王国的经济结构和社会结构在不断剧变，新的社会矛盾不断产生且日益激化，在此基础上逐步形成一些反对派势力，向沙特王国的君主统治和现存社会秩序发起挑战。1953年，第一个反政府组织"沙特阿拉伯民族改革阵线"成立，该组织由青年军人、文官和石油公司低级职员组成，秘密从事反政府活动。1956年，该组织被镇压取缔。当前，对沙特阿拉伯政治影响较大的反对派势力，主要是体制内的现代改革派、宗教反对派和体制外的极端主义势力。

1. 体制内的现代改革派

第二次世界大战后，伴随着石油财富的增长，沙特阿拉伯社会各项事业获得长足发展，国民教育程度明显提高，国内国外的交流日益密切，人们的视野更加开阔，各种观念有了很大变化，人们反过来开始对沙特阿拉伯国内的许多落后和保守现象感到不满。同时，沙特阿拉伯社会结构的变化导致中产阶级队伍开始崛起，民主观念逐步滋长，人们广泛提出参政议政的要求。

现代改革派的活动在 20 世纪 90 年代达到高潮。1990 年 11 月，沙特阿拉伯新闻大臣穆罕默德·阿曼尼等 43 名政府官员和著名商人向国王上书，要求建立协商会议，推进民主政治，明确宗教与行政裁决的界限，改革宗教警察等。1992 年 9 月，现代改革派进一步撰写了长达 45 页、上有 107 人签名的《劝诫备忘录》，并经宗教权威谢赫·本·巴兹之手转交政府。这一事件立刻在沙特阿拉伯国内产生轰动性效应。1993 年 5 月，6 名现代改革派人士公开宣布成立"保卫合法权利委员会"，成为沙特阿拉伯反对派有史以来最大胆最引人注目的行动。沙特阿拉伯政府对此立即做出反应，迅速击垮了"保卫合法权利委员会"，迫使该组织发言人穆罕默德·马萨里流亡英国。1994 年，穆罕默德·马萨里在伦敦成立"保卫合法权利委员会"总部，开始在海外领导反政府活动。1996 年，该组织发生分裂，最终导致马萨里于 1997 年 1 月宣布组织破产。部分追随者转而投靠萨达利·法基赫在伦敦创立的"阿拉伯伊斯兰改革运动"。"阿拉伯伊斯兰改革运动"于是成为目前海外最有影响的沙特阿拉伯现代改革派反政府力量。

2. 宗教反对派

沙特阿拉伯国内宗教反对派的势力也很强大。宗教反对派势力一般采取合法方式，如通过参与合法社会活动、组织慈善事业等来宣传和贯彻自己的主张，表达对国内政治、经济和道德状况的不满。当然也有一些激进组织不惜铤而走险，公然与当局对抗，遭到政府的严厉镇压。

宗教反对派缺乏统一严密的组织，甚至谈不上一个整齐统一的阵营。他们有些形成比较固定的团体，有些则纯属个人行为。宗教反对派的骨干人物，既有游离于政府权力阶层之外的中下层乌里玛，也有从国内外大学毕业的年轻知识分子。

沙特政权自建国初期就遭遇宗教反对派势力的责难，不断有乌里玛团体（通常属于距权力层较远的中下层乌里玛）向王室的家族统治发起挑战。1927～1930 年，反对派鼓动王国的精锐部队"伊赫万"发动叛乱，反对中央集权，妄图将阿拉伯半岛重新拉回松散的部落联盟的分治状态，建立传统的阿拉伯酋长国家。阿卜杜勒·阿齐兹国王采取坚决措施来应对"伊赫万"的反抗，将其彻底解散，从此反对派失去了所能依赖的武力基础。阿卜杜勒·阿齐兹国王同时对为首的反对派乌里玛进行拉拢，使他们融入新生的现代国家体系。随着沙特阿拉伯国家体制逐步走向正轨和制度化，乌里玛的政治影响不断削弱，其作用逐渐集中于思想领域，主要从事社会思想动员，为国家利益和王室统治的合法性服务。

1964 年，费萨尔国王正式继位，开始对王国内政、外交实行大刀阔斧的改革，加快王国的现代化建设步伐。这些措施引起部分保守派人士不满，来自宗教界的反对声不绝于耳。1979 年，沙特阿拉伯政府遭遇王国历史上规模最大的反对派运动。同年 11 月 20 日，两位宗教反对派领导人朱海曼·乌塔比和阿卜杜勒·卡塔尼组织约 2000 名追随者武装占领麦加大清真寺。该事件被媒体称为"伊赫万运动的归来"。事件发生后，沙特阿拉伯政府立即寻求宗教权威机构和乌里玛的帮助，后者迅速拟订一份"法特瓦"，批准政府使用武力将反对者驱逐出清真寺。这次事件很快得到平息。

1990 年，伊拉克入侵科威特并引发海湾战争，使沙特阿拉伯的国家安全受到严重威胁。为保护国家安全，沙特阿拉伯政府积极寻求美国的军事保护，同时要求高级乌里玛会议颁布"法

特瓦"，从宗教角度证明美国驻军沙特阿拉伯是合法行为。高级乌里玛会议颁布的"法特瓦"认为："尽管从保守的宗教观点来看，美国人不是穆斯林，但因他们是来保卫伊斯兰教的，所以理应得到我们的支持。"反对派指责政府发表这样的"法特瓦"说明它无力为国民提供安全保护。

1990年11月初，法赫德国王迫于反对派压力宣布启动包括成立协商会议在内的多项改革措施。宗教反对派利用这一有利时机，于1991年5月再次向法赫德国王呈递有50余人签名的请愿书，阐述对国内政治和宗教问题的12点建议，要求：建立独立的、不受任何政府干预的协商会议；废除一切与沙里亚法精神相抵触的法律和规章制度；规定所有政府官员必须遵守道德规范，决不贪污腐败；新闻媒体必须在沙里亚法的范围内开展建设性的批评并报道事实，传播真知，为伊斯兰教服务，等等。此次请愿书事件被认为是一部分激进乌里玛对其在政府工作中被日益边缘化而进行的抗议，是他们力图增加自己对政府决策影响力的一次有组织的尝试。

沙特阿拉伯的什叶派穆斯林属宗教少数派别，占全国居民总数的8%～10%，其中约73%居住在盛产石油的东部区。长期以来，什叶派穆斯林在沙特阿拉伯社会一直受到不公正待遇，对政府抱有不满情绪。20世纪70年代，沙特阿拉伯政府投巨资支持中西部地区的现代化建设，而为国家提供大量石油收入的东部区却没有得到应有的重视，居民生活水平没有得到明显改善。当地人对政府有一些不满情绪，开始出现公开的反政府活动。1979年伊朗伊斯兰革命获得成功，沙特阿拉伯什叶派穆斯林受到极大鼓舞。1979～1980年，东部地区接连爆发多次什叶派穆斯林的骚乱事件。其中，1979年11月下旬，麦加大清真寺事件发生后不久，盖提夫及其附近地区的什叶派穆斯林不顾政府的禁令，公开集会，纪念"阿术拉日"。28日，沙特阿拉

伯政府出动军警，试图驱散人群，却遭到激烈反抗。事态很快
发展为一场大规模骚乱。愤怒人群开始袭击英国—阿拉伯银行、
焚烧汽车、捣毁商店橱窗。随着骚乱向邻近的什叶派穆斯林聚
居区蔓延，拉斯坦努拉和宰赫兰周围的石油设施遭到了不同程
度的破坏。骚乱者高举霍梅尼画像和标语，高呼反对沙特家族
和"美帝国主义"的口号，要求停止向美国供应石油，支持伊
朗的伊斯兰革命。有人甚至提出在哈萨地区建立一个伊斯兰共
和国。为防止事态扩大，沙特阿拉伯政府向东方省紧急调遣兵
力，并将最精锐的国民卫队派往出事地点，最终将骚乱平息。
然而次年同一时期，哈萨和盖提夫地区再次爆发骚乱，后被平
息。这次事件以后，沙特阿拉伯什叶派穆斯林的反政府运动遭
到重创，其残余势力于 80 年代成立反政府的"伊斯兰革命组
织"。该组织后来改名为"改革运动"，但其影响主要限于国
外。

3. 恐怖主义

20 世纪末，沙特阿拉伯国内恐怖主义势力有较大发展，恐
怖主义者及其极端的反政府活动，成为令沙特阿拉伯政府头痛的
政治问题。沙特阿拉伯恐怖主义者虽然人数较少，但破坏性大，
且屡禁不绝。

在当代西方媒体中，恐怖主义总是被和伊斯兰教联系起来，
甚至有所谓"伊斯兰恐怖主义"的说法。其实，这是一种错误
的认识。在人类历史上，无论古代当代，无论西方东方，恐怖主
义都是一种常见的政治现象。但凡恐怖主义都有一定的理论依据
和思想主张。现代中东地区是恐怖主义活动频发的地区，以色列
犹太恐怖主义的理论基础是极端的犹太复国主义；阿拉伯人的恐
怖主义虽号称以伊斯兰的信仰作为精神支撑，但是，穆斯林学者
普遍认为，存在于穆斯林中间的恐怖主义曲解了《古兰经》原
意，他们企图通过非法手段实现其政治目的，违背了伊斯兰教形

式与内容相统一的基本精神。① 从恐怖主义带有明显的民族主义目标和追求政治的世俗性质来看，他们是一支非宗教性的独立政治势力。沙特阿拉伯恐怖主义制造的一系列破坏活动即是很好的说明。

1995 年 11 月，美国驻沙特阿拉伯国民卫队的代表团遭遇炸弹袭击，这一事件开始吸引人们注意沙特阿拉伯国内的恐怖主义势力。事后调查显示，涉嫌制造此次爆炸的 4 名嫌犯有 3 人曾参加过阿富汗战争，即所谓的阿拉伯的"阿富汗人"。

在沙特阿拉伯的恐怖主义者中，影响最大的是曾经参加过阿富汗战争的乌萨玛·本·拉登。拉登公开号召通过暴力行动打击美国和西方势力。他先是在苏丹喀土穆建立了"保卫伊斯兰合法权利协商组织"，后又在伦敦建立了"建议与改革委员会"，利用媒体抨击沙特政权，扩大政治影响。1994 年，本·拉登被沙特阿拉伯政府剥夺公民身份。他最后选定阿富汗为落脚点，并在当地组建"基地"组织，从事反美活动。1998 年 8 月，美国驻坦桑尼亚和肯尼亚使馆遭炸弹袭击，美国事后认定是本·拉登策划了这一事件。"9·11"事件发生后，本·拉登领导的"基地"组织频繁袭击沙特阿拉伯国内的石油设施。2003 年 5 月和 11 月，分别制造了两起针对外国人的利雅得特大连环恐怖爆炸案。2004 年 5 月，发生了劫持外国人质事件，12 月又发动针对美国驻吉达领事馆的爆炸案。接连发生的恐怖事件，使沙特阿拉伯国内安全陷入冷战结束以来最严重的危机。

除本·拉登和"基地"组织外，沙特阿拉伯国内还有其他一些恐怖组织发动对政府和美国驻军的袭击行动。1996 年 6 月 25 日，美国空军驻宰赫兰基地发生大爆炸，造成 19 名美军服役

① 丁俊:《当代伊斯兰"中间主义"思潮评析》，载丁士仁主编《伊斯兰文化》第 1 辑，甘肃人民出版社，2008，第 191～192 页。

人员死亡，372 人受伤。有 3 个组织声称对此负责。

进入 21 世纪，沙特阿拉伯国内的恐怖主义活动仍呈现蔓延发展态势。"9·11"事件后，沙特阿拉伯政府冻结了许多可能与恐怖组织有关联的资金账户，阻止恐怖主义组织的资金流动。2003 年 5 月遭受一系列恐怖袭击后，沙特阿拉伯政府采取更为严厉的措施打击恐怖主义，逮捕了大批极端分子。政府还开始清洗乌里玛队伍中的极端分子、修改教科书、严格管制慈善机构活动、加强反洗钱活动，另一方面又宣布进行大赦，孤立极端分子。2005 年 4 月 5 日，沙特阿拉伯安全部队经过几天搜捕行动，击毙了"基地"组织在沙特阿拉伯的一名头目和西班牙马德里"3·11"连环爆炸案的主谋。① 沙特阿拉伯内政部称这是近两年来打击力度最大的一次反恐行动。9 月 5 日，内政部再次发表声明，称安全部队 4 日傍晚在东方省达曼市与恐怖分子发生激烈交火，打死 2 名恐怖分子，1 名安全人员中弹身亡。

面对形形色色的反对派思潮及活动，沙特阿拉伯政府分别采取重拳出击、分化瓦解、恩威并施等手段，防止其发展和扩散。对于那些直接威胁王室统治、破坏社会稳定、危害国家安全的反对派势力，政府进行严厉谴责和打击，并从理论角度加以驳斥，揭露极端主义和恐怖主义的破坏实质，号召广大穆斯林明辨是非，划清界限。同时，政府又通过适当地采纳反对派意见，重申伊斯兰教的有关法规和戒律，不断强化沙特王国的伊斯兰基本特征，缓解反对派压力。政府还大力起用各种专业人才，满足精英阶层参政议政的愿望；遵照伊斯兰教天课税原则，削减国民的税收负担，改善社会中下阶层的生活条件。

通过各种努力，沙特阿拉伯政府在遏制反对派势力发展方面取得明显成效，有力地维护了全国社会经济与政治的稳定。

---

① 新华社 2005 年 4 月 9 日利雅得电。

第四章

经　济

　　沙特阿拉伯以石油王国著称，石油天然气资源丰富。沙特阿拉伯是世界上石油储量最丰富的国家，截至 2009 年，沙特阿拉伯石油剩余可采储量 363 亿吨，占世界储量的 19.8%，居世界首位。石油产量 4.6 亿吨，占世界总产量的 12%，居世界第二位。天然气剩余可采储量 7.92 万亿立方米，占世界储量的 4.2%，居世界第四位。天然气产量 775 亿立方米，占世界总产量的2.6%。[①] 沙特阿拉伯还是世界上最大的淡化海水生产国，其海水淡化量占世界总量的 21% 左右。

　　石油工业是沙特阿拉伯经济的主要支柱，石油收入的积累使得沙特阿拉伯经济保持较高的生产能力，推动了经济持续增长，2008 年人均 GDP 达 1.9 万美元。[②] 随着沙特阿拉伯政府建设和改造国内基础设施和生产设备，大力推进经济结构多元化，继续发展非石油产业，沙特阿拉伯经济基本上保持持续增长。

[①]　BP Statistical Review of World Energy June 2010 p. 6, p. 22.

[②]　World Development Indicators 2009.

第一节 概述

一 经济结构

沙特阿拉伯以石油王国著称，石油天然气资源十分丰富。沙特阿拉伯产业结构中农业占 3%，服务业占 38%，工业占 59%。[1]

沙特阿拉伯重视农业的发展，政府对农业实行优惠政策，鼓励农作物特别是小麦的种植，调动了农民积极性，小麦已实现自给自足并出口。粮食自给率为 98%。

沙特阿拉伯服务业发达，在国内生产总值中占重要地位，其中旅游业是服务业的重要部门。

工业是沙特阿拉伯第一大产业。石油和石化工业是沙特阿拉伯经济的主要支柱，在国民经济中占主导地位。

2008 年石油工业占 GDP 的 52%。2006 年石油出口收入占政府财政收入的 83.5%，占总出口收入的 78.8%。[2] 石油价格的变化对沙特阿拉伯经济有着举足轻重的影响，而沙特阿拉伯的石油产量与出口量也在一定程度上对世界石油市场石油价格构成一定的影响。同时，石油收入的变化也直接影响沙特阿拉伯经济的发展。石油产量和价格的变化直接影响经济增长率和政府的财政收入。石油工业的发展是其经济多样化发展战略的重要基础，对石化、钢铁、建筑材料、食品加工、机械、化学和金属制造等工业部门，以及农业和服务业的发展都具有至关重要的作用。沙特阿拉伯自 1980 年实现了石油工业国有化以后，随着石油收入的剧

---

[1] The World Factbook 7 August 2009.

[2] 英国经济学家情报社 Country Report 2010 April。

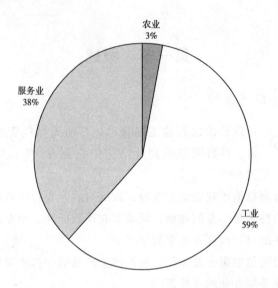

图 4 - 1　2009 年沙特阿拉伯经济结构图

资料来源：英国经济学家情报社 EIU Saudi
Arabia Country Report Oct. 2009。

增，经济发生了巨大的变化，政府将大量的石油收入用于城市建
设和改善人民生活，并投入巨额资金兴建了一批与石油相关的产
业，初步形成了以石油为依托的工业体系。为摆脱对石油的单一
依赖性，近年来，沙特阿拉伯政府积极采取了一系列措施，注意
产业结构的调整，加大对农业和服务业的投入，加快了对现代化
的港口、公路、机场、海水淡化等基础设施的建设，积极发展钢
铁、炼铝、水泥、海水淡化和电力工业等非石油产业，依赖石油
的单一经济结构有所改观。沙特阿拉伯建造了大量的居民住房、
学校、医院、办公和旅游场所。人民生活水平得到大幅度提高，
进入了世界富裕国家行列。同时不断地扩大对外开放的领域，并
加快私有化的进程。

二 经济发展计划

随着巨额石油收入的增加，沙特阿拉伯政府为了使国民经济获得多样化的发展，顺序制定了五年发展计划，依靠大量增加的石油收入扩大政府的公共开支，发展经济文化和社会福利事业，增强防御力量。

20 世纪 70 年代，沙特阿拉伯先后实行了两个五年发展计划，在此期间既强调了依靠大量石油收入来保持较高的经济增长率，又注意使国民收入来源多样化，增加非石油部门在国内生产总值中所占的比重，减少对石油的依赖。在第一个五年发展计划期间（1970~1974 年），政府共拨款 431 亿多沙特阿拉伯里亚尔，约合 115 亿美元，其中经常项目开支共 229 亿多沙特阿拉伯里亚尔，工程项目开支共 183 亿多沙特阿拉伯里亚尔。计划实施的结果是国内生产总值的增长率超过预计的 9.8%，达到 13.5%。

在第二个五年发展计划期间（1975~1979 年），共拨款 4982 亿多沙特阿拉伯里亚尔。其中，经济和社会发展各项拨款所占的比重增加到 63%。在这个发展计划实施过程中，开支大大超出了原来规定的拨款数字。第 3 年开始出现财政赤字，第 4 年赤字达 42 亿美元。4 年的支出几乎达到了预计 5 年的拨款数字。计划执行结果，前 4 年国内生产总值的平均年增长率达到 9.2%。在前 3 年或前 4 年，石油和制造业没有达到预定的增长率。但非石油私营部门，建筑业、运输、通信和仓库业等部门平均年增长率则比预计的高。

1980 年沙特阿拉伯开始实行第三个五年发展计划。这个计划更着重于使经济多样化。计划支出总额为 7830 亿沙特阿拉伯里亚尔。在此发展计划期间，增加了海水淡化厂、水坝、水利系统的建设。石油矿业总公司国内炼油能力将达到每日 64 万桶。

润滑油生产从年产 15 亿桶增加到 20 亿桶。农业方面，小麦的年产量增加到 19.8 万吨，蔬菜、水果、肉类、奶制品等都有很大的增长。80 年代开始，随着伊拉克和伊朗石油生产的逐渐恢复，一些非欧佩克产油国的生产增加，再加上西方经济由于两次石油危机的冲击遭受了损失，经济出现滞涨，石油需求量下降。世界石油市场石油供过于求，油价低迷。沙特阿拉伯经济发展遭受到严重阻碍，由于产量减少，石油出口收入急剧下降，从 1981 年的 1130 亿美元降低到 1985 年的 210 亿美元。

为了改变这种状况，在 1985～1989 年的第四个五年发展计划中，总投资比上一个计划减少 230 亿美元。政府对行政开支和非生产性开支进行了压缩，注意逐步改变单纯依赖石油收入的状况，鼓励私营企业，加强非石油生产领域的工业基础。虽放慢了经济发展速度，但仍将继续实行经济多元化。

1975 年，沙特阿拉伯仅有工厂 473 个，总投资 99 亿美元。到 1994 年，已经有工厂 2100 多个，总投资 1400 亿里亚尔，非石油工业产品年出口额已超过 100 亿里亚尔，销往 70 多个国家。非石油工业产值在国内生产总值中所占的比重已超过 10%。

此后，在 1990～1994 年的第五个五年发展计划和 1995～1999 年的第六个五年发展计划中，政府规定的发展目标都是努力使经济向多元化发展，减少对石油的依赖，继续支持和发挥私营部门在非石油工业发展中的作用。1995 年底，非石油产品出口占国内生产总值的比重从 1990 年的 5.4% 提高到 6.7%。1997 年非石油工业产值在沙特阿拉伯国内生产总值中所占的比重已达 21.24%。此外，沙特阿拉伯政府还集中了相当大的财力，进行生产性投资，因地制宜地大力发展民族工业，并鼓励和吸引私人资本向工业部门投资。政府还制定了一系列优惠政策和保护措施以保证民族工业迅速、健康地发展。

积极采取措施，努力增加非石油产品出口，继续发展现有的工业城建设，提供投资便利的经济信息服务，增加优惠贷款，以吸引更多的私营部门和外国公司的投资。在发展经济多元化方面，取得较大的进展。

2000～2004 年的第七个五年计划中，政府继续致力于经济多元化，在此期间，对农业的总投资达 53.33 亿美元。沙特阿拉伯农业获得了明显的发展。根据沙特阿拉伯农业部的统计报告，这个五年计划内农业的平均增长速度为 2%，农业领域的国内生产总值由第一年的 92 亿美元增长到第五年的 101.36 亿美元，按照固定价格计算，农业产值在国内生产总值中平均占 5.5%。

第七个五年发展计划中，一个重要的方面是把培训沙特阿拉伯籍劳动力以取代外籍劳动力从而实现劳动力沙特阿拉伯化的实施方案放在了首要位置。到 2004 年，沙特阿拉伯总的劳动力达到 750 万人，在沙特阿拉伯化的推动下，沙特阿拉伯籍的劳动力将由 1999 年占全部劳动力的 44.2% 上升到 2004 年的 53.2%。

沙特阿拉伯化的重要目的就是改变沙特阿拉伯劳动力的结构，为此，沙特阿拉伯政府在政策上作了规定，采取相应的措施：（1）鼓励沙特阿拉伯私有领域为沙特阿拉伯人提供就业机会，另外在政府机构也将用沙特阿拉伯人替代非沙特阿拉伯人。（2）贯彻沙特阿拉伯化的政策，根据职业的重要性，在一些领域优先考虑录用沙特阿拉伯人。（3）在雇用外籍劳动者方面，制定相应的劳务输入明确标准。（4）继续推行集中控制的工作制度和住宿制度。（5）加大对小企业的投资，加强沙特信贷银行在这方面的作用。（6）强制执行政府人力资源委员会的决议。（7）通过媒体使沙特阿拉伯公民意识到工作的价值及其与宗教及社会的关系。（8）鼓励沙特阿拉伯妇女就业，在不违背伊斯兰教义的情况下，创造更多的妇女就业机会。（9）修改劳工法条款，保证沙特阿拉伯社会发展与劳工需求相适应，争取实现社会保险和养老制度。

2005～2009 年的第八个五年发展计划中，政府制定的发展目标是继续加强国民经济多元化，着重强调加强科技研发，发展信息产业、制造业、旅游业等，提高生产率，提升国民经济的竞争力，保护环境，合理开发水资源，改善卫生医疗条件和社会服务质量，提高民众生活水平等。其中，特别提出改善妇女的社会福利，通过教育和职业培训提高妇女的素质和能力，使更多的妇女参与到社会经济建设中。为更多的公民创造就业机会。

沙特阿拉伯政府依靠巨额的石油收入既发展了石油工业，又注意到了产业结构的变化，积极地发展非石油工业，减少了对石油的依赖，保持了经济的增长。

三　经济环境

作为君主制国家，沙特阿拉伯政局长期保持稳定，是中东地区比较安全稳定的国家，与邻国的关系正常发展。在经济方面，沙特阿拉伯宏观经济总体上状况良好，经济发展稳定。特别是近期石油价格的走高，石油出口贸易使得沙特阿拉伯贸易顺差额度达到历史新高；有力地推动了沙特阿拉伯经济的持续增长。但是通货膨胀的压力也在增大。2005 年 12 月沙特阿拉伯正式加入世贸组织，为了加强竞争力，抢占国际市场，国家计划经济将逐步减少，私营企业将成为沙特阿拉伯经济的主导力量。

在沙特阿拉伯，劳工法是规定所有雇佣关系的综合法律，它规定雇主和雇员之间的工作关系，适用于所有员工，无论是否为沙特阿拉伯公民。雇佣双方必须遵守劳工法有关条例。一旦经体检合格并雇佣，雇主按有关规定负责办理工作许可证、居住证及招聘费用，并签订雇佣合同。受雇劳工享受相关假期。雇佣双方可按规定解除劳动合同。如果出现纠纷，劳工可以到其中任何一个机构咨询有关劳务责任及义务等事宜，也可向机构进行投诉。

沙特阿拉伯共有 37 处劳工管理机构，劳工管理机构的职能是解决雇主与雇员之间的劳动纠纷。如果纠纷或争议不能妥善解决，则提交专门委员会，该委员会被视为特别法庭，将按照劳工法对争议作出裁决。这种委员会有：解决劳动争议预备委员会和解决劳动争议高等委员会。

　　沙特阿拉伯在对外国投资政策方面制定了一系列的政策和法规。为了鼓励外国投资，沙特阿拉伯于 2000 年 4 月正式通过新的外商投资法。该法就外商投资的领域、外资的定义、外商的权利和义务作了详细的规定。根据这部法规，如今，国际公司对项目及相关房地产的占有率最高可达 100%，同时还可享有与本国公司同样的福利。因此，投资者们可以持有多项活动的投资许可证。此外，在主办方安排上也做了许多更改，境外投资者及其非沙特阿拉伯管理层与员工可由他们的许可投资企业招募。公司征税也实行了变动，外国公司所需缴纳的税金大大降低，并允许将亏损结转数年，直到公司开始盈利。外商投资法还设法通过沙特阿拉伯投资局确保在以往的基础上加快许可证的申领以及项目的初始运作。因此，如果所有文件齐全，则所有许可证的批准必须在 30 天内完成，令新投资的处理时间大幅缩短。此外，2004 年 8 月，沙特阿拉伯还通过了矿业投资法，进一步加大了对外商投资开放的力度。

　　沙特阿拉伯对工业性投资采取鼓励机制，视情况给予海关免税和对特需人员工作签证采取便利措施，其中包括对外资项目免收 15 年的所得税和沙特阿拉伯化推迟 5 年执行。此前沙特阿拉伯规定外资企业必须拥有 25% 的沙特阿拉伯籍员工即沙特阿拉伯化的内容。沙特阿拉伯还计划对一般工业、采矿、农业、渔业、淡化水、铁路、公路及排水等项目实行上述优惠政策。

　　另外，对在沙特阿拉伯不发达地区的投资者也给予鼓励措施。如在延布工业城对外国投资有更加优惠的政策支持，这里允许设立外商独资企业，所有企业不论何种资本类型享受同等的国民待遇；所有生产所必需的原材料免进口关税；建设项目可获得项目成本 50%，最高 1 亿美元的无息贷款；租购房屋土地可享受较低的价格和长期固定的租金；政府采购将倾向于在本国制造的产品；回撤资金无严格限制等。

在开放上述领域外国投资的同时，政府禁止外国投资进入批发零售业、陆地和海洋运输业。

沙特阿拉伯是《华盛顿公约》和《纽约公约》的签字国，这将保障投资纠纷的解决和仲裁结果的执行。

在对外国投资的金融体系方面，沙特阿拉伯也制定了相关的政策。

为吸引投资，沙特阿拉伯从 2004 年开始实行新的税法。

沙特阿拉伯基础设施总体上较为完备。沙特阿拉伯拥有八大产业城市，由工商部管理。每个产业城市都有一个行政部门处理投资者的日常需求和监督当地的发展进程。产业城市土地的固定租赁期限为 25 年。

沙特阿拉伯实行开放性市场、私有企业政策，以及对外汇控制和资金及利润回流限制上的宽松政策，成功地吸引了众多外商直接投资。特别是 2003 年沙特阿拉伯实行了石油的下游市场对外开放的政策后，对外资的吸引力增大，外国直接投资逐年增加，2004 年为 1.9 亿美元，2006 年已上升到 18.3 亿美元，2008年达到 17.4 亿美元。

在沙特阿拉伯直接投资额最大的前十名国家或地区：美国94.24 亿美元；日本 45.75 亿美元；阿联酋 31.14 亿美元；荷兰12.99 亿美元；科威特 8.43 亿美元；巴林 6.08 亿美元；英国6.11 亿美元；约旦 5.89 亿美元；中国台湾 2.75 亿美元；法国2.64 亿美元。

外资主要集中在能源相关的产业，包括石油冶炼和石化。其他外资投入的领域主要有：水利及电力、矿业及铁路、沙美石油公司的采购、通信及信息工程及化学和塑料制造企业等。

由于沙特阿拉伯每年石油出口额是进口额的 3 倍，有足够的外汇支付能力，并不需要外国投资作为外汇来源以支付进口。另外，沙特阿拉伯有足够的现金和外汇储备来满足国内投资需要。所以沙特阿拉伯并不像其他一些国家一样需要大量的外国投资。沙特阿拉伯政府希望能够吸引外国投资者前来投资，是因为在某一行业国外投资的多少可以用来作为判断此行业在国际范围内的竞争力的标准。并且，外国投资在一定程度上也能够刺激国内投资的发展，促进先进生产技术的普及。

近年来沙特阿拉伯的外债状况基本稳定，但有上升趋势，2003～2008 年外债总额从 313 亿美元上升到 582 亿美元。从负债率看，外债余额与当年国内生产总值之比，国际警戒线是20%，沙特阿拉伯从 2003～2007 年一直在 14% 左右，2008 年为14.2%；从偿债率（当年还本付息额与当年外汇收入之比）看，国际警戒线为 20%，沙特阿拉伯的偿债率是处于下降的趋势，2006～2007 年偿债率均在国际警戒线以上，2008 年为 18.1%，低于国际警戒线。

沙特阿拉伯的偿债资金主要来自于石油出口收入，以及海外资产收入。近年来国际石油价格上升，并居高不下，使沙特阿拉伯的石油收入得到充分保障；海外资产收入会随着其总量的增长和全球利率的提高趋势而逐年上升。因此沙特阿拉伯的财政盈余状况将得以继续保持，偿债资金不会出现困难。而且沙特阿拉伯政府致力于降低外债规模，财政预算中划拨专项基金支付债务。

四　近期金融危机对沙特阿拉伯经济的影响

特阿拉伯通过执行连续的五年发展计划，促进了本国经济的发展。但是，对石油的依赖导致沙特阿拉伯经济受国际金融危机对石油价格的传导作用冲击，石油收入下降、对外贸易条件恶化、财政收入减少。2009 年政府财政余额占 GDP 的比重预计下降到 −9.0%，2009 年 GDP 将出现 −1.0% 的增长。[①] 受到粮食和燃料价格大幅上涨，旺盛的内需压力和海湾合作委员会国家的供给瓶颈的压力，以及 2008 年 7 月之前的美元持续疲软的影响，通货膨胀成为沙特阿拉伯经济运行中的主要问题。2007 年通货膨胀率为 4.1%，2008 年，在高涨的房租和食品价格双重推动下，通货膨胀率上升为 9.9%，创 30 年来最高。政府虽然采取了对主要食品进行补贴、增加工资、修建住房等措施，出现了成效，但问题依旧存在。

石油价格下跌，导致沙特阿拉伯对外贸易减少。随着 2008 年中期以后的石油价格下跌，再加上欧佩克减产的影响，沙特阿拉伯石油产量下滑，石油收入大幅度减少。2008 年沙特阿拉伯石油产量达 916 万桶/日，高于 2007 年的 876 万桶/日，但紧随石油价格的下降，2009 年石油产量减少为 809 万桶/日。石油收入也发生了较大的变化，2008 年石油收入达 2338 亿美元，超过 2007 年的 1633 亿美元，但 2009 年迅速减少到 786 亿美元。[②] 以石油及相关产品出口为主的出口收入的减少，直接影响着沙特阿拉伯的进出口贸易额。2007 年进口额尽管从 826 亿美元增长到 2008 年的 1082 亿美元，但出口额也从 2007 年的 2341 亿美元增长到 2008 年的 3044 亿美元，从而抵消了进口额的增长。随着石油价格下跌的冲击导致的石油收入的减少，石油贸易额下降。在非石油贸易中，受金融危机的影响，沙特阿拉伯非石油产品出口也出现下滑，2009 年 1 月与 2008 年同期相比，非石油产品的出口下降了 17.8%，非石油产品出口的平均增长率从 2007 年的

① EIU Country Report May 2009 p. 38.
② EIU Country Report May 2008 p. 10.

21.8%下降到 2008 年的 10.2%。[①]

　　油价下跌导致经常账户盈余及国际储备减少。2008 年受益于前期国际油价的上升，2008 年沙特阿拉伯经常账户盈余为 1228.2 亿美元，受金融危机的影响，油价下跌，2009 年下降为 -293.0 亿美元。受金融危机和石油价格下跌的影响，2008 年沙特阿拉伯的国际储备下降为 305.9 亿美元，同比下降 10.1%，2009 年继续下降为 228.4 亿美元。[②] 国际储备满足进口用汇需要的月份数却从 2005 年的 5 个月下降为 2008 年的 3 个月，2009 年继续下降为 2 个月。

　　由于沙特阿拉伯财政收入主要来源于石油出口收入，因此受到国际石油价格的严重影响。2009 年财政收入 1093 亿美元，支出 1267 亿美元，自 2004 年以来首次出现财政赤字，沙特阿拉伯公共债务总水平及占 GDP 的比重均不断下降。2008 年，沙特阿拉伯公共债务占 GDP 的比重下降为 18.8%。[③]

　　石油收入下降导致沙特阿拉伯外国直接投资及对外投资减少。由于石油收入下降导致的资金下降、成本上升等因素的影响，发达国家和亚洲新兴经济体经济增长的萎缩，其对外直接投资减少。沙特阿拉伯的外国直接投资从 2007 年的 243.2 亿美元减少到 2008 年的 165.4 亿美元，2009 年减少到 99.2 亿美元。

　　但是，也应该看到，由于沙特阿拉伯每年石油出口额是超过进口额的，有足够的外汇支付能力并有足够的现金和外汇储备来满足国内投资需要，并不像其他一些国家一样需要大量的外国投资。因此，外国直接投资的减少对沙特阿拉伯经济并不构成大的威胁。

---

① EIU Country Report May 2008 p. 28.
② EIU Country Report May 2009 p. 38.
③ EIU Country Report May 2009 p. 38.

虽然外国直接投资在减少，但 2008 年沙特阿拉伯吸引的外国直接投资依然位居全球第 20 位，中东地区首位。在受到金融危机影响的形势下，沙特阿拉伯依然是投资者最佳的投资对象国，因为沙特阿拉伯对投资采取的各种优惠措施吸引了投资者的目光，而且政府预计将启动的价值 4000 亿美元的基建项目对投资者也有极大的吸引力。鉴于沙特阿拉伯充足的能源和自然资源、充足的资金保证、健全的金融体系等条件，及对外资在沙特阿拉伯投资提供中长期担保，这些都能够最大限度地减少金融危机的负面影响。

为应对金融危机的影响，沙特阿拉伯采取了一系列措施。如增加投资，改善贸易条件，促进经济多元化，加强经济竞争力；实行积极的金融政策，保护金融体系的正常运转。随着沙特阿拉伯政府应对金融危机所采取的一系列措施的实施，2010 年沙特阿拉伯经济增长出现回升。

第二节　农业、畜牧业与渔业

一　农业

沙特阿拉伯是西亚地区面积较大的国家，但其境内多是沙漠（约占国土面积的一半）、山地和深谷，且无常年性河流经过，该国气候炎热干燥，雨量稀少。恶劣的自然条件对农业发展极为不利，全国仅有 2% 的土地被用作耕地，主要集中于雨量较为充沛的西南部，其他耕地则分散于沙漠中的绿洲。尽管农业发展先天条件不足，但在沙特阿拉伯政府和人民的努力下，农业依然取得了不俗的成绩。

为了实现国民经济的全面发展和改变农产品对外依赖的现况，沙特阿拉伯政府从 20 世纪 70 年代中期开始加大推动国内农业发展的力度，主要是依靠巨额石油收入，对农业实行高投入政策，这一政策一直持续到 80 年代中期，在这一时期，沙特阿拉伯政府主要采取了以下措施促进农业发展：

（1）大量增加对农业基本建设的投资和贷款。为了发展农业，沙特阿拉伯政府于 1964 年建立专门服务于农业的沙特阿拉伯农业银行，并通过其长期向农户和农业公司购买农业设备和种子肥料等提供无息贷款。另外，国家还向冷冻以及粮食加工部门提供贷款，修建冷库、面粉厂等，以确保农副产品的储藏安全。

（2）鼓励开荒，无偿向农户和农业公司提供土地。为了鼓励人们从事农业生产，国家规定每个沙特阿拉伯公民可以无偿从国家领取一定数量的土地进行种植，条件是 5 年之内必须开发其中的一半并有所收获。

（3）对农业生产提供高额补贴。国家以优惠的价格向农户和农业公司供应化肥；国家以半价向农户和农业公司提供水泵；并以 45% 的特优价提供农业用的各种机械与设备。

（4）沙特阿拉伯政府不但向农户和农业企业提供大额的资金支持，同时对农产品实行高价收购的政策。比如，在 80 年代初期，国家以每公斤 3 里亚尔（1 美元合 3.75 里亚尔）的价格收购小麦，远远超过从国际市场购买的价格，而且对小麦实行了统购统销的政策，所购小麦由国家粮食储存总机构负责储藏。

（5）努力提高农业生产效率。国家通过农业水利部指导农民科学种田，推广普及农业新技术，并为提高国内农业生产率，雇佣了大批有种植经验的外籍劳动力。

（6）重视基础设施建设。为了支持本国农业的发展，国家大力修建连接粮食产区和粮食市场的农业公路。1970 年，沙特阿拉伯的农业公路只有 3500 公里，到 2007 年增至 12.7 万公里，是 1970 年的 36 倍；为了解决农业用水问题，国家大力开发水力资源，为了储存降水，已在全国各地修建了 237 座、总蓄水能力

为 8.63 亿立方米的储水设备，此外，国家还修建了 40810 口自流井及 52327 口传统水井，以满足国内饮用水和农业发展用水的需求。在开发水力资源方面，沙特阿拉伯最引人瞩目的还是其海水淡化工程，截至 2007 年，沙特阿拉伯政府共建立了 30 余家海水淡化厂，年产淡化水达 10.66 亿立方米。其海水淡化量占世界海水淡化量的 21% 左右。

在政府以粮为主的农业政策的引导下，沙特阿拉伯农业发展迅速、成绩斐然。1970 年以前，沙特阿拉伯小麦年产量不足 0.3 万吨，到 1984 年猛增至 130 万吨，基本实现了粮食自给，到 1989 年第一个五年计划完成时，沙特阿拉伯小麦产量已达 360 万吨，一跃成为粮食出口国，出口量居世界第六位，出口国家主要有中国、科威特、苏丹、土耳其、马来西亚、伊拉克、巴林、阿联酋、约旦、印度尼西亚和葡萄牙等国。与此同时，沙特阿拉伯蔬菜、水果、咖啡豆等产品也都出现了大幅增长。为此，联合国粮农组织授予沙特阿拉伯荣誉奖，称赞沙特阿拉伯为第三世界国家发展农业树立了榜样。

90 年代初期，沙特阿拉伯农业依然保持增长态势。但此后，沙特阿拉伯的农业增长速度开始放缓。随着沙特阿拉伯于 1993 年正式申请加入关贸总协定（1995 年申请加入世贸组织），沙特阿拉伯的农业补贴政策成为人们关注的焦点，同时由于大量扩大小麦种植面积，造成地下水的过度使用，带来严重的生态和环境问题。为此，沙特阿拉伯政府一方面强调小麦的自给自足，同时又严格控制并逐年减少小麦的种植面积。经过多年努力，沙特阿拉伯政府已将小麦的政府收购价由 20 世纪 80 年代初期的每公斤 3 里亚尔降为 2004 年的每公斤 1 里亚尔。到 2007 年，沙特阿拉伯小麦产量约为 263 万吨，远低于 80 年代末、90 年代初的水平。

2008 年 1 月，出于生态和环境的考虑，沙特阿拉伯政府正式宣布终止执行了 30 余年的农业自给计划。从当年开始，沙特阿拉伯政府每年以 12.5% 的速度减少从本国农民手中购买小麦的数量，并计划于 2016 年实现小麦全部依赖进口。2008 年 8 月，沙特阿拉伯政府宣布，为保障国内供应及价格稳定，政府将成立一个专门投资海湾农业的公司。该公司由国家和国内私营公司共同组建，它主要关注两个方面，一是本国无法生产的作物如水稻、糖料作物，另一方面是需要大量水源的农产品，如小麦、大麦和动物饲料。

2006 年沙特阿拉伯已耕地面积为 107 万公顷，较上年下降 3.2%，农产品产量约为 958 万吨，较上年下降 0.1%。由于沙特阿拉伯政府采取的一系列措施，2006 年，沙特阿拉伯除了小麦和高粱仍能实现自给外，其他谷物均需大量进口。

表 4-1　沙特阿拉伯农产品产量

单位：万吨

	2001 年	2002 年	2003 年	2004 年	2005 年	2006 年
粮食总计	259.4	285.6	295.1	319.4	300.4	304.2
小麦	208.2	243.6	252.4	277.5	264.8	263
黍	24.8	24	24.2	28.4	20.5	24.2
玉米	2	2.9	3.6	5.3	9.1	12.6
蔬菜	210.7	213.7	221.4	247.9	257.1	261.7
水果	121	124.1	133.1	145.4	155.4	154.9
饲料	309.1	270.8	265.2	263.3	246.3	236.9
农产品总产量	900.2	894.2	914.8	976	959.2	957.7

资料来源：SAMA, 44th Annual Report, 2008。

二　畜牧业

畜牧业在沙特阿拉伯由来已久，但因国内自然条件恶劣，20 世纪 70 年代中期以前，沙特阿拉伯畜牧业长期都是以游牧方式存在。70 年代中期以后，沙特阿拉伯在发展粮食生产的同时，并没有忽视畜牧业的发展。80 年代后，在政府的资助下，沙特阿拉伯出现了很多商业性的农场和养殖场，主要养殖牛、羊、鸡等牲畜和家禽。沙特阿拉伯的肉制品产量从 1984 年的 10 万吨迅速增长到 1990 年的 13 万吨，年均增幅高达 33%。到 2006 年，沙特阿拉伯的肉禽产量进一步增加到 71 万吨；2005 年，由于新技术的采用，沙特阿拉伯的奶制品也达到了年产 133.8 万吨的生产能力，比 2004 年的产量增加 10 万多吨，2006 年进而达到 138.1 万吨。

表 4 - 2　沙特阿拉伯畜牧业概况

单位：万吨

	2002 年	2003 年	2004 年	2005 年	2006 年
肉类(包括鱼)	68.6	70.0	75.6	78.1	78.0
畜肉	16.2	16.5	16.7	16.9	17.0
禽肉	46.7	46.8	52.2	53.7	53.5
奶	113.9	120.0	123.2	133.8	138.1
蛋	13.8	13.7	14.5	16.9	17.4

资料来源：SAMA, 44th Annual Report, 2008。

表 4 - 3　牲畜存栏数

单位：万头

	2002 年	2003 年	2004 年	2005 年	2006 年
家畜	1704.5	1728.0	1849.3	1897.0	1805.0
山羊	559.4	547.8	565.4	564.3	500.2
绵羊	1031.5	1064.6	1162.1	1211.2	1178.7
牛	32.2	33.2	36.1	35.3	38.2
骆驼	81.4	82.4	85.6	86.2	87.9
家禽 *	424.6	424.4	474.7	535.9	531.8

* 单位：百万只。

资料来源：SAMA, 44th Annual Report, 2008。

沙特阿拉伯畜牧业虽然取得了快速发展,但是依然难以满足国内市场的需求。国内奶制品需求的 60% 仍然要依赖进口,2005 年进口数额约为 2.5 亿美元,主要进口来源国为丹麦、澳大利亚、法国、波兰和新西兰。2005 年,进口肉制品 64 万吨,进口的主要品种为鸡肉,仔鸡进口量达到 48.42 万吨,其中约80% 来自巴西,约 20% 来自法国。

三　渔业

沙特阿拉伯西濒红海,东临阿拉伯湾,拥有绵长的海岸线,海岸线长 2437 公里,渔业资源较为丰富。沙特阿拉伯重视本国渔业发展,2007 年,渔业产量超过 8 万吨,与1970 年 2 万吨的年产量相比,增加了 3 倍多。但是,沙特阿拉伯渔业还是主要依靠捕捞业,水产养殖业不很发达。2007 年,沙特阿拉伯水产养殖业的产量约为 1.6 万吨,不到渔业总产量的20%,沙特阿拉伯的主要水产品为对虾、石斑鱼、石首鱼和竹䇲鱼等。

表 4 - 4　沙特阿拉伯渔业概况

单位:吨

	2002 年	2003 年	2004 年	2005 年	2006 年
捕捞业	57211	55440	55418	60407	65471
水产养殖业	6744	11824	11172	14375	15586
总产量	63955	67264	66590	74782	81057

资料来源:世界粮农组织网站,http://www.fao.org/fishery/countrysector/FI - CP_SA/3/en。

沙特阿拉伯捕捞业的现状是传统捕捞方式和现代工业化捕捞方式并存。2000 年,沙特阿拉伯共有渔船 9585 艘,其中 9436

艘为传统渔船；现代化渔船仅为 149 艘，主要以打捞对虾为主，现代化渔船绝大部分归沙特阿拉伯渔业公司所有。传统捕捞方式依然是沙特阿拉伯捕捞业的主体。

沙特阿拉伯的海上渔业捕捞发展非常快，但存在着渔船过多，捕捞过度的现象。为了实现捕捞业的可持续发展，近些年沙特阿拉伯政府采取了一系列措施保护本国渔业资源：

（1）实行休渔期制度。每年 1 月 1 日到 8 月 1 日禁止在阿拉伯湾打捞对虾；每年 3 月 1 日到 8 月 1 日，禁止在红海沿岸打捞对虾；每年特定时间禁止打捞石斑鱼。

（2）限制在红海沿岸和阿拉伯湾作业渔船的刺网网口直径。

（3）改善传统渔业（包括改进渔船制造工艺、渔船动力系统及捕捞方式）并提供软性贷款支持，提高渔民意识。

（4）停止发放渔业捕捞执照。

（5）在红海和阿拉伯湾建立海洋保护区。

沙特阿拉伯政府虽然采取了一系列措施保护本国渔业资源，但是因为政府对本国捕捞业，特别是捕捞业中的传统部分施行高补贴政策，虽然打捞率一直在下降，但沙特阿拉伯渔船的数量并没有减少，过度捕捞现象依然存在。

沙特阿拉伯水产养殖业规模虽然很小，但发展很快，2001 年水产养殖业的产量仅为 0.8 万吨，2007 年达到 1.5 万吨，几乎翻了一番，主要产品是罗非鱼和对虾。沙特阿拉伯政府重视水产养殖业的发展，把水产养殖业视为本国渔业发展的重中之重，并为此制定了水产养殖计划，计划中期达到年产 4.8 万吨的水平。

沙特阿拉伯渔业虽然发展很快，但本国水产品需求的 62% 仍需进口。随着人口的增长、环境的恶化和渔业的过度捕捞，在很长一段时期内沙特阿拉伯仍难以摆脱水产品依赖进口的局面。

第三节 工业

一 石油工业

沙特阿拉伯的石油储量和产量位居世界前列，石油工业是沙特阿拉伯产业结构中的第一大产业，占 65.9%。石油是沙特阿拉伯经济发展的支柱产业，长期以来一直占 GDP 的 50% 左右，石油出口收入是沙特阿拉伯政府财政收入的主要部分，长期以来占其总出口收入的 90%。石油是沙特阿拉伯经济发展的命脉。

1. 收回石油资源的主权为经济发展积累资金

沙特阿拉伯经济发展的资金积累主要来自石油收入。沙特阿拉伯在建国初期是一个以游牧经济为主的封建王国，极其贫困落后。随着石油的发现，特别是第二次世界大战后，外国石油公司在沙特阿拉伯大量开采石油，沙特阿拉伯的石油工业得到迅速发展。石油产量迅速增加，石油收入成为政府财政收入的主要来源。1948 年，政府岁入有 67.4% 来自石油。然而，尽管沙特阿拉伯的石油产量不断增长，一方面由于石油收入被阿美石油公司所把持，长期处于不合理状态，另一方面由于西方石油公司长期压低国际石油价格，因此沙特阿拉伯方面所得到的石油收入甚少，经济发展缺乏资金的状况十分严重。为了收回石油权益和增加本国的石油收入，沙特阿拉伯进行了长期不懈的斗争。正是这一斗争的节节胜利，使沙特阿拉伯的石油收入不断增加，逐步解决了经济发展的资金积累问题。在一定程度上可以说，沙特阿拉伯的经济资金积累历史，就是一部石油斗争的历史。

50 年代以前，沙特阿拉伯的石油生产和收入主要由阿美石油公司控制，阿美石油公司支付给沙特阿拉伯政府的油田使用费

只相当于其所得利润的 1/10。再加上沙特王族和沙特阿拉伯政府开支较多，财政入不敷出，政府财政收入困难，经济发展缺乏资金。为了改变这种状况，沙特阿拉伯经过激烈的斗争，于 1950 年与阿美石油公司签订了中东地区的第一个平分利润的协定，由于外国石油公司的种种刁难，沙特阿拉伯实际上拿不到一半利润，但这一协定仍然使沙特阿拉伯方面的石油收入有了比较明显的提高。1960 年沙特阿拉伯同其他 4 个产油国一起，为了与长期压低石油价格的西方公司作斗争，成立了石油输出国组织（OPEC）。1965 年，沙特阿拉伯又与阿美石油公司签订了一项新的将油田使用经费化的协定，为此，沙特阿拉伯政府 1965 年增收了 3200 万美元。特别是进入 70 年代，石油输出国组织为弥补美元贬值所造成的巨大损失，加紧了与西方石油公司的斗争。70 年代初期，沙特阿拉伯等石油输出国组织成员国迫使西方石油公司签订了日内瓦协议，将海湾地区原油标价提高 8.4%。1973 年 6 月，又签订第二个日内瓦协议，原油标价提高 11.9%。1973 年十月战争期间，沙特阿拉伯同海湾其他产油国一起使用"石油武器"，实行禁运、减产、提价等措施，致使国际石油价格大幅度提高。1973 年 10 月，将油价从每桶 3.011 美元提高到 5.199 美元，1974 年 1 月再次提高到 10.95 美元，沙特阿拉伯的石油收入也由此开始猛增。在使用石油武器的同时，沙特阿拉伯也同其他石油输出国一起，开始通过参股的方式逐步收回被外国石油公司霸占的石油工业的所有权。1974 年 6 月，沙特阿拉伯同阿美石油公司签订新的增股协定，将沙特阿拉伯的股份从 25% 提高到 60%。

从 50 年代到 70 年代，沙特阿拉伯采取稳定油价、提高石油税率的石油政策，与第三世界其他产油国一道为维护石油权益，争取合理的石油收入进行了斗争。石油收入在岁入中的比重得到提高。到 1957～1958 年这一比例已经提高到 86.6%。60 年代末，其石油收入达到 9.49 亿美元，占财政收入的 90% 以上。到 1997 年这一比重虽然稍有降低，但也达到 78.7%。2007 年，石油收入仍占政府财政收入的 90%。① 所以对沙特阿拉伯来说，石油收入就是其经济命脉。

70 年代初到 1975 年，沙特阿拉伯通过参股的方式逐步在石油部门实现国有化，收回石油主权；利用"石油武器"打击美国和支持美国侵略的国家；掌握石油生产权和价格决定权，提高产量和油价为经济发展积累资金。经过斗争，1980 年沙特阿拉伯终于实现了石油的全部国有化，使石油权益最终回到了自己的手中。宣布了长达 43 年的石油租让制彻底崩溃，并为自身石油工业的发展创造了有利的条件。石油工业的国有化标志着石油这一民族资源的权益全部回到沙特阿拉伯的手中，也标志着沙特阿拉伯完全控制了该国这一最重要经济部门的资金积累手段。

随着石油斗争的节节胜利，以及石油产量的提高，沙特阿拉伯的石油收入和资金积累迅速增加，并且出现了几次跃升式的增长。50 年代的利润对半等分斗争胜利，直接导致其石油年收入从 5000 万美元以下跃升到 1000 亿乃至数千亿美元。在石油大幅度提价的同时，还大幅度提高了原油产量以供应世界市场，产量从 1970 年的 1.9 亿吨迅速增加到 1974 年的 4.2 亿吨。石油收入 1975 年为 257 亿美元，1991 年为 479 亿美元，2005 年为 1446 亿美元，2008 年已达 2600 亿美元。沙特阿拉伯于是成了举世瞩目的"石油王国"。

由于沙特阿拉伯的石油开采成本极低，因此这些资金中绝大多数都是净获利。在世界上，在如此短的时期内，实现如此巨额的资金积累的现象是十分少见的。随着石油资本的积累，其经济财政状况发生了巨大的变化。不仅一举甩掉了资金紧缺的帽子，

---

① EIU Country Report Oct. 2008.

而且由于国内的资金吸收能力有限，巨额石油收入在满足国内投资和消费需求之外仍然无法用尽，因此出现了巨额的资金盈余。这种资金盈余反映在国际收支经常项目出现了巨大顺差，沙特阿拉伯的国际收支经常项目顺差到 1976 年高峰时已达 503.15 亿美元，2008 年达到 1334.7 亿美元。[①] 沙特阿拉伯由一个资金短缺的国家变成一个可以大量输出资金的国家。可以说，与其他发展中国家相比，这种以石油作为经济支柱而形成的资本积累是独一无二的。

2. 石油工业政策

随着沙特阿拉伯作为"超级石油大国"的崛起，在国际石油贸易中的重要地位日益提高。沙特阿拉伯石油的储产销量均居世界首位。由于人均石油储产量高，而国内吸收石油资金的能力有限，拥有巨额的石油美元，所以具有大幅度调整其原油供应量的财政实力，在大幅度调整石油工业政策时没有后顾之忧。此外，沙特阿拉伯政府善于调节市场供求关系来达到自身的政治经济的目的，并以此维护自身的利益。因此，在一定程度上，沙特阿拉伯对欧佩克，乃至对世界石油市场的演变有着举足轻重的作用。纵观世界石油市场的风云变幻，沙特阿拉伯作为世界石油储产量位居最前列的国家，以及欧佩克最重要的成员国，其石油工业政策的变化对世界石油市场及价格都有着举足轻重的影响。

（1）60 年代减产提价政策。20 世纪 60 年代，沙特阿拉伯率先与委内瑞拉等国一起把分散的、以争取提高石油税率为目标的石油斗争政策转变为联合的，有组织的以稳定石油价格来维护自身石油收入为目标的石油斗争政策，创建了欧佩克（即石油输出国组织）。制定了新的石油战略：即把原定的用配额控制产量来稳定油价的不触及所有权和定价权的政策，转变为收

---

① EIU Country Report April 2010.

回所有权和定价权，并通过减产等手段来逐步提高油价的新战略。

（2）70～80年代增产压价政策。在1973年十月战争中，沙特阿拉伯作为首屈一指的石油输出国，凭借当时石油产量占阿拉伯国家日产量的41%和实际减产量占阿拉伯国家减产量的50%这一条件，对阿拉伯产油国的减产和禁运产生了决定性的作用，使欧佩克得以制定并实行大幅度提高油价的政策。

1974～1978年，由于沙特阿拉伯坚持采取增产压价政策以抵制激进派的减产提价做法，使欧佩克在此期间实行了基本冻结油价的政策。

1979～1981年9月，由于伊朗伊斯兰革命的爆发使世界石油市场日供应量突然减少大约500万桶，为了防止油价的过快升高，沙特阿拉伯实行了高产量、高输出、高供应的政策，把原油日产量从720万桶提高到1050万桶，使世界石油市场的短缺得到60%的补充，以后又在长达3年之久的时间内保持日产1000万桶左右的生产水平。这抑制了石油现货市场价格暴涨的势头，使欧佩克内部一味主张低产高价的国家受到一定的限制，欧佩克因而在3年内不能制定统一的油价政策，实际上维持了沙特阿拉伯所希望的低油价。另一方面，油价低走，导致了西方石油消费国石油库存量的激增，为其利用抛售和动用库存石油来迫使欧佩克降低油价创造了条件，使欧佩克于1983年3月不得不在历史上第一次大幅度降低油价。

（3）1981年底至1985年9月，减产保价政策。1981年底至1985年9月，沙特阿拉伯的石油政策是由高产转变为限产；放慢经济发展速度，紧缩开支；实行经济多样化。

80年代开始，随着两伊石油生产的逐渐恢复，一些非欧佩克产油国的生产增加，再加上西方经济由于两次石油危机的冲击遭受了损失，经济出现滞胀，石油需求量下降。世界石油市场石油供过于求，油价低迷。为维护经济发展，沙特阿拉伯被迫将高产政策转变为大幅度减产、限产，以促使油价回升。1982 年，沙特阿拉伯平均日产量降到 650 万桶，经济发展遭受到严重阻碍，由于产量减少。石油出口收入急剧下降，从 1981 年的 1130亿美元降低到 1985 年的 210 亿美元。

1983 年 3 月以后，世界石油市场持续滞销，西方政府和石油公司大量动用库存抛售石油，一些产油国也竞相降价，抛售石油，油价战迫在眉睫。此刻，沙特阿拉伯一改往日的高产量高供应政策，实行大幅度减产，按市场需求灵活地调节其石油产量，使欧佩克的油价结构得以维护，避免了油价战。

（4）1985 年 9 月至 1986 年底，增产保额政策。沙特阿拉伯的石油政策是放弃限产政策，提高生产以增加市场份额，并以净回值①的方式向西方出口原油。在沙特阿拉伯实行限产政策的时候，欧佩克一些成员国私自降低油价，违反限产政策。1985年 10 月，沙特阿拉伯为争取失去的市场份额，也放弃了限产政策，增加日产量 100 万桶，还以"净回值"的新贸易方式，变相降价，扩大出口。1985 年 12 月欧佩克宣布实行维护石油市场合理份额的新战略，于是，油价从每桶 28 美元降为每桶 10 美元。

（5）1986～1989 年底，限产保价政策。1986～1989 年，沙特阿拉伯的石油政策是改用"限产保价"以阻止油价下跌；在油价和市场份额谁优先的问题上，沙特阿拉伯政府根据市场供求关系的微妙变化，采取了灵活的交替方式，以逐步达到既保油价

---

① 净回值价格，又称为倒算净价格（Net Back Pricing），一般来说净回值是以消费市场上成品油的现货价乘以各自的收率为基数，扣除运费、炼油厂的加工费及炼油商的利润后，计算出的原油离岸价。这种定价体系的实质是把价格下降风险全部转移到原油销售一边，从而保证了炼油商的利益，因而适合于原油市场相对过剩的情况。

又占份额的目的。

1986 年油价暴跌使沙特阿拉伯损失惨重。石油日产量虽比 1985 年上升 50%，但石油收入却下降 56%。1986 年 8 月沙特阿拉伯减少石油供应并停止现货贸易，石油政策从市场份额第一，油价第二向限产保价转变。1987 年初，欧佩克重新恢复限产保价和固定官价制后，世界石油市场上油价止跌为升。此时，沙特阿拉伯又削减生产 14.9%，为稳定油价起到了重要作用。1987 年下半年，因美国宣布为科威特油轮护航、麦加事件等一系列突发事件导致石油市场的动荡，油价上涨。沙特阿拉伯和科威特等欧佩克成员国在高油价的驱使下，超配额生产，致使油价再次下跌。到 1987 年底，由于美元汇价下滑，欧佩克每桶原油平均价格下跌到大约 15 美元。欧佩克内部纷争再起，伊朗等国要求提高油价，沙特阿拉伯则坚决反对提价，坚持随油价趋势而增减产量的政策。而 1988 年 7 月，沙特阿拉伯放弃了限产促价政策，实行市场份额第一的政策，开始增产。

（6）1989～1994 年，增产扩额和稳产保价政策。1989～1994 年，沙特阿拉伯的石油政策是增加产量、扩大市场份额和稳产保价的灵活政策并行。

由于各产油国都超配额生产，世界石油市场供大于求，出现了市场疲软，油价下滑，在 1990 年第二季度转入用油淡季后，出现了大量石油过剩。据美国《油气杂志》报道，欧佩克 1990 年上半年的石油平均日产量达 2394.4 万桶，比其日产 2250 万桶的生产限额多 144.4 万桶。而此时石油市场对欧佩克的石油需求量约为每日 2250 万桶。大量石油的过剩，对油价造成很大的压力。西方工业国家也乘机以每日 80 万～90 万桶的速度增加石油储备，而高额石油储备又反过来威胁油价，石油价格一跌再跌。欧佩克 7 种市场监督原油一揽子平价每桶由 1990 年 3 月底的 17.26 美元跌到 6 月第三周的 13.6 美元。欧佩

克呼吁其成员国减产保价，但未能奏效，随即便爆发了海湾危机。

由于海湾危机发生在世界最大的石油供应地，致使世界石油市场激烈动荡，油价在近两个月时间内迅速高涨，突破每桶40美元大关。沙特阿拉伯实行增加产量扩大市场份额的石油政策，补上了因联合国制裁伊拉克造成的石油市场上伊—科每日400万桶的缺额，平抑了油价的涨势，又取得了市场份额。此间沙特阿拉伯的平均日产量从1990年8月的540万桶上升到12月的828万桶。

为了维护国际油价的相对稳定，当国际油价高涨的时候，欧佩克也采取过重大的增产措施，把油价重新拉回到合理的水平上。在1990年伊拉克入侵科威特以后，以及1991年海湾战争爆发的时候，国际石油供应一时出现严重短缺，导致油价飞涨，而欧佩克及时采取扩大乃至临时全部放开限额管制的措施，使国际油价暴涨的局面很快得到平息。

海湾战争的发生，使油价回落，到1994年油价降到5年来最低点。沙特阿拉伯出现了资金短缺，为此，沙特阿拉伯实行随着世界石油消费量的提高给供应造成的压力，通过稳定产量来促使价格上涨，而不拘泥于市场份额的灵活的政策。随后，沙特阿拉伯为巩固其作为世界最大产油国的地位而提前完成了扩大石油生产能力的计划，其生产能力的扩大具有备用供应，在其他地方出现供应中断时起缓冲作用。

（7）1995年以后，稳产保价、增产扩额及积极发展经济多元化政策。1995年以来，沙特阿拉伯的石油政策除在稳产保价、增产扩额以外大力发展石油的跨国经营，对外国资本开放油田开发，同时注意发展经济多元化。1995年以后，随着亚洲金融危机的发展，该地区一些国家实行紧缩政策，经济增长减缓，对石油的需求减少；产油国的超配额生产以及世界石油库存饱和，无法吸收市场供应量；近几年连续出现的厄尔尼诺现象导致的暖冬等因素综合作用使石油供大于求加速扩大。石油价格一跌再跌，1998 年底，跌破每桶 10 美元大关。油价持续下跌，使沙特阿拉伯经济遭受很大损失，石油收入大幅度减少，1998年比 1997 年减少 120 亿美元，1998 年度政府财政预算出现 95亿美元的赤字，约占国内生产总值的 7%。长期的油价低迷导致的财政赤字使沙特阿拉伯油田开发资金严重不足。由于石油资源的不可再生性，它的需求终会恢复，世界性原油供应紧张的局面还会出现，所以扩大油田的开发对沙特阿拉伯恢复经济发展来说至关重要。为此，沙特阿拉伯作出了对外国资本开放油田开发的面向 21 世纪的新的石油政策，这也是自 20 世纪 70 年代初油田收归国有后时隔 25 年沙特阿拉伯首次对外国资本开放本国油田的开发。这项政策弥补了由于财政赤字导致油田开发资金不足的缺陷，使沙特阿拉伯能够提高产能，达到其保持世界最大产油国的目的。沙特阿拉伯为了加强其在世界石油市场的地位，并在国际石油区域发挥与日俱增的影响，在 90 年代开始后，大力发展石油的跨国经济。为保证石油跨国经济取得结构优化的效益，经营范围包括了石油上下游各部门。重视炼油厂的建设，以开拓本国原油的销路。沙特阿拉伯为配合和适应其国内石油上游部门经营的需要，要求本国所产原油有一半以上在自有的炼油厂加工成为油品进入国际市场，以大幅度增加附加值，提高石油收入。所以沙特阿拉伯对海外炼油经营特别重视，在美国、韩国、菲律宾、印度、中国、希腊等国都投资合营炼油厂，并进行炼油能力大规模扩建工作。沙特阿拉伯在韩国合营的炼油厂，加工能力从 36.5 万桶/日扩大到 52.5 万桶/日，1997年 1 月，沙特阿美石油公司同葡萄牙国有的汽油公司签订了初步协议，将购买后者 30% ~ 35% 的股权，并供应其需要原油的20%。

165

为实现生产要素的最佳配置，达到提高经济效益的目的，沙特阿拉伯积极采取灵活多样的经营方式，多渠道地拓展跨国经营。沙特阿美公司，在巴拿马购买容量为520万桶的贮油库以方便在美国的石油加工和销售活动。

为取得科技进步的效益，提高石油制品的质量，以利于参与国际竞争，沙特阿拉伯的炼油厂都尽可能采用最新的先进技术装备。

为保证石油跨国经营的顺利进行，直接依靠国家力量的支持，经营实体以国有公司为主，同时积极鼓励本国私人资本参与海外石油投资经营。与此同时，沙特阿拉伯政府还鼓励本国私人参与海外石油投资经营，使之发展成为对外经济合作的一支重要力量。如沙特阿拉伯私营的尼米尔石油有限公司在罗马尼亚进行油气勘探。

（8）2007年，减产保价政策。2007年的金融危机已经严重打击了包括美国、欧盟、日本等发达经济体的实体经济，短期内国际金融市场的稳定和投资者的信心可能很难恢复。这使得其对石油的需求进一步下降，进而大大制约世界石油需求的增长，影响国际石油市场整体供求形势，使石油市场呈现供大于求的局面。

从2008年7月4日欧佩克一揽子石油价格创下140.14美元/桶的历史纪录后，欧佩克油价一路下滑到10月23日的60.27美元/桶，跌幅将近80美元。特别是在10月8日，欧佩克油价跌破了成员国的心理底线80美元/桶，此后一周出现加速下滑的态势，10月16日已经跌到63.34美元/桶，回落到了2007年5月初的水平，一周内的跌幅超过15美元，① 跌速超过了欧佩克成员国能够承受的程度。为了维护其利益，沙特阿拉伯再次采取

---

① http://www.opec.org

了减产的政策，试图以此阻止石油价格的进一步下滑。

油价的下跌导致沙特阿拉伯财政收入减少，而减产政策也严重制约了沙特阿拉伯经济的发展，同时威胁着欧佩克石油及天然气下游项目的投资计划，可能使一些项目遇到融资问题。石油收入的急剧减少难以支撑其高福利政策并难以解决所面临的严峻的经济社会问题，对缓和国内矛盾，实现政治社会的稳定产生了负面影响。

由于金融危机的影响，油价下跌，经济增长受挫，GDP增长率急速下降为0.2%。GDP总量从2008年的4750.9亿美元下降到2009年的3691.8亿美元，人均GDP也从19151美元下降到14530美元。

3. 沙特阿拉伯主要油气田及主要石油公司

沙特阿拉伯石油的主要产区位于东北部，其油气储产量占沙特阿拉伯目前储产量的绝大部分。沙特阿拉伯共有87个油气田，其中74个为油田，13个为天然气田。[1] 主要油田是加瓦尔、萨法尼亚、布盖格、贝利、玛尼法、祖卢夫、谢巴、阿布萨法、胡尔塞尼亚等超巨型和巨型油田，合占该国石油储量的50%以上。其中加瓦尔是世界上最大的陆上油田，萨法尼亚是世界上最大的海上油田，其产量主要由沙特阿美公司控制。该公司的石油产量约占沙特阿拉伯石油总产量的95%以上，其余的产量来自格蒂石油公司和阿拉伯石油公司。沙特阿拉伯生产的石油从重质油到超轻质油都有，在沙特阿拉伯石油总生产能力中，有65%~70%为轻质油，其余的为中质油或重质油。

（1）加瓦尔油田（Ghawar）

加瓦尔油田位于沙特阿拉伯东部，距海湾西海岸约100公

---

[1] http：//sa. mofcom. gov. cn/aarticle/ztdy/200506/20050600116989. html

里。加瓦尔油田发现于 1948 年，1951 年投产，石油可采储量 700 亿桶，为世界上最大的陆上油田。该油田为一个巨型的呈南北走向的含油背斜构造，构造长 250 公里，最宽 25 公里，由 8 个产油构造组成。主要产层为侏罗系的阿拉伯组 D 段的碳酸盐岩。该油田约占沙特阿拉伯总产能的一半，产量约 500 万桶/日。

（2）萨法尼亚油田（Safaniya）

萨法尼亚位于波斯湾的沙特阿拉伯海域，向北延伸到沙特阿拉伯与科威特的中立区，发现于 1951 年，1957 年投产，石油可采储量为 190 亿桶，天然气可采储量为 3300 亿立方米。该油田是中东地区在海上发现的第一个油田，也是迄今为止世界上最大的海上油田。该油田长约 70 公里，产层为中、下白垩系，深度 1600 米，2007 年石油产量 100 万桶/日。

（3）玛尼法油田（Manifa）

玛尼法油田位于沙特阿拉伯东北部，萨法尼亚油田以南。该油田发现于 1957 年，1998 年原油探明可采储量是 174 亿桶，是一个海上超级大油田。该油田长 35 公里，与海岸线平行，主要产层是白垩系，埋藏深度 2300 米。

（4）布盖格油田（Abqaiq）

布盖格油田位于沙特阿拉伯东海岸，发现于 1940 年，1946 年投入开发。估计原油储量 170 亿桶，属于超巨型油田。该油田是一呈北东向的背斜，长约 50 公里。有 3 个侏罗系产油层和深部二叠系产气层，石油产量 40 万桶/日。

（5）贝利油气田（Berri）

贝利油气田位于沙特阿拉伯达曼西北部约 80 公里的陆上，发现于 1946 年，1967 年投入开发。已发现 8 个含油层段，估计原油探明可采储量 122 亿桶，天然气探明可采储量 1019 亿立方米，是沙特阿拉伯海上超级大油气田。

（6）祖卢夫油田（Zuluf）

祖卢夫油田位于萨法尼亚海上油田东北方向海域，发现于1965 年，1973 年投入开发。该油田是一呈北东向的背斜，长 30公里。有 5 个含油层段，1998 年的原油探明可采储量 108 亿桶，是沙特阿拉伯海上超级大油田，石油产量为 50 万桶/日。

（7）胡赖斯油田（Khurais）

胡赖斯油田位于加瓦尔油田以西 110 公里处，1957 年发现。该油田构造长约 70 公里。有 3 个产油带。探明石油可采储量为11.9 亿吨，天然气储量 870 亿立方米。

（8）阿布萨法油田（Abu Safah）

该油田位于巴林岛北部，油田长 20 公里，是沙特阿拉伯与巴林共有的一个油田。根据协议，石油收入由两国分成，但巴林不控制该油田的产量。该油田 1963 年发现。已探明的石油可采储量 10.5 亿吨，天然气储量 590 亿立方米。

（9）谢巴油田（Shaybah）

该油田位于鲁卜哈利沙漠东部，在阿联酋首都阿布扎比正南。该油田 1968 年发现，估计石油可采储量 9.8 亿吨。

（10）盖提夫油田（Qatif）

该油田位于沙特阿拉伯的最东部，包括陆上和海上两部分，陆上延长线约 40 公里，海上 6 公里，走向南北。该油田有 6 个产油带。探明石油可采储量 8.4 亿吨，天然气储量 1340 亿立方米。[①]

（11）豪塔油田

发现于 1989 年，位于利雅得以南 180 公里，日产 20 万桶阿拉伯优质油，有的密度达 49%。

主要石油公司：

沙特阿拉伯最主要的石油公司是沙特阿拉伯石油公司

---

① 中国石油天然气总公司信息研究所编《中东地区的石油工业》，1994。

（Saudi Arabian Oil Co.），也称为沙特阿美公司（Saudi Aramco），直接管理沙特阿拉伯石油工业，全面控制沙特阿拉伯的油气勘探、开发、生产、炼制和销售。其原油产量占沙特阿拉伯总产量的 97.5%，拥有世界上最大和最现代化的油轮运输船队。

1973 年，沙特阿拉伯政府购买了阿拉伯美利坚石油公司 25% 的股份，当时，该公司由雪佛龙（Chevron）、德士古（Texaco）、埃克森（Exxon）和美孚（Mobil）等一批美国石油巨头共同所有。1980 年，政府将其占有股份增加至 100%，并将此股份占有额追溯至 1976 年。此后，阿拉伯石油公司继续为沙特阿拉伯王国经营管理油气田，直至 1988 年，沙特阿拉伯石油公司建立并承接了这些业务。

沙特阿拉伯石油公司总部设在沙特阿拉伯东岸的宰赫兰，公司经营、管理和维护沙特阿拉伯几乎所有的大型碳氢化合物产业。该公司在石油精炼和行销方面也占据重要地位，在国内拥有大量产业股份。公司经营一个遍及全国的产品供应网络，为全国的日常活动提供燃料。

沙特阿拉伯石油公司拥有 57500 名雇员，其中包括地质学家、工程师、计算机专家、实验室技术人员、海洋生物学家、医生和教师，约 80% 的雇员是沙特阿拉伯人。

自 70 年代沙特阿拉伯实现石油工业国有化以来，石油工业特别是石油工业上游领域由沙特阿拉伯政府控制。"石油和矿产事务委员会"（CPMA）也称为"最高石油委员会"（SPC）统管沙特阿拉伯石油工业，所有私营和外国资金投资的项目都必须经过该委员会审批，并协助推进私营和外国资金进入沙特阿拉伯石油领域的进程。

4. 石油储运

沙特阿拉伯的原油输出港位于波斯湾和红海，两个主要码头是拉斯坦努拉港（RasTaurra）和朱艾马赫（Juaymah），两个较小的码头位于沙特阿拉伯和科威特之间的中立区，一个是拉斯海夫吉（Rasai-Khafji）和米纳绍德（Mi na Saud），在红海沿岸有延布港。

油品运输公司：维拉（Vela）公司是沙特阿美石油公司下属的石油运输公司，拥有庞大的运送石油和天然气的船队，巨轮20多艘，大型油轮19艘，其主要任务是将沙特阿拉伯的出口原油、天然气、成品油输送到世界各地。此外，还有萨马雷斯公司也拥有运输石油炼制产品的船队。

输油管线：沙特阿拉伯的输油管线非常发达，沙特阿拉伯拥有20000公里的输油管线。其中最主要的两条输油管道是东—西原油管道（Petroline）和阿卜凯克—延布天然气液体管道。前者输送能力为2.4亿吨/年，主要是将沙特阿拉伯轻质和超轻质原油输送到沙特阿拉伯西部的炼油厂以及红海港口出口欧洲市场。后者与前者平行，连接延布石化厂，输送能力2000万吨/年。连接黎巴嫩的穿越阿拉伯管道（Tapline）、伊拉克—沙特阿拉伯管道——IPSA-1和IPSA-s目前均被关闭。

其他的输油管线是：（1）谢巴输油管线，长595公里。（2）胡夫（Hofuf）到利雅得的天然气管线，长度584公里。（3）哈拉德天然气处理厂到奥斯曼尼耶（Uthmaniyah）的天然气管线，长度392公里。

码头：沙特阿拉伯有8个主要的码头。（1）吉达（Jeddah），（2）拉斯海夫吉（RasAi-Khafji），（3）拉斯坦努拉（Ras Tanura），（4）朱拜勒（Jubail），（5）朱艾马赫（Juaymah），（6）延布—金法赫德（Yanbu-King Fahd），（7）祖卢夫（Zuluf），（8）拉比格（Rabigh）。

5. 油品

沙特阿拉伯的原油品种有：（1）阿拉伯重油，（2）阿拉伯中油，（3）阿拉伯轻油，（4）阿拉伯特轻油，（5）阿拉伯超轻油。

6. 石油炼制

至 2002 年 1 月 1 日，沙特阿拉伯拥有 8 个炼油厂，即阿美公司炼油能力为年产 2000 万吨的拉比格炼油厂、年炼油能力为 1500 万吨的拉斯坦努拉角炼油厂、950 万吨的延布炼油厂、年炼油能力为 600 万吨的利雅得炼油厂、年炼油能力为 300 万吨的吉达炼油厂；沙特阿拉伯国营石油公司/壳牌公司年炼油能力 1525 万吨的朱拜勒炼油厂；阿拉伯石油公司的拉斯卡夫奇炼油厂。沙特阿拉伯年原油加工总能力约为 8725 万吨，同时在国外还有 8000 万吨的原油加工能力。

沙特阿拉伯在海外还有约 160 万桶/日的炼油能力。2003 年 8 月在拉斯坦努拉炼油厂建成的 20 万桶/日的分馏装置使得沙特阿拉伯国内的炼油能力接近 200 万桶/日。同时沙特阿拉伯还对其位于红海沿岸的拉比格炼油厂进行技术升级改造，将这座沙特阿拉伯国内最大的炼油厂扩能至 40 万桶/日的原油加工能力，同时还将这座炼油厂由生产低价值的重质产品向生产汽油和煤油等高附加值产品转换。此外，该项目还将增加世界级的乙烷裂解装置。2004 年 5 月，日本住友化学与沙特阿拉伯合资 43 亿美元在拉比格建设大型石化装置，该装置在 2008 年投产，生产乙烯和丙烯。

二 天然气

沙特阿拉伯天然气储量丰富，居世界第四位。沙特阿拉伯大多数天然气是油田伴生气。超巨型的加瓦尔油田是天然气的最大来源，其天然气储量约占沙特阿拉伯全国的 35%。1975 年建立总天然气系统，用于回收加瓦尔油田的大量天然气，当时这些天然气都放空烧掉了。该系统于 1982 年投产使用。这一系统还收集加瓦尔临近的胡赖斯和萨法尼亚油田的天然气。

　　沙特阿拉伯在加大天然气勘探开发力度的同时，不断提高天然气处理厂的生产能力。2000 年完成舍得古姆和吴德曼尼亚胡夫天然气处理厂扩建工程，使其生产能力分别提高到 6792 万立方米/日和 7075 万立方米/日。2001 年，法国 Technip 公司获得布盖格天然气处理厂全承包工程合同，为该厂建设 1 条新的天然气液压缩生产线，生产能力 2.8 亿立方米/日，2003 年投产。

　　为了进一步发展天然气产业，沙特阿拉伯在天然气领域制定了对外开放政策，规定非伴生气产区由沙特阿美石油公司继续开采天然气，开采后的加工、销售对外开放；未开采的探明产区，对外开放天然气的开发和生产以及下游产品；未勘探地区对外开放，允许勘探、开发、生产及下游加工。在上述对外开放的天然气生产领域，允许外资公司参与投资全国的大型综合类项目，如天然气的勘探、开采、价格、运输、销售。允许外资公司参与投资配套项目，如为油气开采和加工服务的电站、淡化水站及为石化工厂供气的辅助设施项目。

　　为了吸引外国资本参与其国内的石油开发，沙特阿拉伯的石油大臣纳伊米 1998 年 12 月 28 日宣布："对王国的石油和天然气部门投资，就像对其他领域的投资一样，没有任何国籍限制。"①

　　这些政策法规的制定，加大了沙特阿拉伯利用外资的力度，吸引了外资的流入，加快了沙特阿拉伯能源的建设，同时也为外国公司进入沙特阿拉伯提供了可能。

① 英国《中东经济文摘》1999 年 1 月 22 日。

三　石化工业及其他工业

1. 石化工业

特阿拉伯的石化工业起步于 19 世纪 70 年代，并大力发展使用天然气作为原料扩大石化产品的生产。

1976 年成立沙特基础工业公司（Sabic）。1975 ~ 1979 年，在第二个工业发展五年计划中对沙特基础工业公司投资 1400 亿美元。由国家控股 70%，是中东最大的非石油类工业公司，石化产品产量占据全球总产量的 10% 左右。2001 年 2 月，萨比克完成了延布石化生产设施投资 10 亿美元的扩能计划，使之成为全球最大的聚乙烯生产装置。

沙特基础工业公司发展的石化联合企业有 15 家，其中的 12 家从事化肥和石油化工生产，两家用于炼钢，一家用于生产工业气体。沙特基础工业公司的产品多数用于出口，它已成为世界基本石油化学产品主要的生产者。沙特基础工业公司以乙烷为原料生产乙烯，是世界上原料费用最低的地区，其乙烷价格为每吨 37.5 美元，致使乙烯生产成本低达每吨 100 美元。

1970 ~ 1980 年 10 年时间内建立了海湾沿岸的朱拜勒和红海边的延布两大石化中心。此后，沙特阿拉伯石化工业发展很快，2000 年沙特基础工业公司的子公司朱拜勒石油化学公司（Petrokemya）和沙特阿拉伯延布石化公司（Yanpet）2 套年产 80 万吨的乙烯装置投产，从而使沙特阿拉伯 2002 年的乙烯生产能力跃增到年产 570 万吨，位居世界第三，仅次于美国和日本。至 2005 年底，全国 8 套乙烯装置年产量达 685 万吨。沙特基础工业公司的子公司朱拜勒国家石化公司（Petrokemya）还于 2004 年建成 100 万吨的乙烯新装置，2005 年沙特阿拉伯乙烯生产能力达 770 万吨。

2002 年沙特阿拉伯石化产品总生产能力已增加到 3540 万

吨，80%的石化产品用于出口，到 2010 年预计石化产品生产能力将达到 4800 万吨。①

沙特阿拉伯发展石化工业大多采用引进国外资金，建立合资企业，采用国外最先进技术的合资合作战略。沙特阿拉伯所有的石化公司大都是合资企业，最大的石化联合企业是与跨国公司包括壳牌化学、埃克森美孚和三菱化学公司的合资企业。沙特基础工业公司在八大合资企业中拥有 11 家合作伙伴，包括壳牌和埃克森美孚。他们充分利用跨国公司的先进技术，大大降低了生产成本，在世界上具有很强的竞争力。

一些石化公司除了产品实施外向型战略外，石化业务资产也开始拓展到海外，其中尤以沙特基础工业公司最为典型。沙特基础工业公司并购了荷兰国家矿业公司（DSM）石化资产后，使其在世界石化行业中的排名由第 22 位上升到第 11 位，成为世界第三大聚乙烯生产商和第四大聚丙烯生产商，此外还收购了埃尼化学公司在意大利、英国和匈牙利的资产，还与壳牌公司联合收购了美国德士古公司的部分股份。

沙特阿拉伯主要的化工公司还有：沙特阿拉伯化肥公司（Safco）、石油矿业硫酸厂（Petrcid）、沙特阿拉伯甲醇公司（Ar-Razi）、朱拜勒肥料公司（Samad）、国家甲醇公司（Ibn Sina）、沙特阿拉伯石油化学公司（Sadaf）等。

2. 其他工业

为减少对石油的依赖，沙特阿拉伯努力建立本国的工业基础，兴建工业城，就是发展工业的重要手段之一。在首都利雅得已经建成了一座占地 45.1 万平方米的工业城。第二个工业城的面积为 2100 万平方米。延布工业城和朱拜勒工业城的出现，对沙特阿拉伯工业的发展起了重要的作用。

① http://sa.mofcom.gov.cn/index.shtml

除了石油和天然气等工业之外，沙特阿拉伯的主要工业有：食品、饮料、采石、铝工业、化肥、橡胶、活动房屋、建材、制革、造船、水泥、家用金属器皿、奶制品、鞋、货车、陶瓷、玻璃、服装、纺织品、家具、办公用品、塑料、自行车、加热炉、空调、杀虫剂、洗涤剂、纸张、印刷、电工产品、五金产品、运输器材、电话、农用水泵等。

沙特阿拉伯最大的三座工业城市是：达曼、吉达和利雅得。

四　建筑业

建筑业是沙特阿拉伯非石油经济的重要组成部分。沙特阿拉伯建筑业受国内石油收入的影响非常大，当国内石油收入丰腴时，沙特阿拉伯建筑业就会步入繁荣期；反之，当国内石油收入减少时，沙特阿拉伯建筑业就会萎缩。沙特阿拉伯计划部资料显示，在油价高涨的 1975～1980 年，沙特阿拉伯建筑业的年均增长率高达 15.8%；而在油价持续低迷的 20 世纪 80 年代，沙特阿拉伯建筑业的增长率则一直为负值，1980～1985 年沙特阿拉伯建筑业的年均增长率为 -0.9%，1985～1990 年进而下降为 -2.8%。进入 21 世纪，随着国际油价的上涨，沙特阿拉伯建筑业又步入了繁荣期。

近几年，沙特阿拉伯建筑业的增长率都较快，据沙特阿拉伯经济和计划部统计，2007 年沙特阿拉伯建筑业实现产值约 650 亿里亚尔，较上年增长 9.9%，占沙特阿拉伯国内生产总值的 4.6%。建筑业是沙特阿拉伯提供就业岗位最多的经济部门，据沙特阿拉伯劳动部统计，2007 年，沙特阿拉伯建筑业雇佣劳动力 227 万人，占私营部门雇佣劳动力总量的 38.9%。不过沙特阿拉伯建筑业雇佣的劳动力主要为外籍工人，沙特阿拉伯籍劳动力仅占该部门雇佣劳动力总量的 9.2%。

表 4 - 5 沙特阿拉伯建筑业概况

	2003 年	2004 年	2005 年	2006 年	2007 年
产值(百万里亚尔)	47137	51141	54946	59139	65017
增长率(%)	5.4	8.5	7.4	7.6	9.9
产值/国内生产总值(%)	5.9	5.5	4.7	4.5	4.6

资料来源: SAMA, 44th Annual Report, 2008。

　　沙特阿拉伯建筑业基本集中于私人建筑商手中，建筑业是分配石油财富的重要手段，因此，沙特阿拉伯政府非常重视本国建筑商的成长。沙特阿拉伯政府规定，由外国建筑商承包的工程，要将工程总量的 30% 打包成众多小型项目再承包给沙特阿拉伯本国建筑商。沙特阿拉伯本国的建筑商数量非常多，我国驻沙特阿拉伯大使馆商务参赞处的资料显示，2002 年，沙特阿拉伯总共有建筑公司约 13.9 万家。不过沙特阿拉伯建筑公司的执业水平差异较大，2002 年，在沙特阿拉伯工商会注册并拥有等级资质的建筑公司仅有 3690 家，约占注册公司总数的 2.7%。沙特阿拉伯全国只有少数几家工程总承包公司能达到世界级水准，有资格与世界大公司合作实施大项目。

　　得益于建筑标准的提高和竞争加剧，沙特阿拉伯建筑业的施工质量在近些年得到很大提高。除了无资质的中小承包商之间在施工质量上竞争激烈外，有等级资质的承包商的施工能力也有明显改善。不过沙特阿拉伯众多中小型建筑公司财务结构脆弱，银行面对他们的贷款申请时犹豫不决，这直接影响了其执业能力和施工质量。

　　伴随沙特阿拉伯建筑业繁荣的是水泥需求的大幅增长。尽管沙特阿拉伯八家水泥生产厂家的产量一直持增长态势，但在应对国内高涨的需求方面仍是捉襟见肘。2007 年年初，沙特阿拉伯政府不得不采取措施，控制迅速上升的水泥价格。不过，沙特阿拉伯政府为了促使现有的水泥生产厂家实现规模经济，壮大自身实力，并防范未来建筑业收缩时出现水泥生产过剩，依然采取停止发放水泥生产执照的政策。据英国经济学家情报社统计，2006年，沙特阿拉伯总共生产水泥 2790 万吨，国内销售水泥约为 2610 万吨。

第四节　商业及公用事业

一　商业

阿拉伯人自古就有经商的传统，但是在沙特阿拉伯建国之初，大部分商品贸易还停留在以货易货的传统方式。随着城市的发展，特别是在油价上涨导致巨额石油美元的流入后，国内需求不断攀升，沙特阿拉伯商业也取得了迅猛发展。如今，商业已成为沙特阿拉伯重要的经济部门，2006 年创造产值 629.4 亿里亚尔，约占国内生产总值的 8%；2006 年，雇佣劳动力 146.8 万，占全国劳动力总数的 26.3%。2007 年，沙特阿拉伯新成立商业公司 6.2 万家，占新成立公司总数的 99.5%，截至 2007 年，沙特阿拉伯共有商业公司 45.2 万家，占沙特阿拉伯公司总数的 65.1%。

沙特阿拉伯建国后，政府对国内商业采取鼓励和保护的政策。1962 年 7 月，沙特阿拉伯政府颁布了有关贸易沙特阿拉伯化的法令，规定在两年内国内贸易必须全部转移到沙特阿拉伯公民或国家手中。结果，除阿美石油公司油田范围内一些公司所属的商店外，国内贸易基本上转归民族资本经营。1976 年年底，沙特阿拉伯政府又颁布了一项禁止外国人拥有小商号的法令，至此，沙特阿拉伯彻底将外资逐出本国商业领域。此后，限制外资进入的政策在沙特阿拉伯保持了很长一段时间，2001 年沙特阿

拉伯投资总署公布的《外资禁入行业清单》中仍然包括国内批发零售业。

　　沙特阿拉伯商业发展迅速，每年都以超过 10% 的速度增长。在政府的鼓励下，国内出现了较大的批发和零售商行以及遍布全国各地的小商号。沙特阿拉伯政府限制外国人进入本国商业的政策也推动了本国代理商的成长。1962 年通过的《商业代理法》和 1981 年通过的《代理条例》规定：外商在沙特阿拉伯销售商品只能通过代理商或分销商。代理商与分销商的法律地位并无本质区别。只允许海湾合作委员会成员国（阿联酋、阿曼、巴林、卡塔尔、科威特、沙特阿拉伯）的公民及其全资拥有的法律实体，在沙特阿拉伯从事贸易和商业代理。代理协议需要登记，否则无效。医药产品代理费不得超过商品总价的 15%，其他行业代理费无限制。

　　2005 年 11 月 11 日，沙特阿拉伯正式加入世界贸易组织，并成为第 149 个成员国。入世后，沙特阿拉伯逐渐放开原来限制外资进入的国内各部门，2007 年 3 月，沙特阿拉伯根据入世承诺重新修订了《外资禁入行业清单》，至此，封闭了 40 余年的国内批发、零售及商品流通领域终于得以向外资开放。近些年，沙特阿拉伯零售领域正在跟世界接轨，大商城发展迅速，居民也更愿意去大型超市购买生活所需品。蓬勃发展的沙特阿拉伯商业将是国外资本投资沙特阿拉伯的新领域。沙特阿拉伯的电子商务在近些年发展也非常迅速，电子商务正在改变沙特阿拉伯传统的商业贸易和服务形式，为了跟上商务发展的潮流，沙特阿拉伯商业和工业部特别设立了电子商务司，以便于规范和管理沙特阿拉伯境内的电子商务。

　　沙特阿拉伯工商会（Saudi Arabian Chambers of Commerce and Industry）：

　　沙特阿拉伯工商会是海湾工商联、阿拉伯工商联、伊斯兰工

商联及国际商会的成员单位，委员会受沙特阿拉伯商业和工业部监管，该委员会总部设在利雅得，在全国拥有 20 多个分会，随着沙特阿拉伯工商业的发展，该组织的规模也在不断扩大。

沙特阿拉伯工商会是非营利的服务性组织，其主要服务功能包括：提供国家生产和外贸统计资料；提供国家对外贸易信息，包括关税财政费用、数量和程序规定等；国家外贸方面卫生技术规定信息；为投标者提供投标规定和程序信息；提供进口商、出口商、制造商名单；提供海运和其他运输设施；为外商同国内国营和私人企业建立联系提供帮助；提供市场机会；帮助海外公司寻找合资伙伴以及仲裁服务等。

沙特阿拉伯工商会对本国工商业的发展起到了不可替代的作用。近些年，为把沙特阿拉伯本国产品推向世界以及获得全球最为先进的技术，沙特阿拉伯工商会组织了多次国际性的展销会和博览会；另外，为了使本国年轻人和妇女能够符合本国劳动力市场的要求，工商会还在全国建立了很多培训中心。

二　公用事业

（一）供水

沙特阿拉伯境内无常年性河流经过，气候炎热干燥，年均降水量仅有 70 ~ 100 毫米，国内淡水资源匮乏。沙特阿拉伯政府非常重视本国的供水问题，20 世纪 60 年代初制定了两项供水计划——解决严重缺水地区居民食用水供应的短期计划和根据国家经济发展远景目标在全国建立大型海水淡化厂的长远计划。为了满足国内日益增长的工农业用水和居民生活用水需求，沙特阿拉伯政府主要采取了以下行动：

1. 海水淡化工程

在海水淡化方面，沙特阿拉伯走在中东国家和世界的前列，被誉为"海水淡化王国"。2007 年，沙特阿拉伯淡化水产量约

10.66 亿立方米，位居世界首位。沙特阿拉伯海水淡化主要采用闪蒸法，即先将海水送入加热设备，加热到 150℃，再送入扩容蒸发器，进行降压蒸发处理；然后再送入冷凝器以冷凝成水，并在水中加入对人体有益的一定量的矿物质或低盐地下水。这一方法因所使用的设备、管道均由铜镍合成金属制成，所以成本很高，但可一举两得，即在获得淡水的同时，又在对海水蒸发处理时带动蒸汽涡轮机发电。

早在 1928 年沙特阿拉伯就在吉达建了两套蒸馏设备对海水进行淡化处理。但是，沙特阿拉伯大规模进行海水淡化始于 60 年代。为了保证海水淡化工程的顺利进行，沙特阿拉伯政府于 1965 年组建了了海水淡化总公司，全面负责海水淡化工程的建设和实施。沙特阿拉伯海水淡化厂基本是沿阿拉伯湾和红海海岸线建立，接近工农业发展的重点地区，而且各厂之间由管道相连，形成供水网络。80 年代初，沙特阿拉伯第一个大型海水淡化联合企业在西部的吉达地区建成投产，不仅解决了西部地区的缺水问题，也解决了全国 1/3 地区的用电问题，紧接着政府又在东部朱拜勒地区建成世界最大的海水淡化厂，该厂日产淡水 3 亿加仑。同时还修建了世界上最长的直径为 1.5 米、长为 466 公里的海水淡化输送管道，将淡化水从东部送到首都利雅得及其附近地区。此后，沙特阿拉伯又修建了 200 公里连接圣城麦地那和红海沿岸的输水管道，以满足麦地那的饮用水需求。经过数十年的建设，沙特阿拉伯的海水淡化工程有了长足发展，与 1970 年相比，淡化厂的数量由屈指可数的几家简陋工厂发展到 2007 年的 30 家大型现代化工厂，产量一翻再翻，由 1970 年产量不足 1 亿立方米淡化水增加到 2007 年的年产量 10.66 亿立方米。

海水淡化工程一直是沙特阿拉伯基础设施建设的重点，沙特阿拉伯政府正拟投入巨资修建连接圣城麦加、度假胜地塔伊夫及阿西尔南部的输水管道。

表4-6　沙特阿拉伯淡化水产量

单位：万立方米

	2006 年		2007 年
	工厂数量	产量	产量
东海岸淡化厂	6	51790	53440
西海岸淡化厂	24	51510	53240
总　计	30	103300	106680

资料来源：SAMA，44th Annual Report，2008。

2. 地下水工程

原沙特阿拉伯农业水利部曾经在全国建立了若干大型自供水工程，通过汲取地下水为居民提供高质量的生活用水，其中最大的工程是利雅得和吉达的地下水项目。但是，该项目并没有覆盖沙特阿拉伯农村地区和贝都因居住区。而且，沙特阿拉伯地下水资源本就很有限，过度开采已经造成沙特阿拉伯很多地区的生态和环境的恶化。迫于生态和环境的压力，沙特阿拉伯已经放弃了小麦的自给政策并打算扩大淡化水的覆盖范围，并希望借此解决因地下水过度开采造成的生态和环境问题。

3. 水坝、水库工程

沙特阿拉伯政府非常重视修建水坝、水库，以便有效利用降雨及其他地表水资源。截至2007年，沙特阿拉伯全国已建成水库237座，总蓄水能力为8.63亿立方米。水库的建设部分满足了沙特阿拉伯日益增长的饮用水需求。目前，在建水库115座，预计总蓄水能力为13亿立方米，在建水坝中有7座属大型水坝，分别选址于希利峡谷、拉比格、马尔瓦尼和莱斯，沙特阿拉伯水电部还有46个水坝工程处于等待竞标状态。此外，为了能够最大化利用本国降水资源并提高地下水位，沙特阿拉伯水电部打算废弃几个水坝以支持全国综合性的水坝工程。

4. 污水净化项目

污水净化项目主要是净化污水并加以回收利用来为工农业生产提供所需淡水。沙特阿拉伯第一个污水净化厂建于利雅得，净化水产量为每日 22 万立方米，其中 20 万立方米净化水通过输水管道运往农业产区供应农业生产使用，另外 2 万立方米净化水则提供给当地工业企业。沙特阿拉伯正计划在盖西姆和达曼修建类似的污水净化厂。

经过多年的努力，沙特阿拉伯淡水产量有了迅速增长。2007 年，沙特阿拉伯日产淡水超过 239 亿立方米，其中一半来自海水淡化，40% 来自地下水，其余则来自地表水和污水净化。但沙特阿拉伯淡水资源紧张的状况因国内用水需求迅速增长而没有得到根本改观。沙特阿拉伯用水需求增长迅速，一方面是因为沙特阿拉伯较快的人口增长率（沙特阿拉伯年均人口增长率高达 2.5%）；另一方面是因为政府补贴致使水价过低（每立方米水价仅为 1 里亚尔），从而导致国内缺少节约用水的激励。从需求方面来看，农业是沙特阿拉伯的用水大户，2007 年，沙特阿拉伯农业消费淡水 209 亿立方米，约占用水总量的 87.4%；城市生活用水和工业用水的消费量分别为 22.7 亿立方米和 7.3 亿立方米，分别占总用水量的 9.5% 和 3.1%。

为了避免水务管理上权利的重叠，2001 年，沙特阿拉伯组建水利部，并将农业水利部（此后农业水利部改名为农业部）、城乡发展部及其他政府与水务相关的部门并入该部。新组建的沙特阿拉伯水利部负责监管沙特阿拉伯所有的水务问题，负责制定相应的法律法规。2003 年，该部并入新组建的沙特阿拉伯水电部。

沙特阿拉伯的供水也在积极谋求公司化的改革，以提高生产效率。2008 年初，沙特阿拉伯国家水务公司（The National Water Company）成立，该公司从沙特阿拉伯水电部手中接管了全国的供水业务，公司资产总额为 58.7 亿美元，沙特阿拉伯水电部同时宣

布，该公司将在 3 年内接管全国的供水业务。除了组建新的水务公司，2008 年 7 月沙特阿拉伯政府还准备对沙特阿拉伯淡化水公司（The Saline Water Conversion Corporation）进行私有化改制。

（二）供电

1974 年，沙特阿拉伯开始执行补贴国内用电的政策，并以低于发电成本的价格供应国内用电，这一政策一直延续至今。较低的用电价格和较高的人口增长率导致沙特阿拉伯成为中东地区用电需求增长最快的国家。沙特阿拉伯已有的供电能力很难满足日益增长的用电需求，从 2004 年开始，沙特阿拉伯发电总装机容量与高峰用电量一直存在缺口，因此即使像吉达这样的大城市，每年的 6～9 月的用电高峰期都会发生经常性的断电现象。沙特阿美石油公司（Saudi Aramco）为了摆脱对国家电网的依赖，独自建设了 5 个发电厂。2007 年，沙特阿拉伯总装机容量为 3.30 万兆瓦，沙特阿拉伯最大的电厂沙特电力公司（Saudi Electricity Company）生产了其中的绝大部分，其余电力则由沙特阿拉伯淡化水公司、朱拜勒和延布的公共事业公司以及私人电力公司提供。沙特阿拉伯水电部预计在 2023 年之前，国内用电需求年增长率将达到 4.5%，2030 年国内所需电量将达到 6 万兆瓦，是现有发电能力的 1 倍。为了使国内电力供应能够满足需求的增长，沙特阿拉伯每年需投入 45 亿美元用于电力建设。

表 4－7　沙特阿拉伯电力概况

	2003 年	2004 年	2005 年	2006 年	2007 年
总装机容量（兆瓦）	27018	27711	29051	30668	32955
高峰用电量（兆瓦）	26272	27847	29913	31240	33583
电力用户（千户）	4247	4492	4727	4956	5182
年售出电量（百万千瓦时）	142194	144385	153284	163151	169303

资料来源：SAMA, 44th Annual Report, 2008。

沙特阿拉伯的电力生产和配送基本由沙特电力公司垄断。近几年，沙特阿拉伯政府逐渐放开本国的电力部门，积极引进私人资本和外资，以弥补本国电力部门投资的不足。为了发展本国电力部门，沙特阿拉伯采取了一系列措施。

1. 独立水电项目

2002 年 7 月，沙特阿拉伯最高经济委员会通过决议，允许私人资本参与兆瓦级别的综合性的独立水电项目。沙特阿拉伯政府希望私营部门能提供该计划所需资金的 60%，其余资金则由公共投资基金（Public Investment Fund）和沙特电力公司分担。2004 年，沙特阿拉伯政府宣布在 2016 年前将投资 160 亿美元兴建 10 个独立水电项目，沙特电力公司已获批准修建其中的 6 个项目。这些项目绝大部分集中于沙特阿拉伯西部的红海沿岸地区。目前，在建和处于投标阶段的项目已有 4 个，装机总容量将达到 7000 兆瓦，日产淡化水为 6 亿加仑。

2. 独立电力项目

沙特电力公司表示，沙特阿拉伯在建 8000 兆瓦的装机容量中 5200 兆瓦将会来自独立电力项目，独立电力项目将能满足未来 10 年国内用电需求的 10%。独立电力项目是与淡化水工程分离的电力项目。该项目采取 BOO（投资—拥有—经营）形式，由沙特电力公司向当地承包商招标修建。目前，由沙特阿拉伯公司主导的重要的独立电力项目包括：拉比格（1200 兆瓦，2012年或 2013 年投入运行）、利雅得 – P11（2000 兆瓦，2013 年或 2014 年投入运行）、古里亚（Al – Qurayyah，2000 兆瓦，2014 年或 2015 年投入运行）。

3. 电网建设

2006 年，沙特阿拉伯仍有 10% 人口没有被国家电网覆盖。沙特阿拉伯政府计划投资修建 20000 公里的输电线，以组建覆盖全国的统一电网。除了重视国内电网建设，沙特阿拉伯还积极促

成本国电网与其他阿拉伯国家电网的并网，以期望在用电高峰期通过调整彼此电网供电量实现互惠双赢。海合会六国已达成协议，计划于 2010 年实现六国电网的并网。

4. 新能源开发

身为能源输出大国，沙特阿拉伯也并没有忽视本国新能源的开发与利用。2006 年，沙特阿拉伯授权国际电力集团在南部城市吉赞投资 3 亿美元修建垃圾发电厂，该项目计划于 2008 年 12 月投入运行。国际电力集团表示，该项目的日垃圾处理量为 180 吨，日发电量为 6 兆瓦，并可日产淡化水 25 万加仑。

第五节　交通与通信业

一　交通运输

沙特阿拉伯幅员辽阔，交通事业对其经济发展意义非比寻常。建国后，政府非常重视本国交通事业的发展，经过几十年的努力，沙特阿拉伯在交通建设方面取得了不俗的成绩，现已形成完善的水路、陆路、航空交通网。

1. 公路

沙特阿拉伯第一个五年计划就把公路列为首要发展的领域。沙特阿拉伯交通部的资料显示，截至 2007 年，沙特阿拉伯公路里程已达到 17.9 万公里，其中沥青公路为 5.2 万公里，主要公路包括连接沙特阿拉伯西部城市吉达、麦加、麦地那和东部省海湾油田及利雅得的环半岛公路；达曼至约旦边境的公路；连接塔伊夫、艾卜哈、吉赞的红海公路。1982 年，沙特阿拉伯政府还投资 12 亿美元修建了连接沙特阿拉伯和巴林的跨海公路大桥，并于 1986 年投入运行。近几年，为了满足经济发展对道路交通的需求，沙特阿拉伯政府还修建并改造了多条城际高速公路，建筑等级很高，均为 8 车道高速公路。

表 4 – 8 沙特阿拉伯公路里程

单位：公里

	2003 年	2004 年	2005 年	2006 年	2007 年
沥青公路	49525	51942	46511	50577	52123
主要公路	14162	14936	13822	15548	14368
二级公路	8739	11161	9011	9098	9007
支线公路	26624	25845	23678	25931	28748
农业公路	117237	118854	121137	123852	126823
总　　计	166762	170796	167648	174429	178946

资料来源：SAMA, 44th Annual Report, 2008。

随着城市的发展，沙特阿拉伯很多城市都出现了比较严重的交通堵塞现象，为了缓解市内交通压力以及改善城市环境质量，沙特阿拉伯很多城市都修建了绕城公路。像利雅得、吉达这样的大城市还修建了很多高架路和地下公路。

沙特阿拉伯政府非常重视国内公共交通的发展并于 1979 年组建了沙特阿拉伯公共运输公司。沙特阿拉伯公共运输公司一部分归政府所有，管辖有 1000 多辆公共汽车，提供廉价的市内及城际交通运输服务。此外，该公司还提供沙特阿拉伯至埃及、约旦、叙利亚、阿联酋、卡塔尔、巴林、科威特及土耳其等国的国际班车服务。2007 年，乘坐城际长途汽车的乘客达 130 万人次，比上年增长 7.4%，乘坐国际长途汽车的乘客达到 4.17 万人次，较上年增长 7.6%。

2. 铁路

沙特阿拉伯铁路是阿拉伯半岛存在的唯一的铁路系统。沙特阿拉伯国内的铁路运输主要由沙特阿拉伯铁路组织（Saudi

Railways Organisation）负责。根据该组织的统计，截至 2009 年底，沙特铁路里程总计为 1412 公里。主要铁路干线是两条连接达曼和利雅得的铁路，分别为 449 公里和 556 公里。2009 年，沙特铁路总共运送旅客 110.6 万人次，运输货物 361.1 万吨。

截至 2005 年，沙特阿拉伯铁路组织共有 59 台内燃机车，85 节客车车厢（包括 10 节一等包厢、2 节私家包厢、9 节餐车和 9 节行李车），2240 节货车车厢（其中 50% 是油罐车和大型集装箱运输车）。

沙特阿拉伯正在计划在其境内修建 4 条新铁路，总长约 2800 公里。第一条线路是吉达至利雅得的铁路，全长 950 公里，建成后与现有的利雅得至达曼铁路连接，这个方案可使吉达至利雅得之间的行车时间节省至少 5 个小时。第二条线是达曼至工业城朱拜勒铁路，全长 115 公里。这两条铁路被沙特阿拉伯称做"大陆桥工程"。第三条线是沙特阿拉伯国有矿产公司计划修建的从北部的磷酸盐矿和铝矾土矿分别至工业城朱拜勒共 1400 公里长的专线铁路。第四条是连接麦加、麦地那和吉达三城市的铁路线，主要为朝觐活动服务，总长为 385 公里。

3. 海运

为了支持本国的进出口贸易，沙特阿拉伯修建了很多现代化的海港，并已形成一定的海运能力。沙特阿拉伯现有 5 个重要的商业港、两个重要的工业港以及两个重要的油港，5 个商业港分别是吉达伊斯兰港、达曼阿卜杜勒·阿齐兹国王港、吉赞商业港、朱拜勒商业港和延布港。两个工业港分别是位于朱拜勒的法赫德国王工业港和位于延布的法赫德国王工业港。两个油港分别是坦努拉港和杜巴港。在海运方面，沙特阿拉伯国家航运有限公司已经成为世界重要的船运公司之一，不过，沙特阿拉伯现有的船运能力还不能满足本国的运力需求。

表 4 – 9　沙特阿拉伯主要海港运力（2007 年）

	货物吞吐量(千吨)	接待乘客	接待船只	码头数
吉达伊斯兰港	42158.2	603516	4850	58
达曼港	20943.4	0	2502	39
朱拜勒商业港	3546.2	0	445	16
朱拜勒工业港	40322.2	0	1483	23
延布商业港	1223.5	97552	206	9
延布工业港	31434.9	0	1396	23
吉赞港	633.2	0	71	12
杜巴港	564.9	772077	868	3
总　　　计	140826.5	1473145	11821	183

资料来源：SAMA, 44th Annual Report, 2008。

吉达伊斯兰港（Jeddah Islamic Port）

位于沙特阿拉伯西海岸中部，濒临红海的东侧，是沙特阿拉伯最大的集装箱港，又是圣城麦加的海上出入门户，距离麦加约70 公里。早在 17 世纪就作为朝圣者的集散港而兴盛起来，现为全国最重要的港口之一。主要运送的工业品有石油、汽车配件、钢铁、水泥、食用糖、地毯、陶器及日用百货等。港口距吉达机场约 35 公里。2007 年，该港的吞吐量约为 4216 万吨。

达曼阿卜杜勒·阿齐兹国王港（King Abdul Aziz Port at Al-Dammam）

位于沙特阿拉伯东北沿海，北邻坦努拉港，近巴林岛西北端，濒临波斯湾西侧，是沙特阿拉伯东部最大的港口。它是 20 世纪 40 年代随着石油工业的发展而兴起的港口，有公路和铁路通往首都和大油田中心。该港分东、西两个港区，东港有 22 个泊位，最大水深为 12 米，西港区有 20 个泊位，其中集装箱泊位有 7 个，最大水深达 14 米。该港主要出口货物为石油、石化产品等，进口货物主要有工业设备、车辆、水泥、粮食和百货等。

2007 年，该港的吞吐量约为 2094 万吨。

沙特阿拉伯国家航运有限公司 （National Shipping Co. of Saudi Arabia）

沙特阿拉伯国家航运有限公司创建于 1979 年，是沙特阿拉伯最大的船运公司，国有资本占其总资本的 28%，公司旗下有 11 艘巨型油轮，15 艘化学品液化船以及 4 艘多用途货轮。该公司在吉达、达曼、朱拜勒设有分公司，在迪拜、罗马、新泽西和孟买设有办事处。该公司还拥有总部位于百慕大从事液化石油气贸易和运输的派迪克（Petredec）公司 30.2% 的股份。

4. 管道运输

沙特阿拉伯是重要的石油生产国，为了提高本国石油产品的运输能力，降低运输成本，沙特阿拉伯政府非常重视管道运输的建设。截至 2003 年，沙特阿拉伯已建成原油管道 5063 公里、凝析油管道 212 公里、天然气管道 837 公里、液化石油气管道 1187 公里、成品油管道 69 公里。沙特阿拉伯原油主干运输管道一条是全长为 925 公里、日运输能力为 480 万桶的东－西原油运输管道，该管道主要用于向西部的炼油厂输送轻质或超轻质原油或是将原油沿红海直接出口到欧洲市场。

5. 航空运输

民航在连接辽阔的沙特阿拉伯各地、加强王国与外部世界的频繁接触中起着至关重要的作用。建国后，沙特阿拉伯航空运输业得到了迅速发展。截至 2007 年，沙特阿拉伯已拥有吉达、达曼、利雅得三个现代化的国际机场以及遍布全国的 23 个中小机场。据沙航统计，2007 年，沙特阿拉伯全国各机场总共接待乘客达 3900 万人次，接待班机 564248 架次，运送货物 515 万吨。沙特阿拉伯航空公司已成为阿拉伯地区规模最大的航空公司之一。

表 4 – 10　沙特阿拉伯机场运力

	2003 年	2004 年	2005 年	2006 年	2007 年
接待乘客(万人次)	3000	3200	3400	3600	3900
接待航班(万架次)	22.9	23.9	24.9	28.5	56.4
运送货物(万吨)	45.6	49.2	49.4	47.5	51.5

资料来源: SAMA, 44th Annual Report, 2008。

　　近些年沙特阿拉伯政府开始对本国航空业进行重组,希望通过私有化和引入竞争机制来提高行业效率。2006 年,沙特阿拉伯航空公司开始进行私有化改造,首先被私有化的是航空膳食服务公司。2007 年 8 月,沙特阿拉伯内阁大臣批准把策略性单位转为公司,同时已计划把地勤服务、技术支援服务、航空货运、航空膳食服务及苏尔坦王子民航学院(Prince Sultan Aviation Academy)列为股份公司的附属公司。除了对沙航进行私有化改革,沙特阿拉伯政府还积极为该行业注入竞争机制。沙特阿拉伯民航总局于 2006 年年底,授予萨马(Sama)航空公司和奈斯(Nas)航空公司沙特阿拉伯国内民航航线经营执照。2007 年 12 月,沙特阿拉伯王储苏尔坦亲王进而表示,沙特阿拉伯还将批准成立 4 家新的航空公司。

哈立德国王国际机场 (King Khalid International Airport)

　　哈立德国王国际机场建于 1983 年,位于首都利雅得以北 35 公里处,是沙特阿拉伯最重要的空中交通枢纽,由美国 HOK 建筑事务所(Hellmuth, Obata & Kassabaum)设计,候机楼的屋顶由许多三角形的球面构成。从平面组织到装饰图案,都具有明显的伊斯兰传统艺术风格。该机场共有 6 个航站楼:1 号航站楼用于接待国际航班;2 号航站楼用于接待是沙特阿拉伯航空公司的国际航班;3 号航站楼用于接待沙特阿拉伯国内航班;4 号航站楼已关闭,王室航站楼主要用于接待贵宾乘客、外国元首及沙特

王室成员。此外，还有一个专门用于接待私人飞机的航站楼。
2003 年，该机场接待航班 124516 架次，接待乘客 1413.8 万人
次。

阿卜杜勒·阿齐兹国王国际机场（King Abdul Aziz International Airport）

阿卜杜勒·阿齐兹国王国际机场建于 1980 年，位于吉达，
是世界上最为繁忙的机场之一，该机场共有 4 个航站楼：朝觐航
站楼（Hajj Terminal），是一个用帐篷搭建的室外的航站楼，主
要用于接待前往麦加朝圣者。每年朝觐期间，通过该机场进入麦
加的朝圣者超过两百万；南航站楼，用于接待沙特阿拉伯航空公
司的航班；北航站楼，用于接待其他航空公司的航班；王室航站
楼，主要用于接待贵宾乘客，外国元首及沙特王室成员。2003
年，该机场接待航班 72384 架次，接待乘客 1084.8 万人次。该
机场于 2006 年启动扩建工程，投资金额约 5 亿美元。

法赫德国王国际机场（King Fahd International Airport）

法赫德国王国际机场建于 1999 年，位于达曼附近，占地
780 平方公里，就其面积来讲，是世界上最大的机场。该机场主
要服务于达曼、宰赫兰、胡拜尔、盖提夫、拉斯坦努拉和朱拜
勒等城市。该机场拥有一个面积达 32.7 万平方米的巨型航站楼
及一个面积为 1.64 万平方米的王室航站楼。2004 年，该机场
接待航班 23776 架次，接待乘客 278.2 万人次，运送货物
48063 吨。

穆罕默德王子机场（Prince Mohammad Bin Abdulaziz Airport）

穆罕默德王子机场建于 1974 年，位于麦地那，是沙特阿拉
伯的第四大机场。该机场属于地区性机场，规模较小，仅有一个
候机楼和面积不大的停机坪。该机场主要接待国内航班以及往返
于开罗、大马士革和伊斯坦布尔等地区的国际航班。麦加朝觐期

间，该机场也用于接待承载朝觐客的国际航班。2004 年该机场接待乘客 159.2 万人次，其中朝觐客为 37.9 万人次，日均接待航班 20~25 架次。

沙特阿拉伯航空公司（Saudi Arabian Airlines）

沙特阿拉伯航空公司是国营航空公司，总部设在吉达。沙特阿拉伯航空公司于 1946 年 9 月正式成立，曾是阿拉伯地区规模最大的航空公司，但于 2006 年则退居第二位，仅次于阿联酋航空公司。沙航也是阿拉伯航空运输组织的成员。沙航目前拥有约 150 条国际航线。截至 2008 年 7 月，沙航拥有客机 92 架，货机 8 架，贵宾专用飞机 7 架，并已订购客机 70 架。2006 年，客运量大幅增加，达到 1786.78 万人次，创 60 年来最高纪录。但沙航平均机龄偏大，约为 12.8 年，其中部分现役飞机的机龄更已达 30 年或更长。

二 邮电通信

（一）邮政业

2002 年成立的国有沙特阿拉伯邮政集团（Saudi Post Corporation）通过其旗下由国有及私人邮局组成的覆盖全国的邮政网络为沙特阿拉伯私人、公司及政府单位提供国内外邮递、速递及其他邮政服务。沙特阿拉伯邮政网络主要由以下部分组成（截至 2007 年）：

（1）邮政局和邮政分局。至今，沙特阿拉伯全国已建有 470 个邮政局和 164 个邮政分局，这些邮局分布在各个城市，城镇以及大的行政村。

（2）速递邮政局。依照邮政业务的需求，全国建有 120 个速递邮政局。

（3）私人邮政局。由私人投资兴建的全功能的邮政局。目前共有 83 个私人邮政局。

（4）邮箱。

（5）移动邮政服务。移动邮政主要服务于沙特阿拉伯农村地区，现已覆盖 5665 个村镇。

2007 年，沙特阿拉伯邮政集团处理邮件达 8.53 亿件，其中信件占 99.7%，快递占 0.2%，其余则是包裹业务。

（二）通信业

长期以来，沙特阿拉伯的通信业一直由政府垄断，其主管部门是沙特阿拉伯通信和信息科技部，负责市场管理的是沙特阿拉伯通信和信息科技委员会，电信业的具体运营则由沙特阿拉伯电信公司负责。近年来，为进一步适应全球经济一体化形势，加快经济改革，引进市场竞争，打破行业垄断，沙特阿拉伯政府决定分步骤地开放国内通信市场。2002 年沙特阿拉伯政府开始向本地私人投资者出售沙特阿拉伯电信公司 30% 的股份。截至 2007 年，沙特阿拉伯通信与信息技术部已向两家移动通信公司和两家固定电话公司颁发了营业执照。实行改革后，沙特阿拉伯通信业发展非常迅速，2001 年沙特阿拉伯通信业产值还仅是 198 亿里亚尔，到 2007 年却猛增至 430 亿里亚尔，其中，移动通信业发展最为迅速，占 2007 年通信业总产值的 80%。

1. 固定电话

沙特阿拉伯固话业务一直为沙特阿拉伯电信公司所垄断，为改变固话业务一家独大的状态，提高固话服务质量，沙特阿拉伯通信与信息科技部于 2007 年为巴林电信公司（Batelco）发放了固话经营许可证。截至 2007 年底，沙特阿拉伯固定电话为 400 万线，其中家庭电话 290 万线，占总数的 73%。2007 年，沙特阿拉伯每百户家庭拥有固话 66.5 部，每百人拥有固话 16.3 部。2007 年，沙特阿拉伯固话总数较上年有所增加。但由于移动通信业务的迅速发展以及通话费用大幅下降，固话业务的私人需求呈下降趋势。2007 年，无论从家庭固话数量还是固话的家庭覆盖率来看，都较上一年有所下降。

2. 移动通信

沙特阿拉伯现有两家公司经营移动通信业务，一家是国家控股的沙特阿拉伯电信公司，另外一家是于 2004 年进驻沙特阿拉伯的阿联酋电信公司（Etisalat）的全资子公司莫比利（Mobily），2007 年科威特电信公司也以 61 亿美元的标的获得沙特阿拉伯移动通信业务的经营权。引入竞争机制后，得益于服务质量的提高和通话费用的降低，沙特阿拉伯移动通信业获得了迅速发展。2001 年，移动电话的覆盖率仅为 12%，移动电话数量仅为 250万部，2007 年却分别达到了 116% 和 2840 万部，年均增长率高达 46%。

3. 互联网

互联网在沙特阿拉伯出现于 1994 年，但当时仅在政府机构、医疗单位和科研单位内使用，未向普通百姓开放。1999 年1 月，沙特阿拉伯政府开始允许当地服务商经营互联网业务。近些年，由于政府对互联网的重视，宽带服务的增长以及电脑价格及网费的下降，沙特阿拉伯互联网服务业获得了迅速发展，互联网用户由 2001 年的 100 万人迅速增长到 2007 年的 640 万人，年均增长率为 36%，2007 年沙特阿拉伯互联网的覆盖率为26%。

自 2001 年沙特阿拉伯电信公司引进非对称数字用户线路（ADSL）以来，沙特阿拉伯宽带用户数量增长非常快，由 2001年的 1.4 万户，迅速增长到 2007 年的 62.3 万户。2003～2007年，年均增长率达到惊人的 126%。不过，因为沙特阿拉伯电信公司对非对称数字用户线路的垄断，宽带费用仍较昂贵。在沙特阿拉伯，如果要开通 1 兆的宽带包月业务，用户每月须在向网络服务商缴纳 200 里亚尔（约 54 美元）互联网服务费的同时还须向沙特阿拉伯电信公司缴纳每月 150 里亚尔（约 40 美元）

互联网线路使用费，用户支付的总网费差不多是其周边国家的两倍。昂贵的费用限制了沙特阿拉伯宽带业务的发展，与发达国家及周边国家相比，沙特阿拉伯的宽带覆盖率仍较低，仅仅覆盖了沙特阿拉伯2.5%的人口和10.3%的家庭。但是，随着新固话经营商的到来，沙特阿拉伯宽带服务将会获得更快的发展。

4. 卫星通信

卫星通信因为其及时传递信息的功能而被用于多个领域。沙特阿拉伯重视卫星通信事业的发展。2000～2007年，沙特阿拉伯总共将12颗卫星送入太空，全国现有7个地面卫星接收站，阿拉伯卫星通信组织总部和阿拉伯卫星一级调控中心均设在利雅得。吉达法赫德国王卫星通信城已是中东地区规模最大的地面卫星接收基地，该基地拥有4个地面接收站：其中两个与国际通信卫星机构（INTELSAT）连接；一个与阿拉伯卫星通信组织连接（ARABSAT）；还有一个与海事卫星通信机构（INMARSAT）连接，为所有的轮船、飞机及其他交通工具提供海上通信服务。

沙特电信公司（Saudi Telecom Company）是国有控股的上市公司，成立于1998年，并于2002年上市，上市后，沙特阿拉伯政府出售了沙特电信公司30%的股份。沙特电信公司还拥有以下公司的股份：印度尼西亚内川都（Natrindo）公司（51%），沙特阿拉伯特佳易（Tejari）公司（50%），沙特海底电缆公司（45.72%），阿拉伯卫星通信组织（36.66%），阿联酋奥杰尔电信（35%），科威特电信（26%），马来西亚明讯（Maxis）通信公司，以及印度阿里希尔（Aricel）通信公司（18%）。2008年，沙特电信公司还与英国曼联足球俱乐部签订5年的市场协议，作为协议的一部分，沙特阿拉伯电信的形象将会在曼联网站上和主要场馆内出现，每年还可派送70名沙特阿拉伯学生到曼联接受足球训练。沙特阿拉伯电信公司提供多种形式的移动通信、固话及网络服务，是沙特阿拉伯规模最大、提供服务最为全面的通信公司。

第六节　财政与金融

一　国家财政

石油是沙特阿拉伯的经济支柱，也是国家财政收入的主要来源。沙特阿拉伯国家财政收入中 75% ~ 85% 是来自石油及其相关产品的出口，石油收入的多少直接决定了沙特阿拉伯政府的财政状况。

20 世纪 70 年代的石油繁荣给沙特阿拉伯带来了丰厚的石油利润。随着政府收入的不断增加，沙特阿拉伯在前三个五年计划中，开始执行数额庞大的政府支出计划，1978 年，政府支出竟达到国民生产总值的 63%。这一时期，政府采取了减税、改善和修建基础设施、增加人民福利、扩充公共部门、提高公共部门工资等一系列旨在提高人民生活水平、刺激经济发展的政策，石油繁荣让沙特阿拉伯政府成为本国最重要的消费者、购买者、雇主和股东。

不过，沙特阿拉伯政府扩张性的财政政策并没有扩大其政府的收入来源。国家财政依然主要依靠石油收入，国际油价的波动和沙特阿拉伯过高的人口增长率，使得沙特阿拉伯政府在保持高额开支的同时，很难长期保持国家财政的盈余。1982 年，国际油价开始下滑，沙特阿拉伯政府预算也于 1983 年首次出现赤字。为了弥补财政预算赤字，沙特阿拉伯政府不得不大量缩减经济预算，压缩了一些非生产性项目的开支，取消并延缓了一些修建项目的投资，同时压缩政府部分开销，减少对居民的水电费用的补贴。直到 2000 年，在国际石油价格开始上涨之时，沙特阿拉伯政府才最终实现预算平衡。

2004 年开始的石油价格大幅上涨大大改善了沙特阿拉伯政府的财政状况。据英国经济学家情报社统计,2006 年,沙特阿拉伯政府财政盈余创历史新高,达到 749 亿美元,占国民生产总值的 21%。政府将大量盈余用于还债,1999 年,沙特阿拉伯公共债务总额还占国民生产总值的 118%,到 2006 年年底,该数字已降为 28%,约为 976 亿美元。

表 4 - 11　沙特阿拉伯国家财政状况

	2003 年	2004 年	2005 年	2006 年	2007 年
财政收入总计	2930.0	3922.9	5643.4	6736.8	6428.0
石油收入	2310.0	3300.0	5045.4	6044.7	5621.9
其他收入	620.0	622.9	598.0	692.1	806.1
财政支出总计	2570.0	2852.0	3464.7	3933.2	4662.5
经常项目支出	2235.3	2476.5	2841.7	3224.1	3472.0
资本项目支出	334.7	375.5	623.0	709.1	1190.5
财政盈余	360.0	1070.9	2178.7	2803.6	1765.5
财政盈余/国内生产总值(%)	4.5	11.4	18.4	21.0	12.3

资料来源:SAMA,44th Annual Report,2008。

2006 年和 2007 年,沙特阿拉伯预算中投资支出的比例都有大幅增长,经常项目支出也有所扩大。2000 ~ 2007 年,政府预算中资本支出占总支出的比例不断扩大,2000 年为 7.8%,到 2007 年已达到 25.5%,2007 年沙特阿拉伯资本支出主要投资于教育、卫生、公路、水利、城市和工业基础设施以及科技领域。从 2005 年开始,沙特阿拉伯政府批准将政府盈余用于发展项目和增加外汇储备。

沙特阿拉伯财政收入的主要来源是石油出口收入,随着世界石油价格的上涨以及低利率,2003 ~ 2007 年财政收支均保持盈

余，财政余额也逐年增加。2005～2007 年政府财政预算收入占
GDP 的比重都在 44% 以上，2008 年达到 53%。从 2006 年开始，
石油收入对沙特阿拉伯国内经济增长的影响逐步显现，并最终成
为支持财政收入的主要动力。随着财政收入和支出的增加，政府
财政支出对国内经济增长发挥更加重要的作用，取代石油增产项
目投资成为刺激国内经济发展的重要因素。政府将更多的财政资
源用于与国民生活密切相关的健康、教育、社会事务、市政服
务、水资源、医疗支出、道路及部分基础设施建设。

　　2005～2007 年，沙特阿拉伯公共债务维持在较稳定的水平，
而公共债务占 GDP 比重却在不断下降，2005 年公共债务占 GDP
的 44.3%，2007 年仅占 23.3%，2008 年下降到 16.1%。这主要
是因为 GDP 增长的缘故。

二　税收制度

　　沙特阿拉伯实行中央一级征税制度。在沙特阿拉伯，无
论是沙特阿拉伯人、外国人或是外国人和沙特阿拉伯
人合伙拥有的经营机构，每年必须到天课和所得税总局
（Department of Zakat and Income Tax）缴纳天课或所得税。在沙
特阿拉伯，只有不拥有沙特阿拉伯或海湾合作委员会国家国籍的
外国人、非沙特阿拉伯（以及海合会国家）公民拥有的公司、
合资公司中非沙特阿拉伯（以及海合会）公民所属份额需缴纳
所得税；而沙特阿拉伯（含海合会成员国）公民、沙特阿拉伯
（含海合会成员国）公民投资的公司以及合资公司中沙特阿拉伯
（含海合会成员国）公民所属份额则须缴纳天课而无须缴纳所得
税。

　　沙特阿拉伯新的所得税法和相关实施细则于 2004 年 7 月 30
日正式生效。这是沙特阿拉伯政府 50 年来第一次对本国税法进
行重大修改，也是沙特阿拉伯政府为适应当今世界经济发展，实

现国家收入多样化，积极吸引外国投资的一项重大举措。

沙特阿拉伯新所得税法的主要内容如下：

（1）所得税征收对象。在沙特阿拉伯设立的企业中非沙特阿拉伯籍合伙人的资本收入、在沙特阿拉伯从事商业活动的非沙特阿拉伯籍自然人、在沙特阿拉伯从事商业活动的非常驻人员、在沙特阿拉伯取得其他应缴税收入的非常驻人员、在石油和天然气领域工作的人员为所得税征收对象。

（2）征税税率。企业和个人所得税征税税率（不包括石油、天然气和碳氢化合物领域）为20%；在天然气领域投资人的所得税起征税率为30%，如内部收益率超过8%，将采取分段征税办法。在石油和碳氢化合物领域投资企业的收入税征税税率为85%。

（3）免征范围。纳税人在证券市场取得的收入根据有关法律不计入所得税征收范围。非商业活动的财产所得也不计入所得税征收范围。

（4）亏损弥补。企业发生年度亏损，可以用下一纳税年度的所得弥补；下一纳税年度的所得不足弥补的，可以逐年继续弥补。

（5）完税要求和相关规定时间。提交会计决算报表和交税时间为本财政年度结束后的120天之内。

（6）资产的修缮和改造。每年所消费的资产改造费用不得超过总消费4%，超出部分不予核销。

（7）对经营空运和国际船运业务的企业可采用估税缴纳方法。如果在沙特阿拉伯的外国航空公司、船运公司、空运公司和陆路运输公司的分公司不能提供准确的税务材料，沙特阿拉伯天课和所得税总局将根据其提供的分公司会计收入报告确定的总额经评估后征收5%的所得税。

（8）对纳税年度税款预缴和分期缴付的新规定。纳税人可以预缴税款，比例为上一年缴纳税款的25%，剩余税款可分3

阶段，分别在 6、9、12 月缴纳。年终根据会计决算报告汇算清缴，多退少补。

（9）税务检查。沙特阿拉伯天课和所得税总局有权对企业设立的从事生产经营的机构、场所的财务、会计和纳税情况进行检查；有权对企业的缴税情况进行检查。被检查的企业和负责人必须据实报告，并提供有关资料，不得拒绝或者隐瞒。对纳税人未按规定期限缴纳税款的，将进行相关处罚。如未按规定及时办理税务登记的，罚款 1000～10000 里亚尔或按未缴税款的 5%～20%处以罚款；迟交税款的，每延迟 30 天，按未交税款的 1%处以罚款。偷逃税款的，处以 25%的罚款。纳税人到期后，如仍不缴纳税款，沙特阿拉伯天课和所得税总局有权扣押、没收、转卖应纳税人的财产。

（10）纠纷解决方式。纳税企业或纳税人同税务总局在纳税上发生争议时，可在收到税务总局填发的纳税通知之日起 60 日内向税务总局申请复议。税务总局自收到复议申请之日起 60 日内提交由不少于 4 名专业人士组成的初步裁决委员会作出初步裁决。对初步裁决不服的，在缴纳税款或提交全额银行保函后，可再向不公正法庭起诉。

沙特阿拉伯实行低关税政策，2004 年，85%的商品条目的税率低于 5%，在进入世贸组织后进口关税进一步降低。但是，经济的迅速增长所带来的税收收入的增加，以及政府对石油公司征收石油及石油产品生产项目所得税和天然气项目所得税，将抵消低关税的影响，政府财政收支状况会继续保持稳定。

三　货币、金融

（一）概述

建国之初，沙特阿拉伯并没有自己的银行和金融系统。沙特阿拉伯政府仅是 1927 年发行过里亚尔银元，但国内交易依然主要依靠外国货币。石油资源得到开发后，沙特阿拉伯开始出现一些外资和内资银行，其业务主要是为进出口、商业贸易提供短期贷款，并为朝觐客服务。到 20 世纪 50 年代，沙特阿拉伯政府开支随着石油收入的增长不断扩大，沙特阿拉伯国王伊本·沙特认为依靠外国银行给政府筹资带来很多不便，于是决定创建本国的金融系统。1952 年，沙特阿拉伯货币局（Saudi Arabian Monetary Agency）在美国的技术支持下成立并开始行使中央银行的职能。沙特阿拉伯货币机构成立以后，于 1953 年开始发行本国货币，并积极推动本国银行体系的建立。1953 年，沙特阿拉伯第一家银行沙特阿拉伯国民商业银行成立。至此，沙特阿拉伯才拥有自己的货币和金融系统。1976 年，沙特阿拉伯银行业开始实行本土化战略，沙特阿拉伯政府规定外资银行必须将 60% 的股份出售给沙特阿拉伯政府和人民，随后，一系列外资银行经过重组成立，其中包括沙特美国银行、沙特法兰西银行、沙特英国银行等。

沙特阿拉伯是伊斯兰国家，其金融业受到沙里亚伊斯兰教法的约束。但是，沙特阿拉伯金融机构的实际操作与西方国家并无差异。不过，伊斯兰金融机构在 80 年代开始出现并不断发展壮大，现已成为传统金融机构的重要补充。

沙特阿拉伯金融业从无到有，发展非常迅速，现已形成包括银行业、保险业、资本市场在内的完善的金融体系，国内金融法律完备，功能齐全。2005 年，沙特阿拉伯正式加入世界贸易组织，随后，沙特阿拉伯也加快了国内金融业对外资的开放程度。目前，沙特阿拉伯已有 10 家海湾国家及其他国家的银行在沙特阿拉伯开展银行业务，不过规模都比较小。沙特阿拉伯于 2003 年颁布了《资本市场法》，该法要求所有银行都需要分离其投资银行业务，银行开设该项业务需要单独向资本市场局（Capital Market Authority）申请。至今，该局已发放若干投行经营执照，这些执照大多发放给由外资银行和沙特阿拉伯本地合作方联合组建的投资机构。沙特阿拉伯金融业的另一项改革是废除了国家联合行动保险公司（National Company for Cooperative Insurance）对国内保险业的垄断。沙特阿拉伯货币机构已向很多新成立的保险公司发放了经营执照。这些新成立的保险公司已于 2007 年按照沙特阿拉伯法律的要求首次公开募股上市。

沙特阿拉伯货币局（SAMA）：

沙特阿拉伯货币机构成立于 1952 年，是沙特阿拉伯的中央银行。现任主席为哈马德·萨亚里。货币机构的主要职能包括：发行货币（包括纸币和硬币）、管理公共债务、保持物价及汇率稳定、管理外汇储备、监管商业银行、管理金融市场（包括证券市场）、确保本国金融体系的稳定和发展。同时，沙特阿拉伯货币机构还是沙特阿拉伯的投资机构，负责管理沙特阿拉伯在海外的资产。

沙特阿拉伯货币机构的工作重点在不同时期有所不同。机构组建之初的任务是实行货币改革和推动银行业的发展；1960～1972 年，沙特阿拉伯货币局的主要任务是促成里亚尔可兑换性的银行业法规的制定；1973～1982 年，机构的主要任务是控制"石油繁荣"时期的通胀，管理外汇储备及实施外资银行分支机构的沙特阿拉伯化；80 年代中期以后，机构的首要工作则是推动金融市场的改革以及帮助政府解决债务问题。

（二）货币和汇率

沙特阿拉伯货币主币为沙特里亚尔（Riyal），辅币为哈拉拉（halala），1 里亚尔 = 100 哈拉拉。沙特阿拉伯于 2007 年发行了第 5 套货币，主币里亚尔币值种类分别为：1 里亚尔、5 里亚尔、10 里亚尔、50 里亚尔、100 里亚尔和 500 里亚尔，辅币哈拉拉的币值为 50 哈拉拉。

沙特阿拉伯实行外币自由兑换制度，政府不对外汇交易实行管制。1986 年 6 月，沙特阿拉伯政府正式宣布将沙特阿拉伯里亚尔盯住国际货币基金组织的特别提款权（SDRs）。不过，沙特阿拉伯里亚尔在实际上同美元保持固定汇率，沙特阿拉伯里亚尔与美元的兑换比例为 3.75∶1，这一汇率一直持续至今，保持有 20 多年。2003 年 1 月 1 日，沙特阿拉伯政府正式宣布这一汇率为沙特阿拉伯官方汇率。

不过，沙特阿拉伯里亚尔与美元的实际汇率还是与官方汇率有所差异。2007 年 9 月，由于沙特阿拉伯未跟随美国实行降息政策导致沙特阿拉伯里亚尔升值，第三季度沙特阿拉伯里亚尔对美元的比例达到 3.70∶1，为 20 多年来的最高水平。不过第四季度，由于沙特阿拉伯政府采取购买美元的冲销行为，重新推动真实汇率回归于官方汇率。

（三）银行业

沙特阿拉伯金融业比较发达，银行业对外开放度较高。截至 2007 年，共有 18 家银行在沙特阿拉伯开展业务，其中包括科威特国民银行、德意志银行、马斯喀特银行、巴林国民银行等外资银行。2007 年，沙特阿拉伯银行及其分支机构总数达到 1353 家，其中中部地区为 460 家、西部地区 361 家、东部地区 242 家、南部地区为 160 家、北部地区为 130 家。

2003 ~ 2007 年，沙特阿拉伯经济形势良好，政府实行的扩张性财政政策以及私人信贷业务的增长推动沙特阿拉伯银行业的快速发展。沙特阿拉伯银行的资产总额从 2003 年的 5452 亿里亚尔迅速增长到 2007 年的 10752 亿里亚尔。

2007 年，沙特阿拉伯银行存款总额为 7176 亿里亚尔，同比增长 21.4%；贷款总额达到 7609 亿里亚尔，同比增长 19.8%。值得注意的是，沙特阿拉伯个人消费贷款业务发展迅速，沙特阿拉伯个人消费贷款总额从 2001 年底的 348 亿里亚尔迅速增长到 2007 年底的 1826 亿里亚尔。

2007 年，沙特阿拉伯本国银行海外资产和负债也有所增加，分别达到 1477 亿里亚尔和 1052 亿里亚尔，分别较上年增长 42% 和 77.7%。由于负债增长速度快于资产的增长速度，沙特阿拉伯银行在海外的净资产有所下降，2007 年为 425 亿里亚尔，比上年下降 39.8%。

据沙特阿拉伯货币局统计，2006 年，沙特阿拉伯银行的净利润为 346 亿里亚尔，比上年增长 35.5%。2007 年，沙特阿拉伯银行净利润下降 43 亿里亚尔，为 303 亿里亚尔。

表 4－12　沙特阿拉伯商业银行概况

单位：亿里亚尔

	2003 年	2004 年	2005 年	2006 年	2007 年
资产总额	5452	6554	7591	8611	10752
存款总额	3620	4360	4894	5913	7176
信贷总额	—	—	5959	6351	7609
消费信贷总额	733	1153	1809	1807	1826
信用卡贷款	26	33	43	73	89
本国银行海外净资产	—	—	—	706	425

资料来源：SAMA, 44th Annual Report, 2008。

此外，由沙特阿拉伯本国银行开设的伊斯兰债券（sukuk）业务也获得了较快发展，2007 年底，其数额达到 30 亿里亚尔，同比增长 252.1%。

沙特阿拉伯有以下主要银行。

国民商业银行（National Commercial Bank）　成立于 1953 年，注册资本 300 万里亚尔，是沙特阿拉伯第一家国有银行。1997 年，国民商业银行重组上市。1999 年，沙特阿拉伯政府通过财政部的公共投资基金收购了国民商业银行的多数股份。国民商业银行是中东最大的银行，其资本金为 16 亿美元，2005 年，银行利润为 133 亿美元。截至 2005 年底，国民商业银行在全国共有 261 个分支机构（其中 243 个提供伊斯兰银行业务），在贝鲁特和巴林设有分行，在伦敦、首尔、东京和新加坡设有办事处。

利雅得银行（Riyadh Bank） 成立于 1957 年，注册资本 500 万里亚尔，是沙特阿拉伯最重要的商业银行之一。2007 年，利雅得银行本金达 132 亿里亚尔，资产总额为 1210 亿里亚尔，存款总额为 843 亿里亚尔，贷款总额为 673 亿里亚尔。该行在全国有 300 个分支机构，并设有 1560 台自动提款机。2007 年，该行净利润为 30 亿里亚尔。

阿拉伯国民银行（Arab National Bank） 成立于 1979 年，资本金为 17.3 亿美元，雇员 3532 人，位列中东十大银行之一。该行在全国设有 143 个分行并于 1991 年在伦敦设立一个海外分行。2007 年，该行净利润为 6.56 亿美元。

沙特英国银行（Saudi British Bank） 成立于 1978 年，汇丰集团占 40% 的股权。由于沙特英国银行只是汇丰的联营银行，所以并未使用汇丰品牌。2007 年，该行资本金为 60 亿里亚尔，资产总额为 982 亿里亚尔，实现利润 26 亿里亚尔。截至 2007 年，该行在全国设有 75 个分支机构，其中包括 12 个女士银行，雇员 2865 人。该行主要经营商业银行、投资银行及伊斯兰银行业务。

沙特美国银行（Saudi American Bank） 1980 年，沙特阿拉伯政府接管花旗银行在沙特阿拉伯的 10 个分支机构并组建了沙特美国银行，花旗银行占该行 40% 股份（截至 2003 年，花旗集团已售出该行全部股份）。1999 年，沙特美国银行与联合沙特银行合并并保留沙特美国银行的名称。2006 年，该行总资产为 1240 亿里亚尔，实现利润 72.7 亿里亚尔。

沙特法兰西银行（Banque Saudi Fransi） 成立于 1977 年，

法国农业信贷银行旗下的克莱因银行占其股份的 31.1%。该行总部设在利雅得，全国拥有 3 个地区分行和 75 个支行以及 321 台自动提款机。2007 年，该行存款总额为 740 亿里亚尔，信贷总额 511 亿里亚尔，实现净利润 27.11 亿里亚尔。

沙特荷兰银行（Saudi Hollandi Bank） 成立于 1976 年，注册资本为 4.2 亿里亚尔，其前身是由荷兰人在沙特阿拉伯创办的最早的银行，荷兰最大的银行荷兰银行（ABN AMRO）拥有其 40% 股份。2007 年 10 月，荷银被并购，沙特荷兰银行 40% 的股份也被转入由苏格兰王家银行、西班牙国家银行和富通银行组成的财团。2007 年，该行雇员为 1737 人，在全国设有 43 个分支机构和 188 台自动提款机。截至 2008 年，该行总资产为 584 亿里亚尔，总负债为 533 亿里亚尔，2008 年第 1 季度实现纯利润 6.09 亿里亚尔。

贾齐拉银行（Bank of Al-Jazira） 成立于 1975 年，是沙特阿拉伯重要的伊斯兰银行。2007 年，该行资本金为 46.8 亿里亚尔，资产总额 215.6 亿里亚尔，净利润 8.1 亿里亚尔。该行在全国设有 24 个分支机构和 267 台自动提款机。

沙特投资银行（Saudi Investment Bank） 成立于 1977 年，主要从事商业银行和投资银行业务。2006 年总资产为 40.8 亿里亚尔，净收入为 20.06 亿里亚尔。

（四）保险业

沙特阿拉伯良好的经济形势，以及交通和医疗两项强制保险的推行给沙特阿拉伯保险业的发展创造了良好的条件。2007 年，沙特阿拉伯共有 42 家公司经营保险业务，但 2003 年颁布的《合作保险法》规定，从 2008 年 4 月 9 日开始，保险公司必须获得沙特阿拉伯货币局授权的经营执照才可经营保险业务，但在办理执照期间，可获得 2~6 个月的宽限期。截至 2008 年第一季度，沙特阿拉伯共有 13 家保险公司获得沙特阿拉伯货币局颁发的从业执照，其中大多具有外资背景。

2007 年，沙特阿拉伯总承保保费达到 85.8 亿里亚尔，比上年增长 24%，医疗保险占其中的 36%，保费金额为 30.65 亿里亚尔；其次为交通保险，保费金额为 24.4 亿里亚尔，占总数的 28%。总体来看，强制保险是沙特阿拉伯保费的主要来源，占保费总金额的 64%。

2007 年，沙特阿拉伯的净承保保费达到 55.44 亿里亚尔，保费结构与总保费结构类似，其中，医疗保险占总额的 43%，交通保险占总额的 41%，这两项强制保险的总和占保险总额的 84%，其中增长最快的是储蓄保险，增长速度达到了 74%。

2007 年，沙特阿拉伯的保险深度（总保费与国内生产总值的比率）为 0.61%，保险密度（人均保费数）为 354 里亚尔，比 2006 年的 293 里亚尔提高 21%。

2007 年，沙特阿拉伯的留存比率（净承保保费与总承保保费的比率）为 64.6%，比率较高是因为沙特阿拉伯强制性的交通保险和医疗保险构成保费的 65%，而这两个险种留存比率都比较高，2007 年两者分别达到 94% 和 78%，除去两大险种，其他险种的留存比例比较低，仅为 21%。

2007 年，沙特阿拉伯保险业佣金总金额为 5.76 亿里亚尔，比 2006 年的 4.4 亿里亚尔上升 31%，其中交保佣金总额为 2.3 亿里亚尔，约占总数的一半，能源保险佣金总额增长最为迅速，2006~2007 年，增长率达到 239%。

2007 年，沙特阿拉伯保险业理赔总额达到 40.6 亿里亚尔，较 2006 年的 30.4 亿里亚尔增长 34%，医疗险和交通险分别构成理赔总额的 74% 和 77%。2007 年，理赔额增长速度最快的是医疗保险，2007 年为 1.9 亿里亚尔，较上一年度增长 53%。

《合作保险法》规定，只有资本金大于 1 亿里亚尔的保险公司才可以在沙特阿拉伯经营保险业务，只有资本金大于 2 亿里亚尔的保险公司才可以经营再保险业务。不过，2007 年，沙特阿拉伯 42 家保险公司大都比较小，资本金小于 1 亿里亚尔的有 35 家，资本金大于 2 亿里亚尔的仅有两家。

表 4 - 13 沙特阿拉伯保险业概况

	2005 年	2006 年	2007 年
承保保费总值（亿里亚尔）	51.5	69.4	85.8
承保保费净总值（亿里亚尔）	31.7	43.5	55.44
保险深度（%）	0.44	0.55	0.61
保险密度（里亚尔）	223	293	354
留存比率（%）	60.9	62.4	64.6
佣金总金额（亿里亚尔）	3.6	4.4	5.76
理赔总额（亿里亚尔）	25.5	30.4	40.6

资料来源：SAMA/Insurance Supervision Department, The Saudi Insurance Market Survey Report, 2007。

合作保险公司（The Company for Cooperative Insurance） 成立于 1986 年，其前身是曾经垄断沙特阿拉伯保险业的国民合作保险公司（National Company for Cooperative Insurance），合作保险公司于 2004 年重组上市，资本金为 5 亿里亚尔。《合作保险法》出台后，该公司是第一家取得保险业从业执照的保险公司，公司主要经营保险和再保险业务，主保险种为：交通险、海事险、火险、医疗险、工程险、航空险、意外险及伊斯兰保险业务。目前，合作保险公司是沙特阿拉伯规模最大的保险公司，截至 2007 年底，公司资本金为 18.5 亿里亚尔，资产总额为 53.1 亿里亚尔，总承保保费 19.1 亿里亚尔，实现净利润 5.3 亿里亚尔。

（五）资本市场

沙特阿拉伯资本市场的监管机构是沙特阿拉伯资本市场局

（Capital Market Authority），该机构基于 2003 年出台的《资本市场法》组建，拥有独立的行政执法权，直接对首相负责。该机构的主要职能是负责资本市场的立法工作，促进有价证券交易的公正、流畅、透明，防范资本市场出现欺诈、非法操作及内部交易等伤害投资者的行为以及监管资本市场经营机构等。

沙特阿拉伯资本市场发展迅速，截至 2007 年底，沙特阿拉伯共有经纪公司和咨询公司 68 家，其中经纪公司 21 家，咨询公司 47 家。沙特阿拉伯资本市场各项指标均表现良好，截至 2007 年底，Tadawul 综合指数达到 11175.96 点，较上年上涨 40.87%；商业银行当年购买政府债券 1442 亿里亚尔，较上年增加 16.9%；专门信贷机构拨放贷款 165 亿里亚尔，同比增加 62%。

表 4 - 14　沙特阿拉伯资本市场概况

	2003 年	2004 年	2005 年	2006 年	2007 年
Tadawul 综指（1985 = 1000）	4437.6	8206.2	16712.6	7933.3	11175.96
投资基金总值（亿里亚尔）	539	603	1370	841	1051
商业银行投资政府债券（亿里亚尔）	1507	1469	1278	1233	1442
专业信贷机构贷款（亿里亚尔）	61	55	87	102	165

资料来源：SAMA，44th Annual Report，2008。

1. 证券市场

20 世纪 30 年代，沙特阿拉伯就已出现最初的证券交易，到 70 年代，随着石油繁荣和外资银行的沙特阿拉伯化，证券市场得到了迅速发展。不过沙特阿拉伯的证券市场一度处于无序状态，直到 1984 年，沙特阿拉伯才成立由财政和国民经济部、商业部、货币机构组成的经济委员会负责国内证券市场的机制建设和立法工作。此后，沙特阿拉伯货币局一直是国内证券市场的监管机构，直到 2003 年，才将此职能移交给新成立的资本市场局。

2001 年，沙特阿拉伯政府采用新型股票交易系统 Tadawul 交易系统，以取代 1990 年投入运行的电子证券信息系统（Electronic Securities Information System）。2007 年 3 月 Tadawul 公司成立，Tadawul 是沙特阿拉伯唯一的证券交易所，位列全球第 11 位，截至 2007 年底，沙特阿拉伯 Tadawul 综合指数（TASI）为 11175.96 点，市值为 19463.5 亿里亚尔，2007 年，该所股票交易量为 685.2 亿股，交易金额为 25577.1 亿里亚尔，截至 2008 年第 1 季度，共有上市公司 115 家，该所交易时间为当地时间上午 11:00 到下午 3:30。

表 4 - 15　沙特阿拉伯股票市场概况

	2003 年	2004 年	2005 年	2006 年	2007 年
Tadawul 综指(1985 = 1000)	4437.6	8206.2	16712.6	7933.3	11175.96
成交量(亿股)	55.7	103.0	122.8	578.3	685.2
成交金额(亿里亚尔)	5965.1	17738.6	41387.0	52618.5	25577.1
市值(亿里亚尔)	5900	11490	24380	12260	19463.5

资料来源：SAMA, Forty Fourth Annual Report, 2008。

沙特阿拉伯证券市场将上市公司分为银行、工业、水泥、服务业、电力、电信、保险业和农业 8 大板块。以市值来看，工业板块市值最大，2007 年市值为 5883 亿里亚尔，占总市值的 38.8%，其次是银行业和服务业，分别占总市值的 30.0% 和 11.6%。从成交金额来看，2007 年工业板块的成交金额为 9347 亿里亚尔，占总成交金额的 36.5%，紧随其后的是服务业和农业，分别占成交总金额的 32.5% 和 14.8%。

表4-16　沙特阿拉伯股票市场产业构成（2007年）

	银行业	工业	水泥	服务业	电力	电信	保险	农业
成交量（亿股）	15.4	211.1	5.0	213.6	220.5	5.4	252.8	80.2
占比（%）	2.7	36.5	0.9	36.9	3.8	1.0	4.4	13.9
成交金额（亿里亚尔）	1129	9347	377	8317	295	381	1949	3783
占比（%）	4.4	36.5	1.5	32.5	1.2	1.5	7.6	14.8
总市值（亿里亚尔）	5833	7549	750	2263	615	2043	310	101
占比（%）	30.0	38.8	3.9	11.6	3.2	10.5	1.6	0.5

资料来源：SAMA, 44th Annual Report, 2008。

2. 政府有价证券

沙特阿拉伯政府有价证券分为两种：政府发展债券（Government Development Bonds）和国库券（Treasury bills）。沙特阿拉伯政府发展债券建于1988年，当年6月由沙特阿拉伯财政部发行并通过货币局发售。政府发展债券是期限为2~5年不等的付息债券，每周六由沙特阿拉伯货币局与国内商业银行及其他金融机构进行交易。沙特阿拉伯政府债券允许沙特阿拉伯国民和非沙特阿拉伯国民通过国内银行进行购买。货币局与国内银行安排有回购协议，规定市场经营者可以回购拥有债券总数的25%，非市场经营者可以回购拥有债券的10%。截至2007年，沙特阿拉伯12家国内银行中的9家已成为政府发展债券的市场经营者。

沙特阿拉伯国库券于1991年11月推出，以替代1984年推出的银行抵押存款账户（Bankers' Security Deposit Accounts）。沙特阿拉伯国库券分为短期国库券和一年期国库券两类，短期国库券由沙特阿拉伯货币局于每周一与银行进行交易，一年期国库券则在每个月的最后一个周二进行交易。沙特阿拉伯政府对国库券的投资人没有任何限制。为了增加国库券的流动性，沙特阿拉伯货币局与银行安排有国库券回购协议，银行最多可回购持有国库券总数的 70%。沙特阿拉伯银行也可向外销售国库券。

沙特阿拉伯政府有价证券的二级市场也已建立，可通过货币局进行交易。2007 年，沙特阿拉伯银行持有政府有价证券 1442 亿里亚尔，较上年增加 17.1%，其中政府发展债券数额为 1274 亿里亚尔，占总数的 88.3%。

表 4-17　沙特阿拉伯政府有价证券概况

单位：亿里亚尔

	2003 年	2004 年	2005 年	2006 年	2007 年
政府债券	1505.5	1463.9	1270.9	1141.2	1274.3
国 库 券	1.8	2.7	7.2	91.3	167.5
总　　计	1507.3	1466.6	1278.1	1232.5	1441.8

资料来源：SAMA, 44th Annual Report, 2008。

3. 投资基金

沙特阿拉伯的投资基金始于 1979 年底，当年 12 月，沙特阿拉伯国民银行设立了"短期美元基金"。为了规范国内投资基金的运作，沙特阿拉伯政府于 1993 年颁布了《投资基金管理条例》。沙特阿拉伯民间资本丰富，2007 年，沙特阿拉伯共有各类投资基金 252 个，均由各银行经营，管理的资金总额为 1051 亿里亚尔，合 280 亿美元，其中沙国内投资占 75.8%，国外占 24.2%。投资人共 41.3 万人。上述资金中投资本地和国外股市的占 58.5%，投资于本地和国外证券市场的占 0.8%，投资于本地和国外货币市场的占 31.3%，其他投资占 9.4%。

表4–18　沙特阿拉伯投资资金概况

	2003 年	2004 年	2005 年	2006 年	2007 年
投资基金总值（亿里亚尔）	538.7	603.2	1369.7	841.1	1051.0
国内股票（亿里亚尔）	48.4	145.7	894.4	319.6	452.1
国外股票（亿里亚尔）	76.4	84.6	146.7	155.8	168.1
国内债券（亿里亚尔）	0.1	0.3	0.2	16.8	5.3
国外债券（亿里亚尔）	1.3	1.3	0.8	1.7	2.6
国内货币市场（亿里亚尔）	153.6	103.8	65.0	239.5	293.6
国外货币市场（亿里亚尔）	31.1	22.8	16.1	35.1	35.2
其他国内资产（亿里亚尔）	170.1	195.1	197.0	37.5	46.1
其他国外资产（亿里亚尔）	57.7	49.6	49.6	35.0	48.0
基金数量（个）	170	188	199	214	252
投资人数量（人）	172197	198357	568284	499968	426085

资料来源：SAMA，44th Annual Report，2008。

4. 专业信贷机构

为了促进本国经济发展，沙特阿拉伯政府设立了一些专业信贷机构，这些信贷机构的主要任务是向对国民经济十分重要的特定部门，包括农业、工业、房地产，以及向专业性企业和小型企业提供长期贷款。截至 2007 年，这些专业信贷机构的资产总额已达 3198 亿里亚尔，较上年增长 17%，2007 年，专业信贷机构实际发放贷款总额为 165 亿里亚尔，较上年增长 62.0%，收回贷款总额为 71 亿里亚尔，较上年增长 19.2%。截至 2007 年底，专业信贷机构未收回贷款总额为 1335 亿里亚尔，较上年增长 8.0%。

沙特阿拉伯主要的专业贷款机构有：

沙特阿拉伯农业银行（Saudi Arabian Agricultural Bank） 于 1965 年正式投入运营，是为全国各种农业活动提供财政支持的政府信贷机构。该行职能是：通过为农民购买农业机械、水泵、牲畜等提供软贷款以支持农业发展，促进农业效率的提高和农业现代化。该行资本金为 108.39 亿里亚尔。2007 年，该行发放贷款 6.65 亿里亚尔，收回贷款 6.84 亿里亚尔。截至 2007 年底，该行未收回贷款总计为 94.32 亿里亚尔。

表 4-19　沙特阿拉伯专业信贷机构概况

单位：亿里亚尔

	2003 年	2004 年	2005 年	2006 年	2007 年
资产总额	2211.7	2220.4	2415.6	2734.2	3197.9
负债总额	2211.7	2220.4	2415.6	2734.2	3197.9
未偿贷款总计	1299.9	1190.9	1209.5	1254.6	1355.5
当年发放贷款	61.0	54.9	87.2	101.9	165.1
当年收回贷款	50.1	163.4	67.6	59.2	70.6
当年净贷款	10.9	-108.5	19.6	42.7	94.5

资料来源：SAMA，44th Annual Report，2008。

沙特信贷银行（Saudi Credit Bank） 成立于 1971 年，该行资本金为 95.9 亿里亚尔，专门为本国经济能力有限的公民提供无息贷款，该行对贷款人贷款资格有很严格的要求：确实需要贷款、年收入不超过 3.6 万里亚尔、没有沙特信贷银行的贷款、并须遵守信贷银行的特殊条款，并且每笔贷款的金额都不超过 2 万里亚尔。该行主要提供婚姻贷款、房屋维修贷款、家庭贷款（应付基本生活开支）、职业贷款等。2007 年，该行发放贷款 10.40 亿里亚尔，收回贷款 5.54 亿里亚尔，净贷款 4.86 亿里亚尔。截至 2007 年底，该行未收回贷款总计为 17.99 亿里亚尔。

公共投资基金（Public Investment Fund） 成立于 1971 年，主要是为企业因资金或者经验不足难以独立投资的，对国家发展至关重要的商业项目和生产项目提供金融支持。2002 年起，该基金开始与相关部委协作促进本国的私有化进程，2006 年，基

金资本金增至 200 亿里亚尔。2007 年，该行发放贷款 70.06 亿里亚尔，收回贷款 22.56 亿里亚尔，净贷款 47.5 亿里亚尔。截至 2007 年底，该行未收回贷款总计为 225.67 亿里亚尔。

沙特工业发展基金（Saudi Industrial Development Fund） 成立于 1974 年。2005 年，资本金为 200 亿里亚尔。基金旨在为本国工业的基础建设提供支持，其职能主要是向私人工业项目提供中长期软贷款及管理、金融、技术、营销服务。基金可以为符合要求的企业发放最长为 15 年，最多为项目所需资金 50% 的贷款。2007 年，该行发放贷款 42.44 亿里亚尔，收回贷款 15.25 亿里亚尔，净贷款 27.19 亿里亚尔。截至 2007 年底，该行未收回贷款总计为 138.57 亿里亚尔。

房地产发展基金（The Real Estate Development Fund） 1976 年正式投入运行，基金主要是为沙特阿拉伯公民建造房屋提供贷款服务，基金最初资本金为 2.5 亿里亚尔，随后追加到 827.69 亿里亚尔。2007 年，该行发放贷款 35.58 亿里亚尔，收回贷款 20.39 亿里亚尔，净贷款 15.19 亿里亚尔。截至 2007 年底，该行未收回贷款总计为 733.93 亿里亚尔。

第七节　对外经济关系

一　对外贸易

石油是沙特阿拉伯最重要的出口商品，国际油价和本国石油产量的波动直接影响到沙特阿拉伯的贸易平衡。1981 年，由于石油价格的大幅上涨，沙特阿拉伯出口贸易为 1134 亿美元，当年位居全球第 4 位，占世界出口总额的 5.73%，同年进口贸易总额近 300 亿美元，位居世界第 10 位，并且当年实现 800 多亿美元的巨额贸易盈余。而到 1982 年，国际油价开始回落时，沙特阿拉伯的进出口贸易总额和贸易盈余也开始萎缩，不过却一直处于盈余状态。90 年代，随着国际油价的复苏，沙特阿拉伯的贸易条件有所改善。只是在 1999 年，东南亚经济危机导致油价暂时暴跌，沙特阿拉伯的当年贸易盈余仅为 88 亿美元，创造了沙特阿拉伯"石油繁荣"之后的最低水平。2002 ~ 2008 年，得益于国际油价的不断上涨，沙特阿拉伯的进出口贸易也随之迅速扩大。国际货币基金组织资料显示，2008 年沙特阿拉伯进出口总额达到 4149.3 亿美元，同比增长 31.3%，出口额为 3134.8 亿美元，同比增长 34.4%，进口额为 1014.5 亿美元，同比增长 22.8%。2008 年，沙特阿拉伯商品贸易余额和经常项目余额分别为 2120.3 亿美元和 1323.2 亿美元，同比分别增长 40.7% 和 41.7%。

表 4 - 20　沙特阿拉伯经常项目收支平衡表

单位：亿美元

	2004 年	2005 年	2006 年	2007 年	2008 年
商品出口(FOB)	1260.0	1807.1	2113.1	2333.3	3134.8
商品进口(FOB)	410.5	546.0	639.1	826.0	1014.5
顺(逆)差	849.5	1261.1	1474.0	1507.3	2120.3
服务收支	-198.4	-219.6	-332.6	-466.9	-658.6
收益	4.8	0.0	6.4	64.0	91.7
单方面转移	-136.6	-141.0	-157.1	-170.4	-230.1
经常项目余额	519.3	900.6	990.7	933.9	1323.2

资料来源：英国经济学家情报社，Country Risk：Saudi Arabia, June 2008；July, 2010。

（一）出口

沙特阿拉伯是石油输出国组织成员国，是世界上最大的石油输出国和重要的石油生产国。石油是沙特阿拉伯最主要的出口商品。沙特阿拉伯货币局的资料显示，2007 年沙特阿拉伯石油出口收入为 7730 亿里亚尔，比上年上涨 9.5%，这主要得益于国

际油价的飙升。2007 年阿拉伯轻质油的平均油价为每桶 67.57
美元，较上年的 59.01 美元上涨 14.5%，不过，2007 年沙特阿
拉伯的石油产量比上年减产 4.9%，所以，石油收入的增加幅度
要小于油价的上涨幅度。

　　为了克服单一石油经济的局限性，沙特阿拉伯制定了经济来
源多样化的经济发展方针，在完善和发展石油生产的同时，积极
发展其他经济部门。促进非石油产品的出口，是沙特阿拉伯为实
现经济多样化的重要举措。为了促进本国非石油部门产品出口的
增长，沙特发展基金（Saudi Fund for Development）于 1999 年启
动了沙特出口计划（Saudi Export Program），沙特出口计划于
2003 年正式成为信用及投资保险人国际联盟（Bern Union）成
员，该计划主要是为沙特阿拉伯非石油部门提供出口信贷和出口
保险。沙特发展基金的资料显示，2007 年，项目为沙特阿拉伯
非石油出口部门提供信贷 4.3 亿里亚尔，提供保险 2.8 亿里亚
尔。此外，为政府分别在 1985 年和 2007 年建立了沙特出口发展
中心（Saudi Export Development Center）和沙特出口开发局
（Saudi Exports Development Authority）来为非石油部门的出口开
发提供服务和政策指导。

　　经过多年的努力，沙特阿拉伯非石油部门商品出口的数额一
直在增长，不过其占出口总额的比重随国际油价和沙特阿拉伯石
油产量的变化而有所波动。倚仗国内自身能源优势，沙特阿拉伯
把石化工业作为重点开发的非石油经济部门，石化工业已成为国
内经济的重要部门，并成为出口创汇的主要经济部门。沙特阿拉
伯货币局的资料显示，2007 年，沙特阿拉伯石化产品出口收入
达 540 亿里亚尔，较上年上升 17.6%，2007 年，沙特阿拉伯石
化产品收入分别占商品出口总收入和非石油部门商品出口总收入
的 6.1% 和 51.7%。此外，沙特阿拉伯建筑材料出口、农牧产品
出口等都较上年有所增长。

表 4 - 21　沙特阿拉伯出口商品结构

单位：亿里亚尔

	2004 年	2005 年	2006 年	2007 年
石油出口	4153.0	6058.8	7058.1	7729.9
原油	3482.1	5139.4	6075.1	6655.4
成品油	670.9	919.4	983.0	1074.5
非石油出口	572.0	712.6	855.4	1044.7
石化产品	186.7	420.6	459.4	540.4
建筑材料	53.2	61.5	79.1	107.8
农牧产品及食品	36.6	43.6	52.3	74.4
其他商品*	295.5	186.9	264.6	322.1
总　计	4725.0	6771.4	7913.5	8774.6

* 包括再出口。

资料来源：SAMA, 44th Annual Report, 2008。

　　沙特阿拉伯主要的出口商品是石油，因此，沙特阿拉伯主要的出口对象国均是重要的能源消费国，据美国中央情报局统计，2008 年，沙特阿拉伯最重要的出口对象国是美国，占其总出口总额的 17.1%，紧随其后的分别是日本、韩国和中国，出口额分别占出口总额的 15.2%、10.1% 和 9.3%。

　　（二）进口

　　沙特阿拉伯的商品进口与其商品出口一样，其数额受国际油价和本国石油产量的影响较大。2002 ~ 2007 年，随着国际油价的上涨，沙特阿拉伯的进口贸易也进入繁荣期。数额由 2002 年的 296 亿美元迅速增长到 2007 年的 825 亿美元，几乎增长了两倍。

　　从进口产品的构成来看，机电设备是沙特阿拉伯最主要的进口商品，2007 年进口数额为 997 亿里亚尔，比上年上涨 48.2%；其次是运输工具，2007 年进口总额为 594 亿里亚尔，同比增长

17.8%。这两类产品进口量的迅速增长，是因为沙特阿拉伯在其第八个五年计划（2005~2009年）中，加大了对基础设施建设的投资。沙特阿拉伯的主要进口商品还有金属产品、食品、矿产品和石化产品等。

表 4 - 22 沙特阿拉伯进口商品结构

	进口总额（亿里亚尔）			所占比率（%）		
	2005 年	2006 年	2007 年	2005 年	2006 年	2007 年
机电设备	541.7	673.0	997.4	24.3	25.7	29.5
食品	329.7	355.5	448.2	14.8	13.6	13.3
化工产品和金属产品	300.9	333.9	399.8	13.5	12.8	11.8
纺织品和服装	96.6	102.8	116.4	4.3	3.9	3.4
一般金属和金属产品	237.7	386.3	508.3	10.7	14.8	15.0
木材和珠宝	55.0	42.6	60.2	2.5	1.6	1.8
运输工具	467.0	504.5	594.4	20.9	19.3	17.6
其他商品	201.2	215.3	256.3	9.0	8.3	7.6
总计	2229.8	2613.9	3381.0	100.0	100.0	100.0

资料来源：SAMA, 44th Annual Report, 2008。

从沙特阿拉伯的进口来源国来看，2007年沙特阿拉伯最主要的进口来源国是美国，占进口商品总额的13.6%，同比增长21.3%。紧随其后的是中国、德国和日本，分别占进口总额的9.7%、8.9%和8.7%。

（三）贸易环境

沙特阿拉伯市场是个较为开放、自由的贸易市场，其特点是：当地资金充裕，购买力强，容量大，商品种类多，竞争激烈，各种高、中、低档商品均有销路。近30年来，沙特阿拉伯的工农业生产虽取得了长足的进步，但除石化产品和部分农牧产品外，主要生产、生活用品仍依赖进口。与其他阿拉伯国家相比，沙特阿拉伯政府对外贸干预不多，除原油等极少数商品由国营公司或机构专营外，一般商品的进出口均由民营公司经营。沙特阿拉伯对进出口货物一般没有配额限制，也不需要申办进出口许可证，只有特殊商品才需经沙特阿拉伯有关部门的批准。但是，沙特阿拉伯对进口商品的要求较高，标准较严，像机械、电器、车辆进口时须经沙特阿拉伯标准局检验，否则不能过关。

2005 年，沙特阿拉伯成为世界贸易组织的正式成员。入世后，沙特阿拉伯已逐步放开国内各部门并调低进口关税。沙特阿拉伯进口关税较低，进口商品（海合会国家的商品除外）一般征收 5% 的关税，但烟草和很多农产品的关税较高。沙特阿拉伯对多数基本消费品免税，如糖、大米、茶叶、未经焙烧的咖啡、豆蔻、大麦、玉米、牲畜、肉类（鲜肉或冻肉）；为了保护本国年幼的产业部门，沙特阿拉伯暂时对部分产品征收 20% 的保护性关税。

沙特阿拉伯对进口商品执行代理制度。按照沙特阿拉伯《沙特阿拉伯商业代理规定及执行细则 [the Commercial Agencies Regulations and the related Implementing Rules (Royal Decree No. M/11, as amended by Royal Decree No. M/32; Ministry of Commerce Decision No. 1897)]》规定，在沙特阿拉伯的任何贸易活动，需通过沙特阿拉伯人或者全资的沙特阿拉伯公司来垄断从事。所谓商业活动包括进口，及采购本地商品再零售。因此，要从事上述贸易活动的外国公司，必须指定沙特阿拉伯代理或经销商，代理协议要在沙特阿拉伯商工部进行登记。代理必须持有有效的允许其从事代理业务的商业登记证，方可从事代理业务。从事代理业务的主管人员或代表，必须是沙特阿拉伯人。《商业代理规定》禁止"借壳代理 (shell agent)"，即代理权直接或间接被外国委托人掌控。因此，沙特阿拉伯代理不需独立于外国委托人。代理不一定是唯一的，但商工部通常不会为同一个外国委托人注册一个

以上的代理协议。《商业代理规定》中还明确了终止代理协议要
为代理提供补偿。依据商工部代理协议样本，在业务已经取得明
显成功的情况下终止代理协议的应给予代理合理的补偿。在未与
原代理结束代理关系之前，商工部不会为新代理登记注册代理协
议。解除代理协议通常需要原代理出具同意解除代理关系的确认
函，或在代理协议到期后，由商工部来解除代理关系。

　　沙特阿拉伯对一般产品实行自由贸易政策，对进口商品没有
数量或价格限制。但法律禁止进口 83 类商品，包括酒精饮料、
猪肉制品、狗类（猎狗除外）、赌博器具、致幻毒品和其他与伊
斯兰教义相违背的物品。还有一些禁止进口商品是出于对公共安
全和文化教育原因的考虑，如卫星网络接收装置、沙林毒气等。

　　出口方面，13 种商品被认为属于沙特阿拉伯特有的物种，
包括纯正血统的阿拉伯马、跑马、小型马、牛、绵羊、山羊、骆
驼。属于珍稀品种的椰枣树、鲜草和干草料，以及古董和有历史
和考古价值的工艺品。这些物品禁止出口。沙特阿拉伯规定需事
先取得出口许可的商品共有 47 种，主要为原油、各种能源气体、
沥青、大理石和沙土。这些产品的出口要事先取得沙特阿拉伯石
油和矿产资源部的许可。一些农产品的出口也要事先得到财政部
的许可，如大麦、玉米、面粉。面粉出口前需要得到"粮食储
备和生产组织"的许可，以证明此农产品所享受的国家补贴已
经在出口前全额退回。医药产品出口也需要事先取得出口许可。

　　二　对外援助

　　沙特阿拉伯的对外发展援助起始于 20 世纪 70 年代中
期，1975～1987 年，沙特阿拉伯对外援助总额达 420
亿美元，成为仅次于美国的世界第二大对外援助国，同时，沙特
阿拉伯对外发展援助占国内生产总值比率为 4.2%，位居世界第
一位。虽然 20 世纪 90 年代以后，沙特阿拉伯对外发展援助占国

内生产总值的比例有所下降，但目前仍是世界上最重要的援助输出国之一。在几十年的时间里，沙特阿拉伯通过双边和多边渠道，已向世界 70 多个低收入的发展中国家直接或间接提供 800 多亿美元的对外援助。其中，双边援助的主要渠道是沙特发展基金；而多边援助则主要通过世界银行及其下属机构、欧佩克国际发展基金以及阿拉伯地区的有关金融机构提供。沙特阿拉伯财政部的资料显示，1990～2007 年，沙特阿拉伯提供国际发展援助累计总额为 1164 亿里亚尔（约合 311 亿美元）。

表 4 - 23　沙特阿拉伯对外援助统计

单位：亿里亚尔

	2003 年	2004 年	2005 年	2006 年	2007 年
援助和贷款	101. 1	67. 7	36. 7	77. 7	61. 0
向机构和组织捐款	2. 1	2. 0	2. 8	2. 6	19. 8
多边援助	1. 9	1. 6	1. 7	1. 7	0. 9
总　　计	105. 1	71. 3	41. 2	82. 0	81. 7

资料来源：SAMA, 44th Annual Report, 2008。

（一）双边援助

沙特阿拉伯的双边援助主要是通过沙特发展基金进行的。沙特发展基金是由沙特阿拉伯财政与国民经济部于 1974 年 9 月 1 日建立，最初沙特发展基金的资本金只有 100 亿里亚尔，后为满足发展中国家日益增长的需求，沙特发展基金的资本金增加了 3 次，1980 年增加到 150 亿里亚尔，1981 年增加到 250 亿里亚尔，1991 年进而增加到 310 亿里亚尔。基金的原则和目标是为发展中国家提供发展援助和贷款，用于资助其发展项目，同时还负责监督由沙特阿拉伯法赫德国王无偿捐赠友好国家的资金项目执行和使用情况。沙特发展基金是沙特阿拉伯对外援助、特别是双边援助的主要渠道之一。沙特发展基金不仅在为发展中国家提供双边发展援助方面发挥了重要的作用，而且在帮助也门、埃及、黎巴嫩、土耳其、波黑等国为减轻因自然灾害或国内战争所造成的损失方面发挥了积极作用。沙特阿拉伯财政部资料显示，1999 ~ 2007 年，该基金为发展中国家提供了总计约 1035.8 亿里亚尔，约合 276.2 亿美元的贷款和援助。

沙特发展基金对外援助的重点地区主要是那些高出生率、高失业率、低收入水平的最不发达国家，基金至今已向 41 个非洲国家、25 个亚洲国家及世界其他地区 5 个国家的 3750 个项目提供了发展贷款和援助。沙特发展基金致力于为发展中国家开展与其行业和部门优势相一致的社会、经济项目和计划提供资金援助，援助领域主要包括：交通和通信、农业、能源基础设施投资、制造业和采矿业等。

（二）多边援助

除了双边渠道的援助，沙特阿拉伯还通过多边援助捐款给国际开发机构和组织并参与其资金的筹措，以加快发展中国家经济及社会的发展步伐。沙特阿拉伯主要通过阿拉伯金融机构、地区性组织和国际性组织向发展中国家提供援助。根据沙特阿拉伯财政部资料显示，1999 ~ 2007 年，沙特阿拉伯总共向各类国际组织和机构捐款 58 亿里亚尔，约合 15.5 亿美元。

沙特阿拉伯参与的阿拉伯金融机构主要包括：阿拉伯经济社会与发展基金会、阿拉伯货币基金、阿拉伯非洲经济开发银行、阿拉伯投资担保协会、阿拉伯投资及农业开发机构、阿拉伯贸易信贷计划署等。

沙特阿拉伯参加的地区性发展组织包括：伊斯兰开发银行、石油输出国组织国际发展基金、非洲开发银行、非洲开发基金会等。

沙特阿拉伯参加的国际性发展组织主要有：世界银行、国际货币基金组织、（联合国）国际开发协会、（联合国）国际金融公司、多边投资担保机构等。

三　对外投资

沙特阿拉伯是重要的石油输出国，从 70 年代国际油价暴涨以来，沙特阿拉伯依靠石油出口积累了大量外汇储备和巨额海外资产。不过，沙特阿拉伯的海外资产的规模同石油收入密切相关。当油价高涨，石油收入丰厚时，海外资产规模就会迅速扩大；当石油价格下降时，国家就会调用海外资产支持国内经济建设，海外资产规模就会萎缩。

最近几年，油价的飞涨也导致沙特阿拉伯外汇储备和海外资产规模的迅速扩张。截至 2007 年年底，沙特阿拉伯外汇储备达到了 340 亿美元。截至 2006 年年底，沙特阿拉伯央行沙特阿拉伯货币局拥有海外资产总额达 8433.3 亿里亚尔，商业银行总计拥有海外 1296.9 亿里亚尔海湾资产，包括公共投资基金的其他金融机构总计拥有海外资产 44.1 亿里亚尔。除此之外，沙特阿拉伯公司和个人也拥有数量庞大的海外资产，数目难以准确估计，但也有几百亿里亚尔。

表 4－24　　沙特阿拉伯海外资产统计

单位：亿里亚尔

	2002 年	2003 年	2004 年	2005 年	2006 年
沙特阿拉伯货币局	1574.6	2237.7	3291.4	5736.8	8433.3
商业银行	954.9	810.8	928.0	913.5	1296.9
其他金融机构	37.7	38.1	39.2	41.3	44.1

资料来源：IMF, International Financial Statistics Yearbook 2007。

沙特阿拉伯并未像海湾其他国家一样设立主权基金管理国家的巨额海外资产，沙特阿拉伯的海外资产主要由沙特阿拉伯货币局和沙特公共投资基金管理。据英国金融时报报道，"沙特阿拉伯计划成立一支可能成为全球最大的主权财富基金，该资金数额庞大，将会使阿布扎比投资局 9000 亿美元的资产相形见绌。"沙特阿拉伯海外资产的投资去向并不向外公布，但投资方向主要还是指向欧美等发达国家。根据英国《中东》（Middle East）和美国《中东政策》（Middle Eastern Policy）的资料显示，2003 年，沙特阿拉伯的海外直接投资中，60% 流向美国，30% 流向欧洲，其他则流向世界其他地方。近些年，随着东亚经济体的高速增长和海湾本地股市的繁荣，以及受"9·11"事件的影响，一部分海外资产去向有所变化，但欧美，特别是美国仍然是沙特阿拉伯海外投资的主要输出地。

沙特阿拉伯的海外投资主要采取购买政府和企业债券、银行存款、购买股票和商业票据等间接投资方式，对外直接投资规模相对较小。不过，近几年，沙特阿拉伯海外直接投资的规模和收益都呈现稳步增长态势。沙特阿拉伯的对外投资中，房地产业具有重要地位。

表 4 - 25　沙特阿拉伯在美直接投资

单位：亿美元

	2002 年	2003 年	2004 年	2005 年	2006 年
对美直接投资总额	44.5	48.9	49.9	56.0	61.5
对美直接投资收益	- 1.9	1.0	3.4	5.3	9.5

注：按最终权益持有人（ultimate beneficial owner）所在国统计；2006 年以前是净收益，2006 年是税前收益。

资料来源：Bureau of Economic Analysis，Historical-Cost Foreign Direct Investment Position in the United States and Income without Current-Cost Adjustment，2002 - 2006。

沙特阿拉伯的海外直接投资主要集中在石油领域。从 20 世纪 80 年代开始，沙特阿拉伯国有阿美石油公司就依靠其雄厚的实力开始海外扩张的步伐，先后买下了美国德士古公司下属美国东海岸石油企业 50% 的股权。1990 年，又买下了韩国双龙公司 29% 的股权。2000 年与日本矿业公司和日本阿拉伯石油公司合作，在日本修建炼油厂。1998 年，阿美公司又与德士古石油公司和壳牌石油公司合资组建了莫蒂瓦企业（Motiva Enterprises LLC）公司，该公司已成为美国重要的炼油厂和油品经销商。此外，沙特阿拉伯民营石油公司尼米尔石油公司、德塔公司和克拉勒石油公司等，在海外也有不小的投资规模。

除去投资石油工业，沙特阿拉伯海外投资中，也有不少流向房地产领域，截至 2006 年年底，沙特阿拉伯在美国房地产领域的对外直接投资总额达 14.2 亿美元。

四 中国与沙特阿拉伯经贸关系

中沙两国于 1990 年 7 月 21 日建立外交关系。1992 年 11 月两国签订《经济、贸易、投资和技术合作协定》，并成立了经贸混委会；1996 年 2 月签订《鼓励和相互保护投资协定》；2006 年 1 月签订《避免双重征税协定》；2006 年 7 月，沙特阿拉伯内阁批准了《中沙农业合作协定》和《中沙关于对所得和财产避免双重征税和防止偷漏税的协定》。2008 年 6 月中国国家副主席习近平在吉达出席中国沙特阿拉伯经贸研讨会。2008 年 6 月中沙两国签订了《中华人民共和国政府和沙特阿拉伯王国政府关于加强基础设施建设领域合作的协定》。2009 年 2 月，中国国家主席胡锦涛访问沙特阿拉伯时，两国有关部门签署了能源、免疫、卫生、教育、交通等领域的 5 项合作文件。

（一）双边贸易

中国和沙特阿拉伯早在 20 世纪 50 年代就有贸易往来。1990 年，中沙建交当年双方的进出口贸易额仅为 2.96 亿美元。1993 年，两国贸易额增长速度加快，当年双边贸易额增至 6.97 亿美元。1994 年，沙特阿拉伯"掀起了中国风"，我国的各种中低档商品迅速打入沙特阿拉伯各地市场。1995 年底，沙特阿拉伯在吉达北部投资，建成 112 万平方米的"中国商业城"，为我国商品进入沙特阿拉伯市场创造了良好的条件。自 1996 年后，双边贸易增长速度开始放缓，特别是 1997 年和 1998 年我国对沙出口出现了负增长。不过，自 2000 年以后，中沙贸易一直持稳步增长的态势。2008 年两国贸易额达 417.8 亿美元，同比增长64.7%。其中中国出口 107.7 亿美元，同比增长 38.0%；中国进口 310.1 亿美元，同比增长 76.6%。

表 4 – 26　中国对沙特阿拉伯进出口贸易统计

单位：亿美元

	2004 年	2005 年	2006 年	2007 年 *	2008 年 *
出口	27.8	38.3	50.6	78.0	107.7
进口	75.2	122.5	150.8	175.6	310.1
进出口总额	103.0	160.8	201.4	253.6	417.8
贸易逆差	47.4	84.2	100.2	97.6	202.4

* 资料来自商务部数据库。

资料来源：中国驻沙特阿拉伯大使馆商务参赞处网。

中国和沙特阿拉伯都是对方重要的贸易伙伴，2007 年，沙特阿拉伯是中国在西亚非洲地区第一大贸易伙伴，第一大进口来源国和第二大出口目的国。中国则是沙特阿拉伯的第四大出口目的地国和第二大进口来源国。中国向沙特阿拉伯主要出口商品是机电产品、轻纺产品和建筑材料。中国从沙特阿拉伯进口主要商品为原油、石化产品。沙特阿拉伯是中国第一大原油进口来源国。2008 年，中国从沙特阿拉伯进口原油 3636.8 万吨，总额约为 258.1 亿美元，同比增长 38.1%，约占中国同期原油进口总量的 20%。

（二）双边投资

中沙两国的双边投资相对于彼此的经济总量来讲，只能说规模非常小。据商务部统计，截至 2007 年底，中国对沙特阿拉伯直接投资存量为 3.7 亿美元。沙特阿拉伯在华投资项目 96 个，实际投资 2.08 亿美元。但可以预期，随着沙特阿拉伯对国内经济进行私营化改造和国内诸多部门对外资的进一步放开，中国投资沙特阿拉伯的进度将会大大加快。中铝公司、马来西亚矿业公司和沙特阿拉伯本·拉登商业集团已商定在沙特阿拉伯吉赞经济城合资兴建年产 100 万吨的电解铝厂和与其配套的电厂，项目总投资 30 亿美元，2007 年 10 月 3 日，3 家公司在沙特阿拉伯吉达市签署合作谅解备忘录。

（三）劳务合作

中国对沙特阿拉伯的承包劳务业务始于 1991 年。2007 年 6 月，中沙两国签署了《中华人民共和国商务部和沙特阿拉伯王国城乡事务部工程项目合作谅解备忘录》，《备忘录》的签署意味着中国建筑企业结束了在沙特阿拉伯只能从事建筑分包的历史，可以直接参与城乡事务部的路桥、房屋、市政工程等项目招标。沙特阿拉伯其他一些部门也将参照此模式与中国企业合作，这将大大拓展两国工程领域合作的空间。截至 2007 年底，中国在沙特阿拉伯完成承包工程和劳务合作营业额 30.6 亿美元。在沙特阿拉伯人员 16121 人。

第八节　旅游业

一　概况

特阿拉伯是伊斯兰文明的发源地，拥有伊斯兰两大圣地麦加和麦地那，是穆斯林的精神家园。沙特阿拉伯

的旅游业主要是以宗教朝觐旅游为主，宗教旅游独具特色。入境旅游者主要来自全球伊斯兰国家以及欧洲、北美和东亚。为了促进本国旅游业的发展，并希望通过旅游业带动本国非石油部门经济增长、解决国内日益紧张的就业问题、解决国内各部门发展平衡问题，沙特阿拉伯在 2000 年成立了旅游最高委员会（Supreme Commission for Tourism）［后 2008 年改名为旅游和古迹委员会（General Commission for Tourism and Antiquities）］，负责本国旅游资源的开发和管理工作。

沙特阿拉伯王国具有多样化的自然风光和文化遗产，旅游资源丰富，基础设施完善。沙特阿拉伯全国共有博物馆 114 座，国家公园 25 座，栖息地 14 处，分布于全国各大城市。

旅游和古迹委员会资料显示，沙特阿拉伯全国已有 1200 处自然、历史、文化遗产被电子归档，并可根据其旅游潜力、旅游价值和当前状态进行查询；全国确定有 40 处具有开发潜力的旅游区并被旅游和古迹委员会确定为未来旅游开发的重点。2002 年沙特阿拉伯旅游和古迹委员会确认 903 处遗址适宜进行旅游开发，并同其他有关部门合作建立了对这些遗址进行保护的机制。

2002 ~ 2007 年，沙特阿拉伯旅游业发展迅速，这主要是得益于国内旅游服务的改进、高速公路的修建及其他服务业的发展。据沙特阿拉伯旅游和古迹委员会统计，2006 年，沙特阿拉伯接待国际游客 1099.2 万人，较上年增长 5.2%，创汇 49.55 亿美元，较上年下降 8.6%。伊斯兰国家是沙特阿拉伯主要的海外游客来源地。2007 年，海合会国家、中东国家其他国家以及东南亚国家游客分别占沙特阿拉伯国外游客总数的 33.6%、31% 和 17.5%。圣城麦加和圣城麦地那是沙特阿拉伯最重要的旅游城市，2007 年总共接待游客 1460 万人次（其中，麦加接待游客 1090 万人次），游客主要是来自沙特阿拉伯全国和世界各地的朝觐客。沙特阿拉伯商业和工业部资料显示，截至 2007 年底，沙

特阿拉伯全国共有旅馆 1209 家，接待能力为 18.5 万人；全国共
有注册出租房 2784 间，总接待能力为 6.82 万人。

旅游业是沙特阿拉伯非石油部门的重要组成部分。沙特阿拉
伯旅游和古迹委员会的资料显示，2007 年，沙特阿拉伯旅游业
创造产值 370 亿里亚尔，占国民生产总值的 2.6%，占非石油部
门总产值的 5.8%。2007 年，旅游业为全国提供了约 37 万个就
业岗位，从业人数占全国劳动力总数的 10%。

二 著名旅游景点

麦加大清真寺（Al-Masjid al-Harām）又称禁寺，是世
界各国穆斯林去麦加朝觐礼拜的主要去处。它位于麦
加城中心，规模宏大。经几个世纪的扩建和修葺，总面积达 18
万平方米，可容纳 50 万穆斯林同时做礼拜。禁寺有 25 道大门和
60 个小门，7 座高达 92 米的尖塔，24 米高的围墙将门和尖塔连
接起来，6 座塔分别耸立在 3 座主要大门的两侧，第 7 座塔则与
直径 35 米的圆顶殿毗邻。从围墙到楼梯台阶以及整个地面，都
用洁白大理石铺砌，骄阳之下，光彩夺目，气势磅礴。

圣殿克尔白（al-Ka'bah）在禁寺广场中央，呈正方形，又
称天房（真主的房子），长 12.2 米，宽 10 米，高约 15 米，用灰
褐色硬石砌成立方体，天房内吊着盏盏金灯和银灯，交相辉映。
天房内 3 根顶柱盎然挺立，其东北侧装着两扇金门，离地 2 米，
门高达 3 米，宽 2 米，用 286 千克赤金精工铸造，天房自上而下
终年用黑丝绸帷幔蒙罩，帷幔中腰和门帘上用金银线绣有《古
兰经》经文，帷幔每年更换一次，据传这一传统已经延续了
1300 多年。天房外东南角一米半高出的墙上，镶嵌着一块 30 厘
米长的微红的褐色陨石，穆斯林视为圣物。克尔白早先是古阿拉
伯多神教敬神献祭的古殿，殿内有各种神的偶像。穆罕默德在
623 年改定克尔白为礼拜朝向，630 年攻占麦加后，清除殿内外

360 尊偶像，仅保存克尔白，成为穆斯林朝拜中心。麦加干旱缺水，但有"渗渗泉"奔涌不息，被称为"圣水"，朝觐者不但自己畅饮圣洁之水，还要大罐、小罐装上一些圣水带回家乡，给那些未能前来朝觐的人尝尝，以沾福荫。

先知寺（Al-Masjid al-Nabawi）是伊斯兰教第二大圣寺，又称麦地那清真寺（Masjid al-Madinah）。622 年 9 月，伊斯兰教先知穆罕默德率众从麦加迁往麦地那后修建。寺院面积为 1.63 万平方米，有 5 道门和 5 座尖塔，豪华宽大的礼拜殿内有精致的凹壁（米哈拉布），殿顶每隔 3 米装有一盏水晶玻璃吊灯，光彩夺目。穆罕默德的陵墓在寺的东南角，由黄铜栏杆隔开。

米纳（Mina）是穆斯林朝觐时"射石"驱魔和宰牲的地方，位于麦加以东 15 公里处。朝觐期间，朝觐者连续 3 天须向 3 个象征恶魔的石柱射石驱魔，每个石柱射击 7 颗小石子。射石之后，要在米纳宰牲，所宰的牲口不能有病、不能是残缺老弱者。宰牲是为了纪念先知易卜拉欣引导人遵从主命、准备牺牲自己儿子作最高奉献的虔诚心愿。米纳是一个阿拉伯语译音，有"希望"的意思。当年先知易卜拉欣奉安拉之命准备宰子伊斯玛仪祭献，当他要宰子时，安拉降下启示，命令他宰羊代替。所以，朝觐者要在米纳山宰牲，在宰牲时，要以祈求安拉实现自己的希望。至于石射大恶魔，象征人们随时会遭到恶魔的诱惑，所以，人要用智慧之石，驱逐人生道路上的所有恶魔。

希吉尔（Al-Hijr）考古遗址亦被称为迈达因萨利赫遗址（Madain Saleh），2008 年被联合国教科文组织列入世界遗产名录，这是沙特阿拉伯首个被列为世界遗产名录的考古遗址。希吉尔考古遗址位于沙特阿拉伯中部乌拉镇南 22 公里处的浩瀚沙漠中，是一座利用山体开凿而成的石头城。该遗址是约旦佩特拉南部最重要的奈伯特（Nabataeans）文化遗址，该遗址完好地保存了奈伯特人的坟墓，这些坟墓可以追溯至公元前 1 世纪到公元 1

世纪，该遗址还保存有奈伯特文明以前的 50 处铭刻和洞穴壁画。遗址的主体由 111 座坟墓（其中 94 座有装饰）和众多水井组成。希吉尔考古遗址让世人见证了奈伯特人精湛的建筑艺术和卓越水利技术。

德尔伊叶古城位于首都利雅得西 16 公里处的哈尼法谷地，是沙特阿拉伯内志的故都遗址（1774～1818 年），也是沙特王族的发祥地。迄今虽然只有 200 多年的历史，却是沙特阿拉伯境内最重要的历史古迹之一，被视为沙特阿拉伯王国的历史标志。

三　主要城市

利雅得（Riyadh）　利雅得是沙特阿拉伯的首都和利雅得区首府，它坐落在阿拉伯半岛中部哈尼法谷地平原上，海拔 520 米，城市面积 1600 平方公里，城市人口达 426 万，是全国第一大城市。1818 年起即成为沙特王国首都。1932 年成为沙特阿拉伯王国首都，后随石油收入增加而改建成为现代化城市。城中心 8 平方公里为"纳绥里耶区"，是国王与王室居住的特区，由数十幢宫殿、数百所别墅和花园组成。

在阿拉伯文中，利雅得是"庭院"的意思。因为利雅得四周是一片绿洲，有大片的枣椰林、棕榈树和清澈的泉水，如茫茫的沙漠中的庭院神境，令人神往。自古以来，利雅得以青绿色闻名。古代著名的阿拉伯语言学家和诗人海姆达尼在他的《阿拉伯半岛记述》一书中，把利雅得称为"石头里长出的青草"。

利雅得气候属热带沙漠气候，绿化在这里具有特殊意义。沙特阿拉伯政府也非常重视绿化。在城市建设过程中，绿化成为一项重要的内容。在新开辟的宽阔的马路两侧，绿油油的树木遮住了炙人的阳光，市内有许多空地，上面皆种植着大片的绿草。典雅的别墅庭院中，芳草如茵，墙壁上爬满藤萝。为了调节气温，市区内还建有许多公园和喷泉，给城市增添了丝丝凉意。

利雅得是沙特阿拉伯的政治、文化和教育中心，所有的部委、政府机构和附属部门都设在这里。各国使领馆集中于距离市区 8 公里处的使馆区，使馆区面积达 700 万平方米，容纳了 50 个国家的大使馆。利雅得拥有两座公立大学：沙特国王大学、伊玛目·穆罕默德·本·沙特大学，另有多座私立大学和学院。

利雅得是沙特阿拉伯重要的经济中心，从 20 世纪 80 年代起，利雅得就积极发展多种经济，已投产和在建的工厂达上千座。在利雅得东北部和东部建有工业区，在工业区内建有几个世界一流的炼油厂。利雅得商业也非常繁荣，在法赫德国王大道两旁，分布着许多大型购物中心和摩天大楼，内有许多大公司和国际组织的总部。

利雅得是一个国家化的大都市，本国人口仅占全市人口的 66%，其余 34% 则是外国人。利雅得的外籍人口主要来自非洲、中亚、东南亚、欧洲以及中东其他国家，很多外籍人口都已成为利雅得的长住居民。

吉达（Jedda） 吉达是沙特阿拉伯的第二大城市，位于沙特阿拉伯西部海岸，是坐落于红海岸的重要港口，海岸线长达 80 公里。吉达人口约 350 万，面积 1200 平方公里，吉达是穆斯林信徒前往麦加朝圣的主要入口，是沙特阿拉伯的商业中心，也是中东乃至西亚最富庶的城市之一。

虽然沙特阿拉伯的政府机构设在首都利雅得，但沙特阿拉伯国王在吉达设有行宫。沙特阿拉伯国王及其他主要领导人每年有半年以上的时间在此办公或休假，政府各大部在此均设有分部。一些重要的国际会议也经常在这里举行，因此吉达又有"外交首都"之称。目前在吉达共设有 55 个外国总领馆、21 个名誉总领馆及一些国际组织的长驻机构。

吉达教育事业发展迅速，现已形成完善的教育体系。截至 2005 年，全市有 849 座公立和私立学校，另外还有 1179 座女子学校。吉达还拥有包括阿卜杜勒国王大学、阿拉伯开放大学、师范学院、科技学院在内的多所高等教育机构。

吉达属于麦加区，地理位置重要，是连接亚洲、欧洲和非洲的纽带，是世界穆斯林进入麦加或麦地那进行朝觐或副朝的陆、海、空交通要道和主要门户。吉达交通十分便利，拥有通向麦加、麦地那以及全国各大城市的高速路。阿卜杜勒·阿齐兹国王国际机场是沙特阿拉伯最重要的机场之一。吉达的伊斯兰港是沙特阿拉伯最大的港口，也是麦加的外港。另外，通向吉达的铁路也在计划修建中。

自古以来，吉达就是沙特阿拉伯的商业中心，与东非、北非和阿拉伯半岛各处往来密切。如今，吉达的阿卜杜勒国王大街两旁遍布着沙特阿拉伯大公司总部及世界大公司驻沙特的总部。泰利亚（Tahlia）大街则是沙特阿拉伯的时尚和购物中心，众多享誉世界的名品和奢侈品都在此处设有专卖店和经销处。

吉达是沙特阿拉伯重要的工业中心。吉达矿业公司的钢铁和炼油业均很发达。为了鼓励工业投资，国家于 1971 年在吉达南部建设工业区，并采取了一系列鼓励投资的政策。目前，工业区的主要产品有水泥、建材、大理石、砖瓦、油漆、肥料、肥皂、眼镜、成衣、自行车、食品、饮料、珠宝、纸张和塑料制品等。

吉达也是沙特阿拉伯著名的疗养胜地，阿鲁斯度假村、水晶度假村、阿布哈度假村等都位于吉达，这些度假村依靠美丽的近海珊瑚礁和丰富的红海生物资源吸引着国内外游客。

同利雅得一样，吉达也是座国际化的大都市，生活着众多来自非洲、中亚、东南亚、欧洲以及中东其他国家的外国人。

麦加（Mecca） 麦加全称是麦加·穆卡拉玛，意为"荣誉的麦加"，是伊斯兰教第一圣地，也是沙特阿拉伯的"宗教之都"，麦加是穆罕默德的诞生地和伊斯兰教的发祥地，全世界穆斯林礼拜的朝向和朝觐中心，也是阿拉伯半岛上最古老的城市之一。麦加是沙特阿拉伯第三大城市,也是麦加区的首府,距离吉达 75 公里,位于半岛西部的希贾兹(汉志地区)。麦加海拔 277 米,四周群山环抱,层峦起伏,面积为 1200 平方公里,人口约 70 万。

麦加旧译为"天方"、"墨克"等,古城"乌姆·古拉"(阿拉伯语意为"乡村之母")。麦加之称,据传源自古巴比伦语"麦卡"一词,意为"房屋";阿拉伯萨巴语意为"神圣";南阿拉伯语意为"寺、庙";古希腊天文学家托勒密曾称他为"麦克赖伯(Maceraba)"即圣地。历史上,麦加有许多美称,如"安全之国"、"安全圣地"、"授意之地"等。

麦加的中心点是禁寺,地势要比麦加大部分区域低。禁寺周边区域则是旧城区。禁寺北边的大街道有穆达阿(Al-Mudda'ah)和苏克·莱尔(Sūq al-Layl),南边则有苏格·阿萨基尔(As-Sūg Assaghīr)。近几年,为了满足朝觐的需求,沙特阿拉伯政府不断扩大禁寺的规模,数百间房屋(传统房屋用当地的石材建造,通常有二至三层楼高)已被宽阔的大道和广场所取代。禁寺包括内外礼拜场地在内的面积共有 356800 平方米,在朝觐季节期间最多可容纳 400 万人。麦加城的扩张也创造了一系列现代化的地标,其中就包括阿布拉贾(abraj al bait)塔群,塔群主体高为 577 米。塔群位于大清真寺入口的对面。

作为一座历史名城,麦加拥有包括克尔白在内的数百处历史古迹。穆斯林相信克尔白由先知易卜拉欣和其子伊斯玛仪所重建。另外,渗渗泉也颇负盛名。麦加兵营曾经是麦加最有名的建筑之一。麦加兵营是奥斯曼帝国的城堡,面对着大清真寺,随时准备防御任何袭击。不过沙特阿拉伯政府已将其拆毁,免费提供给周边的新旅馆和商业建筑。

麦加的经济曾极度依赖每年的朝觐活动。曾有位学者说:"麦加人不重营生,只服务朝觐者。"事实上,朝觐不仅带动麦加的经济，长久以来更对希贾兹（汉志）和内志地区的经济产生了深远的影响。赚取朝觐利润有很多种方式，其中之一是向朝觐者课税，很多征税项目一直持续到 1972 年。随着石油收益的增加，所有不必要的税收都已取消。另一种赚取朝觐利润的方式是为朝觐者提供服务。例如，沙特阿拉伯航空公司来自朝觐的收入就占其总利润的 12%；此外，收取搭乘陆地交通工具到麦加的车资也有利可图；旅馆与其他寄宿公司的收入也不菲。

朝觐给麦加带来的收入每年可达到 1 亿美元。麦加境内也有一些工厂，但麦加已不在沙特阿拉伯经济中扮演主要角色。麦加的工业种类很少，目前有纺织、家具以及厨具。麦加的经济大部分仍以朝觐服务为主。麦加的水源稀少，城市用水则由"舒也巴"（Shu'eyba）水厂和吉达输入。

尽管如此，麦加还是出现了许多行业。各式各样的产业自 1970 年以来便存续至今：波形铁皮制造、铜生产、木材商店、沙发皮套服务、植物油提炼厂、糖果制造、面粉研磨、面包烘焙、家禽养殖、冷冻食品进口、照片冲洗加工、冰块工厂、饮料罐制造（不含酒精）、理发、书店、旅游代办处、银行。

麦加在最近 20 年取得了迅速发展。民航业的发展为世界各地穆斯林朝觐提供了极大的方便，来到麦加的朝觐者每年都有大幅增长。朝觐者数量的增长也促成了麦加的迅速发展，麦加已建成现代化的机场，城市四周有高速公路环绕，且拥有购物中心与摩天大楼。

麦加的人口密度很高。大部分长住麦加的人都住在旧城区，其中有许多人从事当地名为"朝觐工业"的行业。沙特阿拉伯朝觐部大臣伊雅德·玛达尼（Iyad Madani）说："我们从不停止准备朝觐事宜。"

麦地那（Medina） 麦地那是伊斯兰教第二大圣地，先知穆罕默德便埋葬于此。麦地那位于阿拉伯半岛希贾兹地区北部赛拉特山区中的一个开阔地，海拔 610 米，地处麦加以北 400 公里，东西北三面环山。人口 19.8 万（1983 年）。

在前伊斯兰时代，这个被称为叶斯里卜或雅特里布（Yathrib）的城市是一个重要的交通枢纽。这里的异教徒需要花数年时间去圣城麦加朝圣，而这两个城市尊崇的先知都是马纳特。这里也曾是一个阿拉伯地区内的犹太教徒聚集中心。公元 622 年因伊斯兰教先知穆罕默德的到来而改名为"麦地那—纳比"，意为"先知之城"，简称"麦地那"，麦地那成为继麦加之后穆罕默德活动的场所。

麦地那在穆罕默德和四大哈里发时代为伊斯兰教政治中心，在伊斯兰教史上占有重要地位，穆斯林们曾冠以"被照亮之城"、"和平之城"、"胜利之城"等名。城内古迹众多，最著名的有穆罕默德亲自督建的先知圣寺，寺内有穆罕默德的陵墓，附近还有穆罕默德于 622 年 9 月迁徙麦地那途中修建的库巴清真寺（Masjid Quba）、双朝向清真寺以及闻名的伍侯德战役阵亡烈士陵园。

麦地那水源充足，土地肥沃，郊区有很多农场和园圃，市区有大小公园 60 多处，公园里面设有儿童乐园，公园附近有清真寺、学校和商贸中心。麦地那交通方便，有多条公路与周围城镇和国内其他大城市相通。为了解决城市交通问题，麦地那还修建有 3 条环城公路。

麦地那市环境优雅，市区建筑颇具规模，且整洁、宽敞，具有现代都市气息。该市房地产业发达，其商业活动季节性较强。城郊建有国际机场。该市麦地那伊斯兰大学内有来自世界各地的穆斯林青年留学生就读。规模庞大的法赫德国王《古兰经》印制机构也建在麦地那市。

沙特阿拉伯政府欲将麦地那打造成知识经济的中心，并于 2006 年启动投资金额总计为 70 亿美元的"麦地那知识经济城"

计划。该工程计划将于 2020 年完成，届时，麦地那将会成为以医药、生物技术、知识产业和教育产业为支柱的知识型城市。"麦地那知识经济城计划"是沙特阿拉伯规划兴建的 6 个经济城计划中的第 3 个城市，建筑规模为 48 平方公里，知识城将由（Taibah）科技知识园、管理科技学院、伊斯兰中心和商务中心等部分组成。

达曼（Dammam） 达曼位于沙特阿拉伯的东部，其东和南，一直到北全部被海湾包围，西边延伸到代赫纳沙漠。达曼具有辽阔的海岸线，该地区多山，有些山丘高达 200 米。达曼是东部区首府和最大的城市。达曼与胡拜和宰赫兰相距很近，坐车只需要 10 分钟左右。随着沙特阿拉伯国内经济的发展和对外贸易的扩展，3 个城市紧密地连接在一起，几乎成为三合一的大城市，3 个城市统一由一个市政府管辖，3 市人口总计约有 200 万（达曼人口约 75 万）。

达曼交通发展，达曼港是波斯湾沿岸最大的港口，也是沙特阿拉伯仅次于吉达港的第二大港口。有两条铁路连通达曼与首都利雅得，提供货运和客运服务。达曼公路四通八达，有长达 380公里的公路直达首都利雅得，还有公路通向沿海地区拉斯坦努拉市等。1999 年建成的法赫德国王国际机场，是全球面积最大的机场。

达曼景色迷人，达曼滨海风景区由半月湾一直延伸到达塔鲁特（Tarut）岛。这里设备齐全、环境优美，海滨小屋、汽车旅馆、露营区比比皆是。沙特阿拉伯旅馆公司还在半月湾南边兴建了一座完整的观光区。

达曼进出口贸易也很发达，达曼不但是国内石油和天然气产品的集中地之一，更是东部各地商品的集中地。达曼也具备一定的农业基础，不过主要是畜牧业。经过多年的建设，达曼已成为一座现代化城市。

朱拜勒（Al jubayl） 朱拜勒的全称是朱拜勒工业城，建于

1977年，位于波斯湾沿岸，隶属东部区。人口为22.3万（2004年）。

朱拜勒的历史可以追溯到公元前2500至3000年，历史上曾经是海湾的一个重要商业港口。当地居民长年从事珍珠捕捞。20世纪30年代，沙特阿拉伯朱拜勒周围和东部其他地区发现了丰富油藏，从而使沙特阿拉伯经济发生了划时代的变化，逐渐由一个以农牧业为主的落后国家发展成一个技术先进的石油生产国。70年代，为了适应石油工业的迅猛发展，沙特王室和政府计划大规模开发朱拜勒，把它建成最先进、最现代化的以石化工业为主的工业基地。

经过近30年的建设，朱拜勒已成为环境优美，设施齐全的现代化工业城市。整个市区划分为工业区、住宅区、机场区、滨海游乐区和园林休憩区。其中工业区的规模最大，许多大型石化厂、钢铁厂位于朱拜勒工业区内，其中包括位列全球第11位，沙特阿拉伯最大的石化公司沙特基础工业公司。此外，沙特阿拉伯皇家海军的海军基地也位于朱拜勒。

朱拜勒拥有世界上最大的海水淡化能力。通过淡化波斯湾的海水，朱拜勒提供了沙特阿拉伯一半的饮用水。

延布（Yanbu） 延布濒临红海沿岸，隶属麦地那区，位于吉达以北350公里处，与朱拜勒是一对孪生姐妹城市，这两个新兴的工业城市，被西方人称为"沙特阿拉伯的金字塔工程"。延布人口约18.8万，但大多是外籍人，主要来自亚洲国家，也有一些来自中东和欧洲。

延布由3部分组成，彼此的距离仅需15分钟车程。主城区被称做巴拉德（Al-Balad），延布的居民区和购物中心主要集中于此处。纳黑尔（Al-Nakheel）区则是农业区，有很多农场。延布工业区建于1975年，拥有许多现代化的建筑，工业区建有一大批以炼油、天然气处理、石油化工为主的大型企业，主要生产甲烷、乙烯、丁烯、甲醇、聚乙烯、橡胶、轮胎、稀土原料、油漆、饲料、塑料、防冻剂、清洁剂、化纤、胶片、炸药、化肥以及钢筋、钢索、钢板等产品。

延布是沙特阿拉伯重要的石油运输枢纽，沙特阿拉伯 3 条最主要的石油管道终点都通达延布。延布港是沙特阿拉伯红海海岸的重要港口，港口码头设备齐全，既可装载原油、天然气和石化制品，也可装卸各种散装或集装的货物，延布港港小水深，有阿巴斯岛屏护，是麦地那区的出海港。另外，延布拥有一个国内机场和一个海军基地。

第九节 人民生活

一 概述

沙特阿拉伯原有经济基础薄弱，建国之初，沙特阿拉伯是一个贫困落后，保持着部落结构和大量农奴制残余的封建国家。游牧民占人口的多数，绿洲地区的农村有一些自给自足的农业和手工业。建国之初，沙特阿拉伯商品经济落后，仅在红海沿岸和波斯湾沿岸有一些小作坊和小店铺。国家财政主要依靠朝觐业。不过沙特阿拉伯蕴藏着丰富的石油资源，石油的发现与开采改变了沙特阿拉伯的经济状况。依靠雄厚的石油财富，沙特阿拉伯走上了繁荣之路，迅速成为一个富裕的高福利国家。沙特阿拉伯货币局的资料显示，沙特阿拉伯人均国内生产总值最高曾于 1981 年达到 18038 美元，当年位列世界第 13 位。不过，沙特阿拉伯较高的人口增长率影响了沙特阿拉伯人均国内生产总值的增长率。根据世界银行发布的 2009 年全球人均国内生产总值排名，沙特阿拉伯位列世界第 42 位，人均国内生产总值为 14486 美元，在海合会 6 国中，排名垫底。

表 4 – 27　沙特阿拉伯人均国内生产总值以及增长率

	2004 年	2005 年	2006 年	2007 年	2008 年
人均国内生产总值(美元)	11127	13658	15050	15859	19108
人均国内生产总值增长率(%)	14.0	22.7	10.2	5.4	20.5

资料来源：International Monetary Fund, World Economic Outlook Database。

依靠巨额的石油财富，沙特阿拉伯政府一方面加强基础设施建设，另一方面则不断改善本国公民的生活状况。沙特阿拉伯物价稳定，本国公民生活普遍富裕，现已形成覆盖教育、医疗、社会保险等诸多领域的极为完善的社会福利制度。沙特阿拉伯公民不需缴纳个人所得税，并可享受免费教育和医疗服务以及政府提供的包括基本食品、住房、婚嫁等在内的各种补贴。

二　物价

特阿拉伯对公共事业和基础商品采取价格补贴制度，国内粮食价格、水价、电价以及油气价格都低于国际水平，为了保证国内物价稳定，政府还对特定进口的产品采取价格补贴制度，如大麦每吨补贴 150 里亚尔，大米每吨补贴 1000 里亚尔，婴儿牛奶每公斤补贴 2 至 12 里亚尔。因此，沙特阿拉伯物价长期保持相对稳定，通货膨胀率很低，80 年代以后，沙特阿拉伯年均通胀率都不超过 1%，有些年度还会出现负增长。

不过，从 2006 年开始，沙特阿拉伯通胀率开始迅速上升，当年通胀率为 2.2%，差不多是 2005 年通胀率的 3 倍。2007 年，沙特阿拉伯通胀率进一步提高到 4.1%。国内物价水平的提高主要由迅速上涨的食品价格和房租价格推动。2007 年，沙特阿拉伯的食品价格较上年上涨 7%，其中，豆类和马铃薯价格涨幅达

到了 29.8%，而房租价格上涨 10.1%。另外，2007 年，沙特阿拉伯个人用品（如数码相机、手表、眼镜、公文包等）的价格上涨也很快，当年达到 16.7%。2008 年第一季度沙特阿拉伯仍未能控制住国内通胀率，通胀率进一步达到 8.4%，其中食品价格上涨 11.7%。

三　就业

沙特阿拉伯妇女就业率较低。据沙特阿拉伯经济计划部 2007 年出版的《劳动力研究》（Manpower Research）估计，2007 年，沙特阿拉伯劳动力总量为 823 万人，女性仅占劳动力总数的 15.4%，只有 127 万人。沙特阿拉伯就业人口总数为 777 万人，女性为 111 万人，占就业人口总数的 14.3%。2007 年，政府部门雇佣女性雇员 32.2 万人，占女性就业人口总数的 29%。在私营部门中，女性则主要集中于技术和服务部门，2007 年，这两个部门女性的雇员数量分别为 5.6 万人和 4 万人。

沙特阿拉伯是严重依赖外籍劳工的国家，《劳动力研究》估计，2007 年，沙特阿拉伯外籍劳动力总数为 420 万人，约占沙特阿拉伯劳动力总量 51%，就业人口为 418 万人，占就业人口总量的 53.8%。沙特阿拉伯籍劳动力总量和就业人口总量分别为 403 万人和 358 万人，分别占劳动力总量和就业人口总量的 49% 和 46.2%。

沙特阿拉伯劳动力市场是严重分化的，政府部门职位基本被沙特阿拉伯本国人占据，而外籍劳工则主要集中于私营部门。据沙特阿拉伯民政部（Ministry of Civil Service）统计，2007 年，沙特阿拉伯政府部门雇佣劳动力 83 万人，较上年增长 3.3%，其中沙特阿拉伯籍雇员为 76.1 万人，占政府部门雇佣劳动力总量的 91.7%。据沙特阿拉伯劳动部（Minstry of Labor）统计，2007 年，沙特阿拉伯私营部门雇佣劳动力 580 万人，同比增长

4.4%，其中外籍雇员为 506 万人，占私营部门雇佣劳动力总量的 87.2%。在沙特阿拉伯私营部门中，建筑业和批发零售业是雇佣人数最多的行业，分别占私营部门雇佣劳动力总量的 38.9% 和 24.8%。私营部门中，沙特阿拉伯籍劳工在油气部门、水电部门以及金融部门所占比例较高，特别是在油气部门，沙特阿拉伯籍劳动力所占比例超过了外籍劳工。

沙特阿拉伯经济与计划部统计与信息司的最新资料显示，2007 年沙特阿拉伯失业人口为 46.3 万，较上年下降 7.7%，其中沙特阿拉伯籍为 44.5 万人，占失业人口总数的 96.1%。2007 年沙特阿拉伯失业率为 5.63%，外籍劳动力的失业率仅为 0.43%，而沙特阿拉伯籍劳动力的失业率则高达 11.0%，其中妇女失业率更是高达 24.7%。

为了解决国内日益严重的失业问题，沙特阿拉伯劳动部会同其他政府部门共同推进劳动力的"沙特阿拉伯化战略"，"沙特阿拉伯化战略"主要是通过及时提供劳动力市场信息，为沙特阿拉伯公民提供职业培训以及限制特定部门外籍劳动力的比例来提高沙特阿拉伯籍劳动力在国内各经济部门中所占的比例。经过努力，私营部门中沙特阿拉伯籍雇员的比例有所增加，由 2006 年的 12.8% 增加到 2003 年的 13.1%。同时沙特阿拉伯籍劳动力的失业率也有所下降，由 2006 年的 12.02% 降为 2006 年的 11.0%。

四　居民收入

沙特阿拉伯政府部门雇员的工资标准比较复杂，按照工作性质不同划分为 7 个门类，而每一门类按照雇员级别不同工资水平也有较大差异。2005 年，沙特阿拉伯政府将政府雇员工资提高 15%，工资增加后，政府雇员工资标准如下：

（1）政府雇员一般工资：共设有 15 级，最低为 2530 里亚尔/月，最高为 20625 里亚尔/月；

（2）办事员及文书工资：共设有 3 级，最低为 1732 里亚尔/月，最高为 3812 里亚尔/月；

（3）教师工资：共设有 6 级，最低为 7157 里亚尔/月，最高为 13237 里亚尔/月；

（4）法官工资：共设有 10 级，最低为 8970 里亚尔/月，最高为 26945 里亚尔/月；

（5）大学（或类似机构）教职职位工资：共设有 5 级，最低为 8300 里亚尔/月，最高为 20460 里亚尔/月；

（6）沙特阿拉伯调查委员会（Saudi Commission of Investigation）和公共检察局（Public Prosecution Bureau）的工资：共设有 9 级，最低为 6415 里亚尔/月，最高为 28750 里亚尔/月；

（7）医务工作者工资：共设有 8 级，最低为 5827 里亚尔/月，最高为 17980 里亚尔/月。

沙特阿拉伯政府雇员工资差别很大，最高等级工资差不多是最低等级工资的 16.6 倍，不过，即使是政府部门的最低工资也要高于私营部门的平均工资。2007 年，沙特阿拉伯私营部门的平均工资仅为 1354 里亚尔/月。政府部门与私营部门工资存在着巨大差异让很多沙特阿拉伯人宁肯选择失业也不愿意去私营部门工作。为了鼓励本国人就业，2005 年沙特阿拉伯劳动部将沙特阿拉伯籍工人最低工资标准上调至 1500 里亚尔/月，这一标准比 2007 年私营部门的平均工资要高出 10.8%。

五 住房

沙特阿拉伯经济与计划部出版的《沙特阿拉伯人口与住房统计（2004）》显示：2004 年，沙特阿拉伯共有住房 399.18 万套，其中公寓 150.54 万套、传统住宅 111.45 万套、别墅 72.98 万套、单层住宅（别墅或传统住宅中的一层）38.69 万套，其他类型住宅为 25.52 万套。沙特阿拉伯 399.18 万

套住房总共住有人口 2192.01 万。按其居住住宅类型划分，31.78% 居住于公寓、29.9% 居住于传统住宅、24.2% 居住于别墅、11.1% 居住于单层住宅、3.0% 居住于其他类型住宅。

沙特阿拉伯移民众多，因此在 399.18 万套住房中只有 276.18 万套为沙特阿拉伯家庭居住，占住宅总数的 69.19%。其中，公寓 89.95 万套、传统住宅 77.47 万套、别墅 68.14 万套、单层住宅（别墅或传统住宅中的一层）33.91 万套，其他类型住宅为 6.71 万套。沙特阿拉伯家庭居住的 276.18 万套住房总共住有人口 1684.65 万，按其居住住宅类型划分，24.7% 居住于公寓、30.1% 居住于传统住宅、30.1% 居住于别墅、12.8% 居住于单层住宅、2.30% 居住于其他类型住宅。从以上数据可以看出，大多数沙特阿拉伯公民居住于传统住宅和别墅，其居住条件要远远好于外籍人士。

按家庭和人口划分，2004 年沙特阿拉伯仅有 58.7% 的家庭和 65.5% 的人口居住于自有住房中。

沙特阿拉伯移民众多，住房需求旺盛，因此房租较贵。为了满足沙特阿拉伯公民的住房需求，沙特阿拉伯政府于 2006 年启动了"公共住房计划"。该计划分为 4 期，总计修建住房 6.6 万套，投入资金总计 100 亿里亚尔。项目的第 1 期于 2006 财政年度启动，投入资金 24 亿里亚尔，修建住房 1.6 万套；第 2 期于 2007 财政年度启动，投入资金 25.2 亿里亚尔，修建住房 1.68 万套；第 3 期于 2008 财政年度启动，投入资金 25.2 亿里亚尔，修建住房 1.68 万套；第 4 期将于 2009 财政年度启动，投入资金 24.6 亿里亚尔，拟修建住房 1.64 万套。在政府的努力下，沙特阿拉伯国民的居住条件已有所改善，2007 年 9 月沙特阿拉伯经济和计划部大臣哈立德·穆罕默德·古萨比表示，根据统计总局的统计，约有 62% 的沙特阿拉伯家庭拥有住房，这一数据则较 2004 年增加约 3.3%。

六 社会福利

建国后，沙特阿拉伯政府高度重视国内福利制度的建设，并将其列入国民经济发展计划。1962 年时任沙特阿拉伯首相的费萨尔王储发表了著名的十点施政纲领，其中详尽谈到了实行免费教育、医疗和社会保险、失业保险制度及降低食品价格等各项福利措施。政府于 1961 年成立劳工与社会事务部，负责制订有关政策并监督其实施，以实现社会的平衡发展。1962 年，国家社会保险总局成立。不过沙特阿拉伯福利制度得到较大发展，还是在 70 年代的"石油繁荣"之后。依靠雄厚的经济实力，沙特阿拉伯政府将该国建设成为令人称羡的高福利国家。

沙特阿拉伯政府通过各种途径补贴国内人民生活，以提高本国居民的生活质量，沙特阿拉伯实施的社会福利政策主要包括：

（1）价格补贴。沙特阿拉伯的供水、供电、石油、天然气以及基本食品和商品都属于政府补贴范围。在沙特阿拉伯水费电费价格非常低，几乎可以忽略不计。石油天然气价格也十分低廉。同时，粮食价格由于得到政府补贴，也要低于国际水平。

（2）免费医疗和免费教育。沙特阿拉伯政府对本国公民实行免费医疗制度；沙特阿拉伯从小学到大学，各类教育也都免费，大学生和技校生上学不但不需缴纳学费，还可以每月从政府领取补贴。

（3）住房贷款。沙特阿拉伯每个没有住房（或者住房太老，被判定为无法居住）且年龄在 24 周岁以上的男性公民（女性公民需要满足未婚、40 周岁以上/离异或丧偶）都可向沙特阿拉伯房地产发展基金申请一笔购房（建房）贷款，贷款数额最高可为购房（建房）总金额的 75%，偿还期为 25 年。

（4）济贫贷款。济贫贷款主要向低收入阶层提供，凡年收

入不超过 3.6 万里亚尔且无沙特信贷银行未偿还贷款的沙特阿拉伯公民都可因婚庆、房屋维修、家庭急需（应付基本生活开支）、职业培训等原因向沙特信贷银行申请一笔数额为 2 万里亚尔以下的贷款。

（5）低税政策。这是一种间接福利。沙特阿拉伯公民不需缴纳个人所得税，仅需缴纳天课（占资产额的 2.5%）。而且独资的沙特阿拉伯企业家自估资产，纳税多少完全取决于个人。只有沙特阿拉伯与外国合资企业才由政府评估资产。

沙特阿拉伯政府除了向本国公民提供各种直接、间接的补助外，还建立了完善的社会保险制度。沙特阿拉伯的首部《社会保险法》于 1962 年颁布，第二部《社会保险法》于 1969 年颁布。现行《社会保险法》颁布于 2000 年，并于 2001 年进行了增补。沙特阿拉伯《社会保险法》在养老、伤残、死亡、工伤等诸多领域给予沙特阿拉伯公民及其家属以经济保障，新保险法规定公共部门和私营部门的雇员必须参加保险（公务员和军人另有缴纳保费的办法，特定行业和外籍人士不得参加保险），受保人和雇主各需缴纳受保人收入的 9% 作为资金来源。

第五章

军　事

第一节　概述

一　建军简史

沙特阿拉伯步兵是建立最早的武装力量，也是陆军的骨干力量。步兵优先发展机械化力量，依靠机械化部队完成作战任务。为提高陆军单兵作战能力，沙特阿拉伯建立专门的陆军学校，对士兵进行作战技能培训。1977 年成立的"步兵学校"既负责对步兵的教育和训练，也进行对步兵技术和战术的研究。

沙特阿拉伯装甲兵部队初创于阿卜杜勒·阿齐兹国王当政时期，当时被称为"铁骑"，1967 年部队全面改建，装备了适应沙特阿拉伯地理环境的现代化坦克和装甲车，1972 年 9 月改称装甲兵部队。"装甲兵学校"负责对装甲兵部队官兵的各种培训工作。沙特阿拉伯装甲兵部队参加了 1991 年的海湾战争，是解放科威特的一支先锋部队。

1954 年，沙特阿拉伯开始培养伞兵。1967 年，沙特阿拉伯伞兵部队曾参加第三次阿以战争，在约旦"格尔萨菲"战役中参加战斗。1973 年第四次阿以战争爆发，沙特阿拉伯伞兵部队曾参加了在叙利亚前线的战斗，历时 85 天。1976 年，沙特阿拉伯伞兵与阿拉伯抵抗部队一起进入黎巴嫩，执行维和任务，发挥了重要作用。

沙特阿拉伯炮兵建立于 1935 年，当时使用青铜炮。炮兵经过多次重建，大多配备现代化火炮。炮兵部队成员一半都要在"炮兵学校"接受炮兵技术学习和训练。

沙特阿拉伯空军是阿拉伯国家中建立较早（1923 年）的一支空军部队。1935 年，沙特阿拉伯与英国等西方国家签约，派青年军官代表团到国外空军学院进修学习，他们中大多成为日后空军的核心力量。费萨尔国王当政时期，成立航空协会，鼓励沙特阿拉伯青年投身于沙特阿拉伯航空事业。

沙特阿拉伯空军拥有大量适合当地气候与地理环境的各种新型战斗机、攻击机和侦察机，在全国各地建有空军基地，是王国的重要国防力量。1964 年，沙特阿拉伯组建了空军部队，进一步提高了部队管理和战斗能力。1973 年，空军命名为"沙特阿拉伯王国空军"。

沙特阿拉伯拥有漫长的海岸线，石油及重要物资的进出口贸易严重依赖海上交通，所以沙特阿拉伯将海军的发展放在其军队建设的首要地位。沙特阿拉伯王国海军的发展可以追溯到 1974 年。在此之前，海军只有少量陈旧的巡逻艇、登陆艇等。此后，沙特阿拉伯海军获得稳步发展。但是，在该国军费预算中海军所占份额最低，许多舰艇的作战能力十分低下，尤其是缺乏越洋和远海作战能力。目前沙特阿拉伯海军还不具备实施超视距作战和深海远洋作战的能力。[1] 沙特阿拉伯海军的主要任务是进行近岸防御，实施沿海巡逻，确保海湾和红海的边界安全，保卫邻近海域和岛屿，并对港口基地和近海设施实施有效控制。

---

[1] 江艳伟编译《沙特阿拉伯海军扫描》，《国防科技》2003 年第 6 期，第 54 页。

沙特阿拉伯海军司令部设在首都利雅得。海军部队编成两支两栖舰队和一支海军陆战队。西部舰队司令部设在红海岸边的吉达，并在沃季赫和延布湾建有军事基地；东部舰队司令部设在海湾朱拜勒港，在达曼、拉斯坦努拉、盖提夫也建有基地。

沙特阿拉伯海军的发展目标是具备在红海和阿拉伯湾两个海域同时作战的能力。根据最新的海军组织法和配置法，沙特阿拉伯建立了海军陆战队。这支部队经过特殊训练，具有特种作战能力，可以胜任格斗、搜索、救援、潜伏、驾驭水陆两栖坦克和快艇等。此外还建立了海军安全部队，配合海军陆战队的行动。

沙特阿拉伯防空军始建于 1966 年，是沙特阿拉伯最年轻的军种，其主要任务是保护城市平民、地面设施以及空军基地免遭袭击，1984 年命名为"沙特阿拉伯王国防空部队"。1973 年第四次阿以战争中，沙特阿拉伯防空部队曾用导弹击落以色列战机。1991 年海湾战争中，防空部队曾成功拦截伊拉克军队向沙特阿拉伯发射的"飞毛腿导弹"。防空部队的防空系统完全采用现代技术，主要使用各种防空导弹。每个防空建制单位都配备有装甲车、雷达、控制设备、控制中心、计算机和导弹。

沙特阿拉伯准军事部队主要有国民卫队、警察和边防部队。

国民卫队在沙特阿拉伯武装力量中占有特殊地位，由骁勇善战的贝都因部落子弟组成，被称为"白色卫队"，其职责是保卫沙特王室和油田，装备有火炮、装甲车、防空导弹和轻武器，部署在首都利雅得和空军基地塔伊夫周围，以及横跨阿拉伯半岛的石油管道沿线和东部大型油田附近。1962 年，阿卜杜拉亲王（现任沙特阿拉伯国王）开始负责对国民卫队的组建、教育和装备的更新，按照现代化要求加强技术建设和技能训练，努力提高国民卫队掌握先进武器的能力和技战术水平。国民卫队强调士兵的文化素质教育，部队拥有许多体育俱乐部，项目齐全，旨在增进士兵的身体素质和思想水平。

沙特阿拉伯警察部队服从内政大臣的调遣指挥，负责全国的治安，制止常规犯罪。警察部队配备有轻武器，按照省和地方一级进行组建，相关省份最高行政长官向内政大臣负责，维护地方秩序。在边远部落地区，部落领袖在维护法律和秩序方面向警方负责。警察服装样式和军队制服一致，只不过以红色贝雷帽相区别。警察学院设在麦加，负责培训警官。

沙特阿拉伯还有一支特殊的警察队伍——宗教警察。其主要任务是监督公众遵循伊斯兰宗教义务，比如在斋月封斋、一天五次礼拜、禁止饮酒等。该队伍对于政府搜集信息极有帮助。

沙特阿拉伯边防部队分为边疆部队和海岸警卫队，前者负责陆地边境的巡逻，后者装备有数百艘小船，重点打击海上走私活动。

沙特阿拉伯军队需要保护相当于中国领土 1/4 的国土面积和边境安全，并协助保护科威特的领土完整。沙特阿拉伯与科威特有 222 公里的边界线，与伊拉克有 814 公里、与约旦有 744 公里、与阿曼有 676 公里、与阿联酋有 457 公里、与卡塔尔有 60 公里、与也门有 1458 公里的边界线，陆地边界线总共有 4431 公里。沙特阿拉伯东西两面临海，海岸线总长约 2640 公里，漫长的海岸线是沙特阿拉伯的生命线，是沙特阿拉伯军队的防御重点。

沙特阿拉伯政府对内需要维护社会稳定，防止极端势力威胁沙特家族的统治，对现政权构成挑战；对外，由于政治、经济、宗教和民族矛盾，加上丰富的石油储藏引起外来势力觊觎，沙特阿拉伯在地缘和国际政治领域面临严峻挑战，安全问题日益突出。因此，沙特阿拉伯政府不断实施强军路线，增强军备，巩固国防，力求实现国内国际的全面稳定与安全。

二　国防体制

特阿拉伯国王为王国军队最高统帅。国王兼首相、武装力量统帅、国民卫队司令阿卜杜拉·本·阿卜杜勒－阿齐兹（2005 年 8 月 1 日即位），王储、副首相兼国防与航空大臣苏尔坦·本·阿卜杜勒－阿齐兹（2005 年 8 月 1 日上任）。最高国防决策机构为高级防务委员会，成员由国王以及负责国防、航空、财政、通信和外交的大臣及武装力量参谋长组成，国王任主席。国防部为最高军事行政机构。国王通过国防部和总参谋部对全国武装力量实施领导和指挥。

武装力量由正规军和准军事部队组成。正规军分为皇家陆军、皇家海军、皇家空军和皇家防空军 4 个军种。最高军事指挥机构为总参谋部。总参谋长穆罕默德·萨利赫·哈马迪上将。陆军司令阿卜杜·拉曼（2009 年 2 月 14 日上任）。海军司令萨米·本·曼索·阿尔·拉非少将（2006 年 2 月上任）。空军司令阿卜杜·阿齐兹·胡纳迪中将（1994 年 1 月上任）。防空军司令马吉德·本·哈马德·奥塔比中将（1994 年 1 月上任）。

三 国防预算

自 20 世纪 90 年代以来，沙特阿拉伯的国防费用一直处于中东之最。以 1998 年为例，沙特阿拉伯的人均国防开支为 915 美元，军人人均开支 181280 美元，整个国防开支几乎占到国内生产总值的 15%。1992 ~ 1998 年，历年国防开支依次为：145 亿美元（543 亿里亚尔）、166 亿美元（620 亿里亚尔）、143 亿美元（535 亿里亚尔）、132 亿美元（495 亿里亚尔）、139 亿美元（520 亿里亚尔）、179 亿美元（670 亿里亚尔）和 184 亿美元（690 亿里亚尔）。[①] 2000 年，国防预算 700 亿里亚尔（合 187 亿美元），2003 年 187 亿美元，2004 年上升为 193 亿美元，2005 年 213 亿美元，2006 年 289 亿美元，2007 年 333 亿美元，2008 年 382 亿美元（现值美元），2009 年为 412 亿美

---

① 《简氏防务报告——海湾国家》，2000 年 5 ~ 10 月，第 416 页。

元。国家军费占 GDP 的比例，1999 年为 11.4%，2000 年为 10.6%，2001 年为 11.5%，2002 年为 9.8%，2003 年为 8.7%，2004 年为 8.4%，2005 年为 8.0%，2006 年为 8.3%，2007 年为 8.3%。沙特阿拉伯的军费开支在 GDP 中所占比例之高为世界第一。[①] 由于受世界油价影响，沙特阿拉伯国防开支有时会有所下降，比如 90 年代中期。但总体而言，这一开支保持了较快的上升势头。沙特阿拉伯国防开支的大部分用来购买先进的武器装备，提高本国部队的作战和防御能力。在地区形势出现动荡、周边环境不稳的情况下，沙特阿拉伯的国防开支会出现更加明显的增长。

第二节　武装力量编成和装备

沙特阿拉伯军事力量在海湾合作委员会国家中最为强大。现役军人为 22.15 万人（包括国民卫队现役军人 7.3 万人）。[②]

一　皇家陆军

沙特阿拉伯陆军兵力为 7.5 万人，编成 3 个装甲旅（各辖坦克营 3 个、机械化营 1 个、野战炮兵营 1 个、装甲侦察营 1 个、防空营 1 个、反坦克营 1 个），5 个机械化旅（各辖机械化营 3 个、坦克营 1 个、野战炮兵营 1 个、防空营 1 个、支援营 1 个），1 个空降旅（辖空降营 2 个、特种部队连 3 个），1 个炮兵旅（辖野战炮兵营 5 个、自行多管火箭炮营 2 个、自行导弹营 1 个），1 个陆军航空兵司令部（辖攻击直升机旅 1

① 《SIPRT 年鉴 2009》，时事出版社，2010，第 300 ~ 302 页。
② 《军事力量对比 2010》，英国国际战略研究所，2010，第 269 ~ 272 页。

个、直升机旅 1 个)，1 个王室警卫团（辖 3 个步兵营）。

主战坦克：共 910 辆，其中 M－1A2 型"艾伯拉姆斯"式 115 辆（估计储备 200 辆），AMX－30 型 145 辆，M－60A3 型 450 辆。装甲侦察车：共 430 辆，其中 LAV 型 130 辆，AML－60/90 型 300 辆。步兵战车：780 辆以上，其中 AMX－10P 型 380 余辆，M－2 型"布雷德利"式 400 辆（每辆装备"陶"式反坦克导弹 2 枚，30 毫米火炮 1 门）。

装甲人员输送车：共 2240 辆，其中 M－113A1/A2/A3 型 1650 辆（含各种改进型），M－3"庞阿尔"型 150 辆，AF－40－8－1 型"法赫德"式约 40 辆（库存），其他各型 400 辆。

火炮共 855 门：其中牵引火炮 283 门，M－101/－102 型 105 毫米炮 100 门（储备），FH－70 型 155 毫米炮 40 门（储备），M－198 型 155 毫米炮 27 门，M－114 型 155 毫米炮 50 门，M－115 型 203 毫米炮 8 门（储备）。自行火炮 170 余门：其中 M－109A1B/A2 型 155 毫米炮 110 门，AU－F－1 型 155 毫米炮 60 门。多管火箭炮："阿斯特罗斯" 2 型 60 门。迫击炮 500 门：其中 81 毫米炮 70 门，M－30 型 107 毫米炮 150 门，81 毫米和 M－30 型 107 毫米炮 170 门，"勃兰特"式 120 毫米炮 110 门。无后坐力炮共 450 余门：其中"卡尔－古斯塔夫"式 84 毫米炮 300 门，M－67 型 90 毫米炮 100 门，M－40A1 型 106 毫米炮 50 门。火箭炮："阿普拉斯"式 112 毫米炮约 200 门。地地导弹：中国制 CSS－2 型导弹发射架约 10 部（40 枚导弹）。

反坦克导弹 2240 枚以上：其中 AMX－10P 型（"霍克"式）90 枚（自行），CC－型（"陶"式）200 枚（自行），"陶"－2A式 950 枚；M－47 型"龙"式 1000 枚。

武装直升机：AH－64"阿帕奇"12 架。

运输直升机共 55 架：S－70A1 型"沙漠之鹰"12 架，UH－60A"黑鹰"22 架（其中 4 架医疗救护），AS－365N 型"海豚"

6 架（医疗救护），Be11406CS 型 "战斗侦察兵" 15 架。

地空导弹 1000 枚以上："响尾蛇" 式若干枚，FIM - 92A "毒刺" 式 500 枚，FIM - 43 型 "红眼睛" 式 500 枚。

二　皇家海军

海军兵力约 1.35 万人（包括海军陆战队 3000 人），编有 1 个海军司令部（利雅得）和 2 个舰队（即东部舰队和西部舰队）。

海军装备总共有舰艇约 96 艘，其中护卫舰 7 艘，其中 "利雅得" 级 3 艘、"麦地那" 级（法国 F - 2000 型）4 艘；护卫艇 4 艘，"巴德尔" 级，即原美国 "塔科马" 级；导弹艇 9 艘，"西德基"，原美国 58 米艇；海岸巡逻艇 17 艘，原美国 Halter Marine 级，排水量不到 100 吨；近海巡逻艇 39 艘，原法国 Simonneau 级；扫雷艇 4 艘，"阿德里亚" 级，原美国 MSC - 322 型；猎雷艇 3 艘，"焦夫" 级，原英国 "桑当" 级；登陆艇 8 艘，其中 LCU 型 4 艘，LCM 型 4 艘；补给舰 2 艘，"布莱达" 级，原法国 "迪朗斯河" 级；皇家游艇 3 艘。

海军航空兵装备有 AS - 565 型攻击直升机 15 架，AS - 532B/AS - 332F 型 "超级美洲豹" 运输直升机 12 架，贝尔 - 406CS 型 "战斗侦察兵" 多用途直升机 13 架，AS - 365N 型 "海豚" - 2 多用途直升机 6 架。

海军陆战队总兵力约 3000 人，编成 1 个步兵团（辖 2 个步兵营），装备有 BMR - 600P 型装甲人员输送车 140 辆。

三　皇家空军

空军兵力约 2 万人，编有 6 个战斗机中队、7 个攻击机中队、1 个侦察机中队、1 个预警机中队、8 个教练机中队、3 个运输机中队、2 个直升机中队以及若干个加油机中队，总共装备有各型飞机 481 架，其中作战飞机 280 架。其装备和编成如下：

战斗机 121 架，其中：F - 15C 型"鹰"式 66 架，F - 15D 型"鹰"式 18 架，编成 4 个中队；"旋风"ADV 型 15 架，编成 1 个中队；F - 5B/F - 5F"虎"Ⅱ型/RF - 5E 型"虎眼"式 22 架，编成 1 个中队。

攻击机 159 架，其中："台风"式 4 架，编成 1 个中队；F - 15S 型"鹰"式 70 架，编成 3 个中队；"旋风"式 IDS 型 85 架，编成 3 个中队。

预警机 5 架，E - 3A 型"哨兵"式，编成 1 个中队。

加油机 15 架，其中 KE - 3A 型 7 架，KC - 130H"大力士"式 8 架。

运输机 45 架，编成 3 个中队。其中 C - 130E"大力士"式 7 架，C - 130H"大力士"式 29 架，C - 130H - 30 型"大力士"式 2 架，CN - 235 型 4 架，L - 100 - 30HS 型 3 架（医务机）。

教练机总共约 123 架，其中"鹰"（Hawk）Mk65 型 25 架，编成 2 个中队（包括特技飞行队）；"鹰"Mk65A 型 18 架，编成 1 个中队；F - 5B 型"自由战士"14 架，编成 2 个中队；"喷气流"MK31 型 1 架；MFI - 17 型"木沙克"20 架，编成 1 个中队；PC - 9 型 45 架，编成 2 个中队。

多用途机 13 架，"塞斯纳"172 型，编成 1 个中队。

直升机共 78 架，其中 AB - 205（贝尔 205）型 22 架，AB - 206A（贝尔 206A）型 13 架，AB - 212 型（贝尔 212）17 架，AB - 412 型（贝尔 412）16 架，AS - 532 型"美洲狮"10 架。

空军装备的导弹有 AGM - 65 型"小牛"式、"海鹰"式空对地导弹；AIM - 9J/9L/9P 型"响尾蛇"、AIM - 7/7M 型"麻雀"式、AIM - 120"阿姆拉姆"式、"天空闪光"空对空导弹；"阿拉姆"式反辐射导弹。

王室飞行队装备有运输机 16 架，其中波音 737 - 200 型 1
架、波音 747SP 型 2 架、BAe125 - 800 型 4 架、"塞斯纳" 310
型 1 架、"湾流" Ⅲ 型 2 架、"利尔述特" 35 型 2 架、VC - 130H
型 4 架。此外，王室飞行队还有 S - 70 型 "黑鹰" 式运输机 1
架，AB - 212 型（贝尔 212）直升机若干架，AS - 61 型多用途
直升机 3 架。

四　皇家防空军部队

防空军兵力约 1.6 万人，编成 49 个防空导弹连，装备
有地对空导弹、高射炮、防空雷达等武器装备，其
中：

自行式地对空导弹 500 余枚，型号有 "响尾蛇" 40 枚、FIM -
92A 型 "复仇者" 式 400 枚、"夏安" 式 68 部（编成 17 个防空
连，配备 AMX - 30SA 型高射炮 50 门）、"响尾蛇" / "夏安"
式 68 枚（编成 73 个定点防空分队）；

牵引式地对空导弹 224 枚，型号有 "霍克" MIM - 23B 型
128 枚（编成 16 个防空旅）、PAC - 2 型 96 枚（编成 16 个防空
旅）；

便携式地对空导弹 500 枚，型号为 FIM - 43 型 "红眼" 式；
海军地对空导弹 500 枚，型号为 "西北风" 式；

高射炮 1220 余门，包括 942 门自行高射炮（M - 163 型
"火神" 20 毫米炮 92 门、AMX - 30SA 型 30 毫米炮 850 门）和
278 门牵引高射炮（GDF "厄利孔" 式 35 毫米炮 128 门、L70 型
40 毫米炮 150 门）；

防空雷达 80 部以上，其中包括 17 部 AN/FPS - 117 型雷达、
28 部 AN/TPS - 43 型雷达、35 部 AN/TPS - 63 雷达以及若干部
AN/TPS - 59 型和 AN/TPS - 70 型雷达。

沙特阿拉伯防空网最重要的组成部分是价值 80 亿美元的

"和平之盾"系统，这是该国迄今建立的最大防空系统。它建成于 1995 年，由 17 套 AN/FPS - 117 型远程二坐标雷达系统及与之相连的 AN/TPS - 43 和 AN/TPS - 70 中短程雷达构成。防空军指挥部下辖 16 部"霍克"导弹发射架（配备 128 枚导弹），2~4 部"爱国者 - 2"改良型地空导弹系统和 17 部"猎鹰"（夏安）导弹（Shahine fire）发射架（配备 68 枚导弹）。

　　沙特阿拉伯的防空能力有可能进一步得到增强。据报道，沙特阿拉伯政府在 2005 年的财政预算中已准备拿出专项经费进行反导系统建设，以应对伊拉克前政权被推翻以后依然动荡不安的海湾局势。这套系统包括采购"爱国者 - 3"导弹和超视距预警雷达。如果反导系统建成，沙特阿拉伯将是阿拉伯世界中唯一拥有国家导弹防御系统（NMD）的国家。沙特阿拉伯军队提交的新预算草案中，包括了美国"爱国者 - 3"升级版反导系统、超视距雷达系统等项目。军方还引用沙特阿拉伯与法国签署的《共同防御条约》，提出与法国共享"太阳神 3"型侦察卫星的数据资料，实现 2008 年前对沙特阿拉伯重要石油、军事、宗教设施的"无缝隙防御"。沙特阿拉伯军队甚至建议，为了尽快形成战斗力，可以与美国协商，直接从驻中东的美军那里购买现成的"爱国者 - 3"导弹，实现沙特阿拉伯与美国当地驻军的"爱国者"导弹部队信息共享和联合值勤。

　　根据规划，沙特阿拉伯将请美国波音公司把现有的 E - 3A 型"哨兵"式预警机上雷达探测精度提高 10 倍，探测距离增加 70%~100%，可以在 500 多公里外的低空探测到具有隐身功能的巡航导弹。由于担心美国拒绝与其分享卫星情报，沙特阿拉伯另辟蹊径，提出与法国分享军事侦察卫星情报的意向。法国"太阳神 - 3"侦察型卫星的分辨率达到了几十厘米，能 24 小时不间断工作。沙特阿拉伯希望能及时获得"太阳神 – 3"侦察型卫星拍摄到的有关以色列、伊朗和叙利亚军事调动尤其是导弹研制部署的图像情报，以确保其防务决策的准确性。①

五 国民卫队

沙特阿拉伯国民卫队共 9.8 万人，其中现役兵力 7.3 万人，部落征集兵 2.5 万人。

沙特阿拉伯国民卫队编成 3 个机械化步兵旅（每旅辖 4 个陆军诸兵种营）和 5 个步兵旅（每旅辖 3 个诸兵种合成营、1 个炮兵营和 1 个补给营）。此外还有 1 个仪仗骑兵中队。

沙特阿拉伯国民卫队装备有各种战车、火炮、导弹等武器装备，主要有以下类型：

LAV – 25 型"郊狼"装甲侦察车 450 辆，IFV – 25 型装甲步兵战车 1117 辆，装甲人员输送车 2220 辆（其中瑞士"皮兰哈"Ⅱ型 1120 辆、V – 150 型"突击队员"式 290 辆、库存 810 辆），牵引式火炮 90 门（其中 M – 102 型 105 毫米炮 50 门；M – 198 型 155 毫米炮 40 门），81 毫米迫击炮若干门，便携式反坦克导弹"陶" – 2A 型 116 部（导弹约 2000 枚），M47"龙"式反坦克导弹若干枚，M – 40A1 型 106 毫米无后坐力炮若干枚和牵引式高射炮 160 门（包括 30 门 M – 167 型"火神"20 毫米炮和 130 门 M – 2 型 90 毫米炮）。

六 准军事部队

1. 边防部队

边防部队兵力约有 1 万人，隶属于内政部，司令部设在利雅得，下辖 9 个地区司令部。

---

① 韩伟：《沙特也要建反导系统》，2005 年 1 月 10 日《环球时报》。

边防部队编成若干个机动防御（远程巡逻）分队，若干个宪兵分队，2 个边防巡逻分队，12 个基础设施防御分队，18 个港口防御分队和若干个海岸防御分队。

边防部队的武器装备主要有 AS – 332F 型"超级美洲豹"攻击直升机 6 架（配备有 AM – 39 型"飞鱼"空对舰导弹 12 枚）和 AS – 332B 型"超级美洲豹"运输直升机 6 架。

2. 海岸警卫队

海岸警卫队兵力约 4500 人，基地设在阿兹扎姆（Azizam）。

海岸警卫队装备有 262 艘海岸巡逻艇，其中"焦夫"级巡逻快艇 4 艘，"海上卫士"级 2 艘，Stanpatrol12606 型 6 艘，Simonneau 51 型 39 艘，其他各型号巡逻艇 211 艘。除了"焦夫"级外，其他巡逻艇排水量不足 100 吨。

此外，还有 13 艘气垫船，其中气垫工作船 8 艘、气垫登陆艇 5 艘；训练舰 1 艘；小型油船 3 艘（航行中加油）和王室游艇 1 艘（排水量约 5000 吨）。

3. 特种安全部队

特种安全部队兵力约 500 人，装备有 UR – 416 型装甲人员输送车若干辆。

4. 民防总局分队

民防总局分队装备有"波音韦图"107 型运输直升机 10 架。

七 工业安全部队

工业安全部队组建于 2006 年，现有兵力约 9000 人，其主要职责是保护国内油田等重要基础设施安全。该部队为沙特阿拉伯新安全体系的一部分，新安全体系将担负监视和危机处理等职能，实现对危机的预防和快速反应。

八 外国驻军

美军中央总部：陆军 144 人，海军 25 人，空军 81 人，海军陆战队 27 人，与沙特阿拉伯国民卫队合组联合部队 500 人。

海湾合作委员会"半岛之盾"部队约 9000 人。

第三节 军事训练和兵役制度

一 军事训练

为建立一支装备精良的职业化军队，沙特阿拉伯十分重视军事教育和军事院校建设。列兵的初期军训在训练中心进行，而士官和专业人员的训练则在各军种的军校实施。军官由全国各大军事学院培养。

沙特阿拉伯的军事学院都是以历代国王的名字命名的。较大的院校有阿齐兹陆军学院、法赫德安全学院、费萨尔空军学院、哈立德国民卫队学院和法赫德海军学院。

阿齐兹陆军学院 沙特阿拉伯建校最早的军事学院，20 世纪 30 年代创建于麦加，先后两次搬迁，最后建在利雅得郊区的阿里阿伊恩镇。学院隶属于国防部，由陆军总司令直接领导，主要为陆军、防空军及其他兵种培训军官。学院为学员提供良好的物质和生活保障。

阿齐兹陆军学院一般学制为 3 年，每学期不少于 30 周的课时，每周安排 25 学时的课程。主要课程有战术、军兵种知识、军事历史、军事地理、军事医学、作战技能、侦察的组织、司令部工作、工兵作业、通信、地形学和后勤工作。此外，还开设物理、数学、化学、经济、国际法、心理学、阿拉伯语和英语以及计算机技术等普通教育课程。学院规定《古兰经》和经学是学员必修课。毕业学员获得与地方大学相当的军事科学学士学位证书和中尉军衔。

法赫德安全学院 法赫德安全学院已有 50 多年的历史。该院初创于圣城麦加。后搬迁到现址利雅得，隶属于内政部，主要为内政部所属部队培训军官。

学院主要招收高中毕业生和社会青年。一般学习时间是 3 年。学院主要课程设置有：阿拉伯语、警察学、犯罪学、犯罪心理学、刑法、伊斯兰法、《古兰经》、国际法、教义学、法医学、社会秩序保障方法、君主制国家管理知识、鉴定侦察、经济学、驾驶、武器的使用、射击学、格斗等。军兵种知识、地形学和通信是军事课程重点。学员毕业后获安全学士学位，并被授予中尉军衔。

费萨尔空军学院 沙特阿拉伯培训空军飞行员和技术人员的重要院校，已有 40 多年历史，隶属于国防与航空部。该学院学制 3 年。第一年学员主要接受严格的军事和体能训练，第二和第三年主要进行专业和普通教育训练。学院还接收来自友好国家的学员。

学员毕业后获军事科学学士学位，授中尉军衔，被派往空军各部队服役。费萨尔空军学院的建成，使沙特阿拉伯王国的空军部队实现了飞行员的自给自足。

哈立德国民卫队学院 创建于 20 世纪 80 年代，其前身是军官学校。学校主要培训沙特阿拉伯国民卫队军官。只有在沙特阿拉伯本国出生和受过教育的阿拉伯人才有资格进入该学院学习。毕业学员获军事科学学士学位，中尉军衔，并被派往国民卫队服役。沙特阿拉伯的国民卫队由现任国王兼首相阿卜杜拉直接领导，主要担负重大国事和一年一度的朝觐活动时的社会治安和秩序保障任务。学院每年还开办一期军官进修班。其学员是从其他高等院校毕业生中选拔的。

法赫德海军学院 沙特阿拉伯成立最晚的军事学院，只有10 年的历史。院址位于朱拜勒市。主要培训海军军官。课程包括军事和普通教育（数学、物理、化学、法律等）。毕业学员被分配到部署在红海和海湾地区的作战舰艇上担任军官。

二　兵役制度

沙特阿拉伯正规军平时实行志愿兵役制，战时实行义务兵役制，18～35 岁男子经批准参军。一般兵种服役期 2 年，特殊兵种服役 3 年。但沙特阿拉伯与海湾其他国家一样面临人力资源短缺的困难。沙特阿拉伯本国人口大约 2312 万（2005 年），由于国家为国民提供很好的社会福利，所以很少有人选择去军队谋生。空军和海军相对较受社会欢迎，步兵则被认为地位低下。沙特阿拉伯征兵困难使得政府的扩军计划一直难以完成，有些先进设备因为无人操作而只好保持库存状态。

三　军事司法制度

随着时代发展，沙特阿拉伯在伊斯兰法体系之外，发展出了独立的世俗法律体系，军事法律制度是其中之一。沙特阿拉伯军队实行的司法制度，是世俗法律体系下军事法律制度的重要组成部分，以 1947 年国防大臣签署颁布的《军事司法典》为主要依据。根据该法典的规定，沙特阿拉伯王国的军事司法权主要由军事法庭，以及国王、国防和航空大臣行使。军事法庭是军事犯罪案件的一审机构，属于非常设机构，在遇有具体案件时由军事指挥当局召集设立。国王及国防和航空大臣主要是对军事法庭作出的判决行使复审权。①

———

① 罗明、张沪生:《沙特阿拉伯的军事司法制度》，2006 年 2 月 12 日《法制日报》第 2 版。

由军事指挥当局临时召集设立的军事法庭。它通常由 6 名成员组成，其中包括从军官中挑选的主审法官 1 名、其他法官 4 名，以及军职或文职法律顾问 1 名。如果被告为军官，则要求每个法官的军衔均须高于被告的军衔。此外，军事法庭开庭时，还须有分别代表政府的控诉律师和代表被告的辩护律师出席。

沙特阿拉伯军事法庭管辖的对象，主要是现役军人、为部队提供服务的文职人员和服役期间犯有罪行但未被追诉的退役军人。军事法庭管辖的案件主要包括两类：一是除应由伊斯兰宗教法庭受理犯罪案件以外的普通犯罪案件；二是单纯的军事犯罪案件。《军事司法典》将单纯的军事犯罪分为违抗军令、轻罪和重罪 3 种。违抗军令在性质上属于可不作为犯罪处理的违反军纪的行为，可由部队指挥官实施行政处罚，处罚的范围有没收 1 天的薪金、24 小时至 45 天的监禁。军事轻罪主要包括给军队声誉造成损害的不检点行为、滥用职权、滥用军事资金或装备、煽动军人逃离部队、违反军事规章和命令等不法行为，其处罚范围包括没收 1 至 3 个月的薪金以及最高不超过 18 个月的监禁。军事重罪主要包括严重的叛国及对国王和军队不忠等罪行，对其可施以包括死刑在内的所有刑罚。

军事法庭审判案件适用的程序直接、简易，但必须以能够保护被告诉讼权利的方式进行。首先，案件必须经过彻底、公正的调查，并向具有权限的军事指挥官提交完整的调查报告后，方可由该指挥官决定是否将案件提交军事法庭审判。其次，庭审活动中，证明被告应当承担罪行的举证责任由代表政府的控诉律师承担，被告有权作无罪或减罪的辩护。最后，军事法庭的判决通常是终审判决，但如果存在有审判不规范或者有遗漏的罪行、证据有偏颇，或者有证据证明对被告施以刑讯等情形，国防和航空大臣或国王根据被告的要求，有权宣布军事法庭的判决无效，或变更判决。

第四节　军火采购和国防工业

一　军火采购

　　沙特阿拉伯政府重视军队的现代化建设，斥巨资采购先进的武器装备，以确保国家安全。为保持强大的国防力量，沙特阿拉伯经常斥巨资购买外国武器装备，是全球首屈一指的军火进口大国，其武器进口量占中东地区武器进口量的50%以上。1995～1997年，沙特阿拉伯从美国和欧洲进口的武器价值310亿美元。1987～1997年，沙特阿拉伯军事支出约为2620亿美元，年均军费支出占国民生产总值的18%，而同期美国的这个比例仅为4.6%。1998年国际市场的原油价格曾一度降至每桶11美元，为25年以来的最低点。作为沙特阿拉伯经济支柱的石油收入也由1997年的430亿美元锐减至1998年的300亿美元，降幅为35%，预算赤字高达122亿美元。即使是在这种困难局面下，当年沙特阿拉伯购买军火的开支仍维持在104亿美元。国防预算非但没有降低，反而增加了15%，达到了208亿美元，是当年中东最大的武器进口国。沙特阿拉伯军火开支始终维持在很高水平。[1]

　　沙特阿拉伯是美国在中东最大的军火买主。1950～1998年，沙特阿拉伯从美国购买了790亿美元以上的军火。1990年海湾危机爆发以后，沙特阿拉伯从美国订购了300亿美元的武器和60亿美元的商用飞机。进入21世纪，沙特阿拉伯从美国购买了大量的先进武器装备，如"艾伯拉姆斯"主战坦克、"布雷德

---

[1]　本部分内容主要参考王宏伟《沙特阿拉伯的军火贸易》，《阿拉伯世界》2001年第3期。

利"装甲运兵车、F－15 系列战斗机和"爱国者"地对空导弹等。

沙特阿拉伯从美国进口这些先进武器，一方面大大提高了沙特阿拉伯军队的作战能力，另一方而也刺激了中东地区的军备竞赛。早在 20 世纪 80 年代中期，沙特阿拉伯就提出要购买美国麦道公司生产的 F－15 型战斗轰炸机。美国国会考虑到向沙特阿拉伯出售这种飞机将会威胁以色列的国防安全，没有批准这一军售协议。1992 年，布什执政期间，鉴于国际政治形势的变化，美国国会批准向沙特阿拉伯出口 48 架载弹量 12 吨、可载弹飞行 1000 英里的 F－15 型战斗轰炸机。但在海湾战争的实战中，仍暴露出沙特空军飞机载弹量小、不能发射先进中程空对空导弹（AMRAAM）和高速反辐射（HARM）导弹、雷达分辨能力低等弱点。

沙特阿拉伯大量进口美国军火，一方面是由于美制武器的先进性，另一方面是由于美沙两国间有长期特殊的战略盟友关系。海湾战争的爆发使沙特阿拉伯与美国的政治、军事关系进一步密切。在美国的中东安全战略中，沙特阿拉伯占有重要地位。虽然沙特阿拉伯的军火要求有时会受到美国国会的反对，但实际上美国出于现实考虑一般都能满足沙特阿拉伯的防务需求。海湾战争前，沙特阿拉伯曾要求购买美国的先进武器装备，以与其对手伊朗和伊拉克抗衡。美国国防部为此提请国会在批准其向部分北约成员国和同盟国出售价值约 4 亿美元的军事装备计划时，同意向沙特阿拉伯出售价值 1.15 亿美元的 1500 枚 AIM－9 空对空导弹。

除了美国，沙特阿拉伯还从英、法等西方国家，以及南非、巴基斯坦等国采购军火。沙特阿拉伯与多个国家的军火供应商打交道，主要有两方面考虑。其一，价格因素。向多个供应商提出军火采购，便于讨价还价，压低价格，减少不必要的开支，规避国际军火市场的风险。其二，避免对其中任何一个国家产生依赖。西方对沙特阿拉伯的军火供应往往带有政治附加条件。美国经常通过暗中将战机性能缩水的办法来平衡各国的军事实力。20世纪90年代，美国同时向中东的以色列和沙特阿拉伯出口F-15战斗轰炸机，提供给以色列空军的F-15I战机保留了与美军现役F-15E战机相同的设备，价格也比照国内采购价，而出口到沙特阿拉伯的F-15S却是F-15E简化型，不仅发动机功率降低，雷达也取消了地面测绘能力，性能与F-15I根本不能相提并论。美国的用意就是要确保以色列对所有阿拉伯国家有无法超越的军事优势，沙特阿拉伯因此放弃了购买更多美制战机的念头，转而引进欧洲的EF-2000"台风"战斗机。① 在购买装备有"长弓"雷达的AH-64D"长弓阿帕奇"攻击直升机时，美国国防部也表示不太情愿提供这项技术。②

沙特阿拉伯的军火采购几乎涵盖各个军兵种武器。据美国五角大楼的有关报告称，海湾战争后，沙特阿拉伯的军火采购品种包括先进的战斗机、大型地面武器及其支持设备系统、直升机、护卫舰、坦克和电子战装备等军火。1991年，沙特阿拉伯从英国进口3艘"桑当"级猎雷艇；1992年，从加拿大进口111辆LAV-25轻型装甲车；1993年，从美国购买20枚爱国者BAC2地对空导弹；1994年，沙特阿拉伯与法国签约购买3艘F-3000型地对空导弹护卫舰；1996年，从英国购买4架"旋风"IDS战斗轰炸机。

1997，沙特阿拉伯将180亿美元国防开支中的110亿用于购买武器。该年7月，向法国GIAT公司购买了24套IAR-330L

---

① 参见2006年9月29日《环球时报》第8版。
② 德·布兰奇原著、倪海宁编译《油价飙升引起军购狂潮，海合会6国整合军力应对新威胁：海湾国家武装力量观察》，《国际展望》2006年第1期，第31页。

"美洲狮"直升机用 THL20 炮塔；与美国 DOD 公司签约，斥资 3 亿美元换取 E－3 型空中预警机和 KE－3 型空中加油机的支持服务。耗资 10 亿美元购买了 130 套 90 毫米炮塔武器系统，对国民卫队使用的轻型装甲车进行升级改造，配备了 M240 和 M2 机枪及装甲车；花费 5300 万美元从美国购买了 464 套 AN/VIC－90，355 套 AN/VIC－91，404 套 AN/VIC－119 无线电设备及高频无线电台和配件。同年 11 月，斥资 1 亿英镑从 Racal 公司购买了沙特阿拉伯陆军所用的豹－5 型超高频无线电设备（分 10 年付款）。此外，沙特阿拉伯还从美国购买了 56 辆 M－113 型装甲人员输送车，从法国购买了 2 辆 VBI 装甲车，从英国购买了 20 架"鹰"式军用教练机。1998 年，沙特阿拉伯从法国进口了 12 架 AS－532 型武装直升机。

2000 年，沙特阿拉伯向意大利购买了 40 架 AB－417TE 型救援直升机、向美国购买了 5 架 E－3 型空中预警机。从法国购买的"利雅得"号护卫舰于 2002 年 7 月交付使用，"麦加"号护卫舰于 2003 年 4 月交付沙特阿拉伯海军，"达曼"号护卫舰于 2003 年 9 月试航并在 2004 年 1 月交付沙特阿拉伯海军。沙特阿拉伯同时也对购买先进的英国制造的"桑当"级猎雷艇表现出兴趣，其目的在于更换超期服役的 4 艘"阿德里亚"级扫雷艇。沙特阿拉伯海军还有计划地购买反潜直升机和 6 艘海上巡逻艇，大力发展反潜作战能力，以抵御伊朗的 3 艘"基洛"级潜艇给海湾、阿拉伯海和红海油轮航线所带来的威胁。2003 年，沙特阿拉伯同法国等国就 8 艘潜艇的供应问题进行了谈判，并计划从巴基斯坦购买"阿戈拉"90B 型潜艇。[①]

沙特阿拉伯在军火交易中一般采取现金支付方式。由于受国

---

① 江贻峰、任重：《海湾合作委员会海军现状与未来发展》，《国防科技》2003 年第 10 期，第 52 页。

际原油价格影响，沙特阿拉伯的军火采购金额也时而出现高低变化。在国际石油市场景气的 1987～1990 年，沙特阿拉伯军火交易额曾高达 457 亿美元。在国际石油市场低迷的 1994～1997 年，沙特阿拉伯军火交易额为 141 亿美元。但无论如何，沙特阿拉伯对先进武器的需求仍十分强烈，即便在油价下跌的情况下，沙特阿拉伯也会通过贷款、预算外支出、石油的易货贸易和延期付款等方式购买武器。1997 年亚洲金融危机爆发后，国际石油价格暴跌，使沙特阿拉伯的石油收入大大减少，经济上遭受了重重困难。尽管如此，沙特阿拉伯仍保持了较高的军事支出，如期从美国购买价值 10 亿美元的新装备以实现国民卫队的现代化。另一方面，由于经济一时困难，沙特阿拉伯政府也不得不对外调整了一些武器购买计划，对内修改了政府预算，削减了诸如无息贷款、免费教育和公费医疗等社会福利。2000 年，沙特阿拉伯调整了向美国五大军火供应商付款的计划。这五大供应商是通用动力公司、麦道公司、福特汽车公司、雷西昂公司和通用汽车公司的休斯飞机分公司。

自 20 世纪 80 年代以来，沙特阿拉伯军火贸易总体上趋于灵活和务实。沙特阿拉伯要求美国把 30%～35% 的军火销售合同价值反投资于沙特阿拉伯的工业项目，帮助沙特阿拉伯发展经济，其中包括军工业。例如，1988 年沙特阿拉伯向美国购买和平之盾空中预警装备，美国波音公司和其他防务出口商则在沙特阿拉伯兴建了先进电子公司作为回报。沙特阿拉伯对其他军火供应国也实行类似政策。沙特阿拉伯政府计划以军火补偿贸易的形式兴建近 30 个项目，其中包括 8000 万美元的萨拉姆航空公司及其维修设施和 9900 万美元的大豆加工厂项目。

通过进口大量的先进武器，沙特阿拉伯的军事实力得到了显著提高。沙特阿拉伯空军既强调发展空中防御和控制能力，又注重增强空中预警和反战术弹道导弹的能力，其实力在海湾地区首屈一指。沙特阿拉伯海军十分注重培养自己的反潜作战能力，以抵御可能受到的敌国潜艇的袭击。比较而言，沙特阿拉伯陆军相对薄弱，其装甲部队和机械化部队缺少先进的火炮支持，因而对高性能的火炮需求较大。1993 年 8 月，花费 794 万美元购买了 25 辆英国格斯－基恩－内特尔福尔（GKN）公司生产的沙漠勇士战车。在 1999 年第 4 届阿布扎比国际防务装备展览会上，沙特阿拉伯购买了约 150 辆主要由美、英、法、俄生产的第二代新型主战坦克，主要有美国的 M1 主战坦克、法国的勒克莱尔坦克、英国挑战者－2 坦克、俄罗斯 T－72 主战坦克等，其中美国 M1A2 主战坦克重 62.5 吨、全长 9.8 米、车底距地高 0.43 米、时速 67 公里、最大行程 465 公里、涉水深 1.2 米、越墙高 1 米、越壕宽 2.7 米，主炮为 120 滑膛炮，装有先进的火控系统和防原子、防化学、防生物武器装置。沙特阿拉伯陆军得到这些先进的武器装备后，确立了在海湾地区军事上的优势地位。

2005 年以来，鉴于伊拉克形势和伊朗核问题的不确定性，以及出于应对非对称战争威胁的需要，沙特阿拉伯再次将军队建设重点转移到武器装备上来，着重加强空中和海上的监视能力。

从 2006 年迄今，随着石油收入的增长，沙特阿拉伯的军费开支不断增长。沙特阿拉伯的主要任务是从根本上加强正规军，并对国内主要的安全力量——国民卫队进行升级。初步估计，沙特阿拉伯用于军备采购的费用大约为 400 亿美元，甚至有可能突破 600 亿美元。其已经签订或即将订立的采购合同包括"台风"战斗机、直升机、装甲车及新型护卫舰，以及漫长边界上所需的安全保障设施。英、法、美军火供应商将获得绝大部分订单。国民卫队的采购金额将高达 58 亿美元，并连续 7 年保持增长。

2009 年 9 月，美国政府和沙特阿拉伯政府达成一项框架协议，该协议将为沙特阿拉伯空军增购 72 架波音公司的 F－15E"鹰"式战斗轰炸机铺平道路。

2010 年，美国计划在 10 年内向沙特阿拉伯出售 600 亿美元武器装备，这将成为美国历史上最大规模的军售协议。同年 8 月，美国与沙特阿拉伯签订了价值达 300 亿美元的军售协议。根据该协议，美国向沙特阿拉伯出售 F–15SA 型战斗机 84 架，对过去已提供的约 70 架 F–15S 型战斗机进行升级，并提供 AH–60M 型"阿帕奇"武装直升机 70 架，UH–60M 型"黑鹰"式直升机 72 架和"小鸟"式直升机 36 架以及 MD–530F 轻型直升机 12 架，此外还有各种导弹、炸弹和运载系统等。

二　国防工业

为减少大量武器进口带来的巨额开支，减轻武器进口对国内经济发展的压力，摆脱武器装备受制于人的被动局面，多年来沙特阿拉伯一直积极谋求发展国产武器。

1975 年，沙特阿拉伯与埃及、卡塔尔和阿联酋成立阿拉伯工业组织，以满足对常规武器的需求，并为生产先进武器奠定基础。该组织以埃及军事工业为中心，由其他国家提供资金。1979 年埃及和以色列媾和之后，该组织也就不了了之。

此后，沙特阿拉伯依靠国内几家军工厂发展自己的国防工业，初期主要生产步兵轻武器和弹药，利雅得东南 80 公里的阿尔卡吉是较早的国防工业中心。沙特阿拉伯第一个军火生产项目是获得德国黑克尔和科赫公司（Heckler & Hoch）许可生产的 G–3 步枪和弹药。80 年代，沙特阿拉伯获得生产美国 M–1 步枪和 M–16 攻击步枪以及 7.62 毫米 M–60 和 12.7 毫米机枪的许可证。苏尔坦亲王公司获得西班牙奥拉米尔塑料公司（Plasticas Oramil）授权生产 PQ1 和 POM1 手榴弹。沙特阿拉伯公司获准使用美国零配件，按照 M113A3 标准为沙特阿拉伯皇家陆军改进 M113 型装甲人员输送车。

沙特阿拉伯最大的军工企业是位于达曼市的阿卜杜拉—阿尔

法里斯重工业公司。1999 年，在第 4 届阿布扎比国际防务展览会上，阿卜杜拉—阿尔法里斯重工业公司展出了它研制的"法赫德"8×8 轮式装甲车，共 4 种车型：装有 12.7 毫米重机枪的装甲人员运输车，装有 LAV25 炮塔的步兵战车，装有 AMS 炮塔的自行迫击炮和装有 M40 式 106 毫米无后坐力炮的火力支援车。在这次展览会上，沙特阿拉伯布赫—盖耶车辆有限公司也展出了它的最新成果——在"杜罗"4×4 轻型卡车基础上改造的装甲车。该车适用于侦察、巡逻以及维和行动中的人道主义救援等任务，其装甲可防 7.62 毫米机枪子弹、枪榴弹和人员杀伤地雷的攻击，它有多种型号，如可运载 12 名步兵的装甲人员输送车、救护车、指挥车等，各车型之间可相互转换。

沙特阿拉伯的军工生产虽未形成体系，但已取得了长足的进展。1997 年 7 月 20 日，沙特阿拉伯试射了自行研制的地对地导弹，其射程为 24~62 公里。

2010 年 2 月 6 日，沙特阿拉伯国防部官员表示，将首次允许沙特阿拉伯本国企业销售初级军火器材，以期推动沙特阿拉伯军工企业的发展。此次批准沙特阿拉伯军工企业销售大约 1.5 万种军火器材，其中包括飞机发动机和电池等，但不包括任何武器和重型军事装备。沙特阿拉伯国防部还成立了一个"本国工业化中央委员会"，负责"增强本国（企业）生产能力，确保（本国企业）快速交付产品以及降低成本"。显然，沙特阿拉伯希望以这种方式促进外国军火供应商与沙特阿拉伯军工企业联手并在沙特阿拉伯成立公司。

不过总体而言，沙特阿拉伯军工企业还是存在一些不足：一是沙特阿拉伯军火长期依赖进口，阻碍了沙特阿拉伯发展本国军工企业的动力；二是沙特阿拉伯国内缺乏开发新产品的技术和软件支撑，相关研究人员少，研发先进武器和装备没有充足的知识和人力资源配套，从而无法生产拥有自主知识产权的新型产品，

制约了军工企业的发展；三是美国等军火大国的政治和军事压力
阻碍着沙特阿拉伯军工企业的自行发展。因此今后相当长的一段
时间，沙特阿拉伯作为国际军火贸易主要进口国的状况不会改
变。

第五节　对外军事合作

一　与海湾国家的合作

沙特阿拉伯与海湾其他国家的军事合作主要通过海湾合
作委员会进行。海湾阿拉伯国家合作委员会（简称
海湾合作委员会或海合会）是一个综合性的政治、经济、军事
地区合作组织。该组织成立于 1981 年 5 月 25 日，成员包括沙特
阿拉伯、阿拉伯联合酋长国、巴林、阿曼、卡塔尔、科威特等 6
个国家。在近 30 年时间里，该组织致力于加强成员国间政治、
经济、外交、安全和军事等领域的协调、合作和一体化，调解成
员国内部及其与其他国家间的争端，为维护海湾地区的和平与稳
定，促进地区经济合作，推动中东和平进程等方面发挥了积极作
用。

海合会得以成立和运作，得益于成员国之间存在共同的合作
基础。海合会的成员国有相同或相似的政治体制、经济结构和宗
教信仰，六国居民有相似的生活习惯、消费习惯，以及相同或相
近的历史、思想和文化背景，便于成员国间各方面的沟通与合
作。

在海合会中，沙特阿拉伯无论从经济实力、国土面积、人口
还是从军事力量来看，无疑都是龙头老大。海合会在军事方面的
宗旨是不断加强共同防务力量，沙特阿拉伯自然在这方面担当着
领导者的角色。海合会内部的军事合作，是沙特阿拉伯国家军事

活动的必然组成部分。

沙特阿拉伯积极参与海合会的军事合作，有其深刻的国家利益和地缘政治的考虑。那就是防范其他地区大国对自己的国家安全构成威胁，确保国家主权独立和领土完整，维护现有的政治制度。同时，通过合作，打击日益滋长的非传统安全力量的威胁，遏制恐怖主义蔓延，保证国内安全和地区局势稳定。

海合会进行合作协商的主要平台是每年年底在六国首都轮流召开的首脑会议。首脑会议主要商讨六国和海湾、中东地区面临的政治、经济、外交、安全、军事等重大问题，以协调立场，共商对策，联合行动。海合会成立时，两伊战争已经爆发。战争期间，海合会采取了支持同属阿拉伯逊尼派政权的伊拉克的立场，不仅在国际政治舞台上给伊拉克以道义支持，而且在财政、经济和军事上向伊拉克提供大量物质援助。1990～1991年海湾危机和海湾战争期间，海湾六国与美国等西方国家形成广泛的反伊拉克联盟。1991年3月，海湾国家与埃及和叙利亚签订《大马士革宣言》，组成阿拉伯八国集团，以出资、出力、出人等方式，与多国部队一起解放了科威特。

海湾战争结束以后，海合会国家与伊拉克、伊朗关系虽有所改善，但矛盾和分歧犹存。阿联酋与伊朗的领土争端尚未解决，伊朗的强大军事力量令海湾其他国家深感不安。同时，海合会对伊拉克依然心存芥蒂，对其保持高度戒备。为提高自卫能力，并摆脱对美国的军事依赖，海合会国家大力加强军事合作。1994年4月，海湾六国签署了加强防卫和经济合作协议。1997年建立各国间军事、雷达和预警通信系统。

1998年召开的海合会第19次首脑会议决定进一步加强海合会军事合作，共同打击恐怖主义，缔结共同反恐怖主义协定。首脑会议还批准成员国国防部长、外交部长会议达成的关于加强"半岛盾牌"武装力量的议案，将目前的"半岛盾牌"军队由

5000 人扩大到 1.5 万人，同意拨款 1.58 亿美元用于加强成员国间的雷达与预警系统以及军用通信网络联网两大工程的建设。

1999 年的第 20 次海合会首脑会议在沙特阿拉伯首都利雅得召开。会议的重点议题之一是讨论海湾国家的军事一体化问题。在首脑会议前，与会各国国防部长曾召开会议，就共同防御条约进行了讨论，沙特阿拉伯和科威特一道对加强海湾六国的军事合作表现出积极态度。但由于阿联酋、阿曼、卡塔尔等国对共同防御条约持有异议，会议未能达成协议。首脑会议公报只是一般性地提及加强海合会各国的全面军事合作。

2000 年，第 21 次海合会首脑会议上，与会六国元首签署军事合作协定，规定任何一个成员国受到外来威胁时，各成员国有必要采取一致行动。新协议还将部署在沙特阿拉伯境内的"半岛盾牌"多国快速反应部队扩充到 2 万人，同时完善六国空中预警系统和电话通信系统。海湾六国迫切希望以军事后盾为支撑，在新世纪里保持海湾的稳定，并扩大对海湾事务的主导权。

在 2001 年的海合会第 22 次首脑会议上，与会各国领导人一致同意建立一个最高防务委员会，以加速共同防务政策的形成和扩展联合部队的规模。但是，沙特阿拉伯一枝独大的军事实力和地位引起其他成员国的顾虑。它们不愿放弃本国在防务方面的主权，或者不愿意将对各统治家族生死攸关的人力财力从本国安全部队挪作他用。它们一直担心沙特阿拉伯这个委员会内最大的成员国在很大程度上会控制联盟，通过共同防务战略来操纵各国抛弃各自的安全政策。这些顾虑严重阻碍了海合会的防务一体化进程。当时的沙特阿拉伯王储阿卜杜拉因此非常尖锐地批评各成员国在军事、政治和经济政策统合方面步调不一致。他说，"我们尚未建立一支可威慑敌人和支援朋友的联合军事力量"，他呼吁沙特阿拉伯的合作伙伴不要再躲藏在"一个被夸大的主权概念"后面了。

2003 年伊拉克萨达姆政权被美国推翻以后，海湾安全形势出现新的变化。沙特阿拉伯再次倡议建立新的安全机制。在 2004 年 12 月 20～21 日于巴林举行的海合会首脑会议上，沙特阿拉伯外交部长沙特·费萨尔认为，在美国提供的安全保护伞之外，还应建立一个新型的、在联合国安理会担保下的集体安全框架。据该地区有关防务方面的报道称，这一新安全框架可能包含也门、伊朗和伊拉克，甚至还可能依次纳入巴基斯坦和印度，从而形成一个对话和相互作用的论坛。① 但海合会内部一直未能就建立这样一个机制达成共识。但该倡议的提出，显示出沙特阿拉伯对于地区安全与军事合作的高度关注，体现了沙特阿拉伯作为地区军事大国所应具有的战略远见。

截至 2010 年，海湾地区形势仍然存在许多未知因素，美国与伊朗关系紧张以及伊朗发展核力量所引发的担忧，是极其重要的外部因素，它促使沙特阿拉伯与海合会国家展开密切合作，尤其在军事领域不断强化相互协作，增强共同防务力量，以防范未知的挑战。

二　与美国的军事合作

沙特阿拉伯与美国的军事合作有较长的历史。沙美军事合作是双方出于各自国家利益和地缘政治考虑而产生的必然结果。

沙特阿拉伯与美国的军事合作开始于第二次世界大战期间。此前，美国就为垄断沙特阿拉伯石油资源积极排挤英国在沙特阿拉伯的势力。1943 年 2 月，美国政府宣布《战时租借法案》同

---

① 德·布兰奇原著、倪海宁编译《油价飙升引起军购狂潮，海合会 6 国整合军力应对新威胁：海湾国家武装力量观察》，《国际展望》2006 年第 1 期，第 32 页。

样适用于沙特阿拉伯，开始向沙特阿拉伯政府提供援助。1943年12月，美国驻中东部队司令罗伊斯少将访问沙特阿拉伯，就修建和租用沙特阿拉伯军用机场达成协议。1945年5月，沙特阿拉伯国王阿齐兹和美国总统罗斯福在美国"昆西"号巡洋舰上会晤。通过一系列活动与交往，美国最终从沙特阿拉伯王国获得了自由使用海湾港口、修建巨型空军基地，并在沙特阿拉伯境内租用为期5年的驻军地和修建横贯阿拉伯半岛输油管等方面的特权。罗斯福总统与阿齐兹国王的会晤，表明了华盛顿对沙特阿拉伯战略重要性的认识，同时它也为战后沙美关系的迅速发展铺平了道路。①

第二次世界大战后，沙特阿拉伯与美国关系继续发展。美国加强了对沙特阿拉伯的各种援助和渗透。战争刚结束，沙特阿拉伯就从美国获得200万美元的商业贷款，用于购买军事装备。1947年，美国租用的宰赫兰（达兰）机场竣工，成为美国全球运输网的重要枢纽和战略空军基地。1951年6月，沙美签订《延长使用达兰基地的租用协定》；7月，签订不涉及第三方的《联防互助协定》，规定美国向沙特阿拉伯提供武器装备，并负责训练沙特阿拉伯军队等。

1952年，英国撤出驻沙特阿拉伯军事代表团，结束其对沙特阿拉伯的军事控制和影响，美国从此承担了在沙特阿拉伯的军事顾问角色，并将沙特阿拉伯纳入美国的势力范围之内。沙特阿拉伯政府采取与美国合作的态度，想借助美国的力量来维持国家的安全与稳定，抵制外敌入侵。当然，两国关系也存在矛盾。由于美国通过经济援助和国际保护的形式支持犹太复国主义，并在

---

① 王铁铮、林松业：《中东国家通史·沙特阿拉伯卷》，商务印书馆，2000，第133页。

1950 年与英法一道发表宣言，答应向以色列提供武器，[①] 引起沙特阿拉伯不满，沙特阿拉伯和其他阿拉伯国家一道反对美国等国关于成立"中东司令部"的建议；1954 年 2 月，沙特阿拉伯通知美国决定废除《联防互助协定》，拒绝接受美国军事援助。1956 年，沙特阿拉伯同埃及等国一起反对美国策划的奴役阿拉伯人民的《巴格达条约》。

1968 年，英国宣布退出海湾。美国在海湾的利益（特别是石油利益）因英国的撤出而日益彰显，美国对海湾的重视与关注显著增强。进入 70 年代，美国确立在中东的"两根支柱"政策，选择沙特阿拉伯和伊朗担当自己在这一地区的"代理人"，反对苏联在本地区的扩张，对付敌对势力和激进国家，支持和保护美国利益。而沙特阿拉伯同样反对苏联的扩张。双方合作因此具有共同的意识形态和利益基础。美国以前所未有的热情参与了沙特阿拉伯军队的现代化建设。美国陆军工兵部队中东特别师（1976 年组建）承建了沙特阿拉伯的陆海空军基地、军事学院和军事城等 24 个大型军事工程项目。

1980 年年初，美国根据卡特主义出台新的海湾战略，扩大美国在本地区的力量，在海湾及其周围地区加速修建军事基地，并增强海湾国家的军事实力，建立新的地区防务体系。美国加强了对沙特阿拉伯的军事援助，除派去 4 架预警飞机外，还向其出售 85 亿美元的武器装备，帮助沙特阿拉伯在宰赫兰油田附近修建一个新的战略机场。美国此举旨在挽回海湾国家对美国的信任，为美国应对在海湾地区与苏联发生武装冲突所采取的特种战略服务。

里根入主白宫后，美国与沙特阿拉伯的特殊关系进入新的发展阶段。美国通过实施遏制战略以拖垮苏联。在美国的各项考虑

---

①　彭树智主编《中东国家和中东问题》，河南大学出版社，1991，第 68 页。

中，沙特阿拉伯都处于核心位置。美沙特殊关系进入黄金时期。沙特阿拉伯以自己在国际石油市场上的决定性作用来换取本国遭受威胁时，美国可以进行军事干预。

海湾战争爆发以后，沙特阿拉伯进一步认识到，虽然冷战已经结束，但本国仍面临着来自本地区的威胁，继续需要美国提供军事保护。战争期间，沙特阿拉伯准许美军将前沿司令部设在沙特阿拉伯境内，前后有 10 多万美军从沙特阿拉伯出发对伊拉克进行空中和陆上打击。美军将伊拉克军队赶出了科威特，使沙特阿拉伯免遭伊拉克的侵犯。战后沙特阿拉伯允许美国在其境内建立空军基地，部署地面部队，同意美在海湾地区设立中央战区指挥部，监视该地区的动向，并积极购买美国军火，以加强军事防务力量。美国也借机扩大在海湾的军事存在，以便封锁伊拉克，遏制地区强国的崛起，继续维护冷战后美国在该地区的石油战略利益。沙特阿拉伯与美国的军事合作进入新的时期。

概括来看，美国与沙特阿拉伯的军事合作关系大致经历了 4 个发展阶段[①]：美国对沙特阿拉伯的军事渗透时期（1943～1973 年），沙特阿拉伯借助美国力量扩充军力时期（1974～1979 年），美国全力支持沙特阿拉伯以保卫海湾石油时期（1980～1990 年）和美沙军事合作顶峰时期（1991 年之后）。

海湾战争后美国在海湾地区获得了企盼已久的军事基地，真正实现了军事存在。美国在沙特阿拉伯境内的利雅得、宰赫兰等地建立了 4 个空军基地。其中苏尔坦亲王空军基地位于首都利雅得以南 80 公里的沙漠深处，长约 64 公里，宽约 40 公里，有一条长 4500 米的跑道和完善的飞机起降和储存设施，驻有美军联合空战中心、联合情报中心等单位，配备了作战飞机和指挥控制

---

① 高祖贵：《美国与主要伊斯兰国家的关系：重塑与改造（续六）》，《国际资料信息》2005 年第 8 期，第 2～3 页。

设施。海湾战争期间，美军驻沙特阿拉伯的约 4500 人的部队和 100 余架作战飞机中的大部分都驻扎在该基地。2001 年"9·11"事件之后，这里成为美军进行全球反恐战争行动的空战神经中枢，负责协调多国部队的空战，计划、监控和指导联合搜索和救援行动、紧急目标打击、战场协调、特种作战支援和许多其他关键任务。此外，美国还在沙特阿拉伯架设了 6 个"爱国者"导弹群。

在此期间，沙特阿拉伯还成为美国军火制造商多年来的最大客户，不仅以高价购买包括 F-15 和 F-16 战斗机在内的各种美式武器及零部件，还聘请美国帮助建造军事设施和训练军队。沙特阿拉伯为此已向美国支付了 1000 多亿美元。仅海湾战争后，沙特阿拉伯就为美国等国支付了数百亿美元战争费用的大部分，还同美国军火商新签订了约 330 亿美元的武器采购合同。

冷战后，由于国际国内形势的巨大变化，沙美两国的军事合作出现一些波折。主要原因：一是 20 世纪 90 年代中期以来，由于美国长期驻军海湾，且在阿以和谈中偏袒以色列、压制阿拉伯国家，坚持对伊拉克实施国际制裁，造成伊人道主义灾难不断加剧等，引起阿拉伯国家日益强烈的反美情绪。在沙特阿拉伯的美国驻军纪律松弛，多次出现不尊重沙特阿拉伯严格的宗教习俗现象，引起沙特阿拉伯民众的不满，反对美国驻军的呼声一浪高过一浪。1995 年和 1996 年，沙特阿拉伯连续发生两起针对美国驻军的爆炸事件，造成多名美军伤亡。沙特阿拉伯民众和美国政府对沙特阿拉伯王室的双重压力日渐增大。二是美国与沙特阿拉伯对两国防务关系的看法分歧扩大。虽然双方曾经商定一旦沙特阿拉伯和海湾地区遭受侵略，美国即可在沙特阿拉伯驻军，但是美国希望沙方将这种合作扩展到其他有利于美国利益的军事使命；沙特阿拉伯则认为所谓对美国重要的利益主要同美国执行伊拉克

"禁飞区"的计划有关,而使用驻沙特阿拉伯的空军和军事设施轰炸伊拉克南部的"禁飞区"等并不一定符合沙特阿拉伯自身的利益。三是沙特阿拉伯每年要为美国的军事存在支付8000万到1亿美元的费用。随着20世纪90年代石油收入急剧下降,这笔费用已经成为沙特阿拉伯政府的沉重负担。正是在上述因素作用下,以沙特阿拉伯为首的海湾君主国随之调整亲美立场,逐渐拉开与美国的距离。在1998年2月的伊拉克核查危机中,沙特阿拉伯拒绝美军使用其军事基地。

"9·11"事件使沙特阿拉伯同美国的关系进一步蒙上一层阴影。在这次袭击事件中,美国指控的19个恐怖嫌犯中有14人是沙特阿拉伯公民或沙特阿拉伯裔。而美国所说的制造恐怖事件的总后台本·拉登,虽说早已被沙特阿拉伯开除国籍,但毕竟他是沙特阿拉伯出身。美国政府,特别是美国舆论界,一时间纷纷指责沙特阿拉伯,这些言论严重伤害了沙特阿拉伯人的民族感情,甚至被认为是在"向沙特阿拉伯和伊斯兰宣战"。美国还借反恐之机,声言要将军事打击进一步扩大到伊拉克、苏丹、索马里等其他伊斯兰国家。沙特阿拉伯对此明确表示反对,认为决不能将所谓反恐战争变成"一场反对整个阿拉伯、反对所有穆斯林的战争"。面对美国军事打击伊拉克的可能性的增加,沙特阿拉伯同其他阿拉伯国家一道,不但表示坚决反对,还郑重声明,任何袭击伊拉克的飞机都不能从沙特阿拉伯领土上起飞。2002年1月,沙特阿拉伯高官表示一旦阿富汗战争结束,政府可能要求美国停止使用沙特阿拉伯的空军基地。

对于两国矛盾不断加深,沙特阿拉伯方面要求美国撤军的呼声日益高涨,美国方面起初态度强硬。1998年2月沙特阿拉伯拒绝美军使用其军事基地之后,美国国务卿鲍威尔声称:"只有当这个世界变成我们梦想的那样时,美国才会结束在沙特阿拉伯的军事存在","美国在那里的军事力量除了是对萨达姆·侯赛因的一种威慑还是美国存在和影响的一种象征"。但是"9·11"事件之后沙特阿拉伯方面的态度迫使美国不得不设法缓解沙特阿拉伯的反美情绪，美国副总统切尼亲自出访中东，安抚沙特阿拉伯，争取沙特阿拉伯对美国计划打击伊拉克的支持。在遭到沙特阿拉伯坚决拒绝后，美国不得不放弃奢望，加紧把沙特阿拉伯基地上的一些重要军事设施和美军空军司令部迁移到相邻的其他海湾国家。在此之前，美国就已经开始悄悄地将驻沙特阿拉伯基地上的战斗机、电脑监视系统、通信设备、情报装置和其他辎重运往卡塔尔。美国国防部长拉姆斯菲尔德出面向媒体解释说："我们一直在进行人员调动。我们一直在把人员从一个国家调往另一个国家，从一个地区调往另一个地区。"[①]

2003 年伊拉克战争后，美国正式宣布将驻沙特阿拉伯的空军基地撤往卡塔尔。4 月 29 日，拉姆斯菲尔德从卡塔尔飞抵利雅得，与沙特阿拉伯第二副首相兼国防和航空大臣苏尔坦亲王举行了会谈，双方就地区局势，特别是伊拉克战后局势和美国在海湾地区军事存在等问题交换了意见。拉姆斯菲尔德在会谈后与苏尔坦亲王联合举行的记者招待会上指出，美军离开沙特阿拉伯是地区局势演变之结果，伊拉克前政权已经垮台，威胁已消除，安全形势已改观，撤军是很自然的事。他说，美军撤出沙特阿拉伯是美军在整个海湾地区重新部署兵力的一部分，美军将逐步减少在这一地区的兵力。[②]

但是美军撤出沙特阿拉伯，并不表示双方的军事合作就此结束。对美国来说，无论在能源供应保障战略方面，还是在控制中

---

① 高秋福：《美国无奈减少在沙特驻军》，《瞭望新闻周刊》2002 年第 21 期，第 60~61 页。

② 《美国防部长宣布将从沙特阿拉伯撤出全部美军》，新华网 2003－04－30 05：21。

东的地区战略方面，沙特阿拉伯都处于核心地位。因此，美国决
不会忽视沙特阿拉伯对美国的军事意义。沙特阿拉伯由于自身能
力有限，在维护地区稳定，抵制外来威胁方面还有求于美国。因
此，沙特阿拉伯仍会保持甚至发展同美国的传统关系，双方的军
事和防务合作依然存在。

第六章

教育、科学、文艺、卫生

第一节　教育

一　教育发展简史

　　沙特阿拉伯政府认为，国家的真正财富是人民；人民用自己的聪明才智管理国家的各种资源，并不断发掘新的资源，促进当前和未来一代的经济繁荣、身体健康。为使全国人民能够成功应对发展带来的挑战，沙特阿拉伯政府动用各种资源，实施初等、中等和高等教育发展规划，不断系统地扩大教育规模，以满足经济与社会发展的需要。通过不懈努力，沙特阿拉伯已能够做到保证全国人民享有平等的教育机会，满足国家发展对有文化、有技术的劳动力队伍的需要。

　　沙特阿拉伯教育事业曾经历了一段艰苦的发展历程。原来由于长期遭受外族殖民统治，沙特阿拉伯文化教育十分落后。仅有的教育主要限于清真寺的宗教教育和基本识字教育。20 世纪初，吉达、麦加等城市开始开设几所学校，但规模很小，教育能力极其有限。

　　沙特阿拉伯教育的真正发展始于阿卜杜勒·阿齐兹国王的大力倡导。具有远见卓识的阿卜杜勒·阿齐兹积极倡导发展现代教育事业，并身体力行，亲自向国民宣传新式学校对国家的重要作用，大力阐述现代教育对于深化人们的宗教意识和加速沙特阿拉伯经济发展的重要意义，努力使沙特阿拉伯迅速加入现代文明国家行列。1925 年，即沙特阿拉伯王国建立前 7 年，阿卜杜勒·阿齐兹国王就在利雅得设立教育局，负责建立正规学校和教育网点，开创了沙特阿拉伯正规教育的先河。1951 年教育局升格成为教育部，① 法赫德亲王任第一任教育大臣。此后，沙特阿拉伯的教育事业获得迅速发展。政府的教育投资不断增加。1975 年高教部成立，推动各类教育获得全面发展，人民文化水平普遍提高。

经过多年艰苦努力，沙特阿拉伯教育事业得到了飞速发展。据统计，1970 年，全国各类学校 3283 所，在校学生约 48 万人；到 1997 年，各类学校数量增加到 22300 所，在校学生达 450 万人；2007 年沙特阿拉伯有正规大学 8 所以及数十所专科院校和职业培训中心。其中小学 1995 年达到 21854 所，1999 年为 22770 所。20 世纪 50 年代，沙特阿拉伯只有 61% 的学龄男性儿童入学，1990 年则超过 80%。女性入学率由 39% 上升到 48%。全国人口的识字率 1995 年达到 60%，至 1999 年超过 63%。在校学生总数从 1982 年的约 200 万人，增加到 2000 年的 480 万人。

沙特阿拉伯重视宗教教育，各级学校都把背诵《古兰经》、学习伊斯兰教法、教义和"圣训"放在首位。国家实行义务教育制。政府负担学生从幼儿园到小学、中学、大学的全部教育费用。高教部还为获得到国外留学资格的沙特阿拉伯学生提供奖学金。学校实行男女分校制，女子教育作为一个独立体系获得迅速

---

① 根据朱希璐《沙特阿拉伯女子教育独树一帜》，《比较教育研究》1997 年第 2 期，沙特阿拉伯于"1951 年成立了专门管理男子教育事宜的教育部"。

发展。沙特阿拉伯十分重视职业教育，职业教育教员已基本实现沙特化。

二 各级各类教育

沙特阿拉伯王国的教育事业发展至今，各级各类教育齐全。主要分为：普通教育、师范教育、职业教育、特殊教育、人民文化教育和高等教育。[①]

（一）普通教育

分为幼儿教育、小学、初中、高中4个层次。

（1）幼儿教育：是为学龄前4～5岁儿童设立的。主要任务是进行学龄前教育。幼儿园大部分属于私立，但国家给予财政补贴。教育部设有幼儿园司，专门管理公立和私立幼儿园和为残疾、智障儿童设立的幼儿园。

（2）小学：是沙特阿拉伯教育的基础。据报道，1995～1996学年，沙特阿拉伯小学人数达130万。儿童6岁入学，学制为6年。考试及格获小学毕业证书。小学分公立和私立两种。公立小学为全日制学校，私立小学有日校，也有夜校。

（3）初中：年满12岁的小学毕业生可进初中学习。学制3年。学习期满，要进行会考，成绩合格者获初中毕业证书。初中一般是独立的，有些初中学校还进行一些职业教育。初中学校也分公立、私立两种。公立初中是全日制的，但也有一些专门为成人设置的夜校。

（4）高中：初中毕业生成绩中等以上进入高中学习，学制3年。第一年是基础课阶段，第二年分文、理科学习。3年学习期满，会考成绩合格者，获文、理科高中毕业证书，可进入大学深

---

① 史丽清：《沙特阿拉伯王国教育事业概述》，《外国教育研究》1999年第4期，第54页。

造。高中学校有些与初中合校，有些是独立办学。高中学校也分公立和私立两种。

普通教育的公立学校由教育部、国防部和女子教育总局负责；私立学校由教育部和女子教育总局负责。

（二）师范教育

20 世纪 70 年代，沙特阿拉伯的师范教育已形成较为成熟、稳定的体系，对不同层次的教师规定了统一而严格的要求。师范教育体系分为师范高中和高等师范学校两个层次，具体分为初级师范学校、体育师范学校、艺术师范学校、教师进修学校、各类女子师范学校。

（1）初级师范学校主要培养小学教师。该校招收成绩中等以上的初中毕业生。学制均为 3 年。会考合格，学生可获小学教师任职证书。

（2）体育师范学校和艺术师范学校：这两类师范学校招收成绩中等以上的初中毕业生。学制 3 年。会考合格，学生可获小学体育、艺术课任教资格证书。

（3）教师进修学校（中心）：该类学校的宗旨是提高在职小学教员或初级师范毕业生的水平，使其能够达到对现代小学教师的要求。学制分 3 段进行，每段数月。学习结束，要通过阿拉伯语、数学和各种知识考试。教师毕业后回学校工作，可涨一级工资。

（4）各类女子师范学校：专门为女子学校培养师资。

以上各类学校，除各类女子师范学校归女子教育总局管理外，其余均属教育部管辖。由于师范教育的迅猛发展，沙特阿拉伯中小学里本国教师的人数不断增长。原先，沙特阿拉伯中小学教师主要依赖阿拉伯国家，尤其是埃及提供。比较而言，外籍教师主要集中教授数学、英语、阿拉伯语、物理、化学和生物等课程，他们在这些领域占有优势。但到了 70 年代，沙特阿拉伯籍教师在小学里已逐步占到 2/3，到 90 年代初则在初高中也大大超过外籍教师，尤其是在男子学校里。[1]

（三）职业教育

主要有工业学校、商业学校、农业学校、高级职业学校、现代初中学校。

（1）工业学校、商业学校、农业学校均招收年龄 18 岁以下的初中毕业生或现代初中学校毕业生。学习成绩中等以上者均可报考此类职业学校。学制均为 3 年。会考合格获得毕业证书，可到国有或私营部门任职，也可报考高级职业学校。

（2）高级职业学校：主要接收高中毕业生。学制 2~3 年，一部分人 2 年就可获得证书，到公私部门求职。另外一些学生经学校挑选，要继续学习 1 年，考试及格毕业后，可到有关部门任职。

（3）现代初中学校：于 1967 年开始设立。旨在加强初中阶段的职业教育和实验。学生根据条件从小学毕业生中挑选。学制 3 年。会考合格，可获现代初中学校毕业文凭。部分毕业生可以进中等职业学校求学；不愿意继续在职业学校学习的，可以进普通高中和其他学校学习。

（四）特殊教育

沙特阿拉伯盲人、聋哑人和智障儿的人数较多。20 世纪 80年代初，沙特阿拉伯的失明发病率居世界第二。随着经济和文教卫生事业的发展，残疾人的特殊教育事业日益受到政府的重视。1958 年，在首都利雅得建立了第一所盲人夜校，1980 年改为日校。1982 年，教育部下设特殊教育司，聋哑人学校、智障儿童学校和特殊教育师范学校也陆续建立。

1987/1988 学年，国内共有盲人学校 8 所、聋哑人学校 2

---

[1] 黄民兴：《沙特阿拉伯师范教育的发展》，《比较教育研究》1995 年第 5 期，第 43 页。

所、智障儿童学校 2 所；学生共计 1288 人，教师 163 人。到 1988/1989 学年。国内已有 30 所特教学校，其中女子特教学校 11 所，学生达 3208 人，教师 885 人。

1969 年颁布的《沙特阿拉伯王国教育政策》明确指出：特殊教育的目标"在于照护残疾儿童，向其提供伊斯兰的及必要的普通教育，进行适应其特点、帮助他们获得力所能及的更高生活水准的某些技能的训练"。换言之，沙特阿拉伯的特殊教育旨在帮助残障儿童保持和增进身心健康，接受基本的宗教、科学文化知识和职业技能，通过各种方式参与社会生活。[①]

（1）男子光明学校：学制 12 年，其中小学 6 年，初、高中各 3 年。教学大纲基本上和普通学校一致，根据盲人特点稍有变动。在校期间还要进行一些职业培训。

（2）女子光明学校：分为小学、初中和高中三部分。小学学制 6 年。课程设置与男子光明学校相同。初中和高中主要是培养女子盲人师资。

（3）聋哑人希望学校：分男校和女校。该类学校还招收学龄前聋哑儿童。小学和初中共 9 年。课程与普通学校相似，只是根据聋哑人特点稍有变动。

（4）弱智学校：始建于 1972 年下半年，主要接收智商在 50～70 之间，没有其他残疾和疾病、年龄在 6～14 岁之间的儿童。学习期限 8 年：2 年预备期，6 年学习期。学习结束后进行职业培训。

沙特阿拉伯特教学校拥有完备的福利措施，对学生的照护精心细致。学校里专职医生负责学生的医疗和残疾矫治，另有社会工作人员帮助学生解决他们的各种心理问题并提供咨询。对于不

---

① 参阅黄民兴《沙特阿拉伯的特殊教育的发展》，《比较教育研究》1992 年第 1 期。

住校的学生，校方用汽车接送，并与学生家长保持密切联系，确保学生在校外得到继续治疗。特教学校费用全免，包括学费、教材、衣物、膳食和医疗等费用在内；此外学生还可获得额外津贴，60年代末盲人学校小学生每人每月为120里亚尔，中学生和职校学生每月为150里亚尔。一些需要特别帮助的学生被送往国外求学，70年代中期，政府为他们每人提供的助学金平均达1.4万美元。

沙特阿拉伯特教师资最初主要依靠外籍阿拉伯人，此后沙特阿拉伯教师的人数不断上升。1972年，政府制定有关特教教师的要求，提出他们应学习8个月的特殊课程，实习1个月，完成累计198个学时的讨论会、参观和个案研究等教学活动。

沙特阿拉伯的特殊教育模仿西方，尤其是英美和北欧。特殊教育学校班级规模不超过10人。学校开设的课程分为文化课和职业课两类。文化课与普通学校的相似，包括宗教、阅读、写作、修辞、算术、艺术、公民课、科学、音乐等，但根据残疾儿童的特点对某些课程做了一些改动，如设立盲文课和专门的体育课。职业课包括照相、复印、打字、电工、缝纫、编织、刺绣等。此外有专门的心理和卫生课程帮助学生克服身心障碍，适应社会生活。学校也组织各种课外活动，包括娱乐、体育和童子军活动。学生毕业后有的就业，也有的考入大学。

但总体来看，直至21世纪初，沙特阿拉伯的特殊教育普及率仍然不高，存在教师地位低、对外籍教师依赖性高、课程缺乏特教特点、特教与社会缺乏沟通等问题。

（五）人民文化教育

沙特阿拉伯政府在抓紧中、小学和高等教育的同时，对扫盲和成人教育问题也给予高度重视。沙特阿拉伯不仅制定了国家教育的总方针，而且在教育总计划中制定了扫盲和成年人教育工作方法。扫盲和成年人教育活动的目标是让接受教育者基本能够掌握读、写、算等本领和对他们进行日常生活教育。国家有关教育部门专门制定了分阶段扫盲计划，要求有关部、局配合贯彻实施这一计划。第一阶段是扫盲，学制 16 个月，分两学年进行。学习期满应达到相当于小学四年级水平。第二阶段学制也是 16 个月。学习结束后，可参加小学毕业考试。这种教育的接受者，大多为男性公民。成人教育由教育部、国防部等部门负责。有些厂矿企业也搞扫盲教育。

沙特阿拉伯政府采用张贴字画、散发传单等手段以及通过世界和阿拉伯扫盲日活动，积极开展扫盲和成年人教育宣传，阐明文盲的害处和教育的益处，使文盲认清无知的危害及其给个人和社会可能带来的害处，号召文盲者踊跃参加各类扫盲学校的学习。政府积极参加国际性扫盲活动、会议和座谈会，吸取别国扫盲工作的有益经验。

沙特阿拉伯政府在全国各地开办了不少扫盲学校。据统计，截至 1997 年，沙特阿拉伯全国已有扫盲和成年人教育学校 1808 所，有师资 3526 人、行政管理人员 1140 人；政府筹建成年妇女教育学校 631 所，在校学生 27744 人，国家为此项拨款 1.31 亿里亚尔。[1]

（六）高等教育

随着经济社会不断向前发展，沙特阿拉伯王国越来越注重在本国公民中培养专家、经理、科学家、工程技术人员和教师等复合型高级人才，高等教育获得迅速发展。

沙特阿拉伯的高等教育是在中小学教育基础上建立起来的，全国主要大学大多由几个专科学院和高、初中合并而成。1975年成立高等教育部，专门负责大学教育政策、留学生奖学金及一切与高等教育有关的事务。经过长期精心建设，沙特阿拉伯国内

---

[1]　安：《沙特阿拉伯重视扫盲工作》，《西亚非洲》1997 年第 1 期，第 22 页。

已形成一套有效的高等教育体系，涌现出一批国内国际知名大学，它们中既有费萨尔国王大学等综合性大学，也有法赫德国王大学（或称石油矿业大学）这样的专门大学，还有伊斯兰大学等伊斯兰教育高等学府以及80多所专业学院。这些学校分布于各大城市。沙特阿拉伯最著名的大学有8所。

1. 沙特国王大学

原名利雅得大学，是沙特阿拉伯建校最早的一所大学。该校始建于1957年，建校初期规模很小，仅有文学院，共21名学生，但它却标志着沙特阿拉伯高等教育的开始。沙特国王大学的发展主要分为两个阶段。第一阶段，相继成立了文学、理学、商学与药学4个学院。第二阶段，经过6年多努力，陆续创建了教育、工学、农学与医学4个学院，其中医学院拥有一所附属医院——哈立德国王医院。此外，为非阿拉伯语的人群开设了阿拉伯语教育学院，以教授《古兰经》为主。在艾卜哈开办了牙医学院。后又根据需要成立了高等研究生院。50年代末，沙特国王大学发展迅速，建校第二年学生人数直线上升，猛增至1200人，到1982年，该校学生人数已达16679人，其中外国留学生约为11510人。

随着教育的不断发展，沙特国王大学的预算也在逐年增加。1961年的大学预算为500万里亚尔，这是该大学的第一次独立的财政预算。学校每月发给在校学生津贴，免费提供住宿，支付学生伙食费的80%、书籍费的75%，还支付假期回家探亲的往返路费。

2. 穆罕默德·本·沙特伊玛目大学

该大学根据王室计划于1974年成立，由设立在麦加的伊斯兰教教法大学、1954年建校的利雅得司法学院、1953年建校的利雅得阿拉伯语学院以及37所初、高中合并而成，初期取名"专科学院总机构"，后改为现名。合并时，学生人数分别为：

司法学院 96 人，阿拉伯语学院 841 人，伊斯兰教教法大学 1919 人，其他学校 12155 人。随后又增设了社会学学院。该大学总部设在利雅得，一些学院分布于利稚得、盖西姆与哈萨地区之间。与此同时，该大学还努力向国外发展，在印度尼西亚、日本与吉布提等国均有该大学的分校。该大学已向沙特阿拉伯的各个领域输送了数万名各种专业人才。

3. 阿卜杜勒·阿齐兹国王大学

位于沙特阿拉伯西海岸吉达市。1964 年，经国王沙特同意，决定通过募捐筹建一所大学，办学宗旨：一是为复兴阿拉伯科学服务；二是为建设现代文明发挥有效作用。根据捐款人意愿，大学取名为阿卜杜勒·阿齐兹国王大学。所筹集到的款项包括王室捐献 100 万里亚尔，普通公民捐献 459.5 万里亚尔，当时的财政与经济部长捐赠了 75 万平方米的土地，作为校址。大学初期由 4 幢教学主楼、别墅群与附属群组成。大学第一个领导核心由 12 名教授组成。在校教师中有 5 名女教师，学生人数共 98 人，其中女生 30 人。阿卜杜勒·阿齐兹国王大学建校后的第一个学年为大学预备期，主要是增加学生知识，为正式进入大学课程做准备。从第二学年并始，建起了经济管理学院、文学院（其中设英语系）、人文学院、自然地质学院。1971 年，在麦加增设伊斯兰经学院，并和麦加的教育学院合并。1973 年，增设了理学院，其地位在各个学院中名列第三，也是该大学中第一个实行学分制的学院。为适应社会对医疗专业人才的迫切需要，1976 年开办了医学院。

阿卜杜勒·阿齐兹国王大学发展迅速，大多数课程不得不聘请外国教师担任，本国人仅占 20%。1971 年，费萨尔国王下令，将这所民办大学改为国立大学。该大学后来增设药学院和附属机构海洋科学研究所。

4. 麦加大学

麦加大学位于圣地麦加。该校建校晚，但发展十分迅速。从

1980 年建校到 1982 年短短的一年半时间，就发展成为一所设施完备的现代化综合性大学。该大学是沙特阿拉伯国内第一所开设研究生课程的大学，在伊斯兰教、阿拉伯语、历史、教育等专业开设有博士与硕士课程。

5. 伊斯兰大学

1961～1962 年建校，位于麦地那，在沙特阿拉伯的大学中排名第二。建校宗旨、招生、课程设置等均不同于其他大学。招生对象是不同国籍、不同民族的穆斯林学生，非沙特阿拉伯籍学员占该校学生总人数绝大部分。学校设有伊斯兰教教法学院、伊斯兰教教义学院、《古兰经》学院、阿拉伯文学院等。还专为不懂阿拉伯语的外国学生增设了阿拉伯语系。该大学还设有初、高中各一所，学制均为 3 年，高中毕业生可升入该大学的某一个学院。在麦加与麦地那各设一所圣训学院。伊斯兰大学积极扩大招生规模，增加招收免费就读的外国学生，提高在校学生的各种福利待遇，给外地、外国学生提供设备齐全的住房，提供伙食费、零用费及一年一度回家探亲的往返路费，为暑假出国旅行的学生补助旅费，从本市住所到学校的交通工具、卫生保健、每月的津贴亦由大学提供，对已婚学生每年资助相当数目的住房费。

6. 费萨尔国王大学

位于东部地区。1974 年，为适应沙特阿拉伯石油化工事业发展的需要，1975 年，沙特阿拉伯政府组建了费萨尔国王大学。费萨尔国王大学是一所综合性科技大学。校本部设在宰赫兰，各个专科学院分散于达曼与哈萨地区之间，彼此相距 150 公里左右。费萨尔国王大学自建校起，就因生源广泛，竞争激烈，为此曾专门开设夜校部以满足未被录取学生的需要。费萨尔国王大学建校时，全校只有 117 名学生。该大学是沙特阿拉伯东部地区第一所招收女生的大学，大学所属的每一个学院皆有女生。为适应男女学生的不同特点，男女生所用的建筑内部设计完全不同。

7. 石油矿业大学

石油矿业大学是沙特阿拉伯东部地区的第二所大学，其前身是 1963 年创办的石油矿业专科学校，1976 年改为石油矿业大学，它是一个半自治的政府机构，在高等教育部领导下开展工作。校址位于宰赫兰郊区，俯瞰着宰赫兰市。大学占地面积 6.5 平方公里，包括一所科研机构、若干学生住宅区和教学机构。该校拥有海湾地区现代化程度最高的图书馆。该图书馆藏有专著和期刊总数达 298437 册，80％属自然科学和工程学，2000 册属古典文学和社会科学。此外，还有研究报告缩微胶卷 66733 卷，教育胶卷 25046 卷等。图书馆有期刊 2123 份，有保留过期刊物的缩微胶卷 37369 卷。图书馆的所有活动（编目、采访、期刊管理、流通）都是通过一套完整的自动化系统来控制的，两种文字（阿拉伯文、英文）的期刊也可通过该系统提供给大众查阅目录，以使各种期刊供各学术研究部门借阅。图书馆还实现了国际联机检索，以利用别国和国际数据库来满足读者的需要。

石油矿业大学又称大学城，有自己的自来水网、电网与地下污水排放系统。校内建有一座用现代建筑艺术建造的清真寺，既是穆斯林礼拜的地方，也是伊斯兰研究中心，宗教人士常到这里来集会并举行宗教活动。就规模与占地面积而言，这所大学在阿拉伯世界首屈一指。石油矿业大学在为国家培养石油工业与矿业专家方面已取得了优异的成绩，确立了自己的牢固基础，并超额完成各个时期的预定教学计划。该校力争成为具有国际水平的大学，在政府支持下大力充实各个学科，加强师资队伍培训，实施提高学生素质的新生选拔机制。

石油矿业大学从 1975 年起，开设了博士与硕士课程，主要涉及化学、机械工程学、电学、数学与石油化学等专业，共有 16 个专业能授予硕士学位，在工程、科学和管理方面有 8 个专业能授予哲学博士学位。石油矿业大学为培养石油与矿业专门人才，传授石油、矿业的理论知识和从事相关领域的科研工作作出了卓越的贡献。

（七）女子教育

1. 沙特阿拉伯妇女的社会地位

在伊斯兰世界，特别是沙特阿拉伯国内，妇女问题显得十分复杂，且常常受到外界误解。问题的核心在于穆斯林和非穆斯林对妇女问题的理解存在文化差异，实际情况是，沙特阿拉伯妇女的社会地位和作用并非外界所想象的落后和僵化。早在西方妇女争取权利之前，《古兰经》就已经赋予妇女在经济社会方面的诸多权利。伊斯兰教在法律上规定女性享有财产继承权和处置权，并有权在婚后以自己的名义掌管财产，而无须将其交给丈夫或家庭。伊斯兰教对妇女的期待与西方社会也截然不同。伊斯兰教嘱咐妇女在公共场合举止严谨，全心全意关注家庭，强调妇女在家庭内部发挥卓越作用。[①] 因此，伊斯兰世界的家庭稳定和妇女安全状况也和西方世界形成鲜明对比。但这并不表示沙特阿拉伯妇女的社会作用仅仅局限在家庭内部。伴随社会、经济的不断发展，妇女在教育和就业方面享有的机会越来越多。

2. 女子教育发展概况

经过 50 多年的努力，沙特阿拉伯女子教育获得长足的发展，建立起富有民族特色的女子教育体系。

沙特阿拉伯第一所女子私立正规学校由印度尼西亚移民在麦加创立，随后沙特阿拉伯在麦加、麦地那、利雅得创办了一些私立学校。阿卜杜勒·阿齐兹国王是沙特阿拉伯历史上通过电台和报刊就女子教育问题发表全国性讲话的第一人，在全国范围内引发了一场女子教育问题大讨论。讨论的结果，一批专为女子设立

---

① 〔沙〕穆罕默德·安萨里著《伊斯兰人权论》，孔德军译，香港，天马图书
　有限公司，2001，第 104～111 页。

的私立和慈善学校得以设立，政府的决定也得到了乌里玛（伊斯兰宗教学者）的理解与支持。①

沙特阿拉伯女子基础教育均由 1960 年成立的女子教育总局主管。局长由一名男性伊斯兰教头面人物兼任，他只对沙特阿拉伯国王负责。女子教育总局有独立的活动经费和财政预算，但不是一级教育行政组织。60 年代开办了第一所公立女子学校，学科设置略同于男校，还另开家政、刺绣、英语、宗教、体育等科目。1960 年女生人数占中、小学在校生总数的比例分别为 17% 和 30% 。1963 年开办首批女子中学（初中）并成立第一所女子高中。②

女子教育总局成立后，女子教育事业发展迅速。从 60 年代至 80 年代，女子小学学校总数由 15 所发展到 1988 年的 3370 所，班级数从 127 个增加到 29092 个；女子初中从 5 所学校、12 个班发展到 958 所学校、6528 个班；女子高中从 1 所学校 3 个班，发展到 415 所学校 3317 个班。③ 1990 年各级在校女生 120 万人，1995 年发展到 160 万人，2000 年增加到 235 万人。1970 年，从国内外大学毕业的女生只有 13 人，1999 年则增加到 21721 人，超过了男生数量。同时期登记在册的商界女性随之增多，1999 年已占到商界总数的 25% 。

3. 中高等女子教育

1970～1980 年是包括女子师范教育在内的妇女教育事业发展得最快的时期。第一所女子教育学院由女子教育总局于 1971 年在首都利雅得创办，当时招收新生 80 名。以后 10 年在不同城

---

① 雷世富：《沙特阿拉伯的女子教育情况》，《外国教育资料》1995 年第 3 期，第 12 页。

② 朱希璐：《沙特阿拉伯女子教育独树一帜》，《比较教育研究》1997 年第 2 期，第 46～47 页。

③ 根据 1988 年沙特阿拉伯女子教育总局统计。

市办了 7 所国立女子学院，在校生达 3437 人。1970～1974 年第一个五年计划期间在校女生人数翻了 4 番。到 1989 年 12 所女子学院毕业生累计已超过 1 万人。这些学院实行定额招生，上学全部免费。沙特阿拉伯政府还通过为学生提供每月资助、奖学金，毕业时赠送土地等鼓励女子上大学。

利雅得市和达曼市有女子文科教育学院和理科教育学院，麦地那等 5 市成立女子文理综合教育学院。文科科目有宗教、历史、地理、英语、阿拉伯语、教育学、心理学、家政学等，首都学院另开图书管理学等科目。理科科目有数学、物理、生物、化学、植物学等。攻读学位者学习 4 年，毕业后主要去向是当初、高中教师。

女子师范教育和基础教育的师资和教育质量大大提高，女校和各级教育领域的女生比例因此有了很大提高。电视广播等女子远程教育也大力开展起来。

沙特阿拉伯女子教育总局于 1979 年开办首批女子专科学校，用伊斯兰教义培养学生做贤妻良母及参加社会活动。女子专科学校不仅同女子学院一样招收中学毕业生，还招收小学教师，进行在职培训，由政府从中选拔部分学员学习一年，取得大专文凭和正式教师资格。80 年代中期成立的女子专科学校，要求严格一些，招收持有中学毕业证书并在局属学校单位任教至少 3 年以上，由校长亲自提名的教师。入学学习两年，毕业即获中级教师文凭。学校还对自愿从教者给予多方面大力支持。

沙特阿拉伯的综合性大学原先专为男子设立。但是由于女子对高等教育的需求强烈，一些大学专门开设了女子学院，为她们建立了独立的学习和生活场所。1976 年，沙特国王大学成立了女子学习中心，开设阿拉伯语、历史、地理、英语等课程。由女教师直接面授或由男教师通过闭路电视讲课。后来，除工程学院和建筑设计学院外，沙特国王大学的所有学院均成立了女子学习中心。女生在该大学里可学习公共管理、医药、牙科、护理、教育学等方面的课程。在沙特国王大学之后，其他一些综合性大学也相继招收女生，其中包括阿卜杜勒·阿齐兹国王大学。该大学的女生学习经济学、艺术、自然科学、医学、教育学等方面的课程。一些大学还专为离校较远的女生提供校内住宿条件。

男女青年上大学的标准是一样的，均按中学毕业成绩高低依次录取，直至招生额满，由于要求上大学的人越来越多，大学录取分数线也相应提高，以便控制数量。

女子教育总局还为那些中学成绩优秀，但因某种原因不能直接上大学的女子提供在利雅得和达曼的文科教育学院进行校外学习的机会。除了不必在校就读以外，其他方面对她们的要求与普通全日制大学生完全一样；如果成绩优异，她们还可以在二年级结束时转为全日制大学生。其他一些大学也陆续向校外女子开放。

沙特阿拉伯国家计划部在第五个五年发展计划（1990~1994年）中指出："由于女子中等教育在我国迅速发展，使得为女子提供更多的与沙特阿拉伯女子性格和伊斯兰教价值观相协调的中学后教育机会显得更加迫切和必要。"沙特阿拉伯女子高等教育的发展正是基于这一认识积极实践的结果。

第二节 科学技术

一 自然科学

（一）阿卜杜勒·阿齐兹国王科学技术城和沙特阿拉伯标准组织综合实验建筑群

阿卜杜勒·阿齐兹国王科学技术城成立于1977年，初名沙特阿拉伯国家科学技术中心，旨在满足王国科学技术发展的需要。主要任务包括从事应用研究、科学技术人力资源管理、推进科技发展、颁发奖金、授予荣誉称号、协调政府及其他部门的工作。1985 年改为现名，这是全国科学技术发展的主要推动机构。

　　第五个五年发展计划（1990～1994 年）要求全国公私企业努力提高效率和竞争力，为达此目的，必须积极采用最新科技发展成果和最前沿的技术。科技城又负责制定沙特阿拉伯王国 2000～2020 年的长期科研计划。该计划的目标是：在国民中传播科技思想，创建鼓励科技发展的良好氛围；建设合格的科技队伍，促进科技活动，提高王国的科技水平；增强国家在科技方面的研究、发展、协调能力，以满足社会发展的需要；引进、获取、发展科技，避免低水平重复，制定富有想象力的科技发展战略，为满足王国的科技需要服务。科技发展的目标和优先权就是国家发展的目标和优先权。王国的科技发展战略由 4 个具体的执行计划组成，每一计划历时 5 年，和国家"七五"、"八五"、"九五"、"十五"的经济发展计划同步。

　　阿卜杜勒·阿齐兹国王科学技术城建成后取得一系列科技成果。它在塔布克等地兴建了 10 个地震监测站，建立了阿拉伯语信息基地，进行了发射站和移动电话高压线方面的研究，利用太阳能生产氢气，在国内兴建了拥有 12 个观察站的地球气象观察网。科技城资金充足，研究领域广泛，研究项目主要涉及卫星接收、事故急救、海水和空气污染、放射性废料、自然灾害、环境卫生、工业三废等方面。

　　阿卜杜勒·阿齐兹国王科学技术城建有一批科技单位，分别是：气象与地球物理学研究中心、石油与石化工业研究中心、电子技术与计算机研究中心、能源研究中心和遥控研究中心。沙特阿拉伯还积极筹备兴建太空研究中心，以全面深入地研究太空，追赶世界先进水平。[①]

沙特阿拉伯标准组织（SASO）通过科学、实验和工程，为进入沙特阿拉伯市场的工商产品制定符合国际规范的标准，并致力于这些标准、规范的应用和测试。位于利雅得的沙特阿拉伯标准组织综合实验建筑群工程项目充分显示了该组织在沙特阿拉伯经济和社会生活各个领域突出的作用。目前已经完成这项工程的第一和第二阶段建设任务，包括主楼以及化学、食品和矿物实验室建筑。该建筑群位于利雅得市北部的姆哈玛迪亚区，靠近沙特国王大学和阿卜杜勒·阿齐兹国王科技城，占地 20 万平方米，四周是街道。工程建筑面积 120 万平方米。主楼高 6 层，面积 3.5 万平方米。化学、食品和矿物实验室楼高 4 层，面积 7000 平方米。大楼设计成 U 形，以保证各个实验室有充足的自然采光。

（二）技术应用

1. 节水技术

沙特阿拉伯建国以来用水量急剧增加。1980～1985 年总计用水量由 23.62 亿立方米/年增加到 88.3 亿立方米/年，增长 274%，年增长率为 46%。水成了沙特阿拉伯政府在考虑石油生产和经济发展时的第一要务。沙特阿拉伯政府想方设法扩大水资源渠道，保证生产生活基本需要。

沙特阿拉伯生产生活用水有 3 个来源：海水淡化、地下水和雨水。政府除了投入大笔资金，在东海岸和西海岸修建多座大型海水淡化厂外，还充分利用地表径流，在全国各地，特别是在东西部和北部一带修建了 225 座大小水库，用于储存雨水，并新建 26 座水库，以应对经济和社会发展不断增长的对水的需求。

---

① 钱学文:《当代沙特阿拉伯王国社会与文化》，上海外语教育出版社，2003，第 156～157 页。

2010年，全国水库总蓄水量增加到18亿多立方米。此举不仅拦截了地面径流，增加了地下水的渗入补给，而且防止了洪水灾害，灌溉了农田。水库的充分利用每年为沙特阿拉伯提供9亿立方米地表水。

地下水是沙特阿拉伯最重要的水资源。沙特阿拉伯地下水来自两种含水层：再生性含水层和非再生性含水层。沙特阿拉伯地下水资源的水质因地区有所不同，只有少数地区达到饮用水标准。管理部门一般将脱盐海水与地下水混合来供应主要城市的生活用水。为保护珍贵的地下水资源，沙特阿拉伯政府在20世纪90年代决定缩小小麦耕地面积，从而直接减少对地下水的过量开采。

尽管采取了这些措施，沙特阿拉伯的水资源危机仍然存在。其中居民和工农业生产用水浪费巨大是问题的主要方面。而淡化海水不仅费用高昂，并且设备损耗严重，则成为国家财政的沉重负担。

沙特阿拉伯政府逐渐意识到这些问题，正设法采取措施进行弥补。首先，沙特阿拉伯节约用水的空间非常大，节约用水事关国家的发展和每个公民的利益。水资源和环保部门大力开展节约用水的活动，包括向大城市居民免费提供节约型水龙头，提高公民节约用水的意识。其次，进行废水回收利用。随着供水系统和排水工程的增加，1990年回收利用废水达到3.85亿立方米。首都利雅得在污水处理利用方面走在全国前列，每天处理污水20万立方米，经过处理的污水用来灌溉数百个农场的几千公顷土地。在一些工业城市如朱拜勒和延布，经过3次处理的污水被用来美化城市环境。最后，鼓励水资源管理与开发的研究工作。2002年，沙特阿拉伯专门设立一个奖项，奖励对水资源管理与开发作出贡献的个人或组织。该奖项以沙特阿拉伯当时的第一副首相阿卜杜拉·阿卜杜勒·阿齐兹王储的名字命名。奖项的奖金额达 13.3 万美元。遴选委员会在 2002 年 10 月开始接受世界各国的提名。遴选委员会主席阿都马力博士在再循环与淡化水大会上呼吁出席者提名有资格者角逐这个奖项。[①]

沙特阿拉伯采用先进的滴灌技术发展经济作物种植业，获得很好的效果。在西南部的沙漠城市奈季兰，农业与水利部园艺发展研究中心利用滴灌技术成功种植出了甜橙、柠檬、宽皮柑橘和葡萄柚，当地还准备面向全国供应柑橘。这项技术使得该地区大部分人口受益于柑橘业，生活水平得到明显提高。奈季兰地区也因栽培柑橘而闻名全球，人们称之为"沙漠甜橙"。沙特阿拉伯政府全力支持园艺发展研究中心，继续支持这一研究成果的推广工作。[②]

2. 农业技术的发展

沙特阿拉伯王国政府为了扩大粮食生产，多年来大力提倡农业机械化，并鼓励农户使用农业机械。为了保证国内市场农机产品的供应，除花大量外汇从国外进口拖拉机和农机产品外，也积极在国内兴建农机厂，走自己生产农机产品的道路，但由于工业技术基础较低，加上生产管理上不去，国内农机产业发展不快。到 1996 年，全国共有 24 家本土农机生产公司，生产规模一般都不太大。在自己生产农机产品的同时，沙特阿拉伯也从国外引进技术和资本，建立合资合作生产企业，到 2004 年为止，这类公司全国共有 27 家。据沙特阿拉伯有关部门统计，农机生产厂大部分建在沙特阿拉伯中部经济发达地区，共有 35 家农机厂，其中本土公司 17 家、外资合资公司 18 家；西部地区有 9 家公司（本土公司 3 家、外资合资公司 6 家），东部地区有 4 家公司

① 《沙特阿拉伯设立水资源管理开发奖项》，《中国资源综合利用》2003 年第 4 期，第 5 页。

② 董朝菊编译《在沙漠中崛起的沙特阿拉伯柑橘业》，《柑橘与亚热带果树信息》2002 年第 9 期，第 11 页。

（本土公司 3 家，外资公司 1 家），北部地区有 3 家公司（本土公司 1 家、外资合资公司 2 家）。

这些公司的生产规模一般不大，所产的主要农机产品有 15 个品种；目前各类产品的年生产能力大致是：机耕犁 6700 台套，拖拉机（组装）1800 台，喷雾器 6650 台，撒料机 4000 台，柴油机（用于农机和载重汽车）3180 台，挤奶机 200 台，叶轮机组 2700 台，排灌泵 48800 台，拖车 1700 台，谷物拖车 208 台。另外还能生产一些土豆收获机、挖掘机以及草料收获机等产品供应市场。①

沙特阿拉伯国内仍不具备生产大型农业机械（如拖拉机、联合收割机等）的能力，必须通过进口来满足国内市场对这类产品的需要。

3. 石油化工生产技术

石油化工生产是沙特阿拉伯国民经济收入的最主要来源。沙特阿拉伯有很多石油化工企业因为其先进的生产技术能力和高超的现代化管理水平而业绩卓著，享誉国际。位于首都利雅得的沙特基础工业公司便是其中的优秀代表。

沙特基础工业公司（SABIC）成立于 1976 年。当时，沙特阿拉伯政府决定采用炼油过程中释放的烃类气体作为生产化学品、聚合物和化肥的原料。沙特阿拉伯政府拥有沙特基础工业公司 70% 的股份，剩余的 30% 股份由沙特阿拉伯和其他海湾合作委员会成员国的私人投资者拥有。沙特基础工业公司不仅是中东地区最大的一家公司，也是世界上排名第十的石油化工生产商，在聚乙烯、聚丙烯、乙醇、甲醇和化肥等聚合物的生产上，引领全球市场。具体讲，它是全球第一大聚乙烯生产商，第六大聚丙

---

① 吴清分：《沙特阿拉伯近年来农机市场发展浅析》，《农机市场》2004 年第 9 期，第 29 页。

烯生产商。聚合物生产总体排名世界第四。沙特基础工业公司在沙特阿拉伯有两个大型生产基地（位于朱拜勒和延布两大城市），有 18 家世界级规模的联合企业。这些企业中有些是由多方联合投资，如埃克森美孚、壳牌、富腾有限公司（Fortum）和三菱化学等跨国公司参与投资。

该公司拥有雄厚的研发资源，在利雅得、荷兰的赫伦（Geleen）、美国的休斯敦、印度的瓦多达拉（Vadodara）设立有研发中心，在全球拥有 1.6 万多名雇员。公司在欧洲拥有两个石油化工生产基地，分别位于荷兰的赫伦和德国的盖尔森基兴，负责生产和销售聚丙烯、聚乙烯和烃类化合物。

自成立以来，沙特基础工业公司的总产能逐年提高，从 2001 年的 3540 万吨/年增加至 2004 年的 4290 万吨/年。2005 年前 9 个月，公司的总销售额增长了 20%，达 151 亿美元；产量增长了 10%，达 3460 万吨；净利润增长 54%，达 39 亿美元。2005 年公司第一季度公布利润为 13 亿美元，比 2005 年第二季度增长 2%。为平衡供需矛盾、能源价格上涨、生产率增长等因素，公司需通过一些项目的扩能来调节，从而保持持续增长。①

4. 软件开发

软件业在沙特阿拉伯尚属起步阶段。沙特阿拉伯软件消费市场很大，但大公司和大部分的中型企业主要从国外引入所需的软件，90% 以上的人使用微软系统。国内虽然有软件开发公司，但其开发能力还很薄弱，得不到大客户的信任。而且本国的程序员也习惯于支持或维护现有的系统，并不注重重新开发新的软件。一些专门销售针对本国人的组件、工具或程序的人或公司仅仅满足于和其他公司合作，构建组件不是他们的主要业务。

---

① 沈莉莉译《沙特阿拉伯 SABIC 公司扩大聚合物和纤维中间体的产能》，《合成纤维》2006 年第 2 期，第 53～54 页。

沙特阿拉伯软件业落后的主要原因，一是缺乏人才。由于得不到重视和缺少合适的工作环境，专业软件开发人员更喜欢移民去国外如美国、加拿大、澳大利亚、欧洲，到这些国家寻找工作。二是缺乏资料。沙特阿拉伯书刊和网站上用阿拉伯语写的关于软件开发方面的资料虽然有一些，但不是很多。从英语翻译过来的阿拉伯语版书籍因为翻译质量问题，很难有利用价值，而一些真正高水平的阿拉伯语著作却得不到很好的支持，面临出版困难。因此很多阿拉伯的开发人员更喜欢看英语版的书。不过书店里买到的英语版科技类书籍大多到货较晚，同样难以满足需要。三是教育问题。沙特阿拉伯大学开设有计算机科学和软件工程课程，但是教学质量存在问题，软件知识的普及工作尚不到位。[①]

二 人文社会科学

沙特阿拉伯重视阿拉伯和阿拉伯半岛历史的研究和宣传，着力体现现代沙特阿拉伯国家各个方面取得的历史成就。

阿卜杜勒·阿齐兹国王历史中心是展现历史、教育人民的重要场所，中心所属国家博物馆的陈列整体展示从人类诞生到现代沙特阿拉伯王国的历史。国家博物馆拥有大量科学、文献胶片和多媒体展示。阿卜杜勒·阿齐兹国王历史中心还设有阿卜杜勒·阿齐兹国王研究与档案基金。这是一项科学文化基金，主要用于资助沙特阿拉伯历史研究。此外有一座王宫，旨在重现阿卜杜勒·阿齐兹国王时期的王宫风貌。

沙特阿拉伯文物与博物馆署对全国历史遗迹和遗址进行了全面考察，并对重点文物和地区进行了妥善保护。比较重要的文物

---

① Daniel Read：《沙特阿拉伯软件业》，《程序员》2005 年第 4 期，第 50～51 页。

遗址分布情况大致如下：

麦地那历史保护区：这里有位于市中心的著名的先知清真寺；伊斯兰历史上第一座清真寺库巴清真寺；烈士园区，是穆斯林曾经与多神教徒进行过激战的战场；双向清真寺，该寺因保留了两个指示礼拜朝向的凹壁而得名。

艾勒欧拉地区：这里有丰富的文物，分属于不同历史时期。在古城区迪莱，有著名的大石清真寺，先知曾在此礼拜；中部地区有古城堡遗址和凿建在岩石里的住所与坟墓，据史学家考证是莱哈尼耶时期的文物；此外还有阿拔斯时期的城堡、城墙遗址。

红海港口城市吉达：最早发源于石器时代，该城东部山区发现有塞姆德文字。

塔伊夫：据说诺亚洪水之前该城就已存在。这里有阿拉伯人在历史上发挥了重要作用的欧卡兹集市的遗址；有前伊斯兰时期的居民要塞以及一些堤坝，上面刻有古文字。

宰赫兰：经过考古发掘，这里发现许多勒蒙时代的文物，当时这里的居民与苏美尔人有频繁的贸易关系。

朱拜勒地区：考古文物证明，这里的文明可追溯到公元前3000年左右，与两河流域有关系或本身就属于两河流域文明。

哈伊勒地区：发现的文物古迹堪称全国之最。（1）奥斯曼时期的城堡与宫殿；（2）亚推布岩石上塞姆德人刻写的文字与图案；（3）加宁的天然山洞，洞内有塞姆德、多姆海利叶时期刻写的人兽图形；（4）费德：哈里发哈伦·拉希德的妻子为朝觐者修建的路标、水井，前伊斯兰时期的海拉舍宫；（5）哈巴石山：4000多年前的塔、墓和古剑等。

奈季兰地区：有《古兰经》中提到的艾赫杜德遗址，包括围墙和建筑物，上有塞巴邑、库法时期的纹刻。现在，整个遗址被围墙围起，由政府建立起奈季兰地区博物馆。

第三节 文学艺术

一 小说创作①

沙特阿拉伯文学的发展一直非常缓慢。实际上，除了诗歌以外，其他形式的文学只是到了近代才逐渐登上历史舞台、为民众所接受。体现一个国家文学创作水平的小说，在沙特阿拉伯出现得很晚，而且发展比较缓慢。

1932 年是沙特阿拉伯历史的转折点，也是沙特阿拉伯新旧文学的转折点。第二次世界大战后，随着沙特阿拉伯的国力逐渐强盛，与西方和开放较早的阿拉伯国家在文化、教育上的交流不断加强，有越来越多的沙特阿拉伯文人开始创作小说，创作数量越来越多，质量逐渐提高。与此同时，普通民众日益欢迎和普遍接受小说这种文学形式。现在，沙特阿拉伯已经拥有小说作家和评论家群体，有自己的组织和出版物，拥有众多读者。

沙特阿拉伯现代小说可分为两大发展时期：从建国到 20 世纪 40 年代末为沙特现代小说的培育期。50 年代以后为收获期。

（一） 第一时期的小说创作

传统的诗歌、传奇和民间故事是沙特阿拉伯的主要文学形式。第一次世界大战后，受黎巴嫩、埃及、叙利亚等阿拉伯国家和英法等西方国家影响，一些沙特阿拉伯青年和文化人开始大胆尝试进行小说创作，他们成为沙特阿拉伯最早的小说作家。初期的作品相当不成熟，浸透着阿拉伯半岛的沙土味，得不到普通读者的接受，也很少有能在报刊公开发表的。

---

① 参阅王德新《沙特阿拉伯现代小说概述（一）》，《阿拉伯世界》1994 年第 4 期，第 15 ~ 17 页。

这一时期的小说创作主要是传奇性故事的讲述。由于不愿或不能翻译、模仿和借鉴西方小说，首批作家主要借鉴半岛上自己的文学遗产：英雄传、宗教故事、民间传说等。故事的主人公不是十全十美的英雄，就是十全十美的美女，他们的对立面当然是十恶不赦的坏人。人物没有思想变化，没有感情波折，也没有发展过程。故事内容带有很强的训诫性，往往把很多训诫、说教、布道用故事之线穿起来，点明一个道理，表达作者渴望国家摆脱落后状态的愿望，满含强烈的社会责任感和使命感。故事的写作文笔流畅、语言规范、精于选词用句，显示了作者深厚的阿拉伯古典文学功底。

1. 艾哈迈德·萨巴伊

艾哈迈德·萨巴伊 1905 年生于麦加，在当地接受初等教育，后来到埃及亚历山大求学两年又回到麦加。初任阿拉伯语教师，后参加《汉志之声报》的编辑工作，曾任该报主编。接着又编辑出版《古来氏》周刊并创建古来氏印刷所。他集新闻工作者、诗人、作家、历史学家于一身，著有《麦加史》。其作品《菲克拉》讲述一位名叫菲克拉的牧羊女的故事。"菲克拉"阿语原意为"思想"，意指女主人公是一位有思想的人。作者笔下的菲克拉美貌绝伦，长长的睫毛，大而黑的眼睛，光彩照人。但她却固执地孤身一人在荒山野岭中过着原始的放牧生活，并以哲学家的姿态嘲笑周围的一切。一位英俊潇洒很有男子汉气概的小伙子被她的美貌所吸引，抛弃了家庭和工作，跟随她一起在荒原游牧。在两人的对话中，主要不是谈情说爱，而是挖苦嘲笑当时的社会和传统。后来，姑娘说服小伙子回到他抛弃了的家庭。在一次朝觐中，他俩又不期而遇。经过愉快的畅谈之后，他们又告别了。故事结尾是：小伙子回家后得知自己家庭的一个秘密，多年以前，他年仅两岁的小妹妹从家中走失。妹妹身上有块胎记，与菲克拉身上的胎记一样。这篇小说仍带有英雄加美女式的古代传奇

的影子，所不同的只是主人公变成了现代人，表达了作者改革社会的愿望。从艺术角度看，《菲克拉》只能算是一篇现代传奇，还不能称为实际意义上的小说。

2. 侯赛因·阿拉卜

侯赛因·阿拉卜 1919 年生于麦加，毕业于沙特文化学院。曾在沙特王室工作，做过报社编辑，后来在内政部工作。1961年任沙特阿拉伯宗教朝觐事务大臣，1963 年因健康原因辞职。曾在《汉志之声报》及沙特阿拉伯其他报刊上发表过大量诗歌，出版过诗集《沙漠的灵感》，同时也发表小说。侯赛因 1937 年创作了短篇小说《怨女》，《怨女》叙述一位美丽的富家姑娘因为家庭变故而流落街头，向人们哭诉自己的经历，最终惨死在街头的故事。

作者写这篇小说的目的在于揭露现实，抑恶扬善。故事中一位正直而充满怜悯心的行人主动和姑娘交谈，倾听她的倾诉，直至将死后的姑娘送到墓地。他无疑是英雄的化身。

3. 阿卜杜·贾比尔

1914 年生于麦加，曾留学埃及，后任沙特阿拉伯驻埃及文化使团团长。他是著名的诗人、作家、文学评论家，主要著作有文学评论《阿拉伯半岛文学流派》、《汉志文学》及短篇小说集《我的母亲》等。

《我的母亲》写于第二次世界大战末期，是贾比尔的代表作。它描写一个女人在她的丈夫牺牲后，独力抚养独生子绍里赫，花完了亡夫的遗产后，靠刺绣手艺和卖手帕为生。但她每次去市场卖货都瞒着儿子，以维护家庭虚假的高贵地位。她非常注重对儿子的教育和培养，给他讲英雄少年牺牲自己拯救人民的故事。绍里赫听后很受感动，决心长大后当一个作家，写同样精彩的故事去教化别人。但因为家贫，绍里赫最终被迫辍学，开始打工养家。一天晚上，有人告诉母亲，绍里赫被车撞死。母亲惊闻

噩耗，发疯似的冲出家门，从此没再回来。绍里赫后来被人救活，变成了流浪儿。他牢记母亲的教导，再穷也要做个正人君子。后来，绍里赫边工作边刻苦自学，终于拿到大学文凭，当了检察官。他和朋友的妹妹法提玛结婚，并帮助朋友的母亲重整家业。新婚之夜，母亲突然归来。绍里赫双喜临门，全家过着幸福的生活。他开始坐下来写小说，终于成为一名作家，实现了童年的愿望。

《我的母亲》无疑是沙特阿拉伯当时最成功的小说之一，作者用真正的小说语言描写了一位坚忍不拔的母亲和同样坚忍不拔的儿子，他们在崇高精神的感召下与命运抗争，终于成为生活的成功者。小说人物描写和故事情节都很生动，有很强的吸引力和感染力。阿卜杜·贾比尔作为建国初期的优秀作家，是沙特阿拉伯小说逐渐走向成熟的典型代表作家。

（二）第二时期的小说创作

二战后，尤其是 20 世纪 50 年代以来，沙特阿拉伯的国际国内环境都趋于稳定。经济发展和人民生活水平的提高，带动文化、教育和对外交往的发展。大批青年开始走出国门，到埃及或欧美国家留学。他们带着新文化、新思想和对文学的真正理解回到祖国，为沙特文坛注入了巨大的活力，推动小说创作实现了飞越。沙特阿拉伯涌现出一批小说家，开始创作出一大批真正具有文学意义的小说，造就了沙特阿拉伯现代文坛的第一位旗手哈米德·达曼胡里，使沙特阿拉伯的现代文学和现代小说出现了一个高峰。20 世纪 50 年代以后的沙特阿拉伯小说创作较前一时期有了长足进步。题材更加广泛，主题更加深刻，风格更加多样，更加贴近生活与现实，情节生动，人物形象饱满，彻底摆脱了英雄美女或训诫说教式的束缚，社会使命感表现得更为强烈，扩大了小说在社会中的影响。

这一时期出现了不同的文学流派，不同流派使小说的题材更加广泛，有现实主义、浪漫主义和社会题材的，也有历史题材或宗教题材的。有时同一位作家会写出不同题材的作品。

从数量上看，社会题材类小说最多，其中妇女题材首屈一指，内容涉及妇女的成长、教育、恋爱、婚姻、就业等各个方面，反映她们在这些方面受到的来自家庭和社会两方面的歧视，为她们鸣不平。如萨德·巴瓦尔迪的《被休弃的女人》、《女人的牺牲》，萨米拉·宾特·加齐拉的《泪谷》，哈米德·达曼胡里的《岁月流逝》，伊卜拉欣·纳西尔的《二房》等。接下来的是反映民情、民怨内容的小说，如艾敏·叶海亚的《节日的泪水》，艾哈迈德·布什奈克的《大人们》。再就有是反映落后的传统、风俗、习惯的题材，如萨利姆·鲁维的《牺牲》，伊卜拉欣·纳西尔的《不幸》，等等。

社会题材的文学作品大量涌现，说明小说家们更加敢于面对现实，社会责任感更加强烈。

下面介绍这一时期的代表作家和作品①。

1. 萨德·巴瓦尔迪

1930 年出生于纳季德（内志）的沙克腊市。先后在家乡和塔伊夫求学。后因生活所迫，中断学业到胡拜尔经商，但一直坚持自学。巴瓦尔迪酷爱文学，尤其是现代文学。他思想激进，主张社会改革，1955 年在胡拜尔创办《传播》周刊。这是一个以介绍现代文学为主，兼顾社会评论的期刊，只办了一年即停刊。巴瓦尔迪曾进入沙特阿拉伯教育部工作，在期刊管理局和出版事务管理局任职。后被派往黎巴嫩，在沙特阿拉伯驻黎使馆任文化参赞。在工作之余创作了大量诗歌，兼写小说和社会评论，抨击不合理的社会制度和丑恶现象，作品主题鲜明，是沙特很有影响

---

① 参阅王德新《沙特阿拉伯现代小说概述（二）》，《阿拉伯世界》1995 年第 1 期，第 9～13 页。

的一位文学家。主要作品有短篇小说集《来自巴勒斯坦的幽灵》、《与人们在一起》、《城市之神》，诗集《归来曲》、《地平线上的花粉》、《五彩花束》、《祖国之歌》，以及杂文集《社会之铃》等。

巴瓦尔迪最有代表性的小说是写于 50 年代末的短篇小说《来自巴勒斯坦的幽灵》。作者以第一人称叙述了在巴勒斯坦纳布卢斯难民营一个帐篷里所遇到的一位老人的故事。这位老人当时处于半死状态，只能在地上艰难爬行，而且见人就哭，被人称为"疯子"。他见到作者也哭了，要求作者给他一个"表示"。他拒绝了作者的施舍。作者最后才弄明白，老人是想要作者的一个"吻"。作者大为惊讶，以为老人确实有疯病。但从老人的苦苦哀求中，作者明白了：自己很像老人的儿子哈利勒。犹太复国主义者当着老人的面枪杀了他的儿子。作者让老人吻了自己，老人喜极而泣，说作者是 8 年多来给他带来快乐的第一个"外人"。得知作者来自沙特阿拉伯，老人不禁回忆起当年携妻带子到麦加朝觐的情景。话题又转到 1948 年的战争和在战争中死去的老人的妻子儿女。老人最后要求作者回国后，到麦加天房代他祈福，也代无数巴勒斯坦难民祈福。

巴瓦尔迪的其他小说还有《召唤来世》、《女人怎样做出了牺牲》、《复仇者》，等等，都是有关社会和妇女题材的。

2. 阿里卜·艾布·法拉吉

1929 年生于麦地那。中学毕业后入埃及开罗大学无线电学院学习。毕业回国后任职卫生部技术司。后在广播新闻出版部供职，升任大臣。写过很多小说，是沙特阿拉伯著名的小说家，主要作品有小说集《我的祖国》等。小说《开罗来的新娘》很受读者的欢迎。小说题材新颖，描写麦加一位年轻而贫穷的朝觐向导因为得到一名年轻的埃及女朝觐者的帮助而赚了一大笔钱，并最终与姑娘结成良缘。小说生动描绘朝觐向导的生活，叙述了他们的愿望和要求。

3. 艾敏·萨利姆·鲁维

1903 年生于吉达，并在当地就学。毕业后一直在民航部门任职。写过大量小说，主要作品有短篇集《燃烧的手指》、《渴望》等。

艾敏·鲁维的写作风格比较独特。小说《牺牲》讲述这样一个故事：美丽的牧羊姑娘夏克哈与心上人结婚。丈夫哈姆丹是一个把本部落的传统和尊严看得重于一切的人。在儿子周岁时，哈姆丹要为他举行割礼仪式，而夏克哈建议把孩子送到城里医院做割礼手术，以保证安全。哈姆丹不能容忍这种公然破坏传统、不顾部落尊严的做法，发了火，狠狠打了夏克哈，并决定当天夜里就为孩子行割礼。夏克哈听到孩子的惨叫，心都碎了。儿子后来忍痛问母亲：自己忍不住叫喊是不是显得太胆小，会被人看不起，以后不会有姑娘愿意嫁给他？会不会给部落带来耻辱？没过 3 天，儿子因伤口感染化脓，中毒死亡。夏克哈在这巨大打击下，变成了疯子。

小说的震撼之处在于一对年轻的恩爱夫妻，因为对待旧传统和旧观念的不同态度而站到了对立面。具有进步思想的是女方而非男方，这在沙特阿拉伯这样传统势力很强的国家里是很耐人寻味的。艾敏·鲁维善于抓住沙特阿拉伯社会的某一侧面做文章，以引起读者的感叹和思考，力图通过手中的笔去干预社会生活，批判现实，显示出他在同行中间的分量。

4. 伊卜拉欣·纳西尔

1932 年生于利雅得并在当地求学，后赴埃及留学，回国后一直在政府机关工作，同时进行小说创作。作品有小说集《母亲们的斗争》、《无雨之地》、《夜幕天窗》等。

伊卜拉欣·纳西尔的写作风格和艾敏·鲁维颇多相似。短篇小说《愚顽》讲述在一个偏僻的村子里，经常发生的怪事。村民艾布·穆斯塔法常常受到鬼的惊吓：每当夜深人静，鬼怪就向他的房子扔石头。在别人劝说下，艾布·穆斯塔法心慌急忙搬离村子。本村的一个年轻人却说：是他在夜里向穆斯塔法家扔石头，为的是赶走穆斯塔法，赖掉欠穆斯塔法的债务。小说故事情节简单，但主题却很深刻，像一则寓言，代表了伊卜拉欣·纳西尔的作品风格。

5. 哈米德·达曼胡里

哈米德·达曼胡里是 50 年代沙特阿拉伯作家群中的佼佼者，创作了多部优秀的小说作品，是沙特现代小说创作的奠基者，被公认为沙特现代小说的旗手。

达曼胡里 1921 年生于麦加，1939 年到埃及求学，入法鲁克大学（亚历山大大学的前身）文学院学习，两年后获文学学士学位回国。他精通英文，做过中学教师，后进入教育部，曾任教育部副大臣。初期以诗歌创作为主，后转向写小说，1965 年逝世。

哈米德·达曼胡里性格内向，喜欢静观和沉思。他一生只写过两部小说，都是长篇，即《牺牲的代价》（1959 年）和《岁月流逝》（1963 年）。两部小说发表后，均引起社会轰动，直到今天，仍是沙特阿拉伯最受欢迎的作品。

小说《牺牲的代价》中的故事发生在麦加和开罗两地。小说主人公艾哈迈德出国前与表妹法蒂玛订了婚。到开罗后，艾哈迈德爱上了同学穆斯塔法的妹妹法伊莎，一个脸庞白皙的 16 岁少女，并为此很留意自己的衣冠和发式。但理智还是战胜了情感，他决定疏远法伊莎，安心学习。毕业后，终于回到麦加和法蒂玛完婚。

《牺牲的代价》有 400 多页的篇幅。作者向读者展示了汉志地区广阔的自然环境和风土民情，描绘了处在新旧交替时代人们的心态，既写了二战前的情况，也写了战后出现的变化。作者尖锐地提出一个问题：接触到国外新鲜环境的留学生们如何被国外有文化的女人所吸引。当时有很多沙特阿拉伯留学生出国后即抛弃了家乡的没有文化的妻子或未婚妻,同国外有文化的女子组成了家庭。这反映了沙特阿拉伯新旧两种文化的撞击,小说中的两位主要女性,即是两种文化的代表。主人公艾哈迈德虽然开始时对新文化充满着向往之情,急切地要求出国留学,但为维护传统而牺牲了自己的爱情,这种"牺牲的代价"是沉重的。故事结局无疑给读者留下了思考的余地。小说还反映了老一代沙特阿拉伯人在社会变革中所经历的思想斗争。父亲明知道儿子学成归来会改善家庭生活,但仍然对儿子的出国感到恐慌,预感到旧家族的历史将结束,祖祖辈辈沿袭下来的生活方式将画上句号。为此,他感到忧虑和空虚。作者深刻剖析了二战后沙特阿拉伯两代人的内心世界,使作品具有很强的感染力。

《岁月流逝》讲述一个商人的发家史及其恋爱经历。一个寡母带着两个孩子艰难度日,大儿子伊斯梅尔体谅母亲的辛苦,通过努力,最终当上了财政局局长。后来辞官下海,与商人纳比尔·陶非克一起经商,很快成为当地的富翁。但是伊斯梅尔一心沉醉于生意和赚钱,越来越失去当初的纯真。在发家之后,他不但对初恋情人萨米拉的不幸遭遇表现冷淡、幸灾乐祸,而且也无暇顾及朋友纳比尔的女儿萨尔瓦对自己的热爱,终于伤透了朋友一家的心,他们决定与伊斯梅尔分手,举家返回了黎巴嫩。伊斯梅尔这才醒悟过来,开始一封接一封地往黎巴嫩发信,但终究未能挽回局面,萨米拉也在忧郁之中伤心地死去。

在这个长篇小说里,达曼胡里成功刻画了沙特阿拉伯的商人阶层和他们的心态、情感以及生活追求。他们既冷酷,又没有完全泯灭爱心,让读者看到二战后的沙特阿拉伯是如何迅速进入金钱社会的。小说对麦加和吉达的市容、环境和这里的逸闻旧事作了详尽叙述,并介绍了汉志地区的民情民俗及生活习惯,读者如身临其境。全书人物众多,脉络清晰,细节描写真实,人物个性突出,其叙事手法和很强的故事性,使读者深受吸引。

达曼胡里的这两部小说在沙特阿拉伯拥有众多的读者，从大众读者到文学评论家、官方机构，予以一致好评。沙特阿拉伯电台迄今仍不断播放这两部小说。

（三）女作家的代表：沙米拉及其作品

沙米拉全名沙米拉·卡里玛·苏阿黛，1943 年出生于沙特阿拉伯圣城麦加的名门之家。从小就读于埃及亚历山大英国女子学校，后来进亚历山大大学学习，获经济学学士学位。她酷爱文学，1958 年 15 岁时，就以"阿拉伯半岛的女儿——沙米拉"的笔名，发表了她的问世之作《别了，我的希望》，从此声名鹊起，成了阿拉伯半岛知识妇女的楷模。她的主要作品有《别了，我的希望》、《沙特姑娘的觉醒》、《泪水的回忆》、《泪珠》、《闪光的眼睛》、《消逝的岁月》、《雾茫茫》、《爱树》等。

沙米拉把创作的全部精力都倾注在妇女身上。她描写妇女作为妻子、母亲和家庭主妇的种种欢乐和痛苦，描写追求妇女解放的女性在前进道路上遇到的层层障碍，描写青年男女之间纯洁的爱情，抨击不合理的婚姻制度。她写《沙特姑娘的觉醒》是"为了她所信仰的目标，为了实现她的诺言，即为提高沙特妇女的地位，为沙特妇女自立于发达国家妇女之林，为沙特妇女能在沙特的建设及维护沙特的荣誉中作出贡献而努力"①。

沙米拉满怀激情，描写作为母亲的妇女的心灵美。在短篇小说集《泪珠》的前言中，她写道："这本书献给我的母亲，献给世界上为了子女牺牲自己的所有母亲。"在她的作品中，"母亲"是一个神圣的字眼，她笔下的母亲都是善良的、自我牺牲的并充满了无限的爱。《泪水的回忆》中她描写了阿赫德的外祖母早年守寡，独生女又早逝，是外祖母含辛茹苦扶养了她。《雾茫茫》

---

① 此处参阅了史丽清的《沙特阿拉伯女作家及其作品》，《阿拉伯世界》1988 年第 1 期。

中夏洛卡的母亲是儿女们的慈母，又是她们亲密的朋友，夏洛卡能当上"空中小姐"就是得到她的有力支持。短篇小说《母亲的故事》具体表现了她心目中母亲应有的形象。母亲哈娜从小就聪明勇敢，但婚后丈夫另娶妻室。哈娜得知此事，镇定自若，既不离婚，也不答应和丈夫过夫妻生活，而把全部身心投入到子女的教育上，最终使每个孩子都学有所成。丈夫深感有愧，想与她修好，遭到拒绝。哈娜保持了作为一个妻子和母亲应有的尊严，得到了人们的尊敬。

　　沙米拉还善于通过爱情悲剧来抨击不合理的婚姻制度。短篇小说《父之罪》讲述主人公娜海娅迫于父命嫁给了一个有钱的老头，却爱上老头的儿子，在发现自己有了身孕之后，吞下了毒药，"结束了自己的生命，也毁灭了她双亲的希望，拉下了这血泪悲剧的帷幕"。多幕剧《泪珠》则从另一个角度，抨击了门第观念的旧传统，主张男女自由恋爱。故事说的是哥哥塔里克爱上了妹妹哈娜妮的家庭教师——女大学生阿卜拉，却遭到父母反对，因为阿卜拉的父亲只是个小职员。他们要他娶宗教大臣之女为妻，并以剥夺继承权相威胁。哈娜妮没有进过学堂，只是跟着阿卜拉学习，她已和表兄哈立德订婚，并期待他学成归来完婚。不料哈立德归来时，带来了一个外国妻子，声称"他要的是一个有文化、能互相了解的妻子"。哈娜妮受到很大刺激，精神失常，尤其不能看到不让她受教育的父亲。在严酷的事实面前，塔里克的父母不得不同意塔里克娶阿卜拉，父亲无限感慨地说："那种墨守成规，不让孩子读书，不让孩子们自己挑选意中人的时代已经过去了，通向未来的道路是知识。"

　　作者还热情讴歌纯洁的爱情。《泪水的回忆》主要描述一个叫阿赫德的姑娘的恋爱经历。女主人公阿赫德等待出国留学的心上人阿莱回来完婚。但临近毕业，阿莱却因事故丧失听力。为了不让心爱的人和一个聋子结成伴侣，他果断地停止与阿赫德来往，回国勤奋写作，成为著名作家。阿赫德久等阿莱不归，饱尝痛苦折磨，只好在亲人催促下与阿迪勒大夫订婚。阿迪勒知书达理，当他得知自己的朋友、著名作家就是阿赫德的心上人，便忍痛割爱，主动退出，并也最终得到姑娘娜黛的爱情。故事在喜剧中结束。

除上述作品外，沙米拉还更多地描写愿为社会作出贡献的妇女形象，用小说宣传原则、理想和道德价值，揭露时弊，寻找克服的办法，道出沙特阿拉伯妇女的心声。

二 艺 术

1. 戏剧电影

沙特阿拉伯原来禁止戏剧和电影演出，后来政策虽有松动，但电影戏剧的创作和制作仍很不发达。

直到 1989 年年底，沙特阿拉伯还根本没有电影业，没有电影院，也不曾准许外国电影外景队入境拍片。在苏丹驻日本大使姆沙·欧马尔撮合下，沙特阿拉伯终于决定和日本合作拍片，沙方支出 6 亿日元费用，日方则包办影片剧本、演员、摄影等专业事务工作。合作之初，沙特阿拉伯提出，主人公必须是小孩，内容不得有色情及暴力，必须有利于维护沙特阿拉伯的国家正面形象。这部名为《小小冒险家》的艺术电影，共有三个年轻的主角，一个扮演长住马来西亚的日本商人的儿子，一个扮演马来西亚的打鱼少年，后者的父亲赴沙特阿拉伯工作后失去消息，于是，两少年便展开一场千里寻父记，途中又遇到一位沙特少年，三人结伴而行，为寻找老人结下深厚情谊。本片导演为日本影坛新人花田深，摄影指导是斋藤孝雄。

当外景队抵达圣地麦加时，摄制组中的异教徒全被拒绝在外，由马来西亚籍穆斯林、副导演迦曼达尔挑起大梁，临时组成一支全是穆斯林的队伍，把圣地风光摄入镜头。从 1989 年 12 月底起，外景队在沙特阿拉伯用 40 天时间完成影片拍摄剪辑。一名沙特阿拉伯高级文化官员特地赴日本观看验收，并表示片中应增加一些沙特阿拉伯现代化工程的镜头。试演时，该片得到了沙特阿拉伯国王法赫德的欣赏。但由于当时沙特阿拉伯还没有电影院，所以沙特阿拉伯民众只能在电视上欣赏自己国家的首部电影。

2008 年，沙特阿拉伯电影工作者不断呼吁开放电影禁令。2009 年，沙特阿拉伯民众首次在利雅得法赫德国王文化中心观看一部名为《麦纳西》的电影。之前，西部港口城市吉达已经允许女性观众进入电影放映现场。[①]

2. 音乐舞蹈

阿拉伯半岛地区是世界音乐的摇篮，历史几乎可以追溯到 6000 年以前，也是许多现代乐器及音乐形态的起源地。阿拉伯地区音乐大致可分为古典、民俗与宗教音乐三种。歌词通常以描述生活中的事物和赞颂真主以及先知穆罕默德为主。

乐器 沙特阿拉伯的乐器同样有着悠久的历史。早在前伊斯兰时期，半岛地区就流传着米兹哈尔、吉朗、柏尔布德、姆瓦他、将科、米扎发等弦鸣乐器；米兹玛尔、库夏巴、斯鲁、纳库尔等气鸣乐器；弹拨尔、达卜、卡地布等膜鸣乐器以及匈鸠、吉拉吉等体鸣乐器，其中一些乐器是从波斯和叙利亚等地传入的。伊斯兰时期，常用的乐器有乌德、卡侬、拉巴卜、纳伊、纳加拉、达卜等。其中乌德是伊斯兰音乐中最有代表性的乐器。流行的拉巴卜是一种弓弦乐器，其共鸣体是半卵形的，有一弦和二弦两种，一弦多为说唱艺人自拉自唱，称"诗人拉巴卜"，二弦为歌唱伴奏，谓之"歌手拉巴卜"，以四度或五度调弦。纳伊是最

---

① 中国新闻网：《沙特首都 30 年来首度公映电影 妇女仍被拒门外》，2009 年 6 月 9 日。

重要的吹奏乐器，是一种用竹管或苇管制成的竖笛，音色柔和，能奏出阿拉伯音乐中所特有的四分之三音。纳加拉是一种碗形的单面鼓，两只一对，一般调成四度或五度，左侧是低音，发音为"多姆"，右侧是高音，发音为"台克"；它对构成阿拉伯音乐中复杂的节奏有着重要的作用。

节奏 沙特阿拉伯音乐的节奏是以阿拉伯诗歌音节的长短律动为基础的，这些律动的循环构成固定的节奏型。虽然在演奏时，为了感情表现的需要，可以临时加入休止而引起节奏的变化，但基本的节奏型是不变的。阿拉伯音乐的节奏型已由9世纪时的8种增至现在的100多种；它们主要以鼓来表现，节奏的轻重拍分别以敲击鼓心的"多姆"和敲击鼓边的"台克"来表示，在曲谱上，用特定的符号来标记。一个有才华的演奏家常常能以轻重相间、动静交错的多变节奏，体现乐曲的不同感情。

沙特阿拉伯舞蹈在公开场合多由男子表演，动作简单，节奏性强，舒缓而有力，体现勇敢慷慨的精神。

沙特阿拉伯音乐和舞蹈广泛流行于民间，主要见于节日庆典、文娱活动和婚礼场合。大多数情况下，音乐、舞蹈和歌唱同时进行，以烘托热闹的喜庆气氛。以婚礼为例，婚礼当夜，妇女和姑娘们围绕新娘边挥舞手帕和扇子，边唱着祝贺婚礼的歌曲。乐师敲击阿拉伯传统乐器——手鼓，发出"砰、嚓、砰嚓嚓"的铿锵鼓声。鼓是用羊皮或牛皮绷制的简单打击乐器。乐师上下挥舞手中鼓的同时，口中还需要迸发出伴唱声。来宾在一位身材高大穿阿拉伯大袍的领舞者带领下，伴着节奏的敲击声和阿拉伯传统音乐的旋律，踏着柔软的地毯，步调一致地前后左右相互对唱和对跳。阿拉伯音乐声音很大，旋律既快又急。随后舞者跳起显示男子汉刚健气概的剑舞。高大威猛的男子手持长剑，迎风翩翩起舞，时而弯腰，时而挺胸，时而杀气腾腾，时而仰天长啸，手中的长剑随着鼓声的节拍在空中挥舞，合着节拍嘴里大声喊叫，尽显粗犷之美。小孩们也边歌边舞，穿行于跳舞的人群之间。婚礼在音乐声、歌声、口哨声中达到高潮。

3. 美术

由于伊斯兰教禁止偶像崇拜，禁止描绘人像和动物形象，所以沙特阿拉伯的美术创作都避开这一主题，而在书法、自然风光的描绘以及静物装饰方面有特殊的发展。

书法 现代阿拉伯书法已成为世界最著名的书法艺术体系之一，其发展的深度与广度都是历史上任何一个时期所不能比拟的。阿拉伯书法的主要特点是：（1）按其书体的不同及每个字母和每个词在语句中的位置，即词首、词中、词尾和句首、句中、句尾而有不同的写法。其中有些字母变化多、差别大，是点缀或增加书法花样的多体字母。（2）由于书体不同，书写各类书体的字母可大可小，可长可短，可宽可窄，可曲可直，各执其能，起着协调书体松紧、行距的作用。（3）从右向左，是书写阿拉伯字母的正规方向。但在书法艺术上，除以此为主外，还可使用从上到下、从下至上、上下交错、左右交叉的写法进行组合。（4）在造型艺术上，利用字体的不同特点、形态和规则，可组成各种造型艺术字。如花押型、对仗型以及各种象形字、艺术字等。（5）在书法的字体行间适当添加一些有关的音符、字母、特定标志，以协调书法的布局，衬托字体的立体感。但书写《古兰经》册本时，不用此法。（6）书写阿拉伯书法的笔与一般的笔不同，一般由书写者因地制宜、自编自制。有竹笔、苇笔、叶柄笔、草茎笔、麻秆笔、木板尼龙笔等。不同的笔，能写出不同的字体。

阿拉伯书法的用途和实用价值极为广泛，主要有以下几点：（1）用于书写《古兰经》和伊斯兰先贤的名言佳句。从古至今，

一切版本的《古兰经》字体，均为手抄，这在书法史上鲜有先例。（2）用于伊斯兰建筑装饰，如清真寺凹殿、墙壁、梁柱、门厅等均饰以经文书写艺术，或彩绘，或雕刻，给人以庄严、肃穆、华丽之感。此外，钱币铸造、雕刻、建筑修缮等，也运用阿拉伯文书法表现其魅力。（3）用于书写哈里发、素丹宫廷的敕令、文告以及重要文献、契约、庆典贺词等，一般由书法家专司。（4）用于书写国家机关、学校、商店、工矿企业的牌匾，各类书籍、报刊、影视戏剧的标题与广告；用在布置各种艺术性展览、会场和工艺品装饰等，以美化环境、美化生活。（5）在现实生活中，阿拉伯书法艺术更是走进了穆斯林的千家万户。各种饰有阿拉伯书法的挂毡、铜盘、陶瓷器、珐琅制品、贝壳备受欢迎。

装饰艺术 装饰艺术广泛应用于图书印刷、建筑物外表、室内装潢、庆典场合、服装打扮等方面。装饰图案多由花草树木、自然风光、几何图形等组成，通过不同的图形组合、线条连接和色彩的丰富搭配，形成或绚烂多彩、或恬淡自然、或宁静优雅、或高贵华丽、或深沉庄重的审美效果。书法有时作为装饰艺术得到广泛使用，有时其本身也需要装饰，没有装饰，不能称为完善的书法艺术，这在《古兰经》的书写和清真寺的建筑中尤为突出。现代阿拉伯书法艺术的创作、美化与应用，更是离不开装饰。书法与装饰艺术堪称一对孪生姐妹。

雕刻 雕刻艺术在沙特阿拉伯随处可见，他们大多作为城市标志、建筑装饰或街区景物遍布于各处，成为沙特阿拉伯一道独特的风景。雕刻主要取材于阿拉伯字母形状和一些生活用品，比如水壶、书籍、刀剑等，质地以金属铜为主，远看高大厚重，锃亮夺目，又不失轻灵精妙，非常富有民族特色。

三 文化机构与文化活动

1. 青年事业总局

青年事业总局负责全国的造型艺术活动。为鼓励和推动艺术发展制定年度计划和五年计划，在全国定期举办艺术竞赛和展览活动。举办沙特阿拉伯艺术的国外展出，为沙特阿拉伯艺术家提供国际舞坛，增强与东道国的文化联系。青年事业总局已经在阿尔及利亚、巴林、约旦、科威特、摩洛哥、阿曼、卡塔尔、突尼斯、阿联酋这些阿拉伯国家举办了多次沙特阿拉伯艺术展。青年事业总局也在阿拉伯世界之外的印度、意大利、墨西哥、土耳其、德国和美国举办过艺术展。

青年事业总局积极参加"阿拉伯青年节"、科威特造型艺术展、阿拉伯造型艺术联盟举办的两年一度的阿拉伯艺术展，以及欧洲、亚洲的各种周期性展出。

2. 沙特阿拉伯文化艺术协会

1972 年，经国王签署法令，宣布成立沙特阿拉伯艺术协会。1978 年更名为沙特阿拉伯文化艺术协会。协会负责保护和促进王国的文化事业。其职责包括：努力提高王国的文化艺术水平，关心沙特阿拉伯艺术家的福利待遇，为提高他们的文化、艺术和社会水准而工作；资助有才华的年轻人，为他们发展和展示才华提供机会；通过与文化艺术有关的各种活动在阿拉伯世界和国际舞台上展示沙特阿拉伯的国家形象。

沙特阿拉伯文化艺术协会的工作通过许多委员会进行贯彻：文化委员会负责鼓励沙特作家的创作活动，提高大众的文学和文化品位；造型艺术委员会帮助造型艺术的发展，通过在国际国内举办展览，鼓励沙特艺术家，推广他们的作品；音乐和口头艺术委员会鼓励音乐、歌唱，尤其注意丰富的乡村诗歌艺术和全国各地的歌曲；信息与出版委员会不仅负责向协会的分支机构和当地媒体提供文化信息，而且负责保存全国艺术作品和艺术活动的档案。

沙特阿拉伯文化艺术协会还拥有一家"文化电视片与文献图书馆"，管理设在利雅得的沙特阿拉伯第一家文化中心；该中心的宗旨是复兴和推广沙特阿拉伯文化遗产。2003年5月，沙特阿拉伯文化艺术协会正式并入青年事业总局，归新成立的文化信息部管辖。

3. 法赫德国王文化中心

法赫德国王文化中心坐落在首都利雅得，是利雅得文化和社会活动的理想场所。中心曾得到法赫德国王长子费萨尔亲王长期资助。法赫德国王文化中心旨在促进文化艺术活动，资助文化艺术领域的优秀人才，运用他们富有创造性的技术和能力。因此，该中心不但为青年、经济和教育部门提供服务，而且是向知识精英提供举办会议、展览等活动的理想场所。

法赫德国王文化中心建筑典雅美丽，其设计充分体现了自古至今沙特阿拉伯艺术创作的丰富多彩。法赫德国王文化中心建筑占地1万平方米，内设藏书1万册的公共图书馆和设施先进、可容纳3000人的放映厅（起初只限于放映资料片，用于会议等，2009年首次对外放映电影）。此外还有画廊、练功房、餐厅和咖啡馆，必要的行政办公室等。

4. 杰纳迪里亚遗产文化节

每年一度的持续时间长达两周的杰纳迪里亚遗产文化节，为保护全国文化遗产发挥着重要作用。杰纳迪里亚遗产文化节深受沙特阿拉伯人民的喜爱，每年有100多万沙特阿拉伯民众参加节日活动。

骆驼比赛是这个节日最重要的活动之一，其他内容涉及沙特阿拉伯传统和文化的方方面面。节日的一大亮点是由来自全

国各地的音乐家演奏传统音乐，并由民间剧团表演舞蹈，如阿
德哈。

第四节　医疗卫生

一　简况

沙特阿拉伯医疗保健制度经历了几个发展阶段，从建国
初期仅限于医疗，逐渐扩大规模，建立起具有很高技
术管理水准的现代化医疗保健体系。沙特阿拉伯政府将免费医疗
保健服务作为最重要的基本福利提供给沙特阿拉伯公民（包括
所有朝觐者）。

随着沙特阿拉伯经济的飞速发展，沙特阿拉伯医疗保健设施
建设获得飞速发展，取得骄人成绩，被世界卫生组织列为发展中
国家的榜样。根据统计，2008 年，沙特阿拉伯有医院 379 所，
其中公立医院 341 所，私立医院 38 所；医疗卫生中心 848 个；
床位 4 万多张；医生 4 万多名，护士 7 万多名。另外，武装部
队、国民卫队及一些机构设有自己的专属医院。各综合大学设有
医学院及附属医院，床位约 1 万张。

二　医疗保健制度

沙特阿拉伯各级医疗卫生保健的责任分别有相应的国家
卫生机构或部门负责。沙特阿拉伯卫生部将全国划分
为 18 个医疗保健区，各个地区建立分支管理部门，由地区卫生
保健机构管理，执行卫生部有关医疗服务和发展的计划。除卫生
部外，沙特阿拉伯其他政府机构也积极参与医疗卫生服务，这些
机构包括国民卫队、武装部队、内政部、教育部和女子教育总
局、青年事业总局、皇家医疗机构、民航、铁路、大学、阿美石

油公司等单位的医疗机构。

（一）沙特阿拉伯医疗保健制度分为三级，分别是初级医疗保健中心、综合医院和专科医院

1. 初级医疗保健中心

建立初级医疗保健中心的目的在于防微杜渐，执行以防为主、治病为辅的医保计划。沙特阿拉伯卫生部兴建了大量社区医院，主要负责为国民（包括外来移民）无偿治病，进行早期检查治疗，将患者送到综合医院或专科医院治疗；提供医疗保健服务，落实妇婴卫生保健；宣传卫生和基础护理知识；为儿童接种疫苗，关心环境卫生，消灭流行病等。

截至 1988 年，从事地方和社区一级的医疗保健服务中心超过 2000 家。到 1989 年，这一数字上升到 3000 家以上。1995 年，达到 3300 家。1999 年，增加至 3506 家。

2. 医院

沙特阿拉伯所有地区和城市都建有综合医院和各种专科医院，采用世界最先进的医疗设备为国民治病。除综合性大医院外，有为数众多的专科医院，如妇幼保健医院、眼科医院、母婴医院、胸科医院、精神卫生院等。

2008 年，全国有 379 所医院，总床位达到 4 万多张。全国最主要的大医院有：费萨尔国王专家医院、哈立德国王眼科专家医院、法赫德国王医学中心和阿卜杜勒·阿齐兹国王综合医院。沙特阿拉伯器官移植中心技术先进，达到了世界一流水平，在国际上有很高的声望，吸引邻近国家的患者纷纷前来求医。

沙特阿拉伯医院还有公立和私立之分。全国各大城市均有公立医院，其种类很多，如妇产医院、儿童医院、传染病医院、老年康复医院等。它们统一归国家卫生部主管。凡具有本国身份的居民，治疗、住院全部免费，包括用餐、洗漱用品等。法赫德国王医学中心就是一所综合性公立医院，同时也是一所教学医院，

具有 40 多年的历史，有床位 1000 多张，现代化程度很高。

沙特阿拉伯政府还积极鼓励民营部门参与医疗卫生服务，以扩大医疗卫生保健在全国的覆盖面，为国民求医看病提供更多选择。政府出台土地、贷款等方面优惠政策，激发民营部门开办医院和卫生所的积极性。卫生部对民营性质的医院、卫生所、诊所、眼镜店、实验室和药店等进行技术、服务成本和药价等方面的指导和管理。

在沙特阿拉伯，家庭医学事业正逐渐受到研究人员的关注。沙特对家庭医生的培养已达到硕士研究生阶段，但是家庭医学专业却不为医学组织或公众所真正理解，家庭医生往往不能充分运用他们所学的知识，展现他们的技能，家庭医生的诊所一般都很简陋，为家庭医生工作所制定的规章制度也很简单。家庭医疗团队也缺乏社会工作者、健康教育人员以及护士等。因此，家庭医生的工作效率低下。人们呼吁在家庭医疗保健方面进行改革，以提高基本的医疗保健水平。[①]

总体来说，经过努力，优越的医疗卫生保健条件已经基本覆盖了沙特阿拉伯所有的城市、乡村和游牧区。

（二）医院及护理工作管理

1. 沙特阿拉伯医院工作制度主要借鉴西方国家，但同时也有沙特阿拉伯自己的民族特点[②]

沙特阿拉伯各级医院环境干净整洁，病人来院就诊或做检查一律凭预约，专科病房分设男病区和女病区。医院设施先进，即使普通病房都配有电视机、中央空调、床头电话、卫生间和床头餐桌，以及 24 小时供应热水的淋浴装置。病人住院由护士与护

---

① 李井泉：《沙特阿拉伯关于未来家庭医学发展的一些提议》，《中国全科医学》2006 年第 13 期，第 1077 页。

② 本部分内容参考许平《沙特阿拉伯公立医院护理见闻》，《国外医学·护理学分册》2003 年第 7 期，第 74～75 页。

理员负责全程陪护。保洁工实行 24 小时轮班制，时刻保持病房整洁有序。医院尽量为病人提供一个舒适安全、犹如身处家园的温馨环境。

沙特阿拉伯医院工作节奏高效快捷，医院的床位使用率一般是 100%，很少有空床。一旦有一个床位空出，住院处会马上打电话通知预约住院的病人。从急诊处收治的病人，凡是有空床的科室将无条件接收入院。所有医务人员跟着病人转。病房床位周转率很快，一般性简单手术 3 天出院。手术科室术前一天把预约手术病人的资料报告给秘书科。经科主任排序统一打印后发放到各科室。通知单上包括病人的床号、姓名、手术名称、手术者、麻醉医生、麻醉方式、手术室、第几手术台等信息，这既能让医护人员、病人都有充分的准备，又能节约时间。

沙特阿拉伯医院实行一切以病人为中心的管理模式，尊重病人的隐私。就诊时每位医生只允许接一名患者，诊室的门关闭。医生给女性病人检查时均遮挡门帘，由护士在旁协助。这不但缓解了医生为患者检查操作的紧张气氛，而且患者的隐私得到保护。有关病人的信息会及时得到反馈。医院设有调查办公室，对病人口头抱怨、书面投诉等问题，调查办公室会直接进行调查，查清问题的原委。凡因当事人违反医院的各项规章制度者，轻者取消每年 2% 的薪水增长额，重者直接解聘，并向病人赔礼道歉。所有医护人员都尽职尽责，主动关心体贴病人，医患关系较好，医院很少发生医疗护理差错、纠纷。

医院建立有意外事故报告制度，凡医院内病人发生的坠床、跌倒、褥疮、逃跑等意外事故，科室值班人员要认真填写意外事故报告单，上交统计室，每周进行总结，其结果呈交医务部或护理部，由主管科室商讨对策。

医院严格管理病历。法赫德国王医学中心病人的病历保存期长达 30 多年。为方便反复多次住院病人，病案室把同一住院号的病历装订在一起，下一次病人住院，就可以从微机调出住院号，旧病历和新病历夹在一起，既方便医务人员快速了解病人的详细资料，病人每次住院情况又得到良好保存。

医院重视医务人员的劳动保健。感染办公室建有所有员工的防疫卡，除常规完成乙肝、麻疹的预防接种外，在每个传染病的流行季节，都要接种该病种疫苗。病人入院后要完成肝炎、性病、艾滋病的常规检查。一旦结果为阳性，除对病人实行隔离护理外，还在病例上注上危险标记，提醒医务人员注意。各项护理操作均需戴手套，以防被利器刺伤，严格按照流程表进行预防、复查。

2. 沙特阿拉伯先进的护理工作体系从另一方面体现了该国对医疗卫生事业及其管理的高度重视，有很强的人文关怀精神①

以朱拜勒市的法纳特医院为例，该院管理中心由 3 位外籍高级职员组成：院长 1 名，医生总负责人 1 名，护理部主任 1 名。护理部主任下设 4 名科护士长，分管临床护理工作、业务学习、理论与操作考核、劳动纪律考核等。

各科分别设护士长 1 名，每月上报工作计划、工作总结、护理人员工作能力和劳动态度的评定，以及排班、分配工作任务等。各科室依工作性质及强度的不同配备一定数额的护士。护理人员的工作安排实行两班倒，白班、夜班护士人数相同：每班工作 12 小时，每周工作 4 天；每班有一段时长为半小时的吃饭时间，两次时长为 15 分钟的茶歇时间；每年工作 11.5 个月。考勤以打卡机计时为准，工作时有科护士长检查有无漏岗。护士须严格遵守值班时间，旷工者将被开除，迟到及值班时睡觉者将被罚扣 3 天工资；因工作需要而加班者，会得到加班费。每天接班时

---

① 宋励：《沙特阿拉伯王国的护理工作体系》，《国外医学·护理学分册》1997 年第 6 期，第 283～284 页。

门诊的计算机操作员送来病区每张病床病人情况一览表，护士每人一份，由负责护士分配病人。护士把自己所负责病人的交接班信息记录在一览表上，这样会很快熟悉病人的一般情况。通常每名护士负责 3～4 名普通病人或 1～2 名重患者。该护士将给他们做生活护理、执行医嘱、给药、采集各种标本送检、书写交班报告、观察记录病情等。

医院工作的中心是病人，工作在最前面的是护士。所有接触病人的工作都由护士完成，不论是留置各种导管还是处理重症病人失禁在床上的大小便。护士助理是不可触及病人身体，只能为护士的各项操作做些物品上的准备工作。辅助科室将推着 X 线机、B 超机等来病室为行动不便的病人做检查。上电梯病人优先，先送病人去目的地。护士要接送没有陪护的病人，包括为他们找计程车，并把他们送上车。医院条件有限时、治疗有困难时，护士要想方设法解决问题，包括负责将病人转至其他医院进行治疗。医护工作的全面细致使医院获得全社会的普遍信任。

医院重视护士的业务交流与再教育。护士上岗前由科护士长辅导、讲授各种基本理论知识与各项基本操作技术，然后参加各学科基础知识和技术操作考试。考试的程度与范围非常有限而且浅显，但很实用，都是临床工作中必然应用到的知识。及格的各科目分别发给合格证书，可凭此证书参与该项临床工作；如不及格，护士长认为该护士没有资格参与具体工作，并拒绝在有效的医疗文件上签字。每项证书有效期为 2 年，2 年后再次参加考试，所以每 2 年新老护士将根据自己的个人情况选择科目去听课，然后参加考试。医院每周一早 8 点都有一位科主任在教室讲授更深一层的专科医疗和护理知识。护士们可根据自己感兴趣的题目有选择地旁听，一般都是占用私人时间，但如果是本科室科主任讲课，该科护士长都安排大部分护士去旁听，甚至推迟一些不重要的工作而保证护士们听课。每月最后一个星期四的下午 5

点，护理部主任都组织护理人员座谈，直接与护士对话。会上大家可根据工作中遇到的问题、总结出的经验发言讨论。护理部主任将视护士所提建议的客观性、可行性权衡处理，对有益于工作开展的提议者予以奖励。

护士长以上的管理人员每周举行一次例会，可自愿参加，会上交流意见，议定协作方案，讨论管理制度，会后把精神传达给护士。每个病区设一本交流簿，科内人员可通过交流簿进行书面交流。各种书面文件因笔误等可涂改、勾抹，但绝不允许事后重新编改、誊写，否则将按伪造医疗文件给予惩处。各种记录表格、文件虽不十分清楚、干净，但真实、可靠。

沙特阿拉伯护理工作一切以病人为中心，摆正护患关系，从每一件小事做起，是沙特阿拉伯医疗卫生事业实施有效管理的一个缩影。

三　医疗培训

为满足全国卫生保健需要，须配合医院建设大力实施医疗培训计划。艾卜哈和圣城麦地那分别建立有专门的医疗培训机构。位于吉达的阿卜杜勒·阿齐兹国王大学和费萨尔国王大学成立了培训中心，首都利雅得郊区的沙特国王大学配备了一所拥有 760 张床位的教学医院。

四　卫生与交流

沙特阿拉伯向来重视学习别国卫生领域的先进经验和技术。沙特阿拉伯与西方国家的卫生交流频繁密切，而且达到了较高水准。1996 年，费萨尔国王医学中心同美国 5 所大学的医疗中心通过卫星进行医学实验和技术交流。

与中国建交以来，中沙两国卫生管理部门进行了广泛而深入的合作。2005 年 8 月，沙特阿拉伯卫生大臣哈迈德·艾尔·迈尼阿及其率领的代表团一行访问中国，迈尼阿大臣再次表示愿意就医护人员的交流和培训、传统医学、慢性病治疗、疾病防治等方面与中国开展合作。[1]

作为中沙医学交流的成果，中国传统医学中的针灸逐渐受到沙特阿拉伯人的关注。20世纪90年代中期，沙特阿拉伯卫生部正式批准针灸可以作为一种替代医学疗法在获准的医院或门诊部使用，但是采取了比中国更加严格的规定，显示出沙特阿拉伯在吸取别国经验时的科学严谨的态度。比如根据沙特阿拉伯卫生部卫生专业委员会《医疗从业人员专业分类手册》规定：（1）针灸技术人员只能在内科、神经内科、麻醉科、家庭医学或儿科等任一专科医师直接指导下工作。（2）对针灸技术人员指导的专科医师必须接受不少于200小时的针灸培训。（3）合格的针灸技术人员将按照已颁布的相关规范进行认定。（4）5年制院校针灸专业毕业生依专业分类，只能认定为针灸技术员。从事针灸工作的中国大夫无论在国内是何学位、何职称，在沙特阿拉伯也只能被认证和注册为针灸技术员，只能在西医大夫的指导下工作，不能直接接诊，也没有处方权。对来自中国的针灸人员要认定资格，必须提供由中国外交部和沙特阿拉伯驻华大使馆认证的学历证、工作简历、医师证以及职称证等材料的公证书。

针灸在沙特阿拉伯广泛应用于痛症、中风后遗症、面瘫、减肥、抑郁症以及其他西医无法治疗或只能借助康复疗法医治的杂病。沙特阿拉伯一些新闻媒体也常常开辟专栏，刊登介绍中医药、针灸、食疗、保健等方面的文章。沙特电视台第6频道于2004年年底开办了每周1次的介绍传统医学及中国针灸的专题

---

[1] 《卫生部部长高强会见沙特阿拉伯卫生大臣迈尼阿一行》，《中国药房》2005年第17期，第1326页。

栏目。

　　针灸还和沙特阿拉伯传统医学疗法——放血疗法结合起来，既保留了阿拉伯传统放血疗法，也有机地结合了中医针刺和拔罐，每每能取得较好的疗效，受到患者普遍欢迎。[①]

　　2001 年 5 月 26 日，在广州中山医科大学附属第一医院心血管内科伍贵富博士的协助下，沙特阿拉伯吉达市莫斯塔克巴里医院正式成立了中东地区第一个体外反搏治疗中心。

　　沙特阿拉伯是目前中东地区最为富有的国家之一。由于生活水平的提高和本民族固有的饮食习惯，该地区高血压、糖尿病、高胆固醇血症和冠心病的发病率都很高。大部分冠心病病人都存在复杂的冠状动脉病变。体外反搏疗法的引进，使患者在药物、心导管和外科搭桥术之外，又多了一项治疗方法。特别对那些冠状动脉血管病变不适合做心导管和外科手术治疗、药物又难以缓解病情者，体外反搏疗法在当地的开展无疑给他们带来了福音。

　　五　预防卫生

　　沙特阿拉伯重视各种流行疾病的防治工作，像血吸虫病的控制工作成效显著。在 20 世纪 80 年代末，15 ~ 29 岁的男性血吸虫病平均感染率就下降到仅为 3% 左右。[②] 卫生部制定的妇幼保健特别发展计划，对一些死亡率较高的疾病如白喉、百日咳、小儿麻痹症、麻疹、肺结核和急性肝炎等采取了重点预防措施，2000 年儿童疫苗接种率达 97%。另外，卫生部的计划重视对高血压、心脏病、血管疾病、糖尿病、遗传病等慢性

---

①　田开宇、易卜拉辛·阿萨哈夫：《沙特阿拉伯的针灸现状和拔罐放血疗法》，《中国针灸》2007 年第 1 期，第 54 ~ 55 页。
②　〔英〕Ashi J. 著，谭鸿群摘《沙特阿拉伯控制血吸虫病的进展》，《国外医学·寄生虫病分册》1989 年第 6 期，第 255 页。

335

病的治疗。

沙特阿拉伯卫生部非常重视卫生保健教育，把它视作沙特阿拉伯医疗卫生保健事业发展的轴心。沙特阿拉伯卫生部希望通过教育，提高国民的防病意识，养成良好的生活习惯，以提高国民的整体健康水平。

沙特阿拉伯红新月协会积极参与疾病预防和治疗工作，全国各地共建有 155 个急救站，配备了 648 辆救护车、2791 名医护人员。

第五节　体育

一　体育概况

沙特阿拉伯政府历来重视体育事业的发展，体育部门积极推广体育运动，提高国民的身体素质，设立了一系列体育机构，建造了一大批运动场馆和设施，如运动场、体育中心、室内场馆、青年军营、人民广场等，并定期举行各种运动会，进行体育比赛。自 20 世纪 70 年代开始实施五年计划以来，沙特阿拉伯政府对各体育俱乐部的补贴共达 36 亿里亚尔。体育部门采取世界先进经验与技术培养青年，提高他们的素质，促进沙特阿拉伯体育事业的发展。

二　体育运动

1. 足球

足球运动是沙特阿拉伯体育和沙特人的骄傲。1984 年，沙特阿拉伯国家足球队首次获得亚洲杯冠军，1988、1994、1996 年 3 次夺得海湾地区杯赛冠军，1998 年在卡塔尔阿拉伯杯赛获得冠军。除国家队外，其他一些国内足球俱乐部，如：新月队、青年队、协议队、胜利队、国民队、神圣队等，曾7 次夺取海湾俱乐部杯赛冠军，6 次获得阿拉伯俱乐部杯赛冠军，7 次获得亚洲俱乐部杯赛冠军。

总体来说，沙特阿拉伯国家足球队属于亚洲足球劲旅，曾于 1994 年（美国）、1998 年（法国）、2002 年（韩国）、2006 年（德国）4 次参加世界杯赛，其中 1994 年还打入了 16 强。

2. 民族传统体育

马、马术以及马术比赛在沙特阿拉伯社会生活中占有重要地位，因为它们代表着阿拉伯最早的体育运动。自阿卜杜勒·阿齐兹国王时期起，沙特阿拉伯官员就积极参与这项运动。在大多数城市，人们对运动的兴趣表现在驯马参赛、建立马术俱乐部、兴建赛马场和拥有获得世界及当地大奖的赛马等方面。利雅得马术俱乐部成立于 20 世纪 50 年代，是全国最有名的马术俱乐部，拥有著名的阿卜杜勒·阿齐兹国王赛马场。利雅得最古老辉煌的一个区就以这项运动命名。最近，沙特阿拉伯决定在阿拉伯世界最著名的历史遗产和文化节的举办地杰纳迪利亚新建一个马术俱乐部。该俱乐部占地 450 亩，拥有长 2.8 公里的赛道、2500 座看台、能容纳 60 匹马的马场以及办公楼、兽医院等。此外还拥有骆驼赛道。

三　体育机构

青年事业总局　负责推动国内体育运动快速发展，为全国青年提供各类体育设施。

沙特阿拉伯奥林匹克委员会　沙特阿拉伯奥林匹克委员会成立于 1964 年，下设 22 个体育协会。该委员会是国际奥林匹克委员会的成员，自建立以来，为发展体育事业，增强人民体质，鼓励青少年奋发拼搏，体现自我价值方面作出了重要贡献。

青年之家 1969 年，青年事业总局举办首批"青年之家"。此举旨在发展和支持全国范围的青年运动；鼓励青年人在全国游历，增长他们对全国各地的了解，并利用在国外的青年组织设施，扩展青年人对世界的认识。每个青年之家都建有整套现代化运动场地和服务设施，如游泳池、小型运动场，以及放映室、娱乐场所和住宿设施，随时可以接待前来参加比赛或表演的外国体育代表团。沙特阿拉伯青年为自己的青年之家感到自豪。全国现有 20 多个青年之家开展活动。

四 体育设施

沙特阿拉伯全国有 72 个体育运动场所，其中有 13 座体育城、6 座国际体育场、一批游泳馆、5 个人民运动广场、25 个体育活动中心等。

1. 体育场

利雅得、达曼、吉达等地都建有大型体育场，它们一般至少能容纳 3.5 万～5 万名观众。体育场内均建有室内篮球场、排球场、手球场、体操场、跆拳道场、田径场等。1988 年建造的利雅得法赫德国王国际体育场是沙特阿拉伯最豪华、最先进的体育场，面积 50 万平方米，可容纳 8 万名观众。其建筑技术采用坚固的支架结构，场顶承受力强，耐燃，遮风雨。该体育场配套有先进的新闻报道、训练、医疗、休闲、餐饮等设施。

2. 体育城

体育城都建有足够容纳 1 万～3.5 万名观众的足球场，以及田径赛跑道、室内体育馆、会议室、游泳馆、盥洗室、医务室、室外场地、儿童运动场、清真寺、图书馆和必要的服务设施。最重要的体育城有麦加的阿卜杜勒·阿齐兹国王体育城、塔伊夫的法赫德国王体育城、吉赞体育城、巴哈体育城等。

3. 海滨体育中心

现有的两个海滨体育中心分别位于吉达的红海边和达曼的半月湾，它们充分利用了这两座城市的自然条件，体育中心建有篮球、排球、手球、网球、摔跤、田径、保龄球、游泳、海上运动等场馆。

4. 体育馆

主要是单项运动场所，像游泳馆、击剑馆、篮球馆、田径馆等，大多建在利雅得、吉达和达曼。

除上述场所之外，还有为数众多的民间运动场所、青年营地、体育俱乐部等服务于沙特阿拉伯全民健身运动。

第六节　新闻出版

一　新闻出版政策

特阿拉伯新闻传播由新闻部主管，负责利用报刊、电视、广播向国内外传播新闻与消息。

沙特阿拉伯新闻政策奉行伊斯兰的法规原则，在思想和文化上为社会服务，鼓励科学技术发展、传播伊斯兰和阿拉伯文化，捍卫阿拉伯民族和伊斯兰世界。按照政府文件，沙特阿拉伯新闻活动必须贯彻如下原则：

所有新闻机构及其活动必须遵守伊斯兰教有关规定，不得与之相冲突或矛盾。新闻部要坚持服务社会，提倡优良传统，反对腐败，推动发展。媒体宣传要为沙特阿拉伯政治服务，坚持客观报道事实真相，保护阿拉伯穆斯林特别是沙特人民的利益。巩固和促进沙特人民之间的团结、亲善与互助关系。重视社会基本单位——家庭及儿童教育。重视儿童的纯洁天赋。关注妇女群体，为她们开设专门节目和栏目。关注青年人及其每个阶段的思想成长。

二　报刊与通讯社

特阿拉伯全国发行 12 种报纸，上百种杂志。

1. 报纸

沙特阿拉伯报纸主要使用阿拉伯文和英文出版。阿文报纸有《中东报》（在伦敦出版）、《利雅得报》、《生活报》、《国家报》、《半岛报》、《麦地那报》、《今天报》、《欧卡兹报》等，英文报纸有《阿拉伯新闻》（报道当地和国外新闻）、《沙特公报》和《沙特经济概览》等。

2. 期刊

沙特阿拉伯最早的刊物是阿卜杜勒·阿齐兹时期创办的《乌姆古拉》周刊，这是沙特阿拉伯的官方刊物。《乌姆古拉》周刊忠实地反映沙特阿拉伯王国的发展史，每期都刊登王国重要消息，包括官方声明和国王讲话等，是史学家们和历史爱好者的必读刊物。

此外还有《叶玛麦周刊》、《阅读周刊》、《东方周刊》、《宣教周刊》、《阿拉伯人月刊》、《阿拉伯语月刊》、《安全月刊》、《国民卫队月刊》、《科学与技术》、《健康月刊》、《规格与标准月刊》等。

3. 通讯社

沙特通讯社（简称沙通社），1971 年 1 月成立，是沙特阿拉伯新闻的主要传播机构，受新闻部直接领导，负责面向国内外采集和发布沙特阿拉伯官方消息。沙通社在国内麦加、麦地那、吉达和达曼设立了 4 个分社，并在华盛顿、伦敦、突尼斯、贝鲁特、开罗和波恩等地设有国外分社。

沙通社建立后发展迅速，不断拓展业务。沙通社设备先进，工作高效，每天 24 小时不间断地通过阿拉伯文、英文和法文发布消息。该社除每日新闻外，还发布时事综述、评论和新闻分析，注意提高全方位的新闻服务。

沙特通讯社是阿拉伯通讯联盟、伊斯兰通讯联盟、海湾通讯联盟、不结盟国家通讯联盟的缔造者和成员国，和世界各大通讯社联系紧密，每年都参加国际会议，并在非洲、亚洲和欧洲的通讯社派驻代表，与各家通讯社相互协调、交换信息，扩展新闻渠道。

三 出版

国家出版管理局负责对沙特阿拉伯国内出现的国内外各种书籍、报刊和音像制品进行管理，坚持和维护沙特阿拉伯伊斯兰传统价值观。出版管理局总部设在利雅得，在全国各大城市和各个海陆空口岸有分支机构。分支机构监督各种声像制品的出版，禁止有悖伊斯兰伦理道德的出版物入境。

除教科书和官方出版物外，沙特阿拉伯国内年平均出版图书1000 种。

四 广播、电视、互联网

1. 广播

1932 年，阿卜杜勒·阿齐兹国王在全国建立无线电网络，主要供国王个人使用，便于其和下属官员掌握全国的事件和动态。

1948 年，吉达的一家小型电台开始面向全国广播。3 年后，麦加电台开播。这两家电台每周广播 4 小时，播放《古兰经》诵读、圣训、新闻、文化节目和一些音乐（军队进行曲等）。

沙特阿拉伯的无线电广播事业正是这样诞生和发展起来的。1964 年，利雅得电台和麦加的"伊斯兰之声"开始播放节目。目前，沙特阿拉伯广播电台由 22 个电台组成，使用中波、短波和调频播出节目。吉达广播电台、利雅得广播电台和《古兰经》广播电台是全国最大的三家电台。

沙特阿拉伯积极利用无线电广播在国内外加强伊斯兰宣传，以履行自己作为圣地保护者和伊斯兰世界中心的义务。1973年，沙特阿拉伯电台开始用本巴语、孟加拉语、英语、法语、印度尼西亚语、波斯语、索马里语、斯瓦希里语、土耳其语、乌尔都语等多种语言进行短波和调频广播。

1979年，各电台的无线电广播统一组成"通用广播公司"。公司管理和政策规划遵循如下原则：突出宗教、社会和文化节目；重视新闻和政治类节目；鼓励著名学者的重要话题谈话节目；向听众提供教育节目，引导听众；提供适合于家庭、儿童和健康教育的节目；鼓励优秀学者创作宗教、文化和社会类的系列广播剧。

除通用广播公司所属电台之外，还有一些无线电频道，如"第二套节目"，专门播放民间传说、戏剧、娱乐、文学和科学节目；外语广播，强调伊斯兰的团结精神和进行对外宣教；"伊斯兰之声"，主要从事宣教和反击敌对宣传；《古兰经》广播台，面向阿拉伯世界、东亚、南亚和中非播放《古兰经》诵读；欧洲语言电台，用英语和法语播放宗教及新闻节目。还有朝觐指导台，属于季节性广播，专门为朝觐活动服务。

沙特阿拉伯各类广播电台一般每日播出12个小时以上，最多的像定向广播节目台每天用12种语言24小时轮播，向外宣传伊斯兰教。沙特阿拉伯外语广播已基本覆盖全世界。

2. 电视

1964年，费萨尔国王委托美国国家广播公司建设全国电视网络。1965年，利雅得和吉达电视台开始电视节目测试转播，沙特阿拉伯进入电视时代。最先开播的这两个黑白电视台共用一个频道，电视信号覆盖面积约100平方公里。

1967年，吉达电视台经过改造，信号覆盖面扩大到麦加和塔伊夫地区。同年，麦地那电视台建立。次年，盖西姆电视台建立。1969年建成达曼电视台，该台覆盖沙特阿拉伯东部地区和海湾大多数阿拉伯国家,功率最为强大。1977 年建立艾卜哈电视台,开始播送彩色电视节目。1978 年全部电视台实现彩色播放。1984 年开通第二个频道,分别用英语、阿语和法语播放节目。不久,开始通过卫星向欧洲和北美地区播送节目。节目内容涉及宗教、文化、娱乐、音乐、戏剧以及非阿拉伯语的电影、连续剧,以及儿童、新闻、时事节目等。在伊斯兰教历的某些时间,比如斋月和朝觐期间还制作一些特别节目。

沙特阿拉伯现有 4 个电视台,电视 1 台以阿拉伯语播出综合节目,2 台以英语和阿拉伯语播出综合节目,3 台为新闻节目,4 台为体育节目。目前,全国各地有 107 个中转站,电视网已覆盖全国 98% 的地区。

在全国电视事业发展过程中,信息部(2003 年 5 月起改名为文化信息部)坚持采用最先进的技术,力争使沙特阿拉伯电视部门成为本地区装备最好、设施最齐全的一家。

利雅得电视台是采用先进技术的突出代表,它拥有先进的技术产品和转播间,一套完整的电影制作设备,一个有 800 个座位的电影院(不对社会开放)。该台为全国电视发射中心,占地 39000 平方米,总投资 15 亿里亚尔,可同时开播 3 个频道。高达 170 米的转播塔耸立在电视台上空,顶部用玻璃装饰成宝石状,从上面可以俯瞰利雅得全城。该电视台已成为利雅得市内一道独特风景。

利雅得电视台是世界上为数不多能够持续报道主要国际新闻的电视台之一,它的卫星电视信号几乎覆盖全球。它派驻世界各地的影视通讯记者,能对全世界任何突发事件做实时跟踪报道。

3. 互联网

1984 年,沙特阿拉伯开始提供互联网服务。2007 年,全国互联网用户有 640 万,普及率为 26%。可提供 DSL、宽带专线、光纤、无线及卫星互联网接入服务和数据服务。

第七章

外　交

第一节　外交政策

沙特阿拉伯奉行独立自主、温和务实、不结盟的外交政策，主张国与国之间相互尊重、和平共处、互不干涉内政。沙特阿拉伯将发展与美关系放在外交首位，重视发展与阿拉伯、伊斯兰国家的关系，致力于阿拉伯团结和海湾合作委员会的一体化建设，关注地区热点问题。沙特阿拉伯大力开展多元化外交，加强与中国、欧盟、俄罗斯和日本等大国的关系。沙特阿拉伯能源和伊斯兰大国地位是其重要外交资源。迄今，沙特阿拉伯已同100多个国家和地区建立了外交关系。

沙特阿拉伯建国以来先后经历了6位国王，虽然不同时期外交政策侧重点不同，但历任国王都将巩固王权、维护国家利益、维持其在阿拉伯半岛的大国地位、领导伊斯兰世界作为其外交总目标。国富兵弱的综合国力特征迫使沙特阿拉伯将维护国家安全与稳定作为对外政策的突出目标，并延伸至友好国家以及阿拉伯半岛、海湾和邻近地区的安全与稳定①。为此，沙特阿拉伯外交

---

① 王京烈主编《面向二十一世纪的中东》，社会科学文献出版社，1999，第264页。

政策具体体现为不干涉别国内政，维护领土完整及睦邻关系，增
进与海湾国家以及阿拉伯半岛其他国家的友好关系。巩固和发展
与阿拉伯和伊斯兰国家的关系，符合共同利益并有利于保卫每个
国家的安全。实行不结盟政策，和友好国家建立合作关系，在地
区和国际组织中起积极的作用。沙特阿拉伯外交政策通过海湾国家、
阿拉伯国家、伊斯兰国家和国际世界四个外交圈实现其外交目标[①]。

　　由于历史、宗教和毗邻的地理位置，以及相似的政治经济体
制，沙特阿拉伯王国和海湾一些国家保持团结合作。海湾国家之
间有着相同的利益，都希望在共同的政治领域进行协调，其中最
主要的领域是安全。1981 年成立的海湾合作委员会将海湾国家
的合作制度化和组织化。沙特阿拉伯和这些成员国加强合作，并
在不同的领域发展关系，尽最大的努力协调海湾合作委员会国家
的外交政策，特别在地区问题、国际问题，在两伊（伊拉克和
伊朗）战争及伊拉克侵略科威特危机时，海湾合作委员会 6 个
国家协调政策，密切合作，使六国团结起来反抗伊拉克的侵略行
动。海湾六国还努力消除所存在的分歧，尤其是本地区边境问题
以增进睦邻关系。海湾六国不断协调经济发展，统一经济政策并
为建立经济一体化而努力。海湾国家努力协调本地区的石油政
策，以维护六国共同利益。

　　沙特阿拉伯建国伊始就意识到阿拉伯合作的重要性。当时沙
特阿拉伯和 6 个阿拉伯国家单独开会，加强阿拉伯国家的合作，
维护共同利益，1945 年 3 月阿拉伯国家联盟诞生了，埃及、伊
拉克、约旦、黎巴嫩、沙特阿拉伯、叙利亚和也门 7 个国家通过
了《阿拉伯国家联盟公约》。阿拉伯国家的团结是为了协调关
系、统一立场，并把所有的资源和能力贡献给阿拉伯利益，最关
键的是互不干涉国家内政。沙特阿拉伯以阿拉伯兄弟原则对待其

---

　　① 　沙特阿拉伯外交部网站：《沙特阿拉伯王国外交政策》，www. mofa. gov. sa。

他阿拉伯国家，以不同的方式提供支持及援助。沙特阿拉伯特别重视巴勒斯坦问题，因为它是阿拉伯人民和穆斯林首要的问题，且这个问题是影响沙特阿拉伯外交政策的重要因素。沙特阿拉伯一贯认为自己为巴勒斯坦问题服务的目的是为了使这一问题达到公平公正的解决。

伊斯兰教是决定沙特阿拉伯外交政策最主要的影响因素之一。为解决伊斯兰世界的问题，实现团结一致，沙特阿拉伯王国建国以来一直努力贡献自己的力量和资源。沙特阿拉伯认为伊斯兰的团结一致是能够恢复伊斯兰国家完整光荣主权的唯一途径。为此沙特阿拉伯组建了政府和非政府穆斯林基金会，1962 年沙特阿拉伯倡议成立伊斯兰世界联盟，目的是实现伊斯兰世界的团结一致，维护伊斯兰国家的社会安全，努力以和平方式调解伊斯兰国家之间的分歧，向贫穷的伊斯兰社会和伊斯兰国家提供经济援助，给有灾难的伊斯兰国家提供援助和急需的救济金，为任何地区的穆斯林提供物质和精神援助，建立清真寺和慈善基金会。

沙特阿拉伯是联合国成员国之一，世界和平是沙特阿拉伯外交政策的宗旨。沙特阿拉伯呼吁世界各国在政治、经济、社会等领域加强合作发展和繁荣稳定。沙特阿拉伯拒绝使用武力解决国际问题，但是它相信用合法的自卫权力来保护主权也是国际法律的基础条款。沙特阿拉伯相信并支持联合国等国际组织在发展和繁荣国际社会尤其是在国际安全与和平方面发挥更大的作用，因此沙特阿拉伯积极参加这些组织的活动，并在物质和精神方面提供援助和支持。

一　阿卜杜勒·阿齐兹执政时期的外交政策（1927年 5 月至 1953 年 11 月）

现代沙特阿拉伯王国的创始人阿卜杜勒·阿齐兹，于 1901 年开始了统一阿拉伯半岛的斗争。经过 20 多年的艰苦斗争，1926 年年初，阿卜杜勒·阿齐兹被拥戴为"汉志、内志及归属地区国王"。同年 7 月，麦加召开"全穆斯林代表大会"，会议庄重地宣布阿卜杜勒·阿齐兹为"圣地护主"。1927 年 5 月，英国被迫同阿卜杜勒·阿齐兹签订《吉达条约》，"承认汉志、内志及归属地国王陛下全面绝对的独立"。《吉达条约》标志着现代沙特阿拉伯国家的诞生。1932 年 9 月 23 日宣告建立沙特阿拉伯王国，这一天被定为沙特阿拉伯王国国庆日。

阿卜杜勒·阿齐兹在对外政策方面奉行以维护国家利益为宗旨的中立外交路线。沙特阿拉伯主张阿拉伯国家团结一致，共同维护自身合法权益，反对西方国家的犹太复国主义政策。沙特阿拉伯政府反对同西方缔结任何有关军事集团和集体防务的条约，呼吁所有阿拉伯国家采取一致行动。对于国外敌对势力，阿卜杜勒·阿齐兹也决不姑息。阿卜杜勒·阿齐兹还善于利用西方国家之间的矛盾，从中获利。具体来说，阿卜杜勒·阿齐兹时期外交政策主要有以下几方面。

1. 睦邻政策

阿卜杜勒·阿齐兹积极改善同邻国的关系，维护阿拉伯国家的团结及其利益，坚持维护各国领土完整、尊重各国独立自主。20 世纪 30 年代，阿卜杜勒·阿齐兹先后改善了同科威特和巴林的关系，并缓和了与埃及、外约旦和伊拉克的矛盾，相继同它们签订"友好睦邻"条约。他还出资援助叙利亚解放运动，为叙利亚的独立作出了贡献。在巴勒斯坦问题上，阿卜杜勒·阿齐兹坚决反对英美的巴勒斯坦政策，并致信美国总统罗斯福表示抗议。罗斯福总统曾向阿卜杜勒·阿齐兹承诺，美国政府"决不帮助犹太人反对阿拉伯人，也不会对阿拉伯人采取敌视的步骤"。罗斯福的承诺是阿卜杜勒·阿齐兹在维护阿拉伯人利益的斗争中取得的一次重大外交胜利。

2. 沙也之战与《塔伊夫条约》①

沙特阿拉伯王国国力不断增强，也门国王、宰德派教长叶海亚认为沙特阿拉伯政权威胁其权力，遂要求在奈季兰、阿西尔和红海沿岸提哈马边缘的一些地区行使权力，继而兵进阿西尔，占领奈季兰。阿卜杜勒·阿齐兹试图通过和平方式解决沙也争端，但叶海亚教长既不拒绝，也不愿撤兵。为了打破谈判僵局，1934年年初，阿卜杜勒·阿齐兹向也门军队发动进攻，势如破竹。面对沙特阿拉伯的强大攻势，为避免战争扩大化，一些阿拉伯国家的首脑纷纷出面调停。阿卜杜勒·阿齐兹为了阻止在该地区有重要利益的英国、意大利的卷入和干涉，同意恢复谈判。1934年5月，双方达成《塔伊夫条约》。沙也之争是阿卜杜勒·阿齐兹在对外关系方面遇到的最严峻的挑战之一。阿卜杜勒·阿齐兹采取了有理、有力、有节的外交策略，获得了主动。

3. 粉碎英国和伊拉克费萨尔政权的阴谋

沙特阿拉伯王国初期的改革和对外关系调整，旨在巩固中央集权制，这势必会触犯一些人的权益。以伊赫万军队的主要领导人、木太尔部落酋长费萨尔·达维什和乌太巴部落酋长苏勒坦·本·比扎德等人为首的势力敌视一切新生事物，并觊觎国家政权。英国和伊拉克费萨尔政权趁机煽风点火，鼓动沙特阿拉伯境内分裂主义分子的叛乱活动，并在伊拉克、科威特与沙特阿拉伯的边境挑起事端，出兵侵袭，试图达到控制沙特阿拉伯，至少能经常对它施加压力、干涉其内政的目的。阿卜杜勒·阿齐兹没有屈服于分裂主义者和英国、伊拉克制造的各种矛盾和压力，两次战争取得了平息伊赫万武装叛乱的胜利。英国为了维持在阿拉伯

---

① 根据条约，双方结束战争状态，双方承认对方的独立和主权；沙特阿拉伯军队撤出在战争期间占领的大部分地区，吉赞、奈季兰和阿西尔正式划入沙特阿拉伯王国的版图。

半岛的利益，于 1930 年 1 月将叛乱祸首达维什引渡给阿卜杜勒·阿齐兹。这既是对封建分裂势力的胜利，也是对英国颠覆势力的胜利。

4. 石油与沙特阿拉伯的亲美疏英政策

沙特阿拉伯王国建立之后，发展经济成为政府迫在眉睫的任务。20 世纪 20 年代末 30 年代初，沙特阿拉伯朝觐业受经济大危机的影响，经济陷入窘境。为了寻找财源，沙特阿拉伯政府吸引国外勘探者到沙特阿拉伯寻找石油和其他矿产资源，美英资本跃跃欲试。由于美国应许贷款，加之美国与英国相比似乎不像后者那样声名狼藉，美国最终获得了沙特阿拉伯石油租让权，通过石油链条找到了向沙特阿拉伯渗透的立足点，从而启动了沙美之间的经济、政治交往。1942 年 2 月，沙美正式建交。二战期间，沙特阿拉伯保持了倾向同盟国的中立政策，后来又将德国大使驱逐出境。由于受战争影响，沙特阿拉伯经济形势每况愈下，沙特阿拉伯要求英国增加财政援助，英国由于战争的消耗，无力满足沙特阿拉伯的财政需求。美国伺机而动，直接向沙特阿拉伯提供援助。1945 年，美国最终从沙特阿拉伯王国获得了自由使用海湾港口、修建巨型空军基地，并在沙特阿拉伯境内租用为期 5 年的驻军基地和修建横贯阿拉伯半岛的输油管等方面的特权。沙美双方表达了对彼此借重的认识，为战后沙美关系的迅速发展做了铺垫。

5. "对半分成制"的实施

沙特阿拉伯油田储量多、埋藏浅、压力大、油质好、开采成本低廉。然而，作为国家资源的石油开采权和经营权完全掌握在美国石油垄断资本的手中，巨额石油收入大部分并不属于沙特阿拉伯。为了维护国家资源权益，二战结束不久，沙特阿拉伯就开始不断地同美国石油垄断资本进行谋求提高石油权益和改变石油税制的斗争。在广大亚非拉石油生产国维护石油权益斗争蓬勃发展的时期，沙特阿拉伯于 1950 年初颁布法令，要求在其境内经营的一切外国公司向沙特阿拉伯政府缴纳占其利润 50% 的所得税。美国从战略利益出发，为保住它在海湾的地盘，确保沙特阿拉伯长期依赖美国，服从美国的支配和控制，因而同意了沙特阿拉伯政府的要求。由此，产生和开创了 50 年代初期中东地区"对半分成制"的先例和原则。这是沙特阿拉伯平分外国石油公司利润权的胜利，维护了民族利益。

二　沙特国王时期的外交政策（1953 年 11 月至 1964 年 11 月）

19 53 年 11 月 13 日，阿卜杜勒·阿齐兹因病去世，王储沙特继承父位，就任沙特阿拉伯王国第二任国王。费萨尔亲王以王储兼大臣会议副主席和外交大臣身份辅佐新国王。沙特国王执政时期，正值战后中东民族民主运动蓬勃发展。而美国战后相继出台和实施的"杜鲁门主义"、"杜勒斯计划"、"艾森豪威尔主义"，暴露了美国称霸中东的战略野心。1947 年 11 月联合国分治决议及以色列 1948 年宣布建国，以及随后爆发的第一次阿以战争，使巴勒斯坦问题和阿以冲突日趋尖锐化，中东政局动荡不安。处在矛盾旋涡之中的沙特阿拉伯王国面临严峻挑战和选择。沙特国王把巩固王权，维护王族利益，竭力提高沙特阿拉伯王国在阿拉伯世界的威望作为其对外政策的基点。

1. 沙特阿拉伯对外政策中的反英立场

英国一贯扶植和支持沙特家族的世仇哈希姆家族政权，因此，沙特阿拉伯政府历来对英国怀有戒备心理。"布赖米绿洲"问题进一步恶化了沙英关系。布赖米绿洲位于沙特阿拉伯、阿曼和阿布扎比（今阿拉伯联合酋长国的一部分）交界处，因油气蕴藏丰富而成为各方争夺的对象。英国认为此地应归属它保护下的阿曼和阿布扎比，为此与沙方争执不断。1955 年 10 月，英国唆使阿曼苏丹和阿布扎比酋长的部队在英国军官的指挥下占领了布赖米绿洲。沙特阿拉伯强烈抗议并多次向联合国提出控诉，美国也表示愿意出面调停，但未果。1956 年苏伊士运河战争爆发，沙特阿拉伯同英法断绝外交关系，布赖米绿洲问题被搁置，直到 20 世纪 70 年代中期才得到妥善解决。布赖米绿洲问题使英国原来对沙特阿拉伯的影响消失殆尽。

2. 利益驱动下沙特国王向美国靠拢

二战结束后，为了维护国家安全与稳定，抵御敌视沙特阿拉伯的外来势力侵入，加之石油经济发展的需要，沙特阿拉伯采取同美国加强合作的对外政策。美国也看到沙特阿拉伯的战略重要性，加强了在沙特阿拉伯各个领域的渗透。双方在经济、军备、技术、援助、人员培训等方面展开了多方位的"合作"。沙特阿拉伯被纳入美国的势力范围。然而，"合作"并不意味着没有分歧。杜鲁门政府支持犹太复国主义的政策，在军事上公开支持以色列。这引起沙特阿拉伯政府的强烈不满，于是抵制、反对美国提出的建立中东军事集团和集体防务体系的主张。1954 年，沙特阿拉伯废除《联防互助协议》[①]、《第四点计划》[②]；1956 年，沙特阿拉伯与埃及等国一道反对美国策划的《巴格达条约》[③]。沙特阿拉伯的这些举措并不意味着沙美关系的破裂，捆绑双方的

[①] 1951 年 7 月，沙美签订不涉及第三国的《联防互助协议》（亦称《共同防御援助协议》）。协议规定，美国向沙特阿拉伯提供武器装备，并负责训练沙特阿拉伯军队等。

[②] 1951 年，美国政府根据杜鲁门《第四点计划》，与沙特阿拉伯政府签署了诸如修筑公路、兴修水利、改造市政设施等一系列经济和技术援助项目。大批美国专家随之来到沙特阿拉伯，进入沙特阿拉伯政府各个经济部门。

[③] 美国为了拼凑从大西洋到地中海、红海、印度洋的抗苏防线，经过多方努力在 1955 年 2 月促使伊拉克和土耳其缔结了互助合作条约《巴格达条约》，并在此基础上成立了"巴格达条约组织"（1959 伊拉克宣布退出后更名为"中央条约组织"）。美国掌握该组织的控制权，为其战略目标服务。

利益链条使得双方都不愿意走向全面对抗。1957 年初，沙特国王甚至接受了"艾森豪威尔主义"①，只是在阿拉伯国家的强大舆论压力下才被迫放弃。

3. 避免直接卷入阿以冲突

沙特阿拉伯政府坚决反对以色列的侵略扩张，积极支持巴勒斯坦人和阿拉伯国家的反以斗争，但其支持主要体现在道义上，避免直接介入阿以冲突。这一外交政策是以服从国家利益为基础的。沙特阿拉伯远离阿以冲突中心地区，对以色列的安全威胁尚无切身体会。同时，无论在政治上还是经济上，沙特阿拉伯还没有实力在阿以冲突中发挥重要作用。进而言之，沙特阿拉伯也不愿采取过激态度而危及沙美关系的正常发展，唯恐得不偿失。而且，苏伊士战争之后，埃及成为抗以阵线的主要力量，其激进色彩和亲苏政策被沙特阿拉伯视为对王权统治的严重威胁。意识形态和政治主张方面的差异，致使沙特阿拉伯采取不直接介入阿以冲突的外交策略。这样，既可以对阿拉伯人有一个交代，又不助长埃及纳赛尔势力的继续上升。

4. 不结盟政策

1955 年，亚非会议在万隆召开，沙特阿拉伯王储兼大臣会议主席费萨尔率团出席会议，并签署《万隆宣言》，支持和平共处的五项原则。另外沙特阿拉伯也是不结盟国家和政府首脑会议的倡议国，参与制定了不结盟原则。费萨尔王储指出，不结盟原则"和它根据它的宗教与传统而制定的政策是一致的"②。

---

① 艾森豪威尔认为：中东地区一向是东半球各大陆的枢纽，是欧、亚、非三洲之间的门户。因此，建议国会授权总统在中东实行军事援助和合作计划，在对中东国家给予经济援助时，为了"保护"中东国家甚至可以动用美国军队。

② 北京大学亚非研究所西亚研究室编著《石油王国沙特阿拉伯》，北京大学出版社，1985，第 149 页。

三 费萨尔时期的外交政策（1964 年 11 月至 1975
年 3 月）

20 世纪 50 和 60 年代之交，中东地区风云变幻，沙特阿
拉伯处于不断上升的民族民主势力包围之中。苏联在
中东地区找到立足点后，进而试图将其影响逐步拓展到整个中东
地区，以便确立和加强其在中东的地位。以色列自 1948 年建国
后推行的侵略扩张政策则对包括沙特阿拉伯在内的整个阿拉伯国
家构成直接威胁。在阿拉伯国家内部，特别是苏伊士战争之后，
由于政治倾向和意识形态等方面的差异，保守的君主制国家和激
进的共和制国家之间的矛盾冲突不断升级。以沙特阿拉伯王国为
首的君主国和保守政权成为激进阿拉伯民族主义者的"革命对
象"。为了巩固王权，削弱纳赛尔激进民族主义，沙特阿拉伯政
府借助无可取代的宗教地位和宗教影响，将伊斯兰教作为抵御各
种激进思想侵入的"防火墙"，从而举起泛伊斯兰主义的大旗，
同以纳赛尔为首的激进阿拉伯民族主义者争夺阿拉伯和伊斯兰世
界的领导权。费萨尔是这一动议的主要倡导人。

1. 泛伊斯兰主义的对外政策

1962 年伊斯兰世界联盟（Muslim World League，简称 MWL）
的诞生标志着沙特阿拉伯政府对外政策开始向泛伊斯兰主义转
化，其目的是抵御非伊斯兰思想的传播，确立它在伊斯兰世界的
盟主地位。泛伊斯兰主义在对外政策上具体体现为反对共产主
义、犹太复国主义和激进的阿拉伯民族主义。此外，泛伊斯兰主
义也使费萨尔对以美国为首的西方集团的认识具有矛盾性，因而
在一些问题上与西方政策存在明显反差。在泛伊斯兰主义指导
下，沙特阿拉伯王国对外竭力抵制苏联插手、干预中东事务，防
范苏联意识形态和势力在中东的渗透。同时，以穆斯林团结来代
替纳赛尔所坚持的阿拉伯团结，坚持将伊斯兰教作为各国共同的

意识形态，反对激进势力执掌所在国家的政权。为了扩大泛伊斯兰主义的影响，1965年12月至1966年9月，费萨尔国王先后出访伊朗、约旦、苏丹、巴基斯坦、土耳其、摩洛哥、几内亚、马里和突尼斯等9个伊斯兰国家，泛伊斯兰主义在这些国家得到普遍赞同与支持。但是费萨尔的泛伊斯兰主义主张却遭到埃及和叙利亚的坚决反对，它们抨击泛伊斯兰主义的目的在于分裂阿拉伯世界。1967年以前，沙特阿拉伯王国对外关系的主要精力是对付纳赛尔主义及其革命思潮的进攻。1967年"六五"战争后，沙特阿拉伯走上阿以冲突的前台，采取十分强硬的立场，支持对以色列实行的"三不政策"（不承认、不和解、不谈判），并向对阵的阿拉伯国家和巴解组织提供巨额援助。沙特阿拉伯强调联合整个伊斯兰世界的力量抗击以色列的侵略扩张，以此夺取阿以冲突中的主导权。因此费萨尔时期的外交政策，是在伊斯兰名义下巩固沙特阿拉伯王权的统治，夺取阿拉伯和伊斯兰世界的领导权。并且，其伊斯兰名义是根据沙特阿拉伯自身对伊斯兰教义的理解和界定，并以维护国家根本利益为原则的。凡是有悖或危害沙特阿拉伯王权统治及其根本利益的任何极端主张和行动，都会遭到沙特阿拉伯政府的抵制和反对。70年代，费萨尔的泛伊斯兰主义得到进一步完善，还因获得越来越多国家的认同而显示出活力。后来，沙特阿拉伯极力抵制伊朗伊斯兰革命和霍梅尼主张的对外"输出革命"，即是国家利益和泛伊斯兰主义的灵活运用。

2．"里亚尔外交"

巨额石油收入是沙特阿拉伯泛伊斯兰主义对外政策的物质基础，石油是启动泛伊斯兰主义外交的杠杆。通过向发展中国家提供援助，发展双边关系，实现预期的外交效应，是沙特阿拉伯泛伊斯兰主义对外政策的基本特征。这种做法通常被称作沙特阿拉伯的"里亚尔外交"（里亚尔是沙特阿拉伯的货币）。

里亚尔外交所追求的政治目标大致体现在两个方面：第一，维护伊斯兰国家的团结和共同利益，不断扩大沙特阿拉伯王国的影响，逐步确立它在伊斯兰世界的地位。阿拉伯国家、伊斯兰国家以及亲伊斯兰的发展中国家，都被列在沙特阿拉伯王国的援助名单上。为了在经济上和财力上向这些国家提供援助，沙特阿拉伯政府于 1974 年 8 月倡议创立了专门的伊斯兰发展银行。在该银行最初的 9 亿美元基金中，沙特阿拉伯承担了 91%的份额，此后沙特阿拉伯还继续向其融入大笔资金。截至 1982年 10 月，伊斯兰发展银行向世界上 38 个伊斯兰国家和组织提供了 28.21 亿美元的援助，其援助额在伊斯兰世界居首位。沙特阿拉伯还以政府名义和发展基金形式向上述国家和组织提供援助。第二，抵御苏联的影响，遏制苏联在中东地区的扩张。例如，沙特阿拉伯对阿曼、南北也门以及索马里的援助支持皆是针对苏联的，在一定程度上阻挠了苏联借助中东国家的民族民主运动和激进政权不断扩大影响的势头。沙特阿拉伯政府的里亚尔外交收效颇丰，密切和改善了它同整个伊斯兰国家的关系，在伊斯兰框架内，限制激进伙伴，弘扬伊斯兰精神，树立起它是伊斯兰世界楷模的形象。

3. 石油外交政策的转变

沙特阿拉伯政府一直奉行商业上的石油开采应与政治上的考虑分开的政策。直到 1972 年 11 月，沙特阿拉伯石油大臣亚马尼还说：我们并不主张把石油作为一个政治武器来使用。沙特阿拉伯认为，对阿拉伯人来说，最好的方法是把石油"作为同西方、特别是美国进行真诚合作的一个基础"。当然，沙特阿拉伯政府的石油政策既考虑到沙特阿拉伯同美国的特殊关系，也必须维护自身的经济利益。20 世纪 70 年代，石油输出国组织维护石油权益的斗争不断取得胜利，阿拉伯世界强烈要求使用石油武器打击以色列及支持以色列的西方国家。为了摆脱被阿拉伯国家孤立的

可能，沙特阿拉伯政府在 1973 年年初开始改变原有立场。是年 4 月，亚马尼第一次公开把石油与阿拉伯人的政治斗争联系在一起。他指出：如果美国不改变对以色列的政策，想要沙特阿拉伯增加石油生产是办不到的。沙特阿拉伯政府在石油武器态度上的转变，最终为阿拉伯国家在"十月战争"中运用石油武器打击以色列及其支持者奠定了基础。

石油减产、禁运政策产生了深远的影响，一方面，它显示了阿拉伯国家的空前团结和巨大能量，推动西欧、日本反对美国控制斗争的发展，迫使美国偏袒以色列的政策有所收敛，并开始在实现中东和平方面发挥积极作用。另一方面，石油武器的胜利增强了阿拉伯国家的斗志，促使阿拉伯产油国反掠夺、反剥削的斗争进一步向纵深领域发展。通过联营、参股、赎买等阶段的接管过程，1980 年，沙特阿拉伯境内的外国石油公司全部转归国有，沙特阿拉伯政府从此完全掌握了国家资源的命运。

四　哈立德时期的外交政策（1975 年 3 月至 1982 年 5 月）

19 75 年 3 月 25 日，费萨尔遇害，哈立德继承王位。新政府的第一次内阁会议确认了已故国王费萨尔制定的内外政策。内阁会议公报指出：关于外交政策，新政府表明了沙特阿拉伯爱好和平、支持裁军、强调民族（国家）自决权的意愿；希望通过和平手段解决所有国际纠纷。沙特阿拉伯外交政策最主要的支柱是：依靠伊斯兰力量，团结和加强穆斯林之间的协作；第二根支柱是：巩固阿拉伯地位，建立阿拉伯各国人民之间明智而有效的合作关系。同时，对于侵略主义和破坏主义，沙特阿拉伯则采取自卫行动，决不姑息。

哈立德当政时期，埃以和谈、伊朗伊斯兰革命以及随后爆发的长达 8 年的两伊战争，直接影响着中东政局的变化，中东各国出现新的分化组合。各国都适时地调整本国的对外政策，以适应中东政局的新发展。沙特阿拉伯也力图在中东新秩序的调整中争取、保持自己的优势地位。

1. 对以色列外交政策的转变

为了避免继续充当冷战的牺牲品，埃及总统萨达特审时度势，于 1977 年 11 月开始了震惊世界的耶路撒冷之行，拉开了中东和平主动行动的序幕。1978 年埃以签订《戴维营协议》，1979年，埃以签订《和平条约》实现和解。但是，埃及的和平行动遭到沙特阿拉伯和阿拉伯国家的普遍反对，并对埃及实施了一系列制裁措施。不过，沙特阿拉伯对阿以冲突的强硬态度在此之前已有所松动。自 1977 年以来，沙特阿拉伯政府认为，如果能够在约旦河西岸和加沙地带建立一个巴勒斯坦国，允许犹太国的存在不是一个问题，阿以之间实现完全、持久的和平以及关系正常化是可能的。因此，在抵制埃及问题上，沙特阿拉伯实际上持温和态度。20 世纪 80 年代，阿以冲突有了新的发展，伊朗伊斯兰革命的胜利和两伊战争使阿拉伯国家对以战略出现新的变化。为了掌握主动权，1981 年 8 月，沙特阿拉伯提出了和平解决中东问题的 "八点建议"。这 "八点建议" 是 1982 年 9 月阿拉伯首脑会议通过的 "非斯计划" 的基础框架。"非斯计划" 是阿拉伯国家集体制定的第一个对以和平方案，它不但实际上否定了先前存在的对以色列的 "三不政策"，默认了以色列的存在及其在第一次阿以战争期间占领的土地，还显示出沙特阿拉伯政府在中东事务中举足轻重的地位。

2. 抵制伊朗伊斯兰革命和霍梅尼的 "革命输出"

沙伊关系在伊朗巴列维时代就一直处于微妙状态。基于相互利益的驱动，两国关系有一定发展，但对边界一些岛屿的归属和海湾安全等问题却存在矛盾和争端。沙特阿拉伯尤其反对伊朗扮演海湾 "宪兵" 的角色。伊朗伊斯兰革命之后建立了由伊斯兰

教什叶派高级教士掌权的国家，宗教领袖霍梅尼以世界什叶派领导者自居，向邻近的阿拉伯国家输出伊斯兰革命，抨击海湾国家的君主制，把沙特阿拉伯王室恪守的伊斯兰教称作"亵渎神灵"的宗教，否认沙特阿拉伯王国拥有保护圣地的资格，煽动、资助沙特阿拉伯境内的穆斯林揭竿而起，推翻沙特阿拉伯王室的统治，建立以伊朗为中心的"大伊斯兰联邦"。在如此强劲的宣传攻势下，沙特阿拉伯国内先后发生宗教极端分子武装攻击麦加大清真寺事件和东部区什叶派穆斯林的反政府骚乱，两国关系急转直下。以沙特阿拉伯为首的海湾六国极力抵制伊朗"输出伊斯兰"革命，共同对付六国面临的威胁和侵犯。1981年5月，海湾六国合作委员会成立，它被外界称作是"一个以苏联、对岸伊朗和伊拉克为假想敌的军事同盟"。

3. 在两伊战争中的立场

1980年9月22日，伊拉克和伊朗两国之间爆发大规模战争。两伊战争爆发后，阿拉伯各国被迫作出立场上的选择。为了维护王权统治，抵制伊朗输出伊斯兰革命及其称雄海湾的政治野心，沙特阿拉伯政府摒弃前嫌，果断地采取了"完全支持伊拉克在其同伊朗的战争中所持的立场"。伊拉克充当了抵御伊朗输出伊斯兰革命的屏障，为避免伊拉克失败所导致的多米诺骨牌效应，沙特阿拉伯等海湾国家慷慨解囊，搜集伊朗军事情报供给伊拉克，向伊拉克提供运送武器装备的港口，战争期间沙特阿拉伯向伊拉克提供了高达300亿美元的巨额援助。沙特阿拉伯和科威特还每天为伊拉克代卖70万~90万桶的石油，帮助伊拉克修建新的石油输出管道等。沙特阿拉伯对伊拉克的支持和援助增强了伊拉克的作战能力，很大程度上牵制了伊朗伊斯兰革命的输出，维护了沙特阿拉伯王国自身的安全和利益。但是，沙特阿拉伯同伊拉克之间素有芥蒂，并不希望伊拉克以胜利者的姿态称雄海湾，而是要避免两伊任何一方确立霸权，以维护沙特阿拉伯在伊斯兰世界的盟主地位。因此沙特阿拉伯等国对伊拉克的支持和援助是有所保留的，这也是两伊战争持久化的因素之一。后来随着战事发展和国际调停的影响，沙特阿拉伯等国也提出各种停火协议，并继续施行"里亚尔外交"促成和解。无奈，伊朗并不买账，两伊战争旷日持久，历时 8 年，致使两败俱伤。

五 法赫德时期的外交政策（1982 年 5 月至 2005 年 8 月）

19 82 年 5 月，哈立德国王心脏病突发猝死。法赫德继承王位，成为现代沙特阿拉伯王国的第五代君主。法赫德被公认是一位思维敏捷、胸怀韬略、足智多谋，具有改革创新精神的政治家。自 1975 年实际掌权以来，法赫德通过其灵活而务实的外交政策，使沙特阿拉伯王国在中东乃至世界政治、经济舞台上发挥着越来越重要的作用，并成为一支不可忽视的政治力量。

1. 20 世纪 90 年代以前的外交政策

法赫德的外交路线是费萨尔泛伊斯兰主义对外政策的延续和发展。在 90 年代以前，沙特阿拉伯一直奉行联合美欧、抗衡苏联、争当伊斯兰盟主的外交总原则。这一政策决定了沙特阿拉伯对巴勒斯坦问题、海湾和中东事务以及国际问题的基本态度。

法赫德坚决反对以色列的侵略扩张和美国偏袒以色列的政策，并以各种方式敦促美国放弃"双重标准"的立场。但是，法赫德力主在解决阿以冲突时突出沙特阿拉伯政府的作用，以此为契机不断扩大沙特阿拉伯的影响，从而确立沙特阿拉伯在阿拉伯和伊斯兰世界的地位。同时，沙特阿拉伯继续施行"里亚尔外交"，试图利用巨额石油美元，将全世界的穆斯林集聚在沙特阿拉伯麾下，使沙特阿拉伯充当伊斯兰世界的领导人。由于地缘政治的考虑，沙特阿拉伯主张加强海湾国家之间的合作，反对外来势力主要是苏联的渗入和扩张，共同维护海湾地区的安全和稳定，强调"海湾属于海湾人民"。海湾合作委员会建立之后，法赫德还希望将埃及、叙利亚纳入海湾国家的安全和防务体系，增强对付伊朗和伊拉克的军事筹码。

法赫德十分重视沙特阿拉伯同美国和西欧国家之间的关系，认为沙美"两国的经济和安全都是息息相关的"。为了维护国家安全，沙特阿拉伯政府会主动强化同美国的关系。但法赫德同时强调外交独立自主，特别是在有损国家主权和阿拉伯人民利益问题上，沙特阿拉伯政府并不"亦步亦趋"，而是表现出一定的独立性。在石油政策问题上，沙特阿拉伯坚决充当欧佩克成员中的温和派，一方面力求维护产油国的经济利益和民族权益，拒绝按照西方需求增加石油产量、不合理地压低油价；另一方面，也反对把油价提得过高，造成世界经济体系的紊乱，对沙特阿拉伯在美国和西欧投资不利。

2. 海湾危机及海湾战争之后的外交政策

（1）坚决抵制伊拉克的侵略扩张。1988年，两伊战争结束，然而和平并没有降临到中东这方多灾多难的土地上。20世纪80年代末90年代初，中东局势依旧扑朔迷离。1990年8月2日，伊拉克突袭自己的兄弟国家科威特，并于8月28日，吞并科威特，将其划入自己的版图。伊拉克的吞并行动引起国际社会和阿拉伯国家的强烈反应，特别是沙特阿拉伯等海湾国家面临唇亡齿寒的直接威胁。伊拉克总统萨达姆针对沙特阿拉伯发表广播讲话，直言不讳地号召推翻沙特阿拉伯王室的统治。沙特阿拉伯坚决反对、抵制伊拉克的侵略和扩张。沙特阿拉伯等海湾合作委员会成员国同伊处于军事对抗状态，它们邀请有关国家派遣军队进驻沙特阿拉伯和海湾地区，建立沙美协调指挥中心，筹措战争费用，决不允许萨达姆的图谋得逞。海湾战争期间，沙特阿拉伯政府积极配合以美国为首的多国部队的军事行动，提供战争所需的各种后勤保障，交付了大约550亿美元的战争费用。海湾战争以多国部队胜利收复科威特、伊拉克自食苦果而告终。沙特阿拉伯为维护国家安全也付出了昂贵的代价。

（2）海湾战争后遗症影响沙特阿拉伯外交政策。冷战结束后，国际形势趋于缓和，中东地区也在海湾战争后呈现出和解的总趋势。但是，海湾战争确立了美国军事力量和西方势力在中东的重要影响，旧的矛盾没有消除，新的冲突又产生，中东各国又一次分化组合。沙特阿拉伯同美国和其他中东国家的关系更加敏感复杂，它使沙特阿拉伯在发展对外关系上如履薄冰。一方面，沙特阿拉伯政府意识到沙特阿拉伯王国的石油财富和安全离不开美国的军事"保护"，沙美军事合作不可缺少；另一方面，沙美关系越亲近，沙特阿拉伯王国就越容易遭到王国内外仇美势力的攻击，甚至危及王权统治的合法性。因此，海湾战争后，沙特阿拉伯在制定对美政策时谨小慎微，尽量将其限定在各方都可能接受的水平上。

另外，由于对海湾战争所持态度不同，以及因石油财富占有不均所导致的贫富分化，沙特阿拉伯同约旦、巴勒斯坦、也门、苏丹和毛里塔尼亚等相对贫穷国家的关系恶化。尽管，沙特阿拉伯愿意改善与它们的关系以维护阿拉伯国家的共同利益，但实现这一愿望存在诸多困难。关于阿以冲突和中东和平问题，沙特阿拉伯积极支持自1991年马德里中东和会以来的和平行动，希望在中东和平行动中发挥自己的作用。

沙特阿拉伯逐步调整对外政策，实行多方位外交方针，积极发展与西欧、日本的关系，重视发展同中国的关系。苏联解体后，沙俄两国在石油领域存在矛盾和斗争，沙特阿拉伯担心俄罗斯向伊朗、伊拉克出售武器，加之美国因素的制约，沙俄关系发展缓慢，处于冷淡状态。

在海湾合作委员会内部，各国因分别与两伊改善关系导致内部关系失和，在一定程度上影响了联盟内部的团结。以沙特阿拉伯为首的海合会部分国家（沙特阿拉伯、科威特和卡塔尔）与伊朗接近引起阿联酋不满。与此同时，在科威特与伊拉克仍处于敌对状况、沙伊关系紧张之时，海合会其他成员国继续与伊拉克来往（阿联酋、卡塔尔、巴林和阿曼在海湾战争后并未中断与伊拉克的关系）。1999年3月，美国国防部长科恩访问海湾六国时，卡塔尔和阿联酋公开表示反对空袭伊拉克，为向美英飞机提供基地的科、沙发出了明确的反对信号。阿联酋等国对伊拉克的态度引起了沙特阿拉伯、科威特政界、舆论界及百姓的关注和不满。

海合会国家分别同两伊发展关系是符合这些国家本身利益的，因此而产生的矛盾有可能会长期存在，但不会威胁联盟关系。沙特阿拉伯等国与伊朗改善关系既符合双方的利益，也有利于该地区的稳定与安全，符合海湾的安全需要：沙特阿拉伯与伊拉克交恶，因此与伊朗修复关系有利于地区力量的平衡；同时也向企图长期赖在海湾的美英发出明确信号——海湾国家要在地区稳定与安全问题上加强自身作用。

3. "9·11"事件之后的外交政策

（1）谴责恐怖主义、捍卫沙特阿拉伯意识形态。"9·11"事件之后，由于美国锁定和指控的本·拉登和其他15名嫌犯均为沙特阿拉伯瓦哈比派信徒，美国社会对沙特阿拉伯进行强烈泄愤攻击，甚至质疑沙特阿拉伯王室参与"9·11"事件。两国利益需求差异和不对称所产生的分歧再度陷入空前困难时期，矛盾冲突急剧表面化，沙美关系一度跌入低谷。面对美国的诘难，沙特阿拉伯政府一方面表明它对恐怖主义行动的谴责，中断同阿富汗塔利班的外交关系，支持美国的反恐战争，以行动配合美国：调查恐怖嫌疑犯、清查银行账户、切断财源、提供相关情报，等等；另一方面，面对美国对沙特阿拉伯意识形态（瓦哈比派）的非议，沙特阿拉伯起而捍卫其信仰，否认与"9·11"事件有牵连，明确表示与美国在恐怖主义定义上看法不同，在美国军事打击塔利班行动中拒绝提供军事基地。由于对美国反恐目标的怀疑；由于担心战争从反对一个伊斯兰国家扩大到反对其他伊斯兰国家；由于担心遭到国内人民和其他阿拉伯国家、伊斯兰国家的反对以及为维护阿拉伯、伊斯兰团结等政治、战略和宗教等原因，沙特阿拉伯没有加入美国的反恐国际联盟。2001 年年底结束的海湾合作委员会首脑会议上，沙特阿拉伯等海湾六国的元首们一致通过决议，反对将任何阿拉伯国家作为美国反恐战争的军事打击目标。沙特阿拉伯不会让美国一架飞机在沙特阿拉伯的任何机场起飞，去打击世界任何一个地方的穆斯林。总之，"9·11"事件后，为了缓和国内矛盾，防范反对派和宗教极端分子兴风作浪，重塑伊斯兰形象，抵制美国偏袒以色列的中东政策，沙特阿拉伯采取了低调的、冷处理的方式。这种立场向美国和西方表明，沙特阿拉伯外交政策服务于民族主权。

（2）沙特阿拉伯试图成为巴以冲突的调解人。2001 年 11 月，美国支持建立巴勒斯坦国并敦促解决巴以冲突，沙特阿拉伯对此表示欢迎。2002 年 2 月，阿卜杜拉王储提出一项新的和平建议，即以建立 1967 年 "六五战争"前的边界的巴勒斯坦国换取阿以关系正常化。但由于以色列在美国支持下表示反对，以及阿拉伯国家之间存有歧见，该提议并没有发挥太大作用。

海湾战争使得沙特阿拉伯与伊拉克交恶，但沙特阿拉伯并不赞成过分削弱伊拉克。遭到国际制裁、难以东山再起的伊拉克萨达姆政权对沙特阿拉伯的威胁减弱。从维护阿拉伯团结的目标出发，在塔利班政权被推翻之后，沙特阿拉伯反对将"反恐战争"扩大到伊拉克，并于 2002 年年初即准备与伊拉克改善关系。沙特阿拉伯作为世界产油大国，力图保持石油安全和石油市场的稳定，担心美对伊动武将导致石油价格大起大落，对阿拉伯经济发展造成负面影响。美国试图通过更换伊拉克政权获得对伊拉克石油控制权的想法更使沙特阿拉伯感到忧虑，认为这势必影响沙特阿拉伯的能源地位，影响石油价格。不仅如此，石油输出国组织（欧佩克）也担心，当美国控制了伊拉克石油后，会进一步瓦解欧佩克，从而主宰世界石油供应和价格。因此，"9·11"事件之后，美国于2003年3月，悍然发动了对伊拉克的"反恐"战争，沙特阿拉伯对此持反对态度。

（3）沙特阿拉伯反对美国"大中东民主"计划。伊拉克战争以及萨达姆政权垮台极大改变了中东原有政治力量对比，推动了地区国际关系的重组，使地区传统地缘政治格局发生了自冷战以来的最重大变化：阿以力量对比进一步失衡，中东反美阵营分崩离析。伊战后，美国正通过政治、军事、经济与文化教育等各种手段对中东进行民主改造，提出"大中东民主"计划，以彻底控制中东。面对美国反恐与"改造"的压力，阿拉伯世界出现了联合自强与革新的浪潮，沙特阿拉伯明确反对美国的"大中东民主"计划，强调政治、经济应该合乎国情民意。

2001年12月海湾合作委员会举行首脑会议，沙特阿拉伯等六国达成协议建立海湾合作委员会联合防御委员会（Supreme Joint Defence Council）、建立货币同盟。在阿拉伯联盟改革问题上，沙特阿拉伯呼吁起草新的阿拉伯宪章来保护共同利益，实现阿拉伯国家公正的要求，支持阿拉伯的共同事业，主张建立阿拉伯防务体系，关注自身改革，在阿拉伯国家内部发展政治上的共同参与，建议最终在2005年建成阿拉伯大自由贸易区；并认为阿拉伯国家必须为建立独立的巴勒斯坦国而承担责任与义务。同时，针对美国一家独霸中东的局面，中东国家还积极寻求发展与欧洲、俄罗斯以及中国的关系，以削弱美国压力。2003年9月沙特阿拉伯王储阿卜杜拉对俄罗斯进行了历史性访问。除了开展双边经济、能源和安全等合作外，沙特阿拉伯领导的伊斯兰会议组织还接纳俄罗斯为观察员。

六　现行外交政策

2005 年 8 月，阿卜杜拉继任沙特阿拉伯国王。阿卜杜拉国王具有强烈的民族主义情结，强调不应过分依赖美国，而应通过缓和地区紧张局势来确保自身安全。但是沙特阿拉伯亲西方（美国）的外交政策不会根本改变，它仍将是美国在中东地区的主要政治和军事盟国。阿卜杜拉继续将发展与美国关系放在对外关系的首位，因"9·11"事件受损的沙美关系已得到改善；沙特阿拉伯重视发展与阿拉伯、伊斯兰国家的关系，致力于阿拉伯团结和海湾合作委员会的一体化建设，积极参与地区热点问题的处理，改善同伊朗的关系；沙特阿拉伯大力开展多元化外交，加强与中国、欧盟、俄罗斯和日本等大国的关系。迄今，沙特阿拉伯已同 100 多个国家建立了外交关系。作为世界石油大国，沙特阿拉伯加强与欧佩克内外产油国的协调，维护产油国利益，并加强与石油消费国的沟通。

沙特阿拉伯外交政策的主旨可以归纳为以下几点：[1]

（1）遵循伊斯兰教法基础和沙特阿拉伯宪法。

（2）尊重国家主权，不干涉别国内政，拒绝任何国家干涉本国内政。

（3）致力于国际和平与安全，反对使用武力和暴力威胁国际和平或者推行霸权主义。

（4）谴责并拒绝不同方式和形式的国际恐怖主义，确认伊斯兰教与恐怖活动互不相干。

（5）应在国际组织中遵守国际法律和条约及国际双边公约。

---

[1]　沙特阿拉伯外交部网站：《沙特阿拉伯王国外交政策》，www. mofa. gov. sa。

（6）在国际场合通过经济、政治和外交等各种倾向途径保护阿拉伯和伊斯兰国家。

（7）不能抛弃有违反国际和平与安全倾向的盟友，尊重人民的权利，人民有权保护自己的利益。

（8）在石油生产方面和市场销售方面实行平衡稳妥的政策，因沙特阿拉伯王国是世界上石油产量和储量最大的石油输出国。

2007年4月，阿卜杜拉国王在协商会议开幕式上就内外政策所作的重要讲话中指出，中东是一个充满冲突和危险的地区，为了保证本国的和平稳定与发展，沙特阿拉伯有必要在地区和世界两个层面上加强外交力度。沙特阿拉伯一直通过对话磋商与冲突各方交换意见和立场，为平息和消除地区紧张局势做出了大量努力。作为地区大国和宗教大国，沙特阿拉伯肩负起所应承担的责任，作为东道主组织海合会国家和阿拉伯国家召开了多次国际会议，在不干涉别国内政和尊重其他意识形态、宗教社团和组织的前提下，加强与各阿拉伯国家的沟通合作，协调各国利益，联合对抗分裂和反叛势力。

沙特阿拉伯实行"放眼东方"的新政策。基于沙特阿拉伯的国际责任以及沙特阿拉伯和其他国家和平友好的合作关系，沙特阿拉伯国王访问了多个东亚伊斯兰国家和友好国家，包括中国、马来西亚、印度和巴基斯坦等，并签署了多个涉及经济、文化、安全和科技等方面的合作协议。这些访问和协议极大促进了沙特阿拉伯同各国友好关系的发展。沙特阿拉伯"放眼东方"的外交新政策是符合本国利益和发展需要的。中国和印度是沙特阿拉伯重要的贸易伙伴，并在国际政治舞台上发挥着重要作用。马来西亚和巴基斯坦与沙特阿拉伯有着密切的宗教联系。高层互访是加强国家联系和保持世界和平的重要手段，沙特阿拉伯将在未来保持这种外交方式。对重大国际和地区问题均采取较为鲜明的立场。

伊朗核问题　主张通过对话、谈判解决伊朗核问题。希望伊朗停止浓缩铀活动，不要发展核武器，与海湾国家一道致力于实现本地区无核化。希望伊朗遵守《联合国宪章》，与国际社会对话，表明其核活动的和平性质，并采取措施增进互信，维护地区安全与稳定。反对对伊朗动武，认为这将会给地区带来灾难性后果。沙特阿拉伯愿与伊朗在睦邻友好、互利合作和互不干涉内政的原则下进一步发展关系。

伊拉克问题　主张维护伊拉克的独立、主权和领土完整，维护伊拉克的阿拉伯和伊斯兰属性。支持伊拉克政治重建进程及其全国和解政策，愿向伊拉克提供援助。反对外部势力干涉伊拉克内政。在 2003 年召开的马德里伊拉克国际捐助国会议上，向伊拉克捐款 10 亿美元。

巴勒斯坦问题　强调巴勒斯坦问题是中东所有问题的根源，在阿拉伯和平倡议和有关国际决议的基础上，通过和谈全面、公正解决巴以冲突是实现地区和平的唯一途径。巴勒斯坦问题的根源是以色列对巴领土的占领。支持中东和平进程，呼吁重启"路线图"计划。强调和谈是阿拉伯国家的战略选择，只有在以色列从所有阿拉伯和巴勒斯坦被占领土上撤军，建立以耶路撒冷为首都的巴勒斯坦国，巴勒斯坦难民找到合理解决办法之后，沙特阿拉伯才会与以色列实现关系正常化。沙特阿拉伯呼吁巴勒斯坦加强内部团结，呼吁大国对巴勒斯坦承担政治和道义责任。沙特阿拉伯对巴勒斯坦成功举行立法会议选举表示欢迎，呼吁国际社会尊重巴人民的选择和意愿。在阿卜杜拉国王斡旋下，2007年 2 月，巴勒斯坦"法塔赫"和"哈马斯"两派在麦加举行对话，进而组成联合政府。在同年 3 月召开的第 19 届阿盟首脑会议上，沙重申 2002 年阿卜杜拉王储提出的"阿拉伯和平倡议"。

黎巴嫩问题　谴责以色列对黎巴嫩人民的暴力行动，同时反对激进组织的"盲动"将阿拉伯世界拖入危险境地。强调大国应负起政治责任，反对外部势力插手黎内政，要求国际社会特别是阿拉伯、伊斯兰国家向黎巴嫩人民提供帮助。积极斡旋冲突，参与援黎国际会议，先后向黎巴嫩捐款16.6亿美元，是黎巴嫩第一大捐助国。

达尔富尔问题 欢迎苏丹政府为解决达尔富尔问题所做的一切努力，反对任何对苏丹的武力干涉和制裁，希望国际社会给予苏丹足够时间执行联合国有关协议。在阿盟利雅得峰会期间，沙特阿拉伯促成了苏丹总统与联合国秘书长、非盟委员会主席、阿盟秘书长的会晤。

大规模杀伤性武器 支持建立包括海湾地区在内的中东无核区和无大规模杀伤性武器区，沙特阿拉伯已加入《禁止使用化学武器条约》，要求以色列签署核不扩散条约，认为以色列拥有大规模杀伤性武器是中东地区不稳定因素，国际社会应对以色列施压。

反恐问题 坚决反对一切形式的恐怖主义，认为恐怖主义是一种国际现象，是极端思想的产物，不属于某一文明、宗教或民族。强调反恐需要国际社会的共同努力。沙与包括美国在内的国际社会加强反恐合作，并在沙国内外挫败了一系列恐怖袭击。2005年2月，阿卜杜拉王储在利雅得国际反恐大会上倡议成立国际反恐中心。

中东国家的民主与改革 认为阿拉伯世界需要改革，但改革只能从一个国家内部开始，并考虑各国的具体国情。坚决反对任何外部强加的改革计划和模式。希望八国集团制定类似"马歇尔计划"的援助中东计划，并致力于解决巴以冲突和伊拉克问题，消除地区恐怖主义根源，实现地区稳定。

联合国改革 认为联合国改革十分必要，但改革事关重大，不应仓促行事。主张安理会改革应体现地域公平分配原则，安理会应限制使用否决权。强调伊斯兰国家应拥有一个安理会常任理事国席位。

国际油价 强调奉行平衡的石油政策，承诺保证石油供应。认为国际油价维持高位的原因并非市场原油短缺，而是炼油能力不足。呼吁主要石油消费国减少石油税收以使消费者受益。沙特阿拉伯充分认识到自己在石油领域的责任，并努力维持国际石油市场的良性发展，稳定油价，充分考虑买卖双方利益。同时沙特阿拉伯也想方设法增加石油产量，满足国际石油需求。

第二节 与美国的关系

沙特阿拉伯与美国关系密切。美国是沙特阿拉伯最重要的战略合作伙伴，最主要的武器供应者。美国是沙特阿拉伯第一大贸易伙伴，沙特阿拉伯是美国重要的石油来源国。两国有着共同的战略利益。多年来，沙特阿拉伯奉行"以石油换安全"的石油外交理念，即以石油换取与美国密切的盟友关系。根据非正式协议，沙特阿拉伯提供廉价原油，换取美国提供的安全保障。自从美国在1974年成为石油净进口国以来，沙特阿拉伯一直是美国最大的石油供应国。

基于石油利益的沙美关系二战后得到深入发展，不但在经济上相互依赖，军事上紧密合作，美国还成为沙特阿拉伯政治和安全保护者。1990年8月海湾危机爆发后，美军进驻沙特阿拉伯，沙美军事合作达到顶峰。1996年以后，两国关系进入调整期，"9·11"事件之后，沙美关系受到冲击，沙特阿拉伯与美国的关系冷淡，但是沙强调反对恐怖主义的决心，同时加大反恐力度。由于美国极力推行强硬的军事及外交政策，沙特阿拉伯国内普通民众的反美情绪不断高涨，针对美国人为主的恐怖袭击事件时有发生。沙特阿拉伯新国王阿卜杜拉一直寻求在谨慎的改革与打击恐怖主义之间保持平衡，他的亲西方色彩没有前任那么浓厚，有可能会将外交重点转向加强与其他阿拉伯国家的关系上。但无论如何，沙特阿拉伯与美国之间建立在石油和安全等共同利益基础之上的盟友关系，将依然是沙特阿拉伯外交政策的基石。沙特阿拉伯是美国海湾战略中的重中之重，又是美国在海湾最重要的贸易伙伴和武器买主。美国仍是沙特阿拉伯军事安全的支持和保护者，是沙特阿拉伯第一大贸易伙伴国和武器进口来源国。2007年，沙特阿拉伯对美国的进出口额分别占其进出口总额的12.7%和17.4%，沙特阿拉伯主要从美国进口汽车、军火和机械。2007年7月美国同沙特阿拉伯等海湾国家签署价值200亿美元军售和军援协议。2008年1月布什政府宣布向沙特阿拉伯出售总价值1.2亿美元的900枚卫星制导炸弹。这是美国支持包括沙特阿拉伯在内的阿拉伯盟国增强国防能力，抵制伊朗威胁的战略的一个组成部分。

二战期间，沙特阿拉伯保持了倾向同盟国的中立政策，后来又将德国大使驱逐出境。20年代末30年代初，沙特阿拉伯朝觐业受经济大危机的影响，经济陷入窘境。为了寻找财源，沙特阿拉伯政府吸引国外勘探者到沙特阿拉伯寻找石油和其他矿产资源，美英资本跃跃欲试。美国最终获得了沙特阿拉伯石油租让权，通过石油链条找到了向沙特阿拉伯渗透的立足点，从而启动了沙美之间的经济、政治交往。1942年2月，沙美正式建交。1945年，美国最终从沙特阿拉伯王国获得了自由使用海湾港口、修建巨型空军基地，并在沙特阿拉伯境内租用为期5年的驻军基地和修建横贯阿拉伯半岛的输油管等方面的特权。

二战结束后，为了维护国家安全与稳定，抵御外来势力侵入，加之石油经济发展的需要，沙特阿拉伯采取同美国加强合作的对外政策。美国也认识到沙特阿拉伯的战略重要性，从杜鲁门到布什的历届总统都将沙特阿拉伯作为美国中东和全球战略的重要一环，加强了在沙特阿拉伯各个领域的渗透。美国"经援"、

"军援"源源不断流入沙特阿拉伯。双方在经济、军备、技术、援助、人员培训等方面展开了多方位的合作。沙特阿拉伯被纳入美国的势力范围。1950年沙美签署1500万美元的贷款协议。1957年年初，沙特阿拉伯国王甚至接受了"艾森豪威尔主义"，只是在阿拉伯国家的强大舆论压力下才被迫放弃。面临苏联的威胁，沙特阿拉伯更加主动向美国靠拢，视美国为保护伞。法赫德国王十分重视沙特阿拉伯同西方国家的关系，认为沙美"两国的经济和安全都是息息相关的"，沙特阿拉伯王国的政治经济安全在很大程度上都离不开美国。反过来看，美国在很多情况下也需要借助沙特阿拉伯的力量，沙特阿拉伯的地缘政治以及石油和石油美元对美国同样不可或缺。自60年代起，美国政府就将沙特阿拉伯视为其海湾政策的双柱（沙特阿拉伯与伊朗）之一，伊朗巴列维王朝垮台后，沙特阿拉伯更成为美国中东战略格局的重要棋子，美国加深了对沙特阿拉伯的渗透。

合作并不意味着没有分歧。1954年，沙特阿拉伯废除《联防互助协议》、《第四点计划》。1956年，沙特阿拉伯与埃及等国一道反对美国策划的矛头指向阿拉伯人民的《巴格达条约》。1973年"十月战争"和以沙特阿拉伯为首的阿拉伯产油国冲破美国的种种阻力，运用石油武器，有力地打击了以色列及其西方支持者，标志沙特阿拉伯政府公开强烈抗议美国中东政策。沙特阿拉伯拒绝与美国缔结军事同盟，也极不情愿向美国提供军事基地，对美国提供的军事保护伞持怀疑态度。但是，由于沙特阿拉伯相对薄弱的军事防御能力，在军事上严重依赖美国，捆绑双方的利益链条使得双方都不愿意走向决裂。

1990年8月海湾危机爆发后，沙美军事进一步合作出现契机，沙美加强了政治、军事关系。沙特阿拉伯等海湾合作委员会成员国同伊拉克处于军事对抗状态。为了维护国家安全，沙特阿拉伯主动强化同美国的关系，邀请有关国家派遣军队进驻

沙特阿拉伯和海湾地区。海湾战争期间，沙特阿拉伯政府积极配合以美国为首的多国部队的军事行动，提供军事基地、后勤保障和财政支持，支付了大约550亿美元的战争费用。1991年5月，沙特阿拉伯等海湾合作委员会国家接受美国的提议，允许西方增加在海湾地区的军事力量，防范未来任何军事侵略。海湾战争后，沙美关系迅速发展，主要表现在：美高层领导人频繁访沙；沙从美购进大批先进武器装备；双方贸易稳步发展，贸易额明显上升；沙美就海湾安全达成协议。沙美缔结军事同盟是"根据它们各自的民族利益来对地区性和全球性的变化作出的反应"。

"9·11"事件之后，由于美国锁定和指控的本·拉登和其他15名嫌犯均为沙特阿拉伯瓦哈比派信徒，美国社会对沙特阿拉伯进行强烈泄愤和攻击，沙美关系一度跌入低谷。沙特阿拉伯明确表示与美国在恐怖主义定义上看法不同，在美军事打击阿富汗塔利班行动中拒绝提供军事基地。由于政治、战略和宗教等原因，沙特阿拉伯没有加入美国的反恐国际联盟。沙特阿拉伯担心美国对伊拉克动武将导致石油价格大起大落，对阿拉伯经济发展造成负面影响。美国试图通过更换伊拉克政权获得对伊拉克石油控制权的想法更使沙特阿拉伯感到忧虑，认为这势必影响沙特阿拉伯的能源地位，影响石油价格。因此沙特阿拉伯反对美国的伊拉克战争，拒绝为其提供军事基地。2003年后，沙特阿拉伯先后遭受恐怖袭击，沙美在反恐方面加强合作，加大国内反恐力度，沙美关系得到改善。

2005年4月沙美两国启动战略对话，解决对两国至关重要的战略问题，包括反恐、军事、能源、商贸、教育、人类发展以及领事事务。8月，美国派出重要代表团出访沙特阿拉伯，包括时任副总统迪克·切尼，前任总统乔治·布什，前任国务卿科林·鲍威尔。美国政府要人对沙特阿拉伯的这次访问是自从

"9·11"事件以后规模最大的一次，同时也标志着两国关系的逐渐复苏。这表明美国对于沙特阿拉伯的依赖性已经越来越大了。这种依赖完全建立在能源的基础上。美国哥伦比亚大学中东问题研究所教授吉恩·富兰克说："沙特阿拉伯在如今的国际世界中占据了极为重要的地位，美国不能再四处树敌了，我们对于石油的渴望已经到了不能抑制的地步。"国际原油市场困境导致美国对沙特阿拉伯的依赖与日俱增。[①] 2008 年 1 月 14 日，美国总统布什抵达利雅得，开始对沙特阿拉伯进行为期两天的正式访问。沙特阿拉伯国王阿卜杜拉当天在王宫与布什举行会谈，双方主要就加强两国关系、巴以和谈的最新发展，以及伊拉克、黎巴嫩、伊朗核计划等问题交换了意见。沙美双方在布什访问期间签署了一系列合作协议，其中包括一项数额高达 6.4 亿美元的军售合同。2008 年 5 月 16 日，美国总统布什年内第二次访沙，与阿卜杜拉国王举行会谈，双方主要就加强双边关系和共同关心的地区热点问题进行了探讨。布什希望沙特阿拉伯能在抑制屡创新高的国际油价方面发挥其更大作用，并讨论了伊朗核问题。会谈后，阿卜杜拉和布什共同出席了沙美加强和平利用核能、石油基础设施建设等方面合作的 4 项谅解备忘录的签字仪式。2009 年 6 月 3 日，美国总统奥巴马访问沙特阿拉伯。阿卜杜拉国王与奥巴马就巴以局势、伊朗核计划、国际金融危机等问题举行会谈，并在会谈前向奥巴马授予了阿卜杜勒·阿齐兹国王（开国君主）荣誉勋章。2010 年 4 月，沙特阿拉伯与美国举行商务合作论坛，拟加强战略经济合作。

基于双方利益需求，沙美两国将继续保持战略合作关系，但双方在地区安全问题、阿以冲突问题和石油价格问题上分歧明

---

① 李远：《沙特阿拉伯新国王加冕 美国示好沙特阿拉伯意在争夺石油》，国际在线网站，2005 年 8 月 8 日。

显。沙特阿拉伯并不认为伊朗是地区安全的隐患，甚至顶住美国压力，积极稳妥地改善与伊朗关系。沙特阿拉伯反对美国偏袒以色列的政策，敦促美国压以色列向巴勒斯坦作出让步。在石油价格问题上，美国要求沙特阿拉伯和石油输出国组织增加石油产量以降低价格，但沙特阿拉伯认为国际石油供求关系平衡，增加产量并不能解决油价上扬的问题，不能把高油价完全归咎于产油国。伊拉克战争后，美国提出"大中东民主"计划，以彻底控制中东。沙特阿拉伯明确反对美国的"大中东民主"计划，强调政治、经济应该合乎国情民意。

沙特阿拉伯国王阿卜杜拉的民族主义情绪较强烈，他对海湾战争期间美军利用沙特阿拉伯基地攻打伊拉克，以及战后美军一直在沙特"赖着不走"深表不满。阿卜杜拉强调，沙特阿拉伯不应过分依赖美国，而应通过缓和地区紧张局势来确保自身安全。沙特阿拉伯因致力于发展与日本和俄罗斯的关系，引起美国的极大忧虑。沙特阿拉伯还积极发挥其地区大国作用，增加沙特阿拉伯在中东、海湾问题上与美国对话的筹码，以维护中东国家利益，并巩固其在伊斯兰世界的领导地位。

第三节　与其他大国的关系

一　与欧盟的关系

西欧国家与中东有的国家二战前曾经是宗主国与殖民地的关系。二战后中东国家纷纷独立，摆脱了与宗主国的不平等关系，西欧国家被迫撤出中东。冷战期间，中东成为美苏两个超级大国争夺的战场，西欧国家追随美国，积极配合美国的中东政策，不甘心被排挤出中东。70 年代以后，欧洲国家越来越多地参与中东和平问题的解决。西欧国家是中东最重要的贸易伙伴之一，英法两国是居美苏之后的最大的军火商。欧共体与海合会六国有着密切的经济联系。1993 年欧盟成立后，由于其在阿以问题上相对公正的立场，得到阿拉伯国家的支持。沙特阿拉伯与欧盟国家的关系也迅速发展。2001 年 4 月，欧盟贸易专员拉米访沙，与沙方就沙加入 WTO 问题举行会谈；9 月，欧盟代表团访沙，与沙特阿拉伯王储阿卜杜拉就双边关系及中东形势进行会谈。2002 年 2 月，欧盟负责外交和安全政策的高级代表索拉纳访问沙特阿拉伯，与阿卜杜拉王储举行会谈，讨论沙特阿拉伯提出的阿拉伯和平倡议；6 月，阿卜杜拉王储与索拉纳再次举行会谈，强调中东和平进程必须以阿拉伯和平倡议为基础。海湾危机之后，以沙特阿拉伯为首的海合会国家有意识地发展与欧盟和日本的关系，以此来增强对美国关系中的分量。沙特阿拉伯实施全方位外交，与英国、法国、德国和日本均建立了战略合作关系。"9·11"事件以后，沙特阿拉伯与欧盟的关系有所发展，尤其在经济领域的发展较快。欧盟与海湾合作委员会的建立自由贸易区谈判更加深了沙特阿拉伯与欧盟的经济联系。沙特阿拉伯还是欧盟国家重要的军火市场。伊拉克战争后，为确保战后获取稳定的能源供应，欧盟国家致力于沙特阿拉伯等海湾产油国的能源投资与开发。

沙特阿拉伯与英国关系渊源颇深。沙特阿拉伯在 20 世纪初曾沦为英国的被保护国。1927 年 5 月，英国被迫同阿卜杜勒·阿齐兹签订《吉达条约》。《吉达条约》标志着现代沙特阿拉伯国家的诞生。建国初期，沙特阿拉伯在财政和经济上同英国关系密切，四周处于英国势力范围的包围之下。英国曾长期扶植和支持沙特家族的世仇汉志哈希姆家族政权，并相互勾结，支持沙特阿拉伯分裂主义者，对沙特阿拉伯制造各种矛盾和压力。因此，沙特阿拉伯政府历来对英国怀有戒备心理。"布赖米绿洲"问题进一步恶化了沙英关系。1956 年苏伊士战争爆发，沙特阿拉伯

同英法断绝外交关系。英国在阿以冲突问题上追随美国，1973
年的石油危机使英国等西欧国家改变了对以色列的立场，沙英关
系有了转机。1975 年，沙特阿拉伯同英国签订了扩大贸易和经
济合作关系的协定，1988 年美国国会拒绝向沙特阿拉伯提供军
事装备后，沙特阿拉伯同英国签订了 200 亿美元的军购合同。
1999 年 2 月，沙英商会成立。2000 年 6 月，利雅得地区埃米尔
萨勒曼访问英国，伊丽莎白女王会见了萨勒曼。2001 年 6 月，
沙特阿拉伯外交大臣访英，与英方就双边关系及中东和平进程问
题举行会谈；7 月，英国皇家海军舰队与沙特阿拉伯皇家海军部
队在吉达举行为期两天的军事演习；10 月，英国首相布莱尔访
问沙特阿拉伯，法赫德国王会见。英国是沙特阿拉伯重要的商品
供应国和投资国。

沙特阿拉伯与法国于 1936 年建交，两国合作关系不断发展。
法国在海湾地区的地位位居美英两国之后，但是法国并不甘心。
1975 年，沙特阿拉伯同法国缔结了有关能源、经济和科技的全
面合作协定。1996 年 7 月法国总统希拉克访问沙特阿拉伯，两
国就建立政治、军事、经济、安全、文化等全方位的"新的伙
伴关系"达成一致，并决定定期举行部长级会议，协调双方在
国际问题上的立场，相互配合和合作。2000 年 2 月，法国外长
费德林访问沙特阿拉伯，与法赫德国王、阿卜杜拉王储、费萨尔
外交大臣和萨勒曼亲王分别进行了会晤或会谈。6 月，法国防部
长里查德访沙，同第二副首相兼国防与航空大臣苏尔坦举行会
谈。2001 年 6 月，阿卜杜拉王储访问法国，与法国总统希拉克
就双边关系及中东形势交换意见；10 月，法国外长韦德里纳访
问沙特阿拉伯，会见了阿卜杜拉王储。2008 年 1 月 13 日和 2009
年 11 月 17 日，法国总统萨科奇访问沙特阿拉伯，并与阿卜杜拉
国王举行会谈。2009 年，沙特阿拉伯与法国商定在民用核领域
展开合作。法国是沙特阿拉伯在欧盟的第二大贸易伙伴。2009

年 6 月，沙特阿拉伯阿美石油公司与法国道达尔公司重启朱拜勒石化项目。2010 年 4 月，道达尔集团和荷兰皇家壳牌石油集团与沙特阿拉伯阿美石油公司签署了一个 20 亿美元的合同，合资开发沙特阿拉伯的巨大天然气资源。这表明法国石油公司已在沙特阿拉伯的能源业插进了一足。

沙特阿拉伯与德国建交后双方关系不断发展。2000 年 5 月，沙特阿拉伯教育大臣安卡利访问德国，双方签署了两国教育和科技人员往来协定。2001 年 10 月，德国外长访沙，与沙外交大臣费萨尔就中东局势和阿富汗问题交换了意见。2003 年 10 月，德国总理施罗德访问沙特阿拉伯，双方就反恐、伊拉克等问题交换了看法。2010 年 5 月，德国总理默克尔率领政治、经济和贸易代表团抵达沙特阿拉伯，与阿卜杜拉国王就中东和平进程、伊拉克、也门、阿富汗和巴基斯坦局势以及两国在政治、经济和贸易领域拓展关系的途径举行了磋商。德国是沙特阿拉伯在欧盟中的第三大贸易伙伴。

二　与日本的关系

沙特阿拉伯与日本于 1954 年建交，日本严重依赖中东石油供应。1973 年"十月战争"期间发生的第一次石油危机迫使日本改变其完全追随美国的中东政策，逐渐接近阿拉伯国家。90 年代，日本以海湾战争中向多国部队提供巨额资助为契机，开始谋求在中东树立其大国地位，两国关系进一步发展。沙特阿拉伯与日本建立起经济合作关系，经贸关系迅速发展，日本成为沙特阿拉伯第二大贸易和投资伙伴，是沙特阿拉伯在亚洲的重要经济伙伴。2007 年沙特阿拉伯对日本进出口额分别占沙进出口总额的 8.2% 和 15.4%，分别居第 4 位和第 2 位。近年来日本加大对沙特阿拉伯的投资。1991 年 5 月，以日本石油公司为首的 3 家日本财团与沙特阿拉伯签订了同时在沙特阿拉伯、日本兴建炼油厂的意向书，双方各投资 50%，总计 43 亿美元。日本住友（SUMITOMO）化学公司大手笔操作，同沙特阿拉伯阿美石油公司签署 100 亿美元炼油和石油化工联合项目，在距吉达 200 公里的拉比格合资兴建大型石化企业，引起国内外的广泛关注。

迄今，日沙的合作关系只局限在经贸领域，沙特阿拉伯打算在发展日沙两国经贸关系的基础上，调整其外交政策，进一步发展与日本在其他领域的关系。2001 年 9 月 30 日，日本首相特使访问沙特阿拉伯，向沙方通报了日方对 "9·11" 事件后国际形势的看法，并没有跟随美国指责沙特阿拉伯。此后，两国关系进一步发展。2003 年 5 月，日本首相小泉纯一郎访问沙特阿拉伯，双方就双边关系、伊拉克局势等举行会谈。2006 年，两国准备开始中断 6 年的投资会谈。2007 年 4 月，日本首相安倍晋三访问沙特阿拉伯，双方就地区和国际问题交换了意见，并就如何加强两国关系进行了讨论。安倍表示，希望日本与中东国家在传统石油贸易的基础之上建立多层次的联系，包括建立反恐合作、就地区发展问题进行对话和人道主义合作等，他同时也呼吁伊斯兰国家与日本加强相互理解。安倍提出从沙特阿拉伯进口更多的石油，在日本冲绳县建立石油储备基地。日本有意为沙特阿拉伯开发本国人力资源提供帮助，并且希望两国的经贸关系由单一的石油贸易向多元化全方位发展。2010 年 6 月 15 日沙特阿拉伯国家石油公司阿美石油公司宣布，已原则上与日本达成一项在冲绳建储油设施的协议，以保证对日本长期和稳定的能源供应。到 2010 年年底，沙特阿拉伯在冲绳的储油量将达到 380 万桶。

作为经济大国的日本，每年从海湾地区进口的原油占其总进口量的 70% 左右，仅从沙特阿拉伯进口的原油就占 35%，因此发展与沙特阿拉伯的关系对日本来说非常重要。此外，美国企图控制海湾能源，从而控制日本的经济增长率。沙特阿拉伯与日本进一步加强关系后，在一定程度上会挫败美国的这一企图。

总之，沙特阿拉伯与日本的关系可以概括为政治上平稳发展，更注重经济方面的合作。

三 与苏联、俄罗斯的关系

苏联是最先在 1926 年承认阿卜杜勒·阿齐兹政权的国家，并于 1929 年与沙建立外交关系，苏联在吉达开设驻汉志、内志及归属地区王国外交机构，先是领事馆，后升格为大使馆。1932 年费萨尔亲王以沙特阿拉伯国王全权代表和外交大臣身份访问莫斯科。但当时两国交往侧重经济和贸易方面，后来在美国资本的排挤下，1938 年苏联撤回驻沙特阿拉伯外交代表，两国外交关系中断。由于在意识形态方面严重对立，50 年代中期，沙特阿拉伯仍拒绝恢复两国外交关系。苏联为同美国争夺中东主导权，支持中东激进政权，抨击中东的君主政体和保守政权，痛斥沙特阿拉伯王国是中东反动派的主要基地。费萨尔认为，苏联势力染指中东不仅对沙特阿拉伯王国，而且对整个阿拉伯和伊斯兰世界的安全都构成了直接威胁。维护沙特阿拉伯王国和整个阿拉伯世界的安全，抵御苏联的影响，遏制苏联在中东地区的渗透成为当时沙特阿拉伯外交政策的重要内容。例如，沙特阿拉伯对阿曼，南、北也门以及索马里的援助支持皆是针对苏联的，在一定程度上阻挠了苏联借助中东国家的民族民主运动和激进政权不断扩大其影响的势头。事实上，苏联在 70 年代为缓和与沙特阿拉伯王国的关系曾作出种种努力。特别是 1973 年"十月战争"后，阿拉伯世界反美情绪高涨，沙苏两国关系出现转机征兆。1979 年埃以签订和约后，沙美关系紧张，苏联欲与沙特阿拉伯建交，沙特阿拉伯为向美国施加压力，对苏联态度有所缓和，允许苏联飞机过境。但由于苏联在海湾和非洲之角的介入，尤其是 1979 年下半年苏联入侵阿富汗后，沙特阿拉伯明确

反对苏联的侵略行为，于是两国为恢复外交而作出的种种努力都成为泡影。总之，90年代以前，法赫德国王联合美欧抗衡苏联，以维护海湾地区的安全和稳定，海湾合作委员会成立的军事目的主要就是防范苏联。

1990年海湾危机爆发后，沙特阿拉伯需要苏联的合作，同年9月，双方恢复外交关系。苏联解体后，两国在石油领域存在矛盾和斗争，沙特阿拉伯担心俄罗斯向伊朗、伊拉克出售武器，加之美国插手，沙俄关系发展缓慢，处于冷淡状态。2001年美国发生"9·11"恐怖事件和伊拉克战争以后，沙特阿拉伯与美国的关系开始变冷。为了弥补与美国关系恶化在外交上带来的损失，沙特阿拉伯开始寻找新的战略伙伴。于是，沙特阿拉伯与俄罗斯关系出现了好转的契机。俄罗斯没有威胁到沙特阿拉伯的国家安全，沙特阿拉伯与俄罗斯在一些问题上需要合作，其中主要是在反对恐怖主义、巴以问题和伊朗核问题等三个方面需要进行合作。从2003年开始，沙特阿拉伯与俄罗斯关系得到进一步发展，8月，沙特阿拉伯王储阿卜杜拉访问俄罗斯，这是自1926年两国建立外交关系以来，沙特阿拉伯最高级别的领导人对俄罗斯进行的访问。访问期间，阿卜杜拉与俄罗斯总统普京、总理卡西亚诺夫和一些宗教界人士进行了会见和会谈，双方就车臣问题、中东和平进程和伊拉克问题等广泛交换了意见，并达成了许多共识。双方签署了《共同声明》以及关于在石油和天然气、贸易、科技和体育等领域开展合作的一系列协议和文件。沙特阿拉伯领导的伊斯兰会议组织还接纳俄罗斯为观察员。舆论普遍认为，双方在车臣问题上取得的突破以及在包括石油和天然气，乃至军工领域的合作意向具有特别重要的意义。沙俄经贸关系主要是沙特阿拉伯向俄罗斯购买先进的技术。

伴随两国关系升温，高层互访不断。2007年，俄罗斯总统普京访问沙特阿拉伯，这是俄方最高领导人首访沙特阿拉伯。普京同阿卜杜拉国王讨论了建立天然气欧佩克问题；8月，沙特阿拉伯国家安全委员会秘书长班达尔亲王出访莫斯科；11月23日，普京在克里姆林宫会见了沙特阿拉伯王储兼副首相苏尔坦。这是普京2007年第3次会见王储。会晤后双方商定了武器交易：将于年底前签署提供150辆T-90S坦克的合同。沙特阿拉伯还准备采购20套中程防空导弹系统和其他防空系统等。沙特阿拉伯向俄罗斯购买的这些武器将用来保护伊斯兰圣地麦加和麦地那，总额约为40亿美元。俄罗斯国防出口公司与沙特阿拉伯的这笔交易在历史上尚属首次。2008年6月，俄罗斯和沙特阿拉伯在利雅得签署了接纳俄罗斯加入世界贸易组织双边谈判的议定书。

两国政治经贸关系的发展与沙美关系暂时恶化有关，也与俄罗斯欲增强在中东影响力有关。但是，沙俄同为世界石油大国，2009年俄罗斯石油产量超过沙特阿拉伯，成为世界最大产油国，当年第二季度，俄罗斯石油出口首次超过沙特阿拉伯。未来两国争夺世界石油大国地位的斗争不可避免。沙特阿拉伯和俄罗斯争夺能源霸主地位将对世界经济、美国的能源安全、俄罗斯的全球作用、沙特阿拉伯的未来地位以及欧佩克的影响力产生重要影响。

第四节 与其他阿拉伯国家的关系

沙特阿拉伯王国位于亚洲西南部的阿拉伯半岛，北接约旦、伊拉克、科威特，东南与卡塔尔、阿拉伯联合酋长国、阿曼接壤，西南与也门毗邻，西隔红海与埃及、苏丹和埃塞俄比亚相望，东隔巴林湾和海湾与巴林和伊朗相对。这一地理位置决定了沙特阿拉伯同周边国家外交关系的复杂性。沙特阿拉伯是阿拉伯国家联盟、海湾阿拉伯国家合作委员会、石油输出国组织和阿拉伯石油输出国组织的成员国。沙特阿拉伯王国固有的宗教地域特征及其在伊斯兰世界的特殊地位和影响，决定了沙特阿拉伯在制定外交政策时，既要维护国家利益，特别是维护国家安全利益以及提高国家防御能力以保证经济安全，又要考虑如何维护王国的伊斯兰特性，在伊斯兰特性和国家利益之间寻找平衡和最佳结合点。宗教和石油因素确立了沙特阿拉伯王国在中东和国际事务中的特殊地位。沙特阿拉伯是中东地区大国之一，军队装备精良，但人数较少，与中东其他大国相比，军事力量相对薄弱，很难有效地保卫本国及海湾其他 5 个小国。国富而兵弱是沙特阿拉伯综合国力的突出特征。①

　　沙特阿拉伯较注意发挥自己地区大国的作用。2003 年，沙特阿拉伯与多个阿拉伯国家高层频繁互访，约旦国王阿卜杜拉、埃及总统穆巴拉克多次访问沙特阿拉伯，与法赫德国王举行会谈。叙利亚总统巴沙尔、巴勒斯坦总理库赖、黎巴嫩总理哈里里等领导人先后访问沙特阿拉伯，与沙方就共同关心的问题进行探讨，签署了外交合作与磋商谅解备忘录。阿卜杜拉王储先后访问了叙利亚、埃及、摩洛哥等国。沙特阿拉伯重视与其他阿拉伯国家之间的关系，2005 年 8 月，阿卜杜拉就任国王后力推阿以关系正常化。沙特阿拉伯反对美国的"新中东"政策，沙特阿拉伯外交大臣费萨尔亲王说，不管是回到老中东还是走向新中东，"我们都没有看到别的，只看到问题、灾难和祸患在不断增多"。他强调说："中东地区不是无人地区，我们的命运掌握在自己手中，而不是掌握在别人手中，不管面对何种力量，我们都有能力保卫自己的家园。"费萨尔指出，在寻求公正全面解决中东地区问题的过程中，客观事实已经证明部分解决的方式是无效和徒劳

　　① 王京烈主编《面向二十一世纪的中东》，社会科学文献出版社，1999，第263 页。

的。他呼吁国际社会全面对待中东地区冲突的根本原因并加以解决。①

沙特阿拉伯在中东地区的国际事务中处于主导地位，是海湾合作委员会最大的成员国。沙特阿拉伯和伊朗是中东地区重要竞争对手，关系复杂。两国在黎巴嫩冲突、伊拉克问题、也门事务等领域争夺影响力。沙特阿拉伯寻求加强与叙利亚关系，以消除伊朗对它的影响。沙特阿拉伯与什叶派领导的伊拉克关系依然紧张。沙特阿拉伯还是阿富汗塔利班与卡尔扎伊政府的潜在调解人。

一　与海湾合作委员会成员国的关系

出于地缘政治的考虑，沙特阿拉伯主张加强海湾国家之间的合作，反对外来势力主要是苏联的渗入和扩张，共同维护海湾地区的安全和稳定，强调"海湾属于海湾人民"。1981 年 5 月 25 日，沙特阿拉伯与海湾其他五国宣布成立海湾阿拉伯国家合作委员会，实现成员国之间在一切领域的协调、合作和一体化，总部设在沙特阿拉伯首都利雅得。苏联解体后，海湾合作委员会将伊拉克和伊朗视为海湾主要威胁，沙特阿拉伯国王法赫德希望将埃及、叙利亚纳入海湾国家的安全和防务体系，以增强军事筹码。伊拉克侵占科威特之后，沙特阿拉伯等海湾国家有唇亡齿寒之感，坚决反对伊拉克的侵略政策，积极支持并参加美国领导的解放科威特的多国部队。海湾战争结束后，1991 年 3 月，沙特阿拉伯等海湾六国、埃及、叙利亚同意海湾地区建立一支由八国组成的阿拉伯维持和平力量，维护地区安全和经济合作。海合会每年 11 月或 12 月轮流在六国首都召开首脑会议，对

---

① 《沙特阿拉伯外交大臣呼吁美国改变立场帮助黎以尽快实现停火》，新华网，2006 年 8 月 3 日。

政治、经济、军事、外交等方面的重大问题进行商讨，以协调立场，采取联合行动，沙特阿拉伯处于主导地位。

海湾合作委员会各国分别与两伊改善关系导致内部关系失和，在一定程度上影响了联盟内部的团结。海湾战争之后，沙特阿拉伯一方面进一步加强海合会成员国相互间的协调与合作；另一方面，在有的问题上，对委员会其他国家采取了较为强硬的立场，因而发生不同程度的摩擦。沙特阿拉伯与阿曼存在边界划分问题，与阿联酋、卡塔尔在乌达德湾（Khawr al Udayd）地区有争议，与科威特在中立区、卡鲁岛（Qaruh）和乌姆马尔迪姆岛存在边界争端。1992 年和 1993 年，沙特阿拉伯和卡塔尔在乌达德湾归属问题上发生武装冲突。2001 年沙特阿拉伯与卡塔尔签署边界协议后，沙特阿拉伯声称与海湾合作委员会成员国的所有边界争端已经解决。六国在安全利益方面可谓唇齿相依，地缘政治和共同的利益决定海合会国家之间必将求同存异，协调与合作是相互间关系的主旋律。2008 年 1 月 1 日海合会共同市场正式启动，标志着这个地区组织继 1983 年的自由贸易区和 2003 年的关税同盟后，经济一体化发展新的里程碑。2009 年 12 月第 30 届海合会首脑会议发表声明支持沙特阿拉伯为维护国家安全和成员国为应对全球金融危机作出的努力，海合会国家领导人在会上通过了海湾共同防御协议，根据协议将组建一支联合部队，以加强军事合作和增加海合会集体防御能力。会议宣布，海湾货币联盟（未来发行海湾统一货币的海湾中央银行的前身）已进入实施阶段，这是海合会在经济一体化道路上迈出的重要一步。2010 年 3 月 30 日海合会四国在沙特阿拉伯利雅得召开海合会货币委员会会议，沙特阿拉伯央行行长当选海合会货币委员会主席。由于种种原因，阿联酋和阿曼宣布退出货币联盟计划。同年 5 月 11 日，海合会首脑会议在沙特阿拉伯首都利雅得举行，会议强调，其成员国安全和稳定是一条不可逾越的红线，不能侵犯。

在阿盟改革问题上，沙特阿拉伯呼吁起草新的阿拉伯宪章来保护共同利益，实现阿拉伯国家公正的要求，支持阿拉伯的共同事业，主张建立阿拉伯共同防务体系。

二　与埃及的关系

沙特阿拉伯注重同埃及的关系。两国都是中东地区大国，在反对西方新殖民主义政策，维护阿拉伯民族权益以及在阿以冲突问题上，双方有着共同利益。但双方在政治制度、意识形态以及价值观上存在很大分歧。1955 年埃及、沙特阿拉伯、叙利亚缔结《共同防御协定》；1956 年三国首脑声明反对巴格达条约组织，显示了沙埃两国的良好合作关系。在苏伊士战争期间，沙特阿拉伯同英、法断交，对两国实行石油禁运，向埃及提供巨额援助，沙埃关系达到顶点。苏伊士战争后，也门问题、叙利亚问题以及双方在意识形态上日渐扩大的鸿沟，致使两国之间龃龉不断，走向对峙状态。沙特阿拉伯视埃及激进民族主义的政治主张和亲苏政策为沙特王权统治的严重威胁，遂对纳赛尔主义（激进民族主义）采取遏制政策，以伊斯兰主义对抗激进民族主义和世俗主义。

1962 年建立的伊斯兰世界联盟，标志沙特阿拉伯对外政策向泛伊斯兰主义转化。这既抵御了非伊斯兰思想的传播，也为了对付埃及的纳赛尔主义。埃及则坚决反对费萨尔的泛伊斯兰主义，两国关系急剧恶化。1967 年"六五战争"后两国关系逐渐趋向缓和。纳赛尔主义停止咄咄逼人的态势，埃及谋求同沙特阿拉伯恢复正常的外交关系。沙特阿拉伯利用 1967 年喀土穆会议，同埃及达成协议，妥善解决了也门问题，并向埃及提供援助，1974～1980 年间，埃及是接受沙特阿拉伯援助最多的国家。1973 年"十月战争"爆发期间，以沙特阿拉伯为首的阿拉伯产油国以石油武器有力地支持了埃及、叙利亚、约旦三国的军事行

动，迫使美国及其他支持以色列的国家改变偏袒以色列的立场。

沙特阿拉伯在道义上支持埃及总统萨达特的和平行动，但1978年埃以签订《戴维营协议》并与以色列实现和解之后，沙特阿拉伯与其他阿拉伯国家对埃及实施制裁措施，将埃及逐出阿盟，然而双方航空飞行并未中断，沙特阿拉伯继续雇用埃及工人。两伊战争期间，埃及保持中立，并支持海湾国家对伊朗的谴责，沙埃关系有所缓和。1987年，沙特阿拉伯与埃及恢复外交关系。1989年3月，沙特阿拉伯国王法赫德访问埃及，标志埃及摆脱了孤立局面。海湾战争期间，埃及向沙特阿拉伯派出援助部队。此后，两国在地区安全、发展问题以及国际问题上加强磋商、协调与合作，成为中东政治舞台上不可或缺的地区性大国。进入新世纪，沙特阿拉伯与埃及在许多问题上进行合作。在政治上，两国共同反对美国在中东倡导的民主化改革，支持巴勒斯坦民族解放运动，共同打击恐怖主义。2009年1月13日，沙特阿拉伯国王阿卜杜拉与到访的埃及总统穆巴拉克就加沙局势举行会谈，双方希望加沙冲突各方立即停火。同年6月28日，埃及总统穆巴拉克再次访问沙特阿拉伯，与阿卜杜拉国王讨论了共同关心的阿拉伯、伊斯兰和国际事务，其中首要的问题是巴勒斯坦局势。

由于沙特阿拉伯与埃及之间良好的传统关系和高层之间的友谊，双方经贸合作保持增长势头。2008年，埃及与沙特阿拉伯之间的贸易总额达36亿美元，占埃及与所有阿拉伯国家贸易总额的32%，其中埃及从沙特阿拉伯进口约为26亿美元，出口约为10亿美元。截至2008年年底，沙特阿拉伯在埃及的总投资已达19.5亿美元，成为埃及最大的阿拉伯投资国。

三　与伊拉克的关系

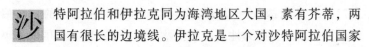沙特阿拉伯和伊拉克同为海湾地区大国，素有芥蒂，两国有很长的边境线。伊拉克是一个对沙特阿拉伯国家

安全至关重要的国家，边界与民族宗教问题是沙伊关系中的主要问题。20 世纪 20 年代，沙特阿拉伯与英国控制下的伊拉克费萨尔政权矛盾激化，后者与英国一道支持沙特阿拉伯分裂主义势力。1958 年 7 月，伊拉克发生革命建立伊拉克共和国，沙特阿拉伯坚持阿拉伯国家之间互不干涉内政原则，尊重伊拉克人民的选择。伊拉克高举民族主义大旗，反对西方和海湾地区的君主制国家，对沙特阿拉伯国家安全造成威胁。1979 年伊朗伊斯兰革命后，为抵制伊朗输出伊斯兰革命，在两伊战争期间，沙特阿拉伯政府捐弃前嫌，果断地采取了"完全支持伊拉克在其同伊朗的战争中所持的立场"。伊拉克充当了抵御伊朗输出伊斯兰革命的屏障。但是，沙特阿拉伯对萨达姆统治下的伊拉克仍然感到不安，于是在 1981 年联合海湾君主国成立海湾合作委员会，把伊拉克排除在外。因此，沙特阿拉伯在两伊战争中对伊拉克的支持有所保留，并不希望伊拉克以胜利者的姿态称雄海湾。两伊战争结束后，伊拉克萨达姆的地区霸权主义野心迅速膨胀，沙特阿拉伯视其为海湾安全主要威胁之一。伊科危机爆发震惊了沙特阿拉伯，邀请有关国家派遣军队进驻沙特阿拉伯和海湾地区，建立沙美协调指挥中心，筹措战争费用，决不允许萨达姆阴谋得逞。为国家安全考虑，海湾战争后，沙特阿拉伯对伊拉克采取较为强硬的立场，坚持对伊拉克实施制裁，坚持伊拉克完全执行安理会所有有关决议，允许美国利用其军事基地对伊拉克进行空中打击，避免伊拉克东山再起，威胁本国及海湾地区安全与稳定。直至 2001 年，沙特阿拉伯联合科威特反对阿拉伯国家与伊拉克改善关系。但沙特阿拉伯并不赞成过分削弱伊拉克，主张维护伊拉克主权和领土完整。1996 年伊拉克与海湾六国关系出现战略性变化，沙特阿拉伯与伊拉克关系出现缓和迹象。从维护阿拉伯阵营团结目标出发，在阿富汗塔利班政权被推翻之后，沙特阿拉伯反对将"反恐"战争扩大到伊拉克，并于 2002 年年初即准备与伊

拉克改善关系。2003 年 3 月，美国悍然发动了对伊拉克的"反恐"战争，沙特阿拉伯对此持反对态度，拒绝美国使用其军事基地。美国对伊拉克大规模军事行动结束后，伊拉克对沙特阿拉伯安全威胁大大缓解。沙特阿拉伯遂调整对伊政策，实现沙伊关系正常化，主张维护伊拉克的独立、主权、领土完整和阿拉伯属性。支持伊拉克政治重建进程，反对外部势力干涉伊拉克内政，呼吁伊拉克周边各国遵守不干涉伊拉克内部事务的原则，以维护阿拉伯阵营的团结。沙特阿拉伯还积极参与有关伊拉克局势的国际会议，并对伊拉克重建提供援助。

四　与也门的关系

19 70 年沙特阿拉伯承认阿拉伯也门共和国（北也门），但与民主也门共和国（南也门）却因意识形态和边境冲突而导致关系恶化，直到 1976 年两国才建立外交关系。沙特阿拉伯一方面给予北也门巨额援助，另一方面对南也门奉行对抗政策。1934 年 5 月，沙也双方签署《塔伊夫协议》，原属也门的 3 个边境省份奈季兰、吉赞和阿西尔划给沙特阿拉伯。1969年和 1971 年沙特阿拉伯和民主也门发生边界武装冲突。1992 年9 月，《塔伊夫协议》期满，也门重新宣称对上述 3 个有争议地区拥有主权，沙特阿拉伯希望以此协议划清两国东部边界。两国为此展开谈判。在谈判未果的情况下，双方边界多次发生交火事件，导致边境局势紧张。在埃及和叙利亚的调解下，双方于1995 年 2 月签署了关于边界问题的备忘录，并同意建立 6 个委员会，划分陆地和海洋边界，发展经济商务合作，两国关系步入正常化轨道。同年 6 月，也门总统率领高级代表团访问沙特阿拉伯，这是自 1990 年 2 月以来，也门国家元首对沙特阿拉伯的首次官方访问。此后，尽管两国关系持续紧张，边界划分谈判一直持续到 1997 年。2000 年，沙特阿拉伯同也门签署协议，从而结

束两国长达 60 年的边界争端。2005 年 3 月，两国宣布结束边界
划分。2001 年 12 月，也门被批准加入海合会卫生、教育、劳工
和社会事务部长理事会等机构，参与海合会的部分工作。

2009 年以来，也门的极端主义分子暴乱肆虐，也门中央政
府无力控制首都之外的地域，北方叛军和南部分离主义组织与也
门政府军不断激战。为避免也门冲突波及沙特阿拉伯，沙特阿拉
伯于 2009 年 11 月派遣空军战机，越境对也门北部叛乱地区发动
袭击，帮助也门政府镇压日益强大的什叶派极端分子叛乱。

五 与其他国家的关系

沙特阿拉伯积极改善同阿拉伯邻国的关系，维护阿拉伯
国家的团结及其利益，坚持维护各国领土完整、尊重
各国独立自主。20 世纪 30 年代，阿卜杜勒·阿齐兹国王先后改
善了同科威特和巴林的关系，并缓和了与埃及、外约旦和伊拉克
的矛盾，相继同它们签订友好睦邻条约。他还出资援助叙利亚解
放运动，为叙利亚的独立作出了贡献。1955 年 10 月，沙特阿拉
伯同埃及、叙利亚缔结《共同防御协定》。沙特阿拉伯反对埃及
和叙利亚合并，1961 年叙利亚脱离埃及时，沙特阿拉伯立即承
认了叙利亚新政权。1967 年"六五"战争后，纳赛尔主义受重
创，沙特阿拉伯向埃及、叙利亚和约旦提供援助，还向巴林、黎
巴嫩、摩洛哥、阿曼、苏丹、突尼斯等相对贫困的阿拉伯国家提
供援助，促进这些国家的经济发展，缩小阿拉伯国家的贫富差
距。沙特阿拉伯还对巴勒斯坦解放组织提供巨额援助，并成立伊
斯兰发展银行和设立发展基金，向伊斯兰国家和亲伊斯兰政权提
供援助。通过向发展中国家提供援助，发展双边关系，实现既定
的外交效应，是沙特阿拉伯泛伊斯兰主义对外政策的基本特征。
维护伊斯兰国家的团结和共同利益，不断扩大沙特阿拉伯王国的
影响，逐步确立其在伊斯兰世界的地位。阿拉伯国家、伊斯兰国

家以及亲伊斯兰的发展中国家，都在沙特阿拉伯王国的援助名单上。

　　海湾战争期间，由于对战争所持态度不同，以及因石油财富占有不均所导致的贫富分化，沙特阿拉伯同约旦、巴勒斯坦、南也门、苏丹和毛里塔尼亚等贫穷国家关系有些疏远，埃及、叙利亚和摩洛哥站在沙特阿拉伯等海湾国家一边，并派遣部队进入沙特阿拉伯。1992 年沙特阿拉伯和约旦、巴解组织缓和关系。1994 年 1 月，法赫德国王在海湾战争后第一次会晤到访的巴解组织领导人阿拉法特，并承诺提供 1 亿美元援助。1995 年 4 月，沙特阿拉伯成为第一个承认巴勒斯坦当局签发的护照的阿拉伯国家；6 月，沙特阿拉伯同意进口巴控地区制造的产品。2000 年巴勒斯坦人民爆发阿克萨起义，在随后的阿拉伯紧急峰会上，沙特阿拉伯承诺援助 2.5 亿美元，阿卜杜拉王储谴责美国没能向以色列施加压力。2002 年 3 月阿拉伯联盟贝鲁特峰会上，沙特阿拉伯提出解决阿以冲突的和平倡议。2005 年 1 月哈马斯赢得巴勒斯坦立法委员会选举并组阁后，沙特阿拉伯敦促哈马斯支持和平行动，并承诺向巴勒斯坦当局捐助 9000 万美元。沙特阿拉伯外交大臣费萨尔亲王重申，沙特阿拉伯外交政策的主要目标是维护阿拉伯和伊斯兰世界的团结，保卫其正义和合法事业，首先是巴勒斯坦事业。费萨尔亲王还指出，在国际大家庭成员之间建立起友谊的桥梁是沙特阿拉伯外交政策的重要目标之一。费萨尔亲王对巴勒斯坦组成新自治政府向巴勒斯坦人民表示祝贺。这是沙特阿拉伯首次对由哈马斯组建的政府作出支持性的表态。

　　1946 年 5 月，外约旦哈希姆王国建立后，尽管由于阿以冲突，沙特阿拉伯向约旦提供援助，并允许约旦人和约旦的巴勒斯坦人到沙特阿拉伯工作，但沙特王室与哈希姆家族统治下的约旦关系并不密切。海湾战争期间，约旦采取同情伊拉克的立场，沙特阿拉伯中断了对约旦的所有援助，并遣散了大部分约旦籍工人。1992 年两国关系逐渐好转，沙特阿拉伯开始向约旦提供部分援助。1995 年约旦国王侯赛因公开与伊拉克萨达姆政权决裂，7 月，沙特阿拉伯政府领导人会见约旦外交大臣，这是自海湾危机后约旦政府官员对沙特阿拉伯最高级别的访问；9 月，沙特阿拉伯派遣驻约旦大使。1996 年 2 月和 8 月，约旦国王侯赛因和沙特王储阿卜杜拉的会晤，进一步巩固了两国关系。

沙特阿拉伯原是承认阿富汗塔利班政权的 3 个国家之一。1998 年，由于阿富汗塔利班拒绝引渡本·拉登，沙特阿拉伯与阿富汗关系恶化。"9·11"事件之后，在美国的压力下，沙特阿拉伯中断与塔利班政权的关系，并于 2001 年 10 月承认美国军事行动的合法性。塔利班政权倒台后，沙特阿拉伯为保持在阿的传统影响力，积极谋求在阿富汗重建中发挥作用。在国际援助阿富汗重建会议上，沙特阿拉伯许诺向阿富汗临时政府提供 2 亿多美元的经济援助。2002 年 1 月，阿富汗临时政府总理卡尔扎伊抵达沙特阿拉伯朝觐，与沙特阿拉伯国王法赫德、王储阿卜杜拉举行了会谈，寻求沙特阿拉伯对阿新政府的财政支持；7 月，沙特阿拉伯向阿富汗提供 13 卡车价值 100 万美元的药品，后沙特阿拉伯又向阿富汗提供了价值 1000 万美元的食品、药品及衣物；9 月，阿富汗总统卡尔扎伊再访沙特阿拉伯，与沙方商谈沙对阿提供援助及在阿被捕的沙籍人员的安排问题。2008 年 10 月，在沙特阿拉伯国王阿卜杜拉的斡旋下，阿富汗政府与塔利班在沙特阿拉伯麦加举行了和谈，塔利班表示与"基地"组织决裂。这是自 2001 年阿富汗战争以来，阿富汗政府与塔利班首次进行这样的会谈，各方认为这迈出了和平解决阿富汗争端的第一步。2010 年 2 月，阿富汗总统卡尔扎伊前往沙特阿拉伯麦加朝圣。

自从卡扎菲 1969 年上台以后，利比亚与沙特阿拉伯的关系一直就比较紧张。卡扎菲向来看不起海湾君主制国家。2000 年 10 月，沙特阿拉伯与利比亚关系缓和，卡扎菲 20 年来首次访问

利雅得。但"9·11"事件以后，卡扎菲又多次公开指责沙特阿拉伯是滋生"基地"极端分子的温床，沙特阿拉伯则指责利比亚破坏阿拉伯世界团结。2002年在伊拉克战争爆发前夕，卡扎菲和沙特阿拉伯王储阿卜杜拉更是爆发了正面冲突。两人在阿盟首脑会议上怒目相向，相互指责，致使首脑会议的现场直播一度中断。这个乱局最后在各国首脑的劝解下才收场。2004年12月，沙特阿拉伯指控利比亚卷入策划暗杀王储阿卜杜拉事件而召回其驻利大使，并要求利比亚驻沙大使回国，两国关系交恶，后经埃及等国调解得到缓和。

沙特阿拉伯一直努力与叙利亚建立友好关系，并向叙利亚提供了巨额援助。目的是增强叙利亚对抗以色列的能力。海湾危机爆发之后，沙特阿拉伯又将叙利亚视为对抗伊拉克的战略伙伴。自1992年后，沙特阿拉伯继续与叙利亚维持友好关系，但已不再向其提供巨额援助。

2005年2月黎巴嫩前总理哈里里遇害后，沙特阿拉伯与叙利亚和黎巴嫩的正常关系受到影响。沙特阿拉伯敦促叙利亚军事和安全人员撤出黎巴嫩，并与联合国调查团进行全面合作。2006年的以黎冲突中，沙特阿拉伯呼吁美国改变立场帮助双方实现停火，并在随后支持联合国就解决黎以冲突所通过的1701号决议。

第五节　与以色列的关系

沙特阿拉伯与以色列关系有一个渐进式的发展过程。沙特阿拉伯从避免直接介入阿以冲突（1967年"六五"战争爆发前在道义上支持反以斗争），到直接介入阿以冲突（立场强硬、竭力支持对以"三不政策"、号召消灭以色列），再到倡导和平解决阿以冲突，支持中东和平进程并积极参与该进程（可以有条件地承认以色列的生存权，但又同以保持一定距离），反映了沙特阿拉伯在阿以冲突问题上所采取的灵活务实的外交策略。

建国初期，沙特阿拉伯政府坚决反对以色列的侵略扩张和美国偏袒以色列的政策。在历次阿以冲突和战争中，积极支持巴勒斯坦人民和阿拉伯国家的反以斗争，但其支持主要体现在道义上，避免直接介入阿以冲突。苏伊士战争后，埃及成为抗以阵线的主要力量，其激进色彩和亲苏政策被沙特阿拉伯视为对王权统治的严重威胁。意识形态和政治主张方面的差异，促使沙特阿拉伯采取不直接介入阿以冲突的外交策略。

费萨尔国王时期，特别是 1967 年 "六五" 战争结束后，纳赛尔主义遭受重创，埃及向阿拉伯君主制政权发出和解信号，以换取它们在经济和财力上对埃及的支持。而沙特阿拉伯政权稳定，财力日渐雄厚，具备了在中东发挥作用的客观条件。沙特阿拉伯由过去的道义支持转为主动履行义务，向抗以的阿拉伯国家提供援助。1969 年 8 月以色列军队占领东耶路撒冷期间发生了阿克萨清真寺被焚烧事件，费萨尔国王采取十分强硬的立场，支持 1967 年确定的对以色列实行的 "三不政策"（不承认、不和解、不谈判），并向与以色列对阵的阿拉伯国家和巴解组织提供巨额援助。1973 年 "十月战争" 中沙特阿拉伯运用石油武器打击以色列及其支持者，对追随美国支持以色列的西方国家以及国际关系产生了深远的影响。

20 世纪 70 年代后期阿以冲突的力量对比开始发生新的变化，1979 年埃以实现和解之后，沙特阿拉伯曾同其他阿拉伯国家一道对埃及实施了一系列制裁，但实际上持温和态度。80 年代，阿以冲突有了新的发展，伊朗伊斯兰革命的胜利和两伊战争使阿拉伯对以战略出现新的变化。1981 年 8 月，沙特阿拉伯提出了和平解决中东问题的八点建议。这八点建议成为 1982 年 9 月阿拉伯国家首脑会议通过的 "非斯计划" 的基本框架。"非斯计划"是阿拉伯国家集体制定的第一个对以和平方案。但法赫德国王坚决反对以色列的侵略扩张和美国偏袒以色列的政策，并以各种方式敦促美国放弃"双重标准"的立场。

90 年代以来，阿以冲突力量对比进一步发生变化。在 1991 年海湾战争后，抗以阵营不复存在。沙特阿拉伯积极支持自 1991 年马德里中东和会以来的和平行动，希望在中东和平行动中发挥自己的作用，以此为契机不断扩大沙特阿拉伯的影响。1994 年 9 月，沙特阿拉伯和海合会其他成员国同意部分解除对以色列的经济制裁。阿卜杜拉王储倡导阿以关系正常化，并于 2002 年提出了中东和平计划，要求以色列完全撤军以换取阿以的关系正常化。这是沙特阿拉伯再次提出地区安全解决方案。

沙特阿拉伯支持美国、欧盟、俄罗斯和联合国四方共同制定的中东和平路线图计划，认为以色列在约旦河西岸修建隔离墙违法。2004 年 7 月，沙特阿拉伯外交大臣费萨尔亲王指出国际法院对以色列修建隔离墙的裁决是对以色列占领阿拉伯领土、继续违反有关国际决议、奉行暴力与暗杀政策的否定，希望联合国发挥作用落实这一裁决，并采取措施制止以色列继续修建隔离墙、摧毁已建的部分，赔偿修建隔离墙所造成的损失，阻止以色列企图改变领土属性的任何行径。费萨尔亲王还指出，国际法院的裁决与中东问题有关四方为推动中东和平进程所做的努力并不矛盾，中东问题有关四方应该把这一裁决纳入其和平努力的框架之中。他还重申，安全不可能通过建立隔离墙来实现，安全只能通过建立以有关国际决议为基础的公正、全面的和平来实现。2007 年 12 月 27 日，沙特阿拉伯参加在美国马里兰州首府安纳波利斯举行的中东问题国际会议，希望能就巴勒斯坦最终地位问题达成协议，但绝不会与以色列有任何接触。沙特阿拉伯政府仍坚持土地换和平的原则，认为安纳波利斯会议可能是中东实现和平的最后机会，会议如果失败后果将是严重的。沙特阿拉伯强烈反对以色列在耶路撒冷扩建犹太人定居点，指责以色列无视国际意愿狂妄执行扩张政策。

总之，沙特阿拉伯对以色列持非常谨慎的立场。既谴责巴勒斯坦的自杀性暴力事件，也反对以色列的"定点清除"政策、"单边撤离"计划以及犹太人定居点政策。沙特阿拉伯敦促美国采取更为公正积极的态度解决阿以冲突，特别是巴勒斯坦问题，并准备在此之前不与以色列建立外交关系。

第六节　与伊朗的关系

沙特阿拉伯与伊朗同为海湾石油大国，两国之间隔着狭窄的霍尔木兹海峡，两国石油基本上从此海峡运出，彼此在对方的军事力量打击范围之内。从地理角度看，两国在国家安全上互为威胁。

沙伊关系自伊朗巴列维时代就一直处于微妙状态。当时两国同为美国的盟友，国家安全得到保障，两国关系有一定发展。但双方对边界一些岛屿的归属和海湾安全等问题却存在分歧与争端。沙特阿拉伯尤其反对伊朗扮演海湾"宪兵"的角色。1973年"十月战争"后，两国为抵制超级大国在海湾的扩张，曾一度加强合作。1976年海湾八国外长会议，再次就本地区安全和合作交换意见。由于在海湾集体安全构想和安排等方面存在分歧，而未能达成一致。沙伊关系时好时坏。

1979～1988年这段时间里，沙特阿拉伯与伊朗处于敌对状态。1979年伊朗伊斯兰革命后建立了政教合一的国家，宗教领袖霍梅尼以世界什叶派领导者自居，向邻近阿拉伯国家输出伊斯兰革命，抨击海湾国家的君主制，煽动沙特阿拉伯境内什叶派造反，对沙特阿拉伯国家安全构成极大危害。因此，两伊战争中，沙特阿拉伯站在伊拉克一方。80 年代，沙特阿拉伯与伊朗的关系在现代伊斯兰主义的发展、朝觐、地区安全和石油等问题上出现持续紧张，两国于 1988 年断交。苏联解体后，以沙特阿拉伯为首的海湾合作委员会国家将伊朗视为海湾安全的主要威胁之一。

　　沙特阿拉伯与伊朗的关系在海湾战争后有所发展，经历了解冻—紧张—转暖三部曲。1989 年霍梅尼逝世和伊朗的外交政策趋向务实使伊沙关系出现转机。伊朗拉夫桑贾尼政府主张尽快改善与海湾邻国的关系，1991 年 3 月，沙伊两国恢复外交关系，伊朗也恢复到沙特阿拉伯圣城的朝圣活动。1997 年伊朗哈塔米政府奉行新外交政策，愿意与各国实现和解。1996 年以色列土耳其结成军事同盟，与美国关系密切。沙特阿拉伯等海湾国家认为地区安全受到挑战，缓和与伊朗关系可以减轻对海湾安全的巨大压力。1997 年伊斯兰会议组织第 8 次首脑会议在德黑兰召开，大大加快了两国关系的发展，双方高层频繁互访，在经济贸易、文教卫生、环境、能源、交通以及安全领域展开广泛的合作。这种合作有利于海湾安全，促进了伊斯兰世界的团结和发展，使欧佩克能发挥更为积极的作用。此后，两国交往日益增多，政治、经济、文化关系明显改善，双方高层频繁互访。2001 年 4 月，双方签署安全协议。海合会六国也不再坚持认为伊朗是地区稳定的最大威胁，而是地区安全不可或缺的一员。"9·11"事件之后，沙伊两国加强合作，应对西方的反伊斯兰情绪。2003 年，两国关系继续改善，6 月，沙特阿拉伯协商会议主席哈米德和外交大臣费萨尔访问伊朗，并与伊朗总统哈塔米会见，双方就加强两国关系、反恐等问题交换了看法。7 月，伊朗司法部长访问沙特阿拉伯，双方签署了有关司法合作谅解备忘录。在伊朗核问题上，沙特阿拉伯希望伊朗不要有拥有核武器的意愿，主张通过对话解决伊朗核问题。

　　沙特阿拉伯与伊朗同为中东地区和伊斯兰世界重要和具有影响力的国家，沙特阿拉伯深知中东的稳定与安全只有在伊朗存在和平与安宁的情况下才有可能实现，加强两国的地区合作关系可以成为地区和世界其他国家的榜样。2007 年 3 月 3 日伊朗总统艾哈迈迪·内贾德抵达沙特阿拉伯首都利雅得，开始对沙进行为期两天的正式访问。这是内贾德就任伊朗总统以来首次访问沙特阿拉伯。两国领导人就双边关系和黎巴嫩政治危机、伊拉克局势、伊朗核计划等地区热点问题进行深入讨论，均表现出"求同存异"的愿望，一致认定"对伊斯兰国家的最大威胁是那些企图扩大逊尼派与什叶派冲突的行为"。双方强调必须保持伊斯兰阵营内部的团结一致，避免和阻止教派冲突。沙特阿拉伯与伊朗领导人的此次峰会将两国之间的政治对话推向了一个新高度，表明伊朗正在调整其中东政策，化对抗为友好，借靠拢沙特阿拉伯等美国在中东地区的盟友缓解外界因伊朗核计划对伊朗不断增加的压力。沙特阿拉伯政府表示，只要伊朗和海合会国家通过持续对话的方式增进了解、相互体谅，双方的友好关系将一直保持下去，伊朗不必对海湾国家心存戒心。沙特阿拉伯等海湾国家不会作为任何国家进攻伊朗的跳板，不会支持美国制裁伊朗的无理要求。沙特阿拉伯同时敦促伊朗不要以教派问题为借口干涉伊拉克内政，不要干预黎巴嫩内部事务，不要插手也门内政。2007 年 12 月 12日，沙特阿拉伯国王阿卜杜拉正式邀请伊朗总统内贾德赴麦加参加穆斯林朝觐。这是沙特阿拉伯国王首次邀请伊朗总统赴麦加朝觐。此举表明沙特阿拉伯希望伊斯兰国家加强团结的真诚意愿。

第七节　与中国的关系

一　中阿关系源远流长

中阿关系渊源久远，双方在历史上的交往涉及政治、经济、宗教、军事、文化和科学技术等诸多领域。自公元 7 世纪伊斯兰教创立于阿拉伯半岛到 13 世纪中叶阿拔斯王朝覆灭，阿拉伯半岛始终是阿拉伯帝国的重要组成部分，因此历史上的中阿关系是将阿拉伯地区作为一个整体，综合概述阿拉伯人同中国的交往。

根据中国古代史书的记载，早在汉朝汉武帝时期（公元前 140 ~ 前 87 年），张骞奉命先后两次出使西域，陆续开通了中国通往中亚和西亚的道路，"陆上丝绸之路"的古商道成为中阿关系交往的桥梁。双方的经贸活动也推动着中阿之间的文化交流。汉朝的史书上称阿拉伯国家为"条枝"，唐朝则称其为"大食"，并泛指整个阿拉伯国家。据《旧唐书》卷四记："永徽二年八月乙丑，大食国遣唐使朝献。"① 这是中国史书上关于中阿官方交往的最早记载，史学界普遍认为这一年也是伊斯兰教传入中国的开始。但事实上，中阿之间的民间交往，肯定比史书中的记载要早一些。中世纪的阿拉伯帝国和唐王朝都是当时世界上的大国，两国的政治、经济和军事交往频繁。当时从唐朝至大食国有陆路和海路两条交通干线。② 据史料记载，唐朝时期，中阿之间的军事接触共有 5 次，天宝十载（751 年）的怛逻斯之役规模最大，且对中阿文化交往产生了重要影响。中国的造纸术传到了中亚、西亚，后又传至欧洲，中国手工艺也传给阿拉伯人。中国出现了最早介绍伊斯兰教和穆斯林生活基本情况的文献，即唐代人杜环③撰述的地理著作《经行记》，它也是后人研究中国伊斯兰发

---

① 唐高宗永徽二年是公元 651 年，相当于伊斯兰教历 31 年，时值阿拉伯帝国第三任哈里发奥斯曼在位期间。

② 一是出安西、经中亚的陆路交通干线，二是出广州、沿海岸而行，经太平洋、印度洋至波斯湾，由两河口上溯至巴格达的海路交通干线。

③ 怛逻斯战役，唐军大败。杜环是在此次战争中被大食俘虏的文人出身的中国军人，被俘后在大食国居留 12 年，游历了中亚、伊拉克和阿拉伯半岛等地。公元 763 年，杜环经海路自阿拉伯湾回到广州，随后撰写了《经行记》一书。

展史的重要资料。在社会经济活动方面，"安史之乱"后，特别是唐朝中后期，在中国的阿拉伯穆斯林商人已经很多，他们主要聚居在大中城市，经营珠宝、香料和药材等，有的还因为富有获得朝廷较高的官位。因此，中国最古老的清真寺都留存在大商业城市中。与此同时，伊斯兰教和伊斯兰文化也传入中国，并逐渐得到一些人的认同。因此"中国伊斯兰文化源于阿拉伯伊斯兰文化，又在中华文明的土壤中扎根生长"。

在宋代，中阿之间的交往更加广泛，涉及阿拉伯穆斯林来华经商和阿拉伯国家风土人情的史书更多，记载也更详细。宋代周去非的《岭外代答》卷三《大食诸国》一书中对阿拉伯国家进行了较全面的介绍，并第一次从中国人的视角描述了伊斯兰圣地麦加。自宋朝到明朝年间，阿拉伯人创造的灿烂文化在中国产生重要影响。其中最主要的是阿拉伯的天文学、数学和医药学。这促使元朝的天文学和数学有了飞跃式进步，出现了像郭守敬那样伟大的科学家。阿拉伯人的医药学著作传入中国后，无论对当时还是后来中国医药学的发展都起到了有益的作用。例如阿拉伯药学家伊本·西那的著作《医典》、《元秘书监志》卷七所列"回回书籍"中的《忒必医经》13 部、元代穆斯林编译的《回回药方》等。中国明代医学家李时珍的《本草纲目》中也收录了部分阿拉伯药物和药方。

二　近代以来的中沙交往

据史料记载，明代中国穆斯林航海家郑和七下西洋（1405～1433 年）开启了中国和阿拉伯国家的直接接触。郑和是史料中记载最早到阿拉伯半岛圣城麦加朝拜的穆斯林，自第三次（1409 年）远航，他到过的国家和地区就包括天方（明代麦加的称谓）。郑和第七次远航时，于 1432 年行至印度古里国时适逢麦加使者前来，便选派通译等 7 人随同麦加使者乘船到了麦加朝拜，并西行至默德那（今麦地那），瞻仰了穆罕默德墓。他们从麦加带回各种珍奇异宝，还绘制了一幅克尔白《天房图》。此后，不断有中国穆斯林前往麦加朝圣，其中清代人马复初最为著名。他用阿拉伯文撰写《朝觐途记》一书，介绍了赴麦加朝觐沿途各地风土人情等，该书在 1862 年由其弟子马安礼译成中文出版。

沙特阿拉伯王国是伊斯兰教发源地，实行政教合一君主制。进入 20 世纪，甚至直到 60 年代末，沙特王国同中国的交往仍限于宗教领域。沙特阿拉伯瓦哈比派的基本教义对中国近代伊斯兰教改革产生了一定影响，马万福①创建的"伊赫瓦尼"教派的宗教主张与沙特阿拉伯瓦哈比派学说是相通的。1928 年，中国在吉达设立了领事馆，主要办理中国穆斯林赴麦加朝觐事宜。此后，中国穆斯林前往麦加朝觐人数逐年增多，在麦加朝圣期间，得到沙特阿拉伯政府和国民的关心与照顾。新中国成立后，由于沙特阿拉伯王国和中国台湾当局保持外交关系，中国与沙特阿拉伯之间仅有时断时续的民间交往，主要是朝觐，"文革"时期曾有所中断，1979 年重新恢复。1980 年朝觐期间，中国朝觐团受到沙特阿拉伯国王哈立德的接见和宴请，两国关系有所改善。

1939 年，中国国民党政府与沙特阿拉伯王国建立了外交关系。在 1990 年中国和沙特阿拉伯正式建交前，沙特阿拉伯政府同台湾当局一直保持着比较密切的政治、经济关系。1957 年 7 月，台湾当局任命马步芳为首任"驻沙特阿拉伯大使"。1971 年 5 月，费萨尔国王曾访问台湾。双方军政高层和经济团体互访频繁，还签订

---

① 中国近代伊斯兰教改革中影响较大的人物，出身于甘肃传统穆斯林家庭，1888 年赴麦加朝觐，并留居四年，进行学习和交流，萌生了对中国伊斯兰教进行改革的念头。1892 年回国后，即在家乡甘肃宣传瓦哈比派教义，并同其他大阿訇一道提出"凭经立教"、"遵经革俗"的口号，从而创建了"伊赫瓦尼"教派。

了一系列协定。1971 年 10 月，在联合国通过关于恢复中国合法席位的提案时，15 个中东国家，只有沙特阿拉伯一国投了反对票。20 世纪 80 年代，中国领导人同沙特阿拉伯领导人有过一些接触，例如，1981 年 10 月坎昆会议期间，中国总理赵紫阳同沙特阿拉伯王储法赫德进行了会晤。此后，双方均有意进一步改善两国关系。1986 年中国向沙特阿拉伯提供导弹为中沙建交铺平了道路。

沙特阿拉伯因两伊战争而深感其安全受到伊朗和以色列的威胁。沙特阿拉伯原防空军司令哈立德亲王透露，在这一背景下，1986 年，"法赫德国王才下定决心：我们需要一种能够提高我们武装部队和人民士气的武器，一种一般不打算动用，除非万不得已才用来实施决定性的沉重打击以摧垮敌人士气的威慑性武器，一种使敌人在对我们进行攻击之前必须掂量掂量的武器。问题是要找到一个既能迅速提供这种武器，而又不会提出限制性条件的国家。国王的选择落到了中国身上。"1986 年 4 月和 7 月，沙特阿拉伯驻美国大使班达尔亲王两次访华，提出与中方在安全方面进行合作，要中国向其提供"东风 – 3"型中程弹道导弹，并称这是法赫德国王的决定。当时，中国领导人表示，中国对与沙特阿拉伯军贸持积极态度。中国希望在和平共处五项原则的基础上同沙特阿拉伯建交。1986 年 8 月，中国破例向沙特阿拉伯提供"东风 – 3"型导弹。1987 年 2 月和 9 月，沙特阿拉伯防空军司令哈立德亲王两次秘密访华，商谈签订有关军贸协议。以上所有活动都是在极端保密的情况下进行的，导弹外交为中沙建交铺平了道路。哈立德曾说："我们之间的战略联系是如此紧密，推迟互相承认是毫无意义的。"据报道，在沙特阿拉伯军队的武器装备中有中国的 CSS – 2 型地对地导弹约 40 枚。[①]

---

① 赵国忠：《中国与中东的军事外交》，载《阿拉伯世界研究》2010 年第 2 期；《中国与中东的军事交往》，载《西亚非洲》2010 年第 4 期。

三　中沙外交新篇章

1990 年 7 月 21 日，沙特阿拉伯王国和中国正式建立外交关系，是 22 个阿拉伯国家中最晚与中国建交的国家。中国外交部长钱其琛在 1990 年 7 月结束他的中东四国之行后举行的记者招待会上指出，"中国和沙特阿拉伯王国的建交，是两国关系中的一个历史性事件，也是中国和阿拉伯世界关系的一个新发展。""中沙建交不仅为两国关系的发展开辟了广阔前景，而且也有利于中东地区的稳定与发展。"1998 年 4 月吉达的中华人民共和国领事馆开馆，2003 年沙特阿拉伯香港领事馆开馆。建交以来，两国友好合作关系稳步发展，各层次往来不断，合作领域日益拓宽，签署了许多经济贸易和科技领域的合作协议。1994 年，两国建立了外交部政治磋商机制。

中沙建交后，两国高层互访，主要有：国务委员兼外长钱其琛（1990 年）、李鹏总理（1991 年）、李岚清副总理（1993 年）、国务委员兼国务院秘书长罗干（1995 年）、军委副主席、国务委员兼国防部长迟浩田（1996 年）、江泽民主席（1999 年）、国务委员吴仪（2002 年）等先后访沙。沙王储兼第一副首相、国民卫队司令阿卜杜拉（1998 年）、第二副首相兼国防与航空大臣苏尔坦（2000 年）、国王兼首相、国民卫队司令阿卜杜拉（2006 年）以及外交、财政、商业、石油与矿产资源、高教、司法、通信与信息技术、卫生、农业大臣、石油与矿产大臣等相继访华。

2005 年 8 月 1 日，胡锦涛主席就法赫德国王逝世和阿卜杜拉王储继承王位向沙致唁电和贺电，胡锦涛主席特使、国务院副总理回良玉赴沙出席法赫德国王葬礼。2006 年，中沙元首实现互访，就建立两国战略性友好合作关系达成共识，将双边关系提升到新的高度。2006 年 1 月，沙特阿拉伯国王阿卜杜拉访问中国，这是自两国于 1990 年建交以来，沙特阿拉伯国王首次访问中国。访问期间，沙特阿拉伯国王出席了 5 项经济协议的签字仪式，其中包括一项能源框架协议。2006 年 4 月 22~24 日，胡锦涛主席出访沙特阿拉伯。双方就加强两国各领域友好合作、推动两国战略性友好合作关系继续发展达成重要共识。中国愿同包括沙特阿拉伯在内的广大阿拉伯国家一道努力，促进中东地区的和平与发展，共同建设一个持久和平、共同繁荣的和谐世界。沙特阿拉伯希望同中国发展真诚的友谊，开展全方位、多领域的合作，认为双方的合作对两国有利，对本地区的和平、稳定、繁荣也有利。沙特阿拉伯赞赏中国为中东地区实现和平、促进经济社会发展所发挥的建设性作用，希望中国更多关注本地区的问题，并继续为解决有关问题发挥积极作用。胡锦涛还在沙特阿拉伯协商会议发表了演讲，全面阐述新世纪中国发展与阿拉伯国家关系的政策和主张，指出以互利共赢为原则，加强务实合作，是中沙关系顺利发展的一条宝贵经验。2008 年 5 月，我国四川汶川特大地震灾害发生后，阿卜杜拉国王即决定向灾区捐款 5000 万美元现金并提供 1000 万美元物资援助。这是中国收到的最大一笔海外单项援助。7 月，沙方追加捐赠了 1460 套活动板房。8 月，沙方又向联合国为四川地震灾区重建开展的救援计划紧急项目认捐 150 万美元。沙特阿拉伯驻华大使号召使馆的沙特阿拉伯和中国的工作人员献血，并身体力行，大使还亲自到灾区把支援物资交给当地，并看望灾民。2008 年 6 月，习近平副主席访沙，同沙领导人就双边关系及共同关心的国际和地区问题交换了意见，双方签署了《中国和沙特阿拉伯关于加强合作和战略性友好关系的联合声明》。2009 年 2 月，胡锦涛主席再次访沙，同阿卜杜拉国王举行会谈，表示将全面深化中沙战略性友好关系，共同应对国际金融危机，加强在国际和地区事务中的沟通和协调，不断将双方关系提高到新水平。沙特阿拉伯承诺任何时候都保证对中

国原油供应。两国有关部门签署了能源、检疫、卫生、教育、交通等领域的 5 项合作文件。胡锦涛主席还会见了海湾合作委员会（海合会）秘书长阿提亚，就加强中国—海合会集体合作交换看法。胡锦涛主席还参观了中国企业承建的利雅得水泥公司水泥生产线项目和阿卜杜勒·阿齐兹国王科技城。2010 年 1 月，外交部长杨洁篪访沙。2010 年 4 月，青海玉树地震灾害发生后，阿卜杜拉国王、苏尔坦王储分别致电胡锦涛主席表示慰问。2010 年 5 月，沙特阿拉伯外交大臣费萨尔来华出席"中阿合作论坛"第四届部长级会议。

中沙经贸和能源合作发展迅速。中国和沙特阿拉伯早在 20 世纪 50 年代就有贸易往来。1992 年 11 月两国签订"经济、贸易、投资和技术合作协定"，并成立了经贸混委会；1996 年 2 月签订"鼓励和相互保护投资协定"；2006 年 1 月签订"避免双重征税协定"。两国经贸混委会至 2006 年 1 月已召开 3 届会议。中沙经贸和能源合作发展迅速。2008 年双边贸易额达 417.9 亿美元，其中中国进口 310.1 亿美元，出口 107.8 亿美元，增幅分别为 64.7%、76.6%、38.1%。2009 年双边贸易额达 326 亿美元，其中中国进口 236.2 亿美元，出口 89.8 亿美元，同比分别下降 22%、23.8%、16.7%。2010 年 1～3 月，双边贸易额 91.1 亿美元，其中中国进口 72.3 亿美元，出口 18.8 亿美元，同比增幅分别为 66.5%、90.1%、18.8%。沙特阿拉伯是中国在西亚非洲地区第一大贸易伙伴。中国从沙进口主要商品为原油、乙二醇、液化石油气等，对沙出口主要商品为机电产品、轻纺产品、钢铁制品等。沙是中国第一大原油供应国。2008 年中国从沙进口原油 3636.8 万吨（金额约 258.1 亿美元），同比增长 38%，约占中国同期进口原油总量的 20%。2009 年中国从沙进口原油 4185.8 万吨（金额约 189.2 亿美元），同比增长 15.1%，约占中国同期进口原油总量的 32%。2010 年沙特阿拉伯阿美石油公司总裁表示，中国已经超过美国成为该公司最大的原油买主，日均达到 100 万桶。截至 2007 年年底，中国对沙直接投资存量为 3.7 亿美元。沙特阿拉伯在华投资项目 96 个，实际投资 2.08 亿美元。中国对沙特阿拉伯的承包劳务业务始于 1991 年。截至 2007 年年底，中国在沙特阿拉伯完成承包工程和劳务合作营业额为 30.6 亿美元。在沙特阿拉伯人员 16121 人。[①] 沙特阿拉伯同台湾当局于 1990 年 7 月"断交"，1991 年 2 月台驻沙机构改称"台北驻沙特阿拉伯王国经济文化代表处"。2009 年，沙台贸易额 93.42 亿美元，其中台方出口额 6.74 亿美元，进口额 86.68 亿美元。

中沙文化、民航、宗教等领域的交流不断。2007 年 7 月，中沙两国政府签署民间航空运输协定。中国伊斯兰教协会每年组织国内穆斯林赴沙朝觐，2007 年伊协共组织 1 万多人赴沙朝觐。中沙两国建交虽晚，但各方面关系发展异常迅速。双方不仅在经贸、能源和投资领域进行了广泛合作，还在政治上建立了战略伙伴关系，中沙关系已成为中阿合作的一个典范。中沙关系的飞跃发展既反映了沙特阿拉伯对外战略的"东向"趋势，也显示了中国在沙特阿拉伯外交战略中的地位在不断提升。

"石油王国"沙特阿拉伯参展中国 2010 年上海世界博览会，建造的并不是一座石油馆，而是一艘"丝路宝船"。乘上这艘沙漠中驶来的友谊之"船"，回头可望见 1000 多年前中国与阿拉伯世界之间"海上丝绸之路"的兴盛场景；朝前看，象征中沙两国交流合作、中阿两大文明融合共生的一棵棵枣椰树，枝繁叶茂、生机盎然。沙特阿拉伯馆与中国馆遥相呼应，是园区内仅次于中国馆的第二大国家馆，是沙特阿拉伯参加世博会有史以来规

---

① 中华人民共和国商务部网站，《中国沙特阿拉伯经贸关系简况》，http://xyf.mofcom.gov.cn。

模最大的一次。因其外形似一艘腾空而起的"月亮船",且拥有全世界最大的 IMAX 影院等亮点而成为开园日最受"热捧"的展馆之一。2010 年 5 月 1 日沙特阿拉伯馆举行了开馆仪式,曼苏尔·本·穆特艾布·阿卜杜勒·阿齐兹王子现身展馆。阿齐兹王子表示,这一切都要归功于中沙之间的良好友谊和沙特阿拉伯对于此次世博会的重视。他还表示,希望通过世博会能让世界更加了解沙特阿拉伯这个国家和人民。7 月 21 日,沙特阿拉伯馆举行庆祝活动,纪念中沙建交 20 周年。沙特阿拉伯馆馆长阿卜杜·艾勒·哈米德·哈桑在活动中说,沙特阿拉伯和中国建交时间不长,两国外交关系虽然还很"年轻",但却拥有很多积极的方面。"我们之间没有沉重的历史包袱,我们拥有的是对未来的展望。我们两国在未来将会更加休戚相关。在谈论'年轻'的沙中关系时,实际上我们是在表达一种充满活力和未来的关系。"

主要参考文献

一 外文书刊

Abdullmohsin H. Mosallam: Ecounters with Saudi Arabia, Riyadh, 1999.

Anthony H. Cordesman, *Saudi Arabia Enters the Twenty-First Century: The Political, Foreign Policy, Economic and Energy Dimensions*, Westport, Connecticut London, 2003.

Dr. Nasser Ibrahim Rashid and Dr. Esber Ibraim Shaheen: Saudi Arabia-all you need to know, Esber Ibrahim Shaheen, 1995.

Frank A. Clements: Saudi Arabia, Oxford England, 1979.

Helen Lackner: A House Built on Sand a political economy of Saudi Arabia, Ithaca Press 1978.

J. E. Peterson, *Historical Dictionary of Saudi Arabia*, The Scarecrow Press, Inc. Lanham, Maryland, and Oxford, 2003.

J. W. Wright. Jr eds: In cooperation with the Saudi Arabian Cultural Mission to the United States: Business and Economic Development in Saudi Arabia, Washington, DC, 1996.

Richard F. Nyrop: Area Handbook for Saudi Arabia (Third Edition), 1977.

Robert A. Harper, *Saudi Arabia*, Chelsea HouseAn imprint of Infobase Publishing, 2007.

Tim Niblock：Saudi Arabia -power, legitimacy and survival, New York, 2006.

Tim Niblock and Monica Malik：The Political Economy of Saudi Arabia, New Youk, 2007.

Wayne H. Bowen , *The History of Saudi Arabia*, Westport, Conn·London：Greenwood Press, 2008.

二 中文书刊

安维华、钱学梅著《海湾石油新论》，社会科学文献出版社，2000。

北京大学亚非研究所西亚研究室编著《石油王国沙特阿拉伯》，北京大学出版社，1985。

伯纳德·刘易斯著《阿拉伯人的历史》，蔡百铨译，台北，联经出版事业公司，1986。

陈悠久主编《石油输出国组织与世界经济》，石油工业出版社，1998。

〔法〕菲利普·赛比耶·洛佩兹著《石油地缘政治》，社会科学文献出版社，2008。

葛家理、刘立力著《现代石油战略学》，石油工业出版社，1998。

黄民兴著《沙特阿拉伯———一个产油国人力资源的发展》，西北大学出版社，1999。

江淳、郭应德著《中阿关系史》，经济日报出版社，2001。

江红著《八十年代国际石油风云》，华夏出版社，1989。

刘靖华、东方晓著《现代政治与伊斯兰教》，社会科学文献出版社，2000。

刘月琴著《冷战后海湾地区国际关系》，社会科学文献出版社，2002。

马福德著《近代伊斯兰复兴运动的先驱——瓦哈卜及其思想研究》，中国社会科学出版社，2006。

马秀卿主编《石油、发展、挑战——走向 21 世纪的中东经济》，石油工业出版社，1995。

〔美〕迈克尔·艾克诺米迪斯、罗纳德·奥利格尼著《石油的色彩》，石油工业出版社，2002。

〔巴勒斯坦〕穆斯塔法·穆拉德·代巴额著《阿拉伯半岛》，北京大学东语系阿拉伯语教研室译，北京人民出版社，1977。

唐宝才著《冷战后大国与海湾》，当代世界出版社，2002。

〔日〕田村秀治编《伊斯兰盟主沙特阿拉伯》，上海译文出版社，1981。

〔美〕托伊·法罗拉、安妮·杰诺娃著《国际石油政治》，石油工业出版社，2008。

王复编《沙特阿拉伯王国——伊斯兰教发源地、最大的石油生产国》。

王怀德、郭宝华著《伊斯兰教史》，宁夏人民出版社，1992。

王京烈主编《动荡中东多视角分析》，世界知识出版社，1996。

王京烈主编《面向二十一世纪的中东》，社会科学文献出版社，1999。

王能全著《石油与当代国际经济政治》，时事出版社，1993。

王铁铮、林松业著《中东国家通史·沙特阿拉伯卷》，商务印书馆，2000。

王铁铮主编《沙特阿拉伯的国家与政治》，三秦出版社，1997。

〔美〕威廉·匡特著《石油巨人——八十年代的沙特阿拉伯》，李国富、吴永光译，世界知识出版社，1986。

〔美〕西·内·费希尔著《中东史》，姚梓良译，商务印书馆，1979。

〔美〕希提著《阿拉伯通史》，马坚译，商务印书馆，1979。

夏义善主编《中国国际能源发展战略研究》，世界知识出版社，2009。

杨光著《中东市场指南》，企业管理出版社，1994。

〔美〕詹姆斯·温布兰特著《沙特阿拉伯史》，中国出版集团东方出版中心，2009。

张俊彦主编《变化中的中东经济：现状与前景》，北京大学出版社，1992。

中国石油集团经济和信息研究中心编《世界石油工业综述》，2001。

中国石油天然气总公司信息研究所编《中东地区的石油工业》，1994。

三　网站

国际能源机构网站：http：//www. iea. org。

国际能源信息署网站：http：//www. eia. doe. gov。

国际石油网：http：//www. in－en. com/oil/。

经济合作与发展组织网站：http：//cecd. org。

联合国开发计划署：http：//wwwundp. org。

联合国贸发会网站：http：//www. unctad. org。

欧佩克网站：http：//www. opec. org。

沙特阿拉伯货币机构网站：http：//www. sama. gov. sa/sites/
SAMAEN/Pages/Home. aspx。

沙特阿拉伯外交部网站：www. mofa. gov. sa。

世界银行网站：http：//www. world. org。

中华人民共和国外交部网站：http：//www. fmprc. gov. cn。

《列国志》已出书书目

2003 年度

《法国》，吴国庆编著

《荷兰》，张健雄编著

《印度》，孙士海、葛维钧主编

《突尼斯》，杨鲁萍、林庆春编著

《英国》，王振华编著

《阿拉伯联合酋长国》，黄振编著

《澳大利亚》，沈永兴、张秋生、高国荣编著

《波罗的海三国》，李兴汉编著

《古巴》，徐世澄编著

《乌克兰》，马贵友主编

《国际刑警组织》，卢国学编著

2004 年度

《摩尔多瓦》，顾志红编著

《哈萨克斯坦》，赵常庆编著

《科特迪瓦》，张林初、于平安、王瑞华编著

《新加坡》，鲁虎编著

《尼泊尔》，王宏纬主编

《斯里兰卡》，王兰编著

《乌兹别克斯坦》，孙壮志、苏畅、吴宏伟编著

《哥伦比亚》，徐宝华编著

《肯尼亚》，高晋元编著

《智利》，王晓燕编著

《科威特》，王景祺编著

《巴西》，吕银春、周俊南编著

《贝宁》，张宏明编著

《美国》，杨会军编著

《国际货币基金组织》，王德迅、张金杰编著

《世界银行集团》，何曼青、马仁真编著

《阿尔巴尼亚》，马细谱、郑恩波编著

《马尔代夫》，朱在明主编

《老挝》，马树洪、方芸编著

《比利时》，马胜利编著

《不丹》，朱在明、唐明超、宋旭如编著

《刚果民主共和国》，李智彪编著

《巴基斯坦》，杨翠柏、刘成琼编著

《土库曼斯坦》，施玉宇编著

《捷克》，陈广嗣、姜琍编著

2005 年度

《泰国》，田禾、周方冶编著

《波兰》，高德平编著

《加拿大》，刘军编著

《刚果》，张象、车效梅编著

《越南》，徐绍丽、利国、张训常编著

《吉尔吉斯斯坦》，刘庚岑、徐小云编著

《文莱》，刘新生、潘正秀编著

《阿塞拜疆》，孙壮志、赵会荣、包毅、靳芳编著

《日本》，孙叔林、韩铁英主编

《几内亚》，吴清和编著

《白俄罗斯》，李允华、农雪梅编著

《俄罗斯》，潘德礼主编

《独联体（1991~2002）》，郑羽主编

《加蓬》，安春英编著

《格鲁吉亚》，苏畅主编

《玻利维亚》，曾昭耀编著

《巴拉圭》，杨建民编著

《乌拉圭》，贺双荣编著

《柬埔寨》，李晨阳、瞿健文、卢光盛、韦德星编著

《委内瑞拉》，焦震衡编著

《卢森堡》，彭姝祎编著

《阿根廷》，宋晓平编著

《伊朗》，张铁伟编著

《缅甸》，贺圣达、李晨阳编著

《亚美尼亚》，施玉宇、高歌、王鸣野编著

《韩国》，董向荣编著

2006 年度

《联合国》，李东燕编著

《塞尔维亚和黑山》，章永勇编著

《埃及》，杨灏城、许林根编著

《利比里亚》，李文刚编著

《罗马尼亚》，李秀环编著

《瑞士》，任丁秋、杨解朴等编著

《印度尼西亚》，王受业、梁敏和、刘新生编著

《葡萄牙》，李靖堃编著

《埃塞俄比亚　厄立特里亚》，钟伟云编著

《阿尔及利亚》，赵慧杰编著

《新西兰》，王章辉编著

《保加利亚》，张颖编著

《塔吉克斯坦》，刘启芸编著

《莱索托　斯威士兰》，陈晓红编著

《斯洛文尼亚》，汪丽敏编著

《欧洲联盟》，张健雄编著

《丹麦》，王鹤编著

《索马里 吉布提》，顾章义、付吉军、周海泓编著

《尼日尔》，彭坤元编著

《马里》，张忠祥编著

《斯洛伐克》，姜琍编著

《马拉维》，夏新华、顾荣新编著

《约旦》，唐志超编著

《安哥拉》，刘海方编著

《匈牙利》，李丹琳编著

《秘鲁》，白凤森编著

2007 年度

《利比亚》，潘蓓英编著

《博茨瓦纳》，徐人龙编著

《塞内加尔 冈比亚》，张象、贾锡萍、邢富华编著

《瑞典》，梁光严编著

《冰岛》，刘立群编著

《德国》，顾俊礼编著

《阿富汗》，王凤编著

《菲律宾》，马燕冰、黄莺编著

《赤道几内亚 几内亚比绍 圣多美和普林西比 佛得
角》，李广一主编

《黎巴嫩》，徐心辉编著

《爱尔兰》，王振华、陈志瑞、李靖堃编著

《伊拉克》，刘月琴编著

《克罗地亚》，左娅编著

《西班牙》，张敏编著

《圭亚那》，吴德明编著

《厄瓜多尔》，张颖、宋晓平编著

《挪威》，田德文编著

《蒙古》，郝时远、杜世伟编著

2008 年度

《希腊》，宋晓敏编著

《芬兰》，王平贞、赵俊杰编著

《摩洛哥》，肖克编著

《毛里塔尼亚　西撒哈拉》，李广一主编

《苏里南》，吴德明编著

《苏丹》，刘鸿武、姜恒昆编著

《马耳他》，蔡雅洁编著

《坦桑尼亚》，裴善勤编著

《奥地利》，孙莹炜编著

《叙利亚》，高光福、马学清编著

2009 年度

《中非　乍得》，汪勤梅编著

《尼加拉瓜　巴拿马》，汤小棣、张凡编著

《海地　多米尼加》，赵重阳、范蕾编著

《巴林》，韩志斌编著

《卡塔尔》，孙培德、史菊琴编著

《也门》，林庆春、杨鲁萍编著

2010 年度

《阿曼》，仝菲、韩志斌编著

《华沙条约组织与经济互助委员会》，李锐、吴伟、
　金哲编著

相关链接

更多信息请查询：www.ssap.com.cn

菲律宾

马燕冰　黄莺　编著
2007 年 5 月出版　35.00 元
ISBN 978-7-80230-563-2/K·072

　　菲律宾共和国位于亚洲东南部，是有名的"千岛之国"。早在唐朝时，中菲之间已有贸易来往。宋朝时期，已有华人移居菲岛，成为菲律宾的第一批华侨。现在菲律宾约有华人、华侨 125 万人，约占菲律宾总人口的 2%。本书资料翔实，是了解菲律宾的好材料。

新西兰

王章辉　编著
2006 年 4 月出版　24.00 元
ISBN 7-80230-000-2/K·220

　　新西兰是大洋州的第二大国，是由主要来自欧洲外来移民和土著毛利人组成的多民族国家，呈现出多元化的绚丽多彩。自 20 世纪 30 年代初摆脱英国殖民统治获得独立后，经济有了长足发展，社会不断进步，迄今已步入发达国家的行列。近年来，我国与新西兰在政治、经济和文化方面的交往迅速发展，人们迫切需要了解这个国家的历史、现状和风土人情。本书为读者认知新西兰提供了全面的介绍。

图书在版编目（CIP）数据

沙特阿拉伯/陈沫主编．—北京：社会科学文献出版社，2011.3
（列国志）
ISBN 978 - 7 - 5097 - 2035 - 6

Ⅰ.①沙…　Ⅱ.①陈…　Ⅲ.①沙特阿拉伯 - 概况
Ⅳ.①K938.4

中国版本图书馆 CIP 数据核字（2010）第 255819 号

沙特阿拉伯（Saudi Arabia）　　　　·列国志·

主　　编／陈　沫
审 定 人／赵国忠　安维华

出 版 人／谢寿光
总 编 辑／邹东涛
出 版 者／社会科学文献出版社
地　　址／北京市西城区北三环中路甲 29 号院 3 号楼华龙大厦
邮政编码／100029
网　　址／http：//www. ssap. com. cn
网站支持／（010）59367077
责任部门／人文科学图书事业部（010）59367215
电子信箱／bianjibu@ ssap. cn
项目经理／宋月华
责任编辑／孙以年
责任校对／邓晓春　周志静
责任印制／郭　妍　岳　阳　吴　波

总 经 销／社会科学文献出版社发行部
　　　　　（010）59367081　59367089
经　　销／各地书店
读者服务／读者服务中心（010）59367028
排　　版／北京中文天地文化艺术有限公司
印　　刷／三河市尚艺印装有限公司

开　　本／880mm×1230mm　1/32
印　　张／13.875　字数／353 千字
版　　次／2011 年 3 月第 1 版　印次／2011 年 3 月第 1 次印刷

书　　号／ISBN 978 - 7 - 5097 - 2035 - 6
定　　价／39.00 元

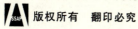

《列国志》主要编辑出版发行人

出　版　人	谢寿光
总　编　辑	邹东涛
项目负责人	杨　群
发　行　人	王　菲
编辑主任	宋月华
编　　　辑	（按姓名笔画排序）
	孙以年　朱希淦　宋月华
	宋培军　周志宽　范　迎
	范明礼　袁卫华　黄　丹
	魏小薇
封面设计	孙元明
内文设计	熠　菲
责任印制	岳　阳　郭　妍　吴　波
编　　　务	杨春花
责任部门	人文科学图书事业部
电　　　话	（010）59367215
网　　　址	ssdphzh_cn@sohu.com